国际海港：中国海洋商贸都会的变迁

陈支平　王子今　主编
周雪香　著

海峡出版发行集团 | 鹭江出版社
THE STRAITS PUBLISHING & DISTRIBUTING GROUP
2023年·厦门

图书在版编目(CIP)数据

国际海港:中国海洋商贸都会的变迁/周雪香著.
—厦门:鹭江出版社,2023.5
(中国海上丝绸之路通史/陈支平,王子今主编)
ISBN 978-7-5459-2088-8

Ⅰ.①国… Ⅱ.①周… Ⅲ.①港口—历史—中国
Ⅳ.①U659.2

中国国家版本馆 CIP 数据核字(2023)第 000348 号

中国海上丝绸之路通史(第一辑)
GUOJI HAIGANG:ZHONGGUO HAIYANG SHANGMAO DUHUI DE BIANQIAN
国际海港:中国海洋商贸都会的变迁
陈支平　王子今　主编　　周雪香　著

出版发行:鹭江出版社
地　　址:厦门市湖明路 22 号　　**邮政编码**:361004
印　　刷:恒美印务(广州)有限公司
地　　址:广州南沙开发区环市大道南 334 号　　**联系电话**:020－84981812
开　　本:787mm×1092mm　1/16
插　　页:4
印　　张:23
字　　数:342 千字
版　　次:2023 年 5 月第 1 版　　2023 年 5 月第 1 次印刷
书　　号:ISBN 978-7-5459-2088-8
定　　价:150.00 元

总 序

任何一种文明都是在与其他文明的交融对话中不断发展的。作为世界上最古老的几个文明之一，中华文明在历史长河中既扮演了文明传播者的角色，也不断从其他文明中汲取各种养分。在这种文明交往的世界体系中，中华文明既壮大发展了自身，也为世界文明的进步作出了重大贡献。

长期以来，学界对中国社会文明史的研究，主要侧重传统农业社会发展史方向，对中国海洋发展史的关注度则相对薄弱。这一方面是因为中国自古以来就是一个“以农立国”的国度，历代社会的经济基础及意识形态，基本上围绕“农业”展开；另一方面是因为历代统治者为了政权的巩固与社会的稳定，往往把从事海上活动的人群视为对既有社会形态的威胁，经常实施诸如禁止出海活动的法令。在这些因素的作用下，中国的海洋文明发展史以及由此开拓出的海上丝绸之路的历史与文化，必然受到历代政府与士大夫们的漠视，甚至备受打击。

中国是一个临海国家，从北到南，大陆海岸线长度约 18400 千米。事实上，在这样的地理优势之下，我们的先民很早就开始从事海洋活动。这种活动除了延续至今的海洋捕捞、海洋养殖之外，还不断通过国家、社会的不同领域与层面向外延伸，寻求与外界的联系和发展。可以说，中国海洋文明存在于“海—陆”一体的结构中。中国既是一个大陆

国家，又是一个海洋国家，中华文明具有陆地文明与海洋文明双重性格。中华文明以农业文明为主体，同时包容游牧文明和海洋文明，形成多元一体的文明共同体。中华民族拥有源远流长、辉煌灿烂的海洋文化和勇于探索、崇尚和谐的海洋精神。没有古代中国的海洋文明，也就谈不上近代中国海权的旁落；没有古代中国的海洋文明，也就没有当代中国海权的复兴。我们不能因为中国在近代落伍和被欺凌、被打压，就否认中国传统海洋文明的辉煌。①

中国的先民正是在长达数千年的不断探索、实践之下，才让中国的海洋文明发展史在世界文明史上留下光辉的篇章。

一、对中国海洋发展的回顾

中国先民在上古时期进行的海洋活动，应该是沿着海岸线进行海洋捕猎和滩涂养殖活动。在不断与大海搏击与互相适应的过程中，逐渐形成了辉煌灿烂的海洋文化和勇于探索、崇尚和谐的海洋精神。中华海洋文明是中华原生文明的重要组成部分，与中华农业文明几乎同时发生。在汉武帝平定南越以前，东夷、百越等海洋族群创造的海洋文明仍是一个独立的系统。

早期中华海洋文明的逐渐形成，伴随着海上活动区域的日益扩大。有学者指出，中国历史文献中的百越族群，与人类学研究的南岛语族属于同一范畴，两者存在亲缘关系。百越族群逐岛漂流航行的活动范围，是从东海、南海几经辗转到达波利尼西亚等南太平洋诸岛，百越族群是大航海时代以前人类最大规模的海上移民。东夷、百越被纳入以华夏文明（即内陆文明、农业文明、大河文明）为主导的王朝统治体系后，海洋文明逐渐被进入沿海地区的汉族移民承继、涵化，和汉化的百越后裔

---

① 杨国桢、王鹏举：《中国传统海洋文明与海上丝绸之路的内涵》，《厦门大学学报（哲学社会科学版）》2015 年第 4 期。

一道，铸造了中华文明的海洋特性，拉开了海上丝绸之路的帷幕。[①] 由于中国沿海传统渔业和养殖业在中国历代社会经济中所占份额较小，因此，中国的海洋文明发展历史，主要体现在向海外发展并且与海外各地相互连接的海上丝绸之路上。

从现有的资料看，中华民族海洋先民与世界其他民族的交流，早在公元前10世纪时就已产生。由于地处亚欧大陆，东临大海，中国在早期的对外交流中，率先开辟西通西域、东出大海的两条主要通道，中华文明与世界文明交往基本格局的雏形自此形成。

《山海经》中提到“闽在海中”，这是一种传说。但是“闽在海中”的传说，是数千年来中国南方民族与东亚民族长期交往的历史记忆。“闽”是福建地区的简称。福建地区处于陆地，何谓“海中”？这一传说实际上说明了我国东南沿海地区面向大海以及宝岛台湾在东南海洋中的特殊地理位置，乃至中国东南沿海地区与南洋各地包括南岛语族居民长期交融的文化互动关系。这种关系无疑就是后来海上丝绸之路的先声。

中国北方有“箕子入朝鲜”的记述，称公元前1066年，周武王灭商，命召公释放箕子，箕子率5000人前往朝鲜。公元前3世纪末，朝鲜历史上第一次记载了“箕氏侯国”。《史记》记载，箕子在周武王伐纣后，带着商代的礼仪和制度到了朝鲜半岛北部，被那里的人民推举为国君，并得到周朝的承认，史称“箕子朝鲜”。现代谱系学的研究成果证实，现今许多朝鲜人和韩国人的祖先来自华夏地区。

春秋战国时期有“徐福东渡日本”的记载。徐福东渡，一直被公认为华夏民族及其文化传入日本的重要历史事件。《史记·淮南衡山列传》记载了徐福东渡事件，后又有徐福在日本平原、广泽为王之说。徐福东渡日本，促成了一代“弥生文化”的诞生，并为日本带去了文字、农耕和医药技术。据统计，日本的徐福遗迹有50多处。

春秋战国时期文献多数缺失，至今留存的文献记载十分有限，但是从上述传说和记述中，我们可以了解到中国古代先民并没有辜负大海的恩

① 杨国桢：《海洋丝绸之路与海洋文化研究》，载李庆新主编《海洋史研究（第七辑）》，社会科学文献出版社，2015。

赐。在当时生产力低下、航海技术相当原始的情况下，他们仍不断地尝试循着大海，向东面和东南面拓展，谋求与海外民族的联系与合作。

汉唐时期是中国历史上的强盛时期，社会生产力得到长足的进步，交通工具特别是航海技术有了空前的提升，中外文化交流也进入稳步发展阶段。强盛的国力和丰富多彩的文化，吸引着东亚各国前来学习，唐代的政治文化制度对东方邻国的政治文化体制产生了直接的影响。可以说，汉唐时期中国闻名于世的陆上丝绸之路和海上丝绸之路已经形成，中国海洋发展史进入了一个崭新的阶段。

公元前138年，张骞出使西域，这是丝绸之路开通的先声。东汉永元九年（97），西域都护班超派遣甘英出使大秦，扩大华夏文化对西域的影响，也丰富了汉人对西域的认识。陆上丝绸之路开辟以后，中国的丝织技术随丝织品输入西方，促进了中外文化交流和贸易往来，加强了西汉与西域地区的联系。

与此同时，自中国沿海起始的海路，西达印度、波斯，南及东南亚诸国，北通朝鲜、日本。公元前2世纪到公元前1世纪，西汉王朝的使节已在南海航行。中国古籍《汉书·地理志》最早提到的中西海路交通的路线是："自日南（今越南中部）障塞、徐闻（今广东徐闻）、合浦（今广西合浦）船行可五月，有都元国；又船行可四月，有邑卢没国；又船行可二十余日，有谌离国；步行可十余日，有夫甘都卢国。自夫甘都卢国船行可二月余，有黄支国……平帝元始中，王莽辅政，欲耀威德，厚遗黄支王，令遣使献生犀牛。自黄支船行可八月，到皮宗；船行可二月，到日南、象林界云。黄支之南，有已程不国，汉之译使自此还矣。"①《汉书·地理志》所记载之海上交通路线，实为早期的海上丝绸之路，当时海船载运的"杂缯"，即各种丝绸。到2世纪60年代，罗马帝国与东汉通过海上丝绸之路发生联系。三国时期的吴国曾派遣朱应、康泰出使南海，促进了中国与南海诸国的联系。5世纪，中国著名旅行家法显由陆上丝绸之路前往印度，回国时取道海上丝绸之路，经师子国（今斯里兰卡）、耶婆提（今印度尼西亚苏门答腊岛一带）回国。此时，

①《汉书》，中华书局，1962，第1671页。

海上交通已相当频繁，中国与东南亚地区、印度洋地区已有广泛联系，特别是来自中国与印度的僧人为弘扬佛法，交往更为密切。这一时期，中国与阿拉伯半岛、波斯湾地区之间也有一定规模的海上交流活动。

唐朝是海上丝绸之路的大发展时期。隋唐五代时期，与中国通商的国家有赤土、丹丹、盘盘、真腊、婆利等。中唐之后，西北地区丝绸之路阻塞，华北地区经济衰落，华南地区经济日益发展，海上交通开始兴盛。这一时期，海上丝绸之路的繁荣程度远远超过了陆上丝绸之路。与中国通商的国家有拂菻、大食、波斯、天竺、师子国、丹丹、盘盘、三佛齐。航路是以泉州或广州为起点，经过海南岛、环王国、门毒国、古笪国、龙牙门、罗越国、室利佛逝、诃陵国、个罗国、哥谷罗国、胜邓洲、婆露国、师子国、南天竺、婆罗门国、信度河、提罗卢和国、乌剌国、大食国、末罗国、三兰国。同时，唐代即有唐人移民海外。其中，唐代林氏始祖渡海至韩国，繁衍至今约有120万人。2001年，韩国林氏到泉州惠安彭城村寻根谒祖，传为佳话。

中国宝岛台湾以其雄踞东南海中的地理位置，在中国海洋文明发展史及对外交通的海上丝绸之路中扮演着无可替代的角色。最新考古发掘资料证实，以台北地区十三行文化遗址为代表，在距今1800年至400年之间，台湾是联结中国大陆与海外的一个重要中转站。这里出土的文物，既有来自大陆的青铜器物，也有来自南亚地区甚至更远区域的玻璃器皿。这些出土文物充分说明，我国东南地区及台湾地区在唐宋时期就已经成为我国海上丝绸之路的重要港口与据点。

隋唐时期我国海洋文明发展的一个重要标志，是中国文化向周边国家传播。隋唐时期是我国专制集权发展的鼎盛时期，政治、经济、文化均较为发达，与邻近诸国往来频繁，互相影响，对我国及邻近各国的经济、文化发展，具有积极的推进意义。唐贞观十七年（643），李义表、王玄策出使印度，天竺迦摩缕波国童子王要求将《道德经》翻译成梵文。他们归国后，唐太宗命玄奘等完成翻译，王玄策在第二次出使印度时，即将翻译好的《道德经》赠送给童子王，并赠送了老子像。这是迄今为止最早的有文字可考的关于《道德经》传入印度的记述。不仅如此，侨居中国的波斯人、阿拉伯人亦受中国文化的熏陶。当时的长安可

谓亚洲各国留学生聚集的地方，也是世界文化传播中心。

汉字作为世界上使用人数最多的文字，对日本、朝鲜、韩国、越南、哈萨克斯坦等亚洲诸国均产生过深远且重大的影响。日本民族虽有古老的文化，但其本族文字则较晚出现。长期以来，日本人民以汉字作为传播思想、表达情感的载体，称汉字为“真名”。公元5世纪初，日本出现借用汉字的标音文字——“假名”。公元8世纪时，以汉字标记读音的日本文字已较为固定，其标志是《万叶集》的编定。日本文字的最终创制由吉备真备和弘法大师（空海）完成。他们两人均曾长期留居中国唐朝，对汉字有很深的研究。前者根据标音汉字楷体偏旁创造了日文“片假名”，后者采用汉字草书创造日文“平假名”。尽管自公元10世纪起，假名文字开始在日本盛行，但汉字的使用却并未因此废止。时至今天，已在世界上占据重要地位的日本文字仍保留着1000多个简体汉字。

朝鲜文字称谚文。它的创制和应用是古代朝鲜文化的一项重要成就。实际上，中古时期的朝鲜亦如日本，没有自己的文字，使用的是汉字。新罗统一后稍有改观，时人薛聪曾创造“吏读”，即用汉字表示朝鲜语的助词和助动词，辅助阅读汉文书籍。终因言文各异，“吏读”无法普及。李朝初期，世宗在宫中设谚文局，令郑麟趾、成三问等人制定谚文。他们依中国音韵，研究朝鲜语音，创造出11个母音字母和17个子音字母，并于1443年编成“训民正音”公布使用，朝鲜从此有了自己的文字。

公元10世纪以前，越南是中国的郡县。秦、汉、隋、唐均曾在此设官统辖，故越南受中国文化的影响较深。越南独立后，无论是上层人士的交往，还是学校教育、文学作品创作，均以汉字为工具。直至13世纪，越南才有本国文字——字喃。字喃是以汉字为基础，用形声、假借、会意等方法创制的表达越南语音的新字。15世纪时，字喃通行越南全国，完全取代了汉字。

不仅文字，唐代的政治制度同样对东亚各国产生了不小的影响。科举制度和三省六部制是中国古代政治制度的重要组成部分，也是支持官僚政治高度发展的两大杠杆。科举制度和三省六部制萌芽于汉代，建立于隋唐，不仅影响了东亚世界政治制度的发展，还促进了西方文官制度的建立。在唐代，有不少来自朝鲜、安南（今越南）、大食（今阿拉伯）等国的留学人员参加中国的科举考试，其中尤以朝鲜人为多。公元9世纪初，朝鲜半岛还处于百济、新罗、高句丽并立的三国时代，新罗的留唐学生十分向往中国的科举制度，并且来中国参加科举考试。821年，新罗学生金云卿首次在唐朝科举中登第。截至唐亡的907年，新罗学生在唐登第者有58人。五代时期，新罗学生及第者又有32人。958年，高丽实施科举制度。日本也于8世纪时引进中国的科举制，建立贡举制。唐会昌五年（845），唐王朝允许安南同福建、黔府、桂府、岭南等地一样，每年选送进士7人、明经10人到礼部，同全国各地的乡贡、生徒一起参加科举考试。科举制度虽然最早产生于中国，但其声望及影响并非仅囿于中国。从其诞生之日起，历朝历代就有不少外国学子到中国学习和参加科举考试，绝大多数人学有所成，像桥梁一样促进了国与国之间在文化、教育等方面的交流，为增进中国人民与其他各国人民的友谊作出了不可磨灭的贡献。他们的历史功绩永载中国海洋文明发展史及中外文化交流史史册。

新罗受唐文化影响最深。当时入唐求学的新罗学子很多，仅840年一年，从唐朝回国的新罗留学生就有100余人。他们学成归国后，协助新罗统治者仿效唐朝的政治制度，建立起从中央到地方的行政组织。8世纪中叶，新罗仿效唐朝改革了行政组织，在中央设执事省（相当于唐朝的中书省），在地方设州、郡、县、乡。日本也是与唐朝有密切来往的东亚国家之一。仅在唐朝一代，日本就派遣了12批遣唐使团到中国学习，次数之多，规模之大，时间之久，学习内容之丰富，可谓空前，推动了中日文化交流的第一次高潮。通过与中国的不断交往，日本在政治、经济、军事、文化、生产技术以至生活风尚等方面都受到中国的深刻影响。其中，影响最大的是646年日本的大化改新。日本在这次革新中充分借鉴了唐朝经验，建立了以天皇为中心的中央集权国家，官吏任免权收归中央。这次改革还仿效唐朝的三省六部制，在中央设立相应机构，各司其职，置八省百官。从649年“冠位十九阶”的制定到701年《大宝律令》、718年《养老律令》的先后制定，全新的封建官僚体制取

代了贵族官僚体制（现在日本的中央部级还称作“省”）。同一时期，安南所推行的文教制度和选拔人才政策也与隋唐几乎相同。世界五大法系之一——“中华法系”的代表《唐律疏议》，对越南法制史有重大影响。中国政治制度对东亚、南亚国家的影响一直延续到宋明时期。

佛教传入中国，经过中国文化的滋养，再传入东亚各国，对东亚各国的宗教文化产生了深刻影响。鉴真先后 6 次东渡到达日本，留居日本 10 年，辛勤不懈地传播唐朝多方面的文化成就。唐代前期和中期以后，新罗留学生研习当时盛行的天台宗、法相宗、律宗、华严宗、密宗和禅宗。

唐朝时期，中国的典籍源源不断地传入东亚各国，形成了一个高潮。日本飞鸟、奈良时代甚至出现了当时举世罕见的汉书抄写事业。日本贵族是最早掌握汉字和汉文化的社会阶层。日本平安时代（794—1192）是贵族文化占主流的时代。这一时代的贵族，包括皇室在内，均以中国文明为榜样，嗜爱汉籍，对唐诗推崇备至。平安时代初期，嵯峨天皇敕令编撰了《凌云集》和《文华秀丽集》两部汉诗集，开启其后三百年间日本汉文化发达之先河。

唐代国学等汉籍传入东亚各国，形成了一条通畅的“书籍之路”。早期“书籍之路”航线从中国江南始发，经朝鲜半岛，再至日本列岛，这是与东亚海上丝绸之路相辅相成的文化传承之路，构建了东亚文化交流的新模式。

宋元时期中国海洋文明发展史在更广阔的范围展开。一方面，在传统“朝贡贸易”的刺激下，民间从事私人海上贸易的情况不断出现；另一方面，理学成为中国儒学的新形态，很快成为东亚各国的道德文化范本。中国禅宗的兴盛也深深地影响着周边各国。中国的“四大发明”进一步影响世界，中国与东南亚各国的往来日渐密切，与非洲的联系也日益紧密。

宋元时期，儒学向亚洲国家传播，对东亚及东南亚产生深远的影响。对东亚的影响主要是朱子学和文庙制度的东传。四书五经等儒家经典的思想和智慧传到朝鲜、日本和越南，这些教化中国民众的核心精神也深深影响着东亚各国。在朝鲜，高丽王朝的安珦于 1290 年将《朱子全书》抄回国内后，白颐正、禹倬等人开始不遗余力地在朝鲜发扬程朱理学。他们的后学李齐贤、李穑、郑梦周、郑道传等人，成了推动朝鲜朱子学发展的中流砥柱。日本的朱子学传播伴随着佛教的交流。日本僧人俊芿曾带回朱熹的《四书章句集注》等著作，日本僧人圆尔辩圆曾持朱熹的《大学或问》《中庸或问》《论语精义》《孟子精义》等著作回国。同时，宋朝僧人道隆禅师曾赴日以儒僧身份宣传理学，元朝僧人一宁禅师赴日宣传宋学，培养了一大批禅儒兼通的禅僧，如虎关师炼、中岩圆月、义堂周信等。15 世纪末朱子学在日本形成三大学派：萨南学派、海南学派和博士公卿派。在越南，陈圣宗于绍隆十五年（1272）下诏求贤才，能讲四书五经之义者，入侍帷幄。于是，越南出现了一批积极传播朱子学的先驱，如朱文安、黎文休、陈时见、段汝谐、张汉超、黎括等。黎朝建立后，仍然大力提倡朱子学，将朱子学确立为正统的国家哲学。

宋元时期，除了朝鲜、日本、越南等经过海路与中国交往，并且产生文化影响力之外，东南亚各国也同中国产生了直接的联系。例如泰国，宋朝曾于 1103 年派人到罗斛国，1115 年罗斛国的使者正式来到中国，罗斛国与中国建立友好关系。罗斛先后五次（分别于 1289 年、1291 年、1296 年、1297 年和 1299 年）派遣使者出访元朝。1238 年，泰族首领马哈柴柴查纳亲王后裔坤邦克郎刀创建了以素可泰为中心的素可泰王国（《元史》中称“暹罗”），历史上称作素可泰王朝。宋元时期，泰国医生使用的药物中，30％为中药。他们也采用中医望、闻、问、切的诊治方法。中国的针灸术也流行于泰国。再如缅甸。缅甸蒲甘国 1106 年第一次遣使由海路入宋，于 1136 年第二次遣使由陆路经大理国入宋。纵观整个元代，缅甸至少 13 次遣使至元朝，元朝向缅甸遣使约 6 次。1394 年，明朝在阿瓦设缅中宣慰司，与阿瓦王朝关系密切。再如柬埔寨。真腊是 7—16 世纪柬埔寨的国名。公元 616 年 2 月 24 日，真腊国遣使贡方物。苏利耶跋摩二世在位时（1113—1150），曾两次遣使来中国访问。真腊国分别于 1116 年、1120 年、1129 年遣使入宋，宋朝廷将“检校司徒”称号赐予真腊国王。1200 年，真腊遣使入宋赠送驯象等礼品。宋宁宗以厚礼回赠，并表示真腊“海道远涉，后勿再入贡”。1295 年，元成宗

（铁穆耳）派遣使团访问真腊，周达观随行。回国后，他写下了《真腊风土记》。唐宋时期中国与老挝的交往在史书中几乎没有记载。元朝曾在云南边外设老丫、老告两个军民总管府。1400 年至 1613 年间，中、老两国互相遣使达 43 次，其中澜沧王国遣使入明 34 次，明朝向澜沧王国派遣使节共 9 次，并在澜沧王国设“军民宣慰使司”。960 年，占城国悉利胡大霞里檀遣使李遮帝入宋朝贡。982 年，摩逸国（今菲律宾群岛一带）载货至广州海岸。1003 年、1004 年、1007 年，蒲端王其陵遣使来华“贡方物”。1011 年，蒲端王悉离琶大遐至遣使入宋“贡方物”。1372 年，吕宋（位于菲律宾北部）遣使来贡。1003 年，三佛齐王思离朱罗无尼佛麻调华遣使入宋。宋元时期，随着中国海洋文明及海上丝绸之路的发展，中国与东南亚各国建立了比较稳定的联系。

15 世纪初叶，郑和船队开始了史诗般的航行；16 世纪之后，中国沿海贸易商人也拼搏于东西洋的广阔海域。世界东西方文明在这一时期产生了直接的碰撞与交流。中国文化在面对初步全球化格局的挑战时，演绎了许多可歌可泣的历史篇章；中华文明在新的碰撞交流中，将自身的影响力扩大到全球。中国海洋文明发展的历史又向前迈进一步。

中国明代前期郑和下西洋，体现了中国古代航海技术的最高水平。自永乐三年（1405）开始，一支由 200 余艘“巨舶”、27000 余人组成的庞大舰队在郑和的带领下踏上了海上征程。在近 30 年的航行中，郑和船队完成了人类史无前例的壮举：先后 7 次跨越三大洋，遍历世界 30 多个国家。这支当时世界上最强大的海上舰队的足迹，东达琉球、菲律宾和马鲁古海，西至莫桑比克海峡和南非沿海的广大地区，定期往返，到达越南、马来西亚、斯里兰卡、印度、沙特阿拉伯等 30 多个国家和地区，最远曾达非洲东部、红海、麦加，并有可能到过澳大利亚、新西兰和美洲。1904 年，郑和下西洋 500 年后，梁启超在《新民丛报》发表《祖国大航海家郑和传》，请国人记住这位“伟大的航海家”，说“郑君之初航海，当哥伦布发现亚美利加以前六十余年，当维哥达嘉马发现印度新航路以前七十余年”。而郑和与带给美洲、非洲血腥殖民主义的西欧航海家最大的不同，则是其宣扬“宣德化而柔远人”的和平贸易理念。这支秉持明太祖“不征”祖训的强大海军，不仅身负建立朝贡贸易的重任，也扮演了维持海洋秩序，使“海道清宁”的角色。在感慨这支强大的海军因明朝廷内外交困不得不中止使命，中国失去在15世纪开始联结世界市场的机会之余，我们还应思考郑和与他史诗般的跨洋航行留给我们的启示：是不是只有牺牲人性与和平的殖民主义才是“全球化”的唯一可行路径？我们的海洋、我们的世界，能否建立起一个以“仁爱”“和平”的理念联结在一起的政治秩序？

15世纪中叶，肩负中国官方政治使命的郑和航行虽然画上了句号，但以中国为核心的东亚海洋贸易网络的勃兴与发展却从未停止。郑和船队对东亚、南亚海域的巡航，为中国历代沿海居民打开了通向大洋的窗口，而明朝海禁政策导致朝贡贸易的衰落，更刺激了民间海外贸易的大发展，最终迫使明朝廷做出“隆庆开关”的决定，民间私人海外贸易获得了合法的地位。东南沿海各地民间海外贸易进入了一个新时期。此时，中国沿海海商的足迹几乎遍及东亚和东南亚各国，其中日本、吕宋（今菲律宾）、暹罗（今泰国）、满剌加（今马六甲）等地为当时转口贸易的重要据点。他们把内地的各种商品，如生丝、丝织品、瓷器、白糖、果品、鹿皮及各种日用珍玩运销海外，换取大量白银及香料。由于当时欧洲商人已经染指东南亚各国及我国沿海地区，这一时期的海外贸易活动实际上也是一场东西方争夺东南亚贸易权的竞争。16世纪至17世纪上半叶，以闽粤商人为主的中国商人集团在与西方商人的竞争和抗衡中始终占有一定的优势，成为世界市场中非常活跃的贸易主体。随着国内外商品市场的发展，作为交换媒介的货币也发生了重要变化，自唐、五代以来一直流行于民间的白银，随着海外贸易中大量白银货币的入超，最终取代了明朝的法定钞币，成为通行的主要货币。

繁盛的海外贸易对增加明朝廷的财政收入具有无可替代的重要作用。实际上，明朝已经成为当时的世界金融中心。明代后期及清代前期，中国与世界已经紧密地联系在一起。中国商人奔走于东西洋之间，促进了中国与亚洲各国的经济和文化交流。公元15世纪之后，来自欧洲的商人及传教士群体，纷纷来到亚洲，更是与中国的商人发生了直接的交往。

万历时期，即16世纪末、17世纪初，欧洲陷入经济萧条，大西洋

贸易衰退，以转贩中国商品为主的太平洋贸易发展为世界市场中最活跃的部分。中国商品大量进入世界市场，在一定程度上缓和了世界市场贵金属相对过剩与生活必需品严重短缺的不平衡状态；因嗜好中国精美商品而掀起的“中国热”，刺激和影响了欧洲工业生产技艺的革新，促进了经济的发展。中国商品为17世纪西方资本主义的兴起作出了不可磨灭的贡献。

16至18世纪，“中国热”风靡西方世界，欧洲人沉浸在对东方文明古国心驰神往的迷恋之中。思想家们开始思索西方与东方、欧洲与中国之间的深层次交流。欧洲的启蒙运动思想家们正是在这样一种氛围中，援引儒家思想，赞美中国。中国悠久的历史和发达的文明令欧洲人欣羡不已。为欧洲带来有关中国的信息从而引发热潮的人，主要是16—18世纪持续不断地来到中国的耶稣会士。由于此时的陆上丝绸之路已经衰败，从陆路来到中国，交通相当不便，于是海上交通便成为15世纪以后西方人来到中国的主要通道。换言之，中国的海洋文明发展史在15世纪以后开始逐渐向世界各地延伸。

明末清初时期，中西之间的文化交流达到了前所未有的深度与广度，呈现出第三次高峰。在此时期，来华天主教传教士，尤其是耶稣会士，充当了重要的文化交流桥梁。一方面，在传播天主教教义的动机的驱使下，西方传教士译介了大量的西方科学文化知识，使明清时期的中国知识界对“西学”有了初步的了解和认识；另一方面，通过定期撰写书信报告、翻译中国典籍等方式，传教士也将中国悠久灿烂的文化及中国现状介绍到欧洲，致使17—18世纪的欧洲“中国热”经久不衰。可以说，这一时期中西文化的接触和交流，对东西方社会的发展和进步都产生了重要的影响。这个时期中国文化比较系统地传入欧洲，对18世纪欧洲社会文化转型和正在兴起的启蒙运动产生了重大影响。18世纪中叶，启蒙运动在欧洲兴起。启蒙思想家在继承古希腊、古罗马以来西方理性主义精神遗产，尤其是近代实证论、经验论的同时，也把眼光投向了中国，他们发现了在2000年前（公元前5世纪时）就已清晰地阐述了他们想说的话的伟大哲人——孔子。在耶稣会士从中国带回的各种知识中，没有哪一样像孔子的思想那样引发欧洲知识界的热烈研究与讨论，而与之相关联的，对中国的理性主义、文官制度、科举制度和法律的探讨，更是直接成为欧洲启蒙运动的重要灵感。许多著名的启蒙思想家，对孔子及中华学说赞扬不已。如伏尔泰从儒学的“人道”“仁爱”思想和儒家道德规范的可实践性看到了他所寻求的理想社会的道德理论和道德经验。莱布尼茨惊呼：“东方的中国，竟然使我们觉醒了!”孟德斯鸠从中国的儒学中看到了伦理政治对君主立宪的必要性。百科全书派的代表人物曾经赞扬中国是世界上唯一把政治和伦理道德相结合的国家。

18 世纪以来，西方的工业革命确立了资本主义制度的坚固基础，殖民化的欲望日益增强。传统的中华古国，在西方列强坚船利炮的冲击下，陷入了深重的危机。然而，富有包容性和创新性的中国海洋文化，在逆境中不断寻求变革之路，探索着文化的新生与重构。以鸦片战争为标志，在西方现代文明的冲击之下，中华文明遭遇空前危机，其主体性地位不断被质疑，中华文明向海外扩展的内在动力也大为减弱。然而，中华文化内在的包容性与创新性，激发了一代又一代的中国人，特别是知识分子群体。中国的仁人志士从未停止对中华民族复兴之路的探索。他们勇于直面危机，努力探索，求新求变，从而推动中华文化的自我调整和现代化嬗变。中华文明面对的是“三千年未有之大变局”，中国长期的文化优势和文化优越感被西方殖民主义的强势文化不断消解。因此，伴随着西方历次的殖民战争，许多中国人在阵痛之后开始了文化自觉和文化反思。这种文化自觉和文化反思最集中的表现即对西方先进科学技术和社会科学理论的引进传播，最终孕育了 20 世纪初的新文化运动，这成为中国近代名副其实的启蒙运动。

无论是林则徐、魏源等人的“师夷长技以制夷”，还是洋务派人士的“师夷长技以自强”；无论是维新派人士的“立宪救国”，还是资产阶级革命派的“民主共和”；无论是以“民主”和“科学”为旗帜的新文化运动，还是以马克思主义为旗帜的中国共产党领导的新民主主义革命，无不体现出中国传统文化勇于面对逆境的韧劲。当然，逆境中的复兴之路，是十分艰辛、曲折的。仁人志士在不断的探索及实践中，最终找到“只有社会主义才能救中国”的伟大真理。

近代中国文化在中外文化交流中虽然身处逆境，但是其顽强的生命

力，使这一时期中华文明的海外交流和传播从未间断，并且呈现出某些新的传播特征。从对外经济往来的层面说，西方的经济入侵，固然使中国传统经济受到了很大的冲击，但是善于求新求变的中国民众，特别是沿海一带的商民们，忍辱负重，敢于向西方学习，尝试改变传统的生产格局，发展工农业实业经济，拓展海外贸易，取得了良好的成效，从而为中国现当代社会经济的转型与发展奠定了不可忽视的基础。

从文化层面看，20世纪初中国遭受的巨大浩劫，牵动东西方文明交流向更深入的方向走去。中国知识分子在吸收西方近代知识智慧的同时，深刻地反思中国传统文化的精髓与糟粕，继而为国家和民族的命运奋起反抗。在中学西传的过程中，以在传统海商聚居地出生的辜鸿铭、林语堂为代表的晚清知识分子的贡献很大。这一时期，中国古典文明的现代意义虽然在国内受到质疑和批判，但是在西方社会依然被广泛关注。中国传统的儒家经典、古典诗歌、明清小说在这一时期仍被大量译介到西方。许多汉学家如葛兰言、高本汉等对此都有专业的研究。

在近代中外文化交流中，海外华侨群体也作出了杰出贡献，如创办华文报刊、华文学校等，提倡华文教育。华文教育无形中扩大了中文社会的影响力，促进了中国文化与南洋本土文化的交流，同时也使南洋居民在一定程度上认识和了解了博大精深的中华文化。

随着明清时期特别是近代以来中国民间群众移民海外数量的增加，这一时期中国文化的对外传播形成了某些值得注意的新特征，这就是遍布世界各地的“唐人街”的形成与传播。近代中国文化在中外文化交流中虽然处于逆境，但中国商民在海外的发展从来没有停止，中国文化的海外交流和传播一直没有间断，中国的一些文化习惯，如中国茶文化传到西方之后，依然表现出强大的影响力，成为西方的一种流行文化。而华侨华人对世界各地经济发展的贡献，更是世界各国人民有目共睹的。

近代以来，中国人民的艰辛探索终于迎来了中华人民共和国的诞生。新中国成立之后，殖民主义文化被彻底抛弃，中华文明及其深厚的海洋文化发展潜力得到全面的复苏与拓展，中国与世界各地的经济交往以前所未有之势蓬勃发展，中华文化在中西文化交流中展现出前所未有的自觉和自信。特别是改革开放以来，随着中国综合国力和国际话语权的不断提升，中华文明及海洋事业在国际事务与中西文化交流中，表现出强大的拓展动力和趋势。中华海洋文化及中国海上丝绸之路，再次焕发出独特魅力，不断地延伸创新，影响世界，成为中国走向世界的最强音。

纵观中国海洋文明发展的历史过程，以及中华海洋文化与世界文化的交流历史，既有畅行的通途，也有布满艰辛的曲折之路。无论是唐宋时期由朝贡体系促成的政治制度、礼仪制度、文字文学、宗教信仰等的向外传播，还是宋明以来中国沿海商民的私人海上贸易和华侨移民，都对世界文明的进步与世界经济的发展作出了重要贡献。即使是在以往被人们忽视的科学技术领域，英国著名汉学家李约瑟（Joseph Needham）在其著作《中国科学技术史》一书中，对中国古代科学技术为世界所作的贡献作出了很高的评价。当然，近代以来，中华文明以及中国海洋文明的发展，备受压抑，历尽磨难，但始终葆有顽强的生命力、特有的文化魅力和世界影响力。当改革开放的春风吹遍神州大地的时候，中华文化更是在频繁的交流中不断丰富发展，体现出越来越鲜明的包容性格和进取精神。这一历史发展过程也充分证明，中华文明作为世界文明花坛中的一朵奇葩，必将在今后的历程中更加绚丽多彩。在全球化日益显著的今天，我们有责任也有义务让包括中国海洋文明在内的中华文明在继承中不断发扬光大，为整个世界文明的发展与和谐共存贡献力量。

二、对中国历代政府海洋政策的反思

中国历代政府所推行的海洋政策，无疑对各个时期海洋事业的发展与迟滞，产生了极为重要的作用。众所周知，欧洲中世纪以来，西方各国争相向海外发展势力，在全世界包括东方各地争夺势力范围。在这一系列的海外扩张过程中，国家的海洋政策起到了至关重要的推进作用。西方国家一直是海商、海盗寻求海外势力范围的坚强后盾。然而，中国历代政府的海洋政策与此截然不同。秦汉以来，中国历代政府关于海洋事务的政策基调，基本上围绕所谓的朝贡体系展开。到了近代，中国积贫积弱，朝贡体系因而备受海内外政治家与学者的非议乃至蔑视。

秦汉以来的朝贡体系无疑是中国历代对外关系的基石。近现代以来，人们诟病这一外交体系主要因为两个方面：第一，中国历代政府以朝贡体系为主的外交方式，把自身置于“天朝上国”或“宗主国”的地位，把交往的其他国家视为“附属国”；第二，中国历代朝贡体系下的外交，是一种在经济上得不偿失的活动，外国贡品的经济价值有限，而中国历代朝廷赏赐品的经济价值大大超出贡品的经济价值。

进入近现代时期，由于西方列强的侵略及中国自身发展的迟滞，中国沦为“落后挨打”的半封建半殖民地社会。在许多西方人和日本人的眼里，中国是一个可以随意宰割的无能国度。在这种观念的影响下，西方人和日本人探讨中国近现代以前，特别是中国历代的朝贡体系时，就不免带有某种先入为主的偏见，嘲笑中国历代的朝贡外交体系是一种自不量力、自以为是的“宗主国”虚幻政策。与此同时，20 世纪中国学界普遍沉浸于向西方学习的文化氛围中，相当一部分学者也就自然而然地接受了这种带有蔑视和嘲笑意味的学术观点。因此，近现代以来国内外学者对明朝朝贡体系的批评，存在明显的殖民主义语境。与此形成鲜明对照的是，同时期大英帝国所谓“日不落帝国”及其后的美国霸权主义，却很少受到世人的蔑视与取笑。

中国历代朝贡体系之下的外交在经济上得不偿失的观点，很大程度上受 20 世纪四五十年代以来关于中国封建社会内部是否已经出现资本主义萌芽问题讨论的影响。由于受到西方学界的影响，中国大部分学者希望自己比较落后的祖国能够像西方的先进国家一样，走上资本主义社会这一有历史发展规律可循的道路。而发展资本主义社会的前提是商品经济、市场经济及对外贸易经济的高度发展。于是，在这样的学术背景下，20 世纪五六十年代，中国历史学界探讨明清时期的商品经济、市场经济及海外贸易等领域，取得了不错的成绩。人们发现，西方国家在资本原始积累的过程中，对外关系、对外贸易以及海外掠夺，对这些国家的资本主义经济发展和社会变革起到了至关重要的助力作用，反观中国传统朝贡体系下的经济贸易，得不偿失，未能给中国资本主义的萌芽和发展提供丝毫的帮助。然而，从纯经济的角度来评判中国历代的朝贡体系，实际上严重混淆了明朝的国际外交关系与对外贸易的应有界限。

毋庸讳言，中国历代的朝贡外交体系是承继中国两千年来“华夷之别”的传统文化价值观而形成的。这种朝贡外交体系，显然带有某种程度的政治虚幻成分。同时，它又只是一种国与国之间的政治外交礼仪而已。这种朝贡式外交礼仪中的所谓“宗主国”与“附属国”，也只是一种名义上的表述，两者的关系并不像欧洲中世纪国家那样，必须以缴纳实质性的贡赋作为联系纽带。因此，我们评判一个国家或一个朝代的外交政策及其运作体系，并不能仅仅因为它的某些虚幻观念和经济上的得失，就武断地给予负面的历史判断。如果我们要比较客观和全面地评判中国历代的对外关系，就应该从确立这一体系的核心宗旨及其实施的实际情况出发，同时参照世界上其他国家对外关系的历史事实，进行综合分析，如此才能得出切合历史真相的结论。

中国历代对外朝贡体系的确立，是建立在国与国、地区与地区之间和平共处的核心宗旨上的。这一点我们在明朝开创者朱元璋及其儿子明成祖朱棣关于对外关系的一系列谕旨中就不难发现。朱元璋在《皇明祖训》中明确指出：“四方诸夷，皆限山隔海，僻在一隅，得其地不足以供给，得其民不足以使令。若其自不揣量，来扰我边，则彼为不祥。彼既不为中国患，而我兴兵轻伐，亦不祥也。吾恐后世子孙，倚中国富强，贪一时战功，无故兴兵，致伤人命，切记不可。”[①] 洪武元年(1368)，朱元璋颁诏于安南，宣称：“昔帝王之治天下，凡日月所照，无有远迩，一视同仁，故中国尊安，四方得所，非有意于臣服之也。”从这个前提出发，中国对外关系的总方针就是要“与远迩相安于无事，以共享太平之福”[②]。永乐七年（1409）三月，明成祖朱棣命郑和下西洋，“敕谕四方海外诸番王及头目人等……祗顺天道，恪守（遵）朕言，循理（礼）安分，勿得违越；不可欺寡，不可凌弱，庶几共享太平之福”。[③] 在这种对外关系的总方针下，明初政府开列了朝鲜、日本、大小琉球、安南、真腊、暹罗、占城、苏门答腊、西洋、爪哇、彭亨、百

①《皇明祖训》条章，载《四库全书存目丛书》，齐鲁书社，1996。

②《明太祖实录》卷三四。

③ 郑鹤声、郑一钧：《郑和下西洋资料汇编》上册，齐鲁书社，1980，第99页。

花、三佛齐、浡泥，以及琐里、西洋琐里、览邦、淡巴诸国，皆为“不征诸夷国”。① 在与周边各国的具体交往过程中，朱元璋本着中国自古以来的政策，主张厚往薄来。在一次与琐里的交往中，他说道：“西洋诸国素称远番，涉海而来，难计岁月。其朝贡无论疏数，厚往薄来可也。”② 明初奉行的一系列对外政策和措施，充分体现了明朝政府在处理国际关系中所秉持的不用武力，努力寻求与周边国家和平共处之道的基本宗旨。

在寻求国与国之间和平共处的核心宗旨的前提下，明朝与周边的一些国家，如朝鲜、越南、琉球等，形成了宗主国与附属国的关系，这也是不争的事实。但这种宗主国与附属国关系的形成，更多是承继以往历朝的历史因素。纵观全世界中世纪以来宗主国与附属国的关系，就会发现，宗主国与附属国的关系基本上是通过三种途径形成的：一是通过武力征服强迫形成，二是通过宗教关系或是民意及议会的途径形成，三是在传承历史文化的条件下通过和平共处的途径形成。显然，在这三种宗主国与附属国关系中，只有第三种，即以和平共处方式形成的宗主国与附属国的关系，是最经得起历史检验和值得后世肯定的。中国历代建立起来的以和平共处为核心宗旨的宗主国与周边附属国的关系，正是这样一种经得起历史检验和值得后世肯定的对外关系。正因为如此，纵观历史，虽然这些附属国会不时发生内乱等极端事件，历经政权更替，但无不以得到明朝中央政府的册封为荣，即使是叛乱的一方，也都想方设法得到明朝中央政府的承认。可以说，当这些附属国发生内乱，明朝中央政府基本上采取充分尊重本国实际情况的原则，从道义上给予正统的一方支持，以稳定附属国的国内情势，维护区域和平局面。当遭遇外患陷入国家危机的时候，这些附属国也经常向明朝求援。其中最典型的例子，就是万历年间朝鲜遭到日本军阀丰臣秀吉侵略时，明朝政府应朝鲜王朝的求援，派出大量军队，帮助朝鲜王朝抵抗日本军队的进攻，最终把日本军队赶出朝鲜，维护了朝鲜王朝的领土完整和国家尊严。尤其值

① 郑一钧：《论郑和下西洋（修订本）》，海洋出版社，2005，第 9 页。
②《明史》卷三二五《外国六·琐里》，中华书局，1974，第 8424 页。

得一提的是，在这场规模不小的抗倭战争中，明朝政府不但派出军队参战，而且所有的战争经费都由明朝政府从财政规制中支出，“糜饷数百万”①。作为宗主国，明朝对附属国朝鲜的战争支援，完全是无偿的。

在历代对外朝贡体系中，中国对外国朝贡者优渥款待，赏赐良多。而这些朝贡者，来自东亚、南亚甚至中东的不同国家与地区，带来的所谓贡品，更多是作为求得明朝中央政府接待的见面礼，仅是“域外方物”而已。作为受贡者的明朝政府，对各国的所谓贡品并没有具体的规定。因此，明朝朝贡体系中的外国“贡品”，是不能与欧洲中世纪以来宗主国与附属国之间定期、定额的“贡赋”混为一谈的。明朝朝贡体系中的“贡品”，随意性、猎奇性的成分居多，缺乏实际经济价值。因此，如果单纯从经济效益衡量，当然是得不偿失。但是这种所谓的经济上的“得不偿失”，实际上被我们近现代时期的许多学者无端夸大了。明朝政府在接待来贡使者时，固然实行“厚往薄来”的原则，但无论是“来”还是“往”，其数量都是比较有限的，是有一定规制的，基本上仅限于礼尚往来的层面。迄今为止，除了郑和下西洋这种大型对外交往行为给国家财政造成一定的压力之外，我们还看不到中国历代正常朝贡往来中的“厚往薄来”对政府的财政产生过不良的影响。即使有，也是相当轻微的，因为所谓“厚往”，仅仅只是礼物和人员接待费用而已。明朝政府对一般来贡国国王的赏赐，基本上是按照本朝“准公侯大臣”的规格施行的。② 如果把这种“得不偿失”与万历年间援朝抗倭战争的军费相比，只能算是九牛一毛！万历年间支援朝鲜的抗倭战争，从根本上说，是为了维护地区的和平与稳定，而不是为了维持朝贡体系。

从更深的层面来思考，我们判断一个国家或一个时期的对外政策是否正确，不能仅仅以经济效益作为衡量得失的主要标准。国与国之间的外交关系和国与国之间的经济贸易关系，固然有必然的联系，但又不完全等同，外交关系与贸易往来必须有所区分，不能混为一谈。在 15 至 16 世纪以前欧洲国家所谓的“大航海时代”尚未来临，在世界的东方，

①《明史》卷三二二《外国三·日本传》，第 8358 页。

② 郑一钧：《论郑和下西洋（修订本）》，第 13 页。

明朝可以说是这一广大区域中最大，也是最为核心的国家。作为这一广阔区域中的大国，对维护这一区域的和平稳定是负有国际责任的。假如这样一个核心国家，凭借自身的经济、军事优势，四处滥用武力，使用强权征服其他国家，那么这样的大国是不负责任的，区域的和平与稳定是不可能长久存在的。从这样的国际关系理念出发，明朝历代政府所奉行的安抚周边国家、厚往薄来，以和平共处为核心宗旨的对外朝贡体系，正是体现了明朝作为东方核心大国的责任担当。事实上，纵观世界历史，所有曾经或现在依然是区域核心大国的国家，在与周边弱小国家和平相处的过程中，由于肩负维护区域和平稳定的义务和责任，在经济上必须承担比其他周边弱小国家更多的负担，这几乎是一种必然的现象。换句话说，核心大国所承担的政治经济责任，同样是另外一种“得不偿失”。但是这种“得不偿失”，是作为区域大国承担区域和平稳定责任的重要前提。另一方面，明朝作为东亚区域最大、最核心的大国，在勇于承担国际义务与责任的同时，被周边国家视为“宗主国”或“中国”，因而自视为“天朝上国”，也是十分顺理成章的事情。如果我们时至今日依然目光短浅地纠缠在所谓“朝贡体系”贸易中“得不偿失”的偏颇命题，那就大大低估了中国历朝历代政府所奉行的和平共处的国际关系准则。这种国际关系准则，虽然带有某些“核心”与“周边”的“华夷之别”的虚幻成分，但对中国的历史延续性及其久远的历史意义，至今依然值得我们欣赏和思考。

我们若明白自秦汉以来中国历代政府所施行的“朝贡体系”，实质上只是一种政治上的外交礼仪，就不难想象中国历史上历代政府所认知的世界，仅局限在亚洲一带，应该是建立在一种和谐相处的氛围之内的。由于中国是这一时期亚洲最大又最有实力的国家，建立以中国为核心的亚洲世界，也就顺理成章地成为政策制定的依据了。

我们再从秦汉以来至明清时期中国海洋政策的纵向面来考察。秦汉以来至隋唐时期，中国与海外各地的经济贸易活动相对稀少，有限的贸易也基本上被局限在“朝贡贸易”的圈子之内。宋代之后，经济层面的活动，包括私人海外贸易活动，才逐渐兴盛起来。因此，宋代是中国历代政府执行对外海洋政策的一个重要转折期。从秦汉以迄隋唐，由于海上私人贸易活动比较罕见，政府制定的对外海洋政策基本着眼于政治与文化外交的层面。与周边许多国家政治与文化体制较为落后的情形相比，中国的政治与文化体制有较为突出的优势。政府把对外海洋政策着眼于政治与文化的层面，并不会对中国的政治与社会统治产生不良后果。因此，在这个时期内，国家政府对政治体制与文化形式的输出，往往采取鼓励的方式。而这种对外海洋政策，在一定程度上促进了隋唐时期中国政治制度向朝鲜、日本、越南等邻近国家的传播。以文化形式向外传播，扩散的范围将更为广阔。因此，我们可以说，宋代以前，中国政府的对外海洋政策与民间的对外联系基本上是吻合的。

但是到了宋代，情况有了很大的改变。一方面，随着与周边国家和地区经济交往的增多，沿海一带出现了不少私人海上贸易现象。这种私人海上贸易活动已经超出了“朝贡体系”所能约束的范围，政府自然把这种活动视为“违禁走私”活动，政府的主要思考点在于确保社会环境和政治统治的稳定。南宋时期著名学者兼名臣真德秀在泉州担任知州时有一项重要事务，就是布置海防，防范海上贸易活动，即所谓“海盗”活动，剿捕流窜于海上的“盗贼”。很显然，从宋代开始，政府的海洋政策出现了两种相互矛盾的走向：一方面继续维持以往的“朝贡体系”，另一方面对民间海上私人贸易活动严加禁止，阻挠打击。

宋朝廷禁止和打击民间私人海上贸易的做法，被后世的统治者们延续下来。特别是到了明代，这种做法对海洋贸易的阻碍作用愈加突显。从明代中叶开始，东南沿海商民从事海上私人贸易已经成为经济发展的趋势。特别是到了15世纪之后，世界局势发生了重大变化，处于资本主义原始积累阶段的欧洲人开始向世界的东方进发，“大航海时代”已经到来。这就使得15世纪之后的明朝社会，被迫进入一个前所未有的“世界史”的国际格局之中。[①] 从比较世界史的视角来观察，明初中国国力鼎盛的时期，正是欧洲“黑暗”的中世纪。西方出现资本主义的曙光，和明中叶以降中国社会经济与文化思潮新旧交替的冲动几乎同时到来。

① 陈支平：《从世界发展史的视野重新认识明代历史》，《学术月刊》2010年第6期。

随着欧洲资本主义原始积累的步步推进，早期殖民主义者跨越大海，来到亚洲东部的沿海，试图打开中国社会经济的大门，谋取资本原始积累的最大利润。差不多在同一时期，伴随中国明代中期社会经济特别是商品市场经济的发展，中国商人也开始尝试突破传统经济格局和官方朝贡贸易的限制，冒险走出国门，投身到海上贸易的浪潮之中。

16 世纪初，西方的葡萄牙人、西班牙人相继东航，分别以满剌加、吕宋为根据地，逐渐扩张势力至中国的沿海。这些欧洲人的东来，刺激了东南沿海地区商人的海上贸易活动。嘉靖、万历时期，民间私人海上贸易活动冲破封建政府的重重阻碍，取代朝贡贸易，并迅速兴起。中国海商的足迹几乎遍及东亚、东南亚各国，其中尤以日本、吕宋、暹罗、满剌加等地作为转口贸易的重要据点。他们把内地的各种商品，如生丝、丝织品、瓷器、白糖、果品、鹿皮及各种日用珍玩等，运销海外，换取大量白银及香料等回国出售。由于当时欧洲商人已经染指东南亚各国及我国沿海地区，因此这一时期的海外贸易活动，实际上也是一场东西方争夺东南亚贸易权的竞争。中国沿海商人，以积极应对的姿态，扩展势力至海外各地。研究中国明代后期东南亚海上贸易的学者普遍认为，17 世纪前后，中国的商船曾经遍布南海各地，从事各项贸易，执东西洋各国海上贸易的牛耳。

明代中后期不仅是中国商人积极进取，应对“东西方碰撞交融”的时期，而且随着这种碰撞交融的深化，中国的对外移民也成了常态。在唐宋时期，虽说中国的沿海居民中也有迁移海外者，但数量有限且非常态，尚不能在迁移的地方形成具有一定规模的华侨聚居地。而拥有真正意义上的海外移民并且形成华侨群体的年代，应是始于中国明朝时期。这种情况在福建民间的许多族谱中多有反映，譬如泉州安海的《颜氏族谱》记载，该族族人颜嗣祥、颜嗣良、颜森器、颜森礼及颜侃等五人，先后于成化、正德、嘉靖年间到暹罗经商并侨寓其地至死。《陈氏族谱》记载该族族人陈朝汉等人于正德、嘉靖年间到真腊经商且客居未归。再如同安汀溪的黄姓家族，成化年间有人去了南洋，繁衍族人甚众。永春县陈氏家族则有人于嘉靖年间到吕宋经商并定居于当地。类似的例子很多，举不胜举。[①] 到中国明代后期，福建、广东一带迁移国外的华人，已经逐渐向世界各地拓展。印度尼西亚的巴达维亚城是荷兰东印度公司所在地，1619年前当地华侨不足四百人。不到十年，即截至1627年，该城华侨已达三千五百人，而其中大多数是来自福建漳州、泉州的移民。又据有关记载，从明代中后期始，中国的丝绸、瓷器等商品已由中外商人贩运到墨西哥等拉美地区，一些广东商民甚至在墨西哥的阿卡普尔科等地从事造船业或其他行业的生产经营活动。[②]

这些移居海外的华人，为侨居地早期的开发与经济繁荣作出了较大的贡献，如福建巡抚徐学聚所说："吕宋本一荒岛，魑魅龙蛇之区，徒以我海邦小民，行货转贩，外通各洋，市易诸夷，十数年来，致成大会。亦由我压冬之民，教其耕艺，治其城舍，遂为陕区，甲诸海国。"[③] 对于这一点，即使是西班牙殖民者也不得不承认。如马尼拉总督摩加在16世纪末宣称："这个城市如果没有中国人确实不能存在，因为他们经营着所有的贸易、商业和工业。"一位当时的目击者胡安·科博神父（Father Juan Cobo）亦公正地说："来这里贸易的是商人、海员、渔民，他们大多数是劳动者，如果这个岛上没有华人，马尼拉将很悲惨，因为华人为我们的利益工作，他们用石头为我们建造房子，他们勤劳、坚强，在我们之中建起了最高的楼房。"[④] 一些菲律宾史学家对此也作出了公正的评价，《菲律宾通史》的作者康塞乔恩（Joan de la Concepcion）在谈到17世纪初期的情况时写道："如果没有中国人的商业和贸易，这些领土就不可能存在。"如今仍屹立在马尼拉的许多老教堂、僧院及碉堡，大多是当时移居马尼拉的华人所建。约翰·福尔曼（John Foreman）在《菲律宾群岛》一书中亦谈道："华人给殖民地带来了恩惠，没有他们，生活将极端昂贵，商品及各种劳力将非常缺乏，进出口贸易将非常窘

---

① 王日根、陈支平：《福建商帮》，香港中华书局，1995，第117—119页。

② 黄国信、黄启臣、黄海妍：《货殖华洋的粤商》，浙江人民出版社，1997，第144页。

③ 徐学聚：《报取回吕宋囚商疏》，载《明经世文编》卷四三三《徐中丞奏疏》。

④ Teresita Ang See, *Chinese in the Philippines*, vol. 1, Manila, 2018, p. 137.

困。真正给当地土著带来贸易、工业和有效劳动等的是中国人，他们教给这些土著许多有用的东西，种植甘蔗、榨糖和炼铁，他们在殖民地建起了第一座糖厂。”①

移居印度尼西亚的华人同样为巴达维亚的发展与繁荣作出贡献。荷兰东印度公司在到来的第一个世纪里，不但使用了华人劳力和华人建筑技术建造巴达维亚的城堡，而且把城里的财政开支都转嫁到华人农民的税收上，凡城市的供应、贸易、房屋建筑，以及巴达维亚城外所有穷乡僻壤的垦荒工作都由华人来承担。② 荷兰东印度公司在17世纪下半叶才把糖蔗种植引进爪哇，在欧洲市场上它虽然不能与西印度的蔗糖竞争，但它取得了印度西北部和波斯的大部分市场，并且还出售到日本，而这些新引进的糖蔗的种植工作几乎是由华人承包的。③ 因此，英国学者博克瑟（C. R. Boxer）曾说：“假如马尼拉的繁荣应归功于移居那里的华人的优秀品质，那么当时作为荷兰在亚洲总部的巴达维亚的情况亦一样。华人劳工大多数负责兴建这座城市，华人农民则负责清除城市周围的村庄并进行种植，华人店主和小商人与马尼拉的同胞一样，占据零售商的绝大部分。我们实事求是地说，荷兰东印度公司对其首府的迅速兴起应极大地感激这些勤劳、刻苦、守法的中国移民。”④ 到了清代以至民国时期，庞大的华侨华人群体，更是为世界各地的社会经济发展作出了不可磨灭的贡献。

15世纪至17世纪，固然是西方殖民主义者向世界各地扩张的时期，但其时东方的中国社会，中国商人以积极进取的姿态，同样把自己的活动范围向海外延伸。这种双向碰撞交融的历史进程，无疑从另一个源头上促进了“世界史”大概念的形成与发展。因此可以说，15世纪至17

---

① John Foreman, *The Philippine Islands*, London, 1899, p. 118.

② J. C. Van Leur, *Indonesian Trade and Society*, The Hague, 1960, pp. 149, 194.

③ John F. Cady, *Southeast Asia*: *It' s Historical Development*, New York, 1964, p. 225.

④ C. R. Boxer, Notes on Chinese Abroad in the Late Ming and Early Manchu Periods Compiled from Contemporary Sources (1500—1750), in *Tien Hisa Monthly*, 1939 Dec., vol. 9, no. 5, pp. 460—461.

世纪的中国社会，同样是推进“世界史”格局形成的重要组成部分。

明代中后期，也就是16—17世纪，东西方的经济与文化碰撞，中国沿海商民积极应对西方所谓“大航海时代”的来临，这本来是中国海洋发展的绝佳时机。但遗憾的是，中国政府并未像西方政府那样，成为海洋商人寻求拓展海外势力范围的坚强后盾，而是采取了相反的政策措施——禁绝打击。由于受到政府禁海政策的压制，中国明代东南沿海地区的商人不得不采取亦盗亦商的经营行为。从中世纪世界海商发展史的角度来考察，亦商亦盗的武装贸易形式，也是中世纪以至近代西方殖民者海商集团所采取的普遍形式。不同的是，西方殖民者的海盗行径大多得到本国政府的支持。“大航海时代”的葡萄牙人、西班牙人、荷兰人，都以本国政府的支持和强大的武装为后盾，企图打开中国沿海的贸易之门。① 而中国海商集团的武装贸易形式，是在政府的压制下不得不采取的一种自我保护措施。在中国政府的压制下，东南海商的武装贸易形式虽然能够在中国明代后期这一特定的历史空间中得以发展，但最终不能长期延续并发展下去。终清之世，中国东南海商再也未能形成一支强大的武装力量。从国际贸易的角度看，这也是中国海商逐渐失去东南海上贸易控制权的重要原因之一。16世纪至19世纪中叶，中国的海商只能在政治与社会的夹缝中艰难行进。

中国历代朝贡体系虽然奉行与周边国家地区和平共处的宗旨，但这种仅着眼于政治仪式层面的外交政策，忽略了文化层面的外交交流（这里的文化层面，主要指带有意识形态的宗教、信仰、教育及生活方式等）。而这种带有政治仪式意味的外交政策，将随着政治的变动而变动，缺乏长久的延续性。因此，到17世纪后东亚及中东的政治版图发生变化时，中国对南亚、西亚以至中东的政治影响力迅速衰退。

通过对中国历代政府对外海洋政策的分析，我们不难了解到，中国历代政府所制定的对外海洋政策，主要围绕政治稳定展开，海洋经济的发展，基本上不能进入政府决策者的考量之中。虽然说政府也在某些场

① 毛佩琦：《明代海洋观的变迁》，载中国航海日组委会办公室、上海海事大学编《中国航海文化论坛》（第一辑），海洋出版社，2011，第268页。

合、某些时段对民间海上私人贸易设立管理机构并予以课税等，但是这些行为大多是被动的，是为了更有效地管制民间的“违禁”贸易行为。这种“超经济”的对外海洋政策和“朝贡体系”维系了中国与周边地区，也就是亚洲地区近两千年和谐共存的国际关系，使亚洲不曾出现像欧洲中世纪那样国与国之间攻伐不断的混乱局面。另一方面，国家政府对民间海上私人贸易活动的禁绝压制，也在一定程度上阻碍了中国海洋文明发展史的顺利前进。

三、宋明以来中国海上丝绸之路发展的两种路径

正如前文所论述的，在中国的海洋文明发展史上，宋代是一个关键的转折期。宋代以前，中国的海洋事务基本上在政府的“朝贡体系”下施行。而宋代以后，特别是明代以来，民间从事海上私人贸易活动的现象日益增加，最终大大超出国家政府“朝贡体系”控制下的经济活动范围。从中国海洋活动的范围看，唐宋时期中国的海洋活动及文化的对外传播，主要局限在亚洲相邻国家以至中东地区，和欧洲等西方国家的联系及对其的影响，是间接的，且相对薄弱。但是到了明代，情况就不一样了。双方不但在贸易经济上产生了直接并带有一定对抗性的交往，而且由于西方大批耶稣会士的东来，双方在文化领域也产生了直接的交往。

明代中叶之后，伴随世界地理大发现和新航路的开通，西方的思想文化及科学技术也日渐向外传播。而明代嘉靖、万历时期社会经济发展，海外贸易引发对传统商品扩大再生产和改革工艺的要求，迫切需要科学技术的创新和总结。欧洲耶稣会士带来的西方科技，如天文、历算、火器铸造、机械制造、水利、建筑、地图测绘等知识，又以其新奇和实际的应用刺激了讲究实学的士大夫的求知欲望。在这双重因素的交互推动下，出现了一股追求科技知识的新潮，产生了一次小型的“科学

革命”①。这种思想文化与科学技术的变化，充分地体现了这一时期中国文化与西方文化直接碰撞和交融的初步成果，同时也折射出当时的中国社会在面对新的世界格局调整时，是以一种包容开放的心态来与西方展开交流的。

正因为如此，尽管当时西方耶稣会士是带着传教目的来的，而且对所谓“异教徒”文化往往怀有某种程度的蔑视心态，但是在较为开放的中国社会与文化面前，这批西方耶稣会士敏锐地意识到中国传统文化的博大精深，所以他们中很少有人用轻视的眼光看待中国文化。由于有了这种较为平等的文化比较心态，明代后期来华的耶稣会士们，在一部分中国上层知识分子的协助下，开始较为系统地从事向欧洲译介中国古代文化经典的工作，竭力把中国的政治、经济、社会的基本状态及文化的基本内涵，介绍到西方各国。在这种较为平等的中西文化交流与文化传播中，中国的文化在西方获得了应有的尊重。

到了清代中期，中国政府采取了较为保守封闭的对外政策，尤其是对思想文化领域的交流，逐渐采取压制的态势。在这种保守封闭的政策之下，中国文化的对外传播受到了一定的阻碍。更为重要的是，随着西方资本主义革命的不断胜利和工业革命的巨大成功，“欧洲中心论”的文化思维已经在西方社会牢固树立。欧洲的政治家和知识分子也逐渐失去了对中华文化的敬畏之心。直至近代，虽然说仍然有一小部分中外学人继续从事翻译介绍中国文化经典的工作，但是在绝大部分西方人士的眼里，所谓中华文化，只是落后民族的低等文化。尽管他们的先哲也许在不同的领域提及并赞美过中国的儒家思想，然而到了这个时候，大概也没有多少人肯承认他们的高度文明思想跟远在东方的中国儒家文化有什么瓜葛。时过境迁，18 世纪以后，中国以儒家经典为核心的意识形态文化在世界文化整体格局中的影响力大大下降，对外传播的作用日益衰微。

但是我们还必须看到，随着宋元以来民间私人海上经济活动的不断

① 杨国桢、陈支平：《明史新编》，傅衣凌主编，人民出版社，1993，第 427—432 页。

加强，沿海一带的居民也随着这种海上活动的推进，不断地向海外移民。这就促使中国海洋文明发展与海上丝绸之路形成了两种不同的路径，一种是由政府主导的“朝贡体系”和由知识分子主导的以传播儒家经典为核心的意识形态文化，另一种是随沿海商民迁移海外而传播出去的与一般民众生活方式相关的基层文化。

据文献考察，宋明以来，特别是明代以来，中国迁居海外的移民基本上来自明代私人海上贸易最发达的地带，往往是父子、兄弟相互传带的家族式移民。1571 年，西班牙殖民者进抵菲律宾群岛并构建了以马尼拉城为中心的殖民据点，积极开展与东亚各国的贸易往来，采取吸引华商前来贸易的政策，前往菲律宾岛的华商日渐增多，其中不少人定居下来。明代福建官员描述：“我民往贩吕宋，中多无赖之徒，因而流落彼地不下万人。”① 有的记载则称这些沿海商民“流寓土夷，筑庐舍，操佣贾杂作为生活”，“或娶妇长子孙者有之，人口以数万计”。② 到了清代，中国东南沿海人民往海外的迁移活动，基本上呈不断递升的状态。随着国际交往的扩大和资本主义市场的网络化，中国海外移民的数量及所涉及的地域均比以往有所增长。到了近现代，中国东南沿海海外移民的足迹，已经遍布亚洲之外的欧洲和美洲各地，甚至到了非洲。

这种家族、乡族成员连带的海外移民方式，必然促使他们在海外新的聚居地较多地保留祖地的生活方式。于是，家族聚居、乡族聚居生活方式的延续，民间宗教信仰的传承，风尚习俗与方言的保存，文化教育与娱乐偏好的追求，都随着一代又一代移民的言传身教，顽强地延续下来。这种由民间传播至海外的一般民众的生活方式，逐渐在海外形成了富有中国特色的文化象征。因此，我们在回顾中国以儒家经典为核心的意识形态文化在明代后期向西方传播的同时，绝不能忽视明代中后期以来一般民众生活方式对外传播的文化作用及意义。当近代以来中国的意识形态文化在西方人眼里日益衰微的时候，以往被人们忽视的由沿海商

① 张燮：《东西洋考》卷五，载《东洋列国考》，中华书局，1981，第 91 页。

② 顾炎武：《天下郡国利病书》卷九三《福建三》，广雅书局光绪二十六年刊本，第 13 册。

民迁移海外而传播出去的一般民众的基层文化传播途径，实际上成了18世纪以后中华文化向海外传播的主流渠道。

虽然说从16—17世纪以来，中国东南沿海居民不断地、大批地向世界各地移民，形成华侨群体，并在自己的居住国形成具有中华文化特征的社会文化氛围，但是我们还必须看到，这种由下层民众传播到世界各地的中华文化，无论是宗教信仰、生活习俗，还是文化教育及艺术娱乐，基本上都是在华人的小圈子里打转，极少扩散到华人之外的族群当中去。也就是说，中华文化在海外的这种传播，不太可能对华人之外的群体乃至国家、地区产生重要的影响力。

中国历代的对外关系，基本上是遵循两条道路开展的：一是王朝政府的朝贡体系，一是宋代以来民间海外贸易与对外移民的系统。如前所述，王朝的朝贡体系，关注的是政治礼仪外交，宋代以后缺乏带有国家层面的文化输出和传播。而宋明以来的民间海洋活动，关注的是经济问题，民间文化输出的目的在于维系华人小群体和谐相处的稳定局面，极少往政治层面上去思索，因此这种民间文化的输出，影响力极其有限。也就是说，中国海上丝绸之路的发展模式，自宋代以来，严重缺失了国家层面的对外文化传播与输出。反观15世纪以来西方殖民者的东扩，在庞大的商业船队到来的同时，天主教的传教士也不断涌入，想方设法地在东方世界包括中国在内的广大民众之中传播西方的宗教信仰与意识形态。时至今日，西方天主教、基督教对中国社会的渗透，依然十分强大。有些东亚国家，如韩国，其民众对基督教的信仰大大超出了以往对东方佛教的信仰。起源于中东地区的伊斯兰教，同样也是如此。本来，华人移民率先进入东南亚地区，但是后来的伊斯兰教徒，充分利用和扩展与东南亚国家和地区上层阶层的交往，使伊斯兰教在东南亚地区得以迅速传播，如今东南亚地区的许多居民被伊斯兰教同化。伊斯兰教文化在这些地区后来居上，占据了统治地位。虽然有少部分中国学者一厢情愿地认为明代前期郑和下西洋对东南亚地区的伊斯兰教传播起到了重要作用，但是这种论点的历史依据，大多是属于现代的，很难得到东南亚

地区伊斯兰教系统文献的印证①，基本上属于自娱自乐、自说自话的范畴。

在中国历代海洋事业及海上丝绸之路的发展历程中，文化传播与输出的缺失，极大地限制了中国对周边国家特别是东南亚国家和地区的整体影响。尽管中国历代政府希望通过朝贡体系谋求与周边国家的和平共处，中国海外移民也对居住国社会经济的发展作出了重大的贡献，但是由于文化上的隔阂，使得无论是中国与周边国家、地区的关系，还是华侨华人与当地族群的关系，都处于比较尴尬的境地。就东南亚地区百余年的发展情况而言，华侨华人在经济上为当地的发展作出了重大的贡献，但是经济上越成功，对当地的贡献越大，往往越难与当地族群形成亲密和谐关系，二者之间的隔阂始终存在。一旦这些国家或地区出现政治上、经济上的波动，当地族群往往把社会、政治及经济上的怨恨发泄到华侨华人群体上。百余年来，东南亚地区是华侨华人人数最多的地区，同样居住在这些地区的其他外来族群，却很少受到血腥的排斥，唯独华侨华人，不时受到当地政府或当地民众的排斥、攻击与屠杀。这其中的原因当然是十分复杂的，但是我们不得不认识到，中国海上丝绸之路在发展历程中忽视了文化的传播与输出，造成不同国家与地区之间文化上的隔阂，无疑是其中一个重要的因素。

中国的海洋文明发展历史及中国海上丝绸之路历史的前进道路，虽然在 18 世纪之后受到一定的挫折，但是其整体发展趋势并没有发生明显的改变，中国通过海上丝绸之路与世界的联系，始终保持波浪式的前进态势。而随着中国改革开放的大踏步前进，到了 21 世纪，中国发展包括“海上丝绸之路”在内的“一带一路”重大倡议日益坚定。“建设丝绸之路经济带和 21 世纪海上丝绸之路的战略构想，兼顾陆地与海洋，是建立在中国既是一个陆地国家，又是一个海洋国家的历史土壤上，统筹陆海

① 如孔远志先生是主张郑和下西洋时向东南亚地区传播伊斯兰教的学者，但是他也承认：“海外现有的关于郑和在海外传播伊斯兰教的记载，尚缺乏有力的佐证。”参见孔远志：《论郑和与东南亚的伊斯兰教》，载中国航海日组委会办公室、上海海事大学编《中国航海文化论坛》（第一辑），第 81 页。

大格局、全方位对外开放的大手笔。它秉承和平合作、开放包容、互学互鉴、互利共赢的精神，通过政策沟通、道路联通、贸易畅通、货币流通、民心相通等一系列规划项目和实践，促进沿线国家深化合作，建设成一个政治互信、经济融合、文化包容的利益共同体、命运共同体和责任共同体。这个构想本身就是对传统中华文明的传承和弘扬。21 世纪海上丝绸之路建设不是简单的经济过程、技术过程，而是文明的进步过程。仅仅靠资金的投入和技术的推广是不够的，需要正确的理论指导和历史经验教训的借鉴。因此，忽视基础研究并不可取，挖掘海洋文明史资源，深化中国海洋文明史研究，推动历史研究与当代研究的互通互补，不仅是提高讲好海洋故事能力的必要条件，更是推进中国文明的现代转型，建设海洋强国的内在诉求"①。正因为如此，我们今天梳理中国海洋文明发展历史与中国海上丝绸之路历史的前进脉络，其现实意义是不言而喻的。

四、我们撰写"中国海上丝绸之路通史"的基本思路

中国海洋文明的发展及由此形成的中国海上丝绸之路，不仅给中国的社会经济与文化增添了不断奋进的鲜活元素，同时也为世界文明注入了不可或缺的源头活水。自现代以来，中外学界的不少学者都对中国的海洋文明发展史及海上丝绸之路历史文化进行过诸多探讨解析。但是迄今为止，学界对中国海洋文明发展史及海上丝绸之路历史文化的研究，主要侧重中国对外交通史、中国海外贸易史和中外文化交流史等领域。而对中国海洋文明发展史及海上丝绸之路的另外一种发展路径，即上面论及的以往被人们忽视的由沿海商民从事的海洋事业，以及由此迁移海外并传播到世界各地的基层文化的传播途径的研究，是缺失的。中国的海洋文明发展史及海上丝绸之路历史文化，从根本上讲，是由从秦汉以来一代又一代的民众构筑起来的。我们今天探讨和解析中国海洋文明发

① 杨国桢、王鹏举：《中国传统海洋文明与海上丝绸之路的内涵》，《厦门大学学报（哲学社会科学版）》2015 年第 4 期。

展史及海上丝绸之路历史文化，理应将较多的关注点放在构筑这一光辉历史与文化的下层民众上。近年来，随着中国海洋意识的提升，学界对中国海洋文明发展史及海上丝绸之路历史文化的讨论和学术研究日益增多，涌现出诸多富有见识的学术论述，其中以杨国桢先生主编的“海洋与中国”丛书、“海洋中国与世界”丛书和“中国海洋文明专题研究”丛书最具规模。这三套丛书用很大篇幅探讨、剖析了海洋文明与海洋文化中一般民众的生活方式及基层文化，使中国海洋文明发展史和海洋社会经济史的研究更贴近海洋草根文化的本源真实。

近年来，学界还组织出版了一些以“海上丝绸之路”为主题的研究成果，这其中有清华大学出版社出版的《海南与海上丝绸之路》、厦门大学出版社出版的“海上丝绸之路研究丛书”、世界图书出版社出版的“海上丝绸之路断代史研究”丛书和安徽人民出版社出版的“南方丝绸之路研究丛书”。在这几种有关海上丝绸之路研究的图书中，《海南与海上丝绸之路》是地域性研究著作，而厦门大学出版社出版的“海上丝绸之路研究丛书”则是专题性研究成果的汇集。这些专题性研究成果的出版，将进一步推进对海上丝绸之路历史文化的研究，扩展我们对海上丝绸之路的考察视野，具有良好的学术意义。然而，这批著作过于注重专题性的叙述，因此也缺乏对中国海上丝绸之路历史文化的整体把握。世界图书出版社出版的“海上丝绸之路断代史研究”丛书，比较简要地概述了从秦汉至明清时期中国海上丝绸之路的演变历史。但是这一历史叙述基本建立在中国本土立场上展开，对海上丝绸之路涉及的其他区域及华侨华人在世界上的伟大贡献，基本上未涉及，这不得不说是一个很大的遗憾。因为海上丝绸之路是世界性的，我们无法忽视中国海上丝绸之路与沿路各地的相互联系。正是这种联系，使其成了真正意义上的海上丝绸之路。

回顾近30年中国学界对中国海洋文明发展史及海上丝绸之路历史文化的研究，不难发现以往对中国海洋文明发展史和海上丝绸之路历史文化的研究，更多是建立在宏观概念的探讨与专题性分析上。需要指出的是，在当前国家提倡“一带一路”重大倡议时，社会上乃至学界的一部分人，蹭着国家重视海洋意识的热度，赶着海上丝绸之路的时髦，提出了一些脱离中国海洋文明发展真实历史的观点。正如杨国桢先生所批评的："现在一些研究成果，对海洋的历史作用的认识存在分歧。一种认为传统中国是一个陆权国家，海洋并不重要，现代国家的发展要重建陆权。一种急于表达中华海洋文明是世界领跑者、优秀角色，提出中国或福建是世界海洋文明发源地，近代以前至少15世纪以前是海洋之王……这些现象的出现，是中国海洋史学发展不成熟的表现。一些声音很高的人本身对历史毫无素养，写的书是'非历史的历史研究'，他们看了一些历史论著就随意拔高观点，宏观架构出理论体系，当然会对社会产生误导。比如最近在海峡两岸引起轰动的南岛语族问题，考古学界、人类学界、语言学界的研究成果，把他们的一部分来源追溯到我国东南沿海或台湾地区。于是台湾有人说：'台湾是人类文明发源地。'福建有人说：'福建是世界海洋文明的发源地。'这是真的吗？我认为史学界应该重视，开展讨论，辨明是非。这类问题还有不少，不宜视而不见。"①

从这样的思考出发，我们认为有必要撰写一系列比较全面又清晰体现中国海洋文明发展史及海上丝绸之路历史文化的著作，尤其是能在一定程度上反映历代中国商民从事的海洋事业，以及由此迁移海外而传播到世界各地的一般民众基层文化传播途径。当然，要使我们的这系列著作能够达到这样一个目标，涉及三个方法论的问题，有必要在这里与大家逐一探讨。

首先，作为中国海洋文明发展的全史性著作，叙述书写的边界在哪里？所谓中国海洋文明发展通史，顾名思义，要叙述的是与海洋相关联的社会经济活动。但是我们不能赞同有些学者把中国的海洋文明发展史局限在海洋之中发生的历史事件。在本文的开章伊始，我们对中国的海洋历史形成这样的认识：中国海洋文明存在于"海—陆"一体的结构中。中国既是一个大陆国家，又是一个海洋国家，中华文明具有陆地与海洋的双重性格。中华文明以农业文明为主体，同时包容游牧文明和海洋文明，形成多元一体的文明共同体。中华民族拥有源远流长、辉煌灿

① 朱勤滨：《海洋史学与"一带一路"——访杨国桢教授》，《中国史研究动态》2017年第3期。

烂的海洋文化和勇于探索、崇尚和谐的海洋精神。中国海洋文明发展的这种“海—陆”一体的结构，决定了其与大陆文明的发展，具有天然的、不可分割的联系。从某种意义上讲，中国的陆地文明与海洋文明是相互促进、相互制约、相辅相成的。二者的发展历程，是无法断然割裂的。基于这样的思考，我们对叙述中国海洋文明发展历史边界的整体把握，并不仅限于发生在海洋当中的活动，而是从较为宏观的视野考察中国历代海洋活动中陆地与海洋的各方关系，从而更加全面地描述中国海洋文明发展的基本概貌。

其次，我们撰写的这部中国海洋文明发展通史，既然是基于中国海洋文明存在于“海—陆”一体结构的观点之上，那么这一极为宏观的审视所牵涉的领域又未免过于空泛和难于把握。为了更集中地体现中国历代海洋活动的主体核心部分，我们认为，在中国海洋文明发展历史的进程中，人的作用始终是第一位，海洋社会的核心是海洋活动中的人。“在海洋发展历史上，不同的海上群体和涉海群体塑造了不同的海洋社会模式，如古代的渔民社会、船员社会、海商社会、海盗社会、渔村社会、贸易口岸社会等等。他们有各自的身份特征、生计模式，通过互动结合，形成不同风格的群体意识和规范。海洋史就是要去研究海洋社会中的结构、经济方式，及其孕育的海洋人文。”① 我们只有更加深入与全面地反映历代人民在中国海洋文明发展进程中所发挥的无与伦比的历史作用，才能更加贴近中国海洋文明发展历史与文化的真实面貌，还原出一个由历代人民艰苦奋斗创造出来的历史本真。当然，要较为全面且如实地描述历代人民在中国海洋文明发展历程中所扮演的角色及其所发挥的作用，就必须深入地剖析历代人民所秉持的生活方式的方方面面，举凡社会、经济、精神、宗教信仰、文化教育、风俗习尚等，都是我们这部著作所要体现的重要内容。

再次，我们这部中国海洋文明发展史，虽然把论述的核心放在海洋活动中的“人”，但是中国自秦汉以来就是一个中央集权制国家，国家

---

① 朱勤滨：《海洋史学与“一带一路”——访杨国桢教授》，《中国史研究动态》2017 年第 3 期。

制度对政治、社会、经济、文化等各个方面都具有不可替代的强制力，而传承了两千多年的儒家文化等上层意识形态，同样也对中国历代的政治、社会、经济、文化等各个方面的发展起到不可忽视的影响作用。中国的海洋文明发展进程同样也是如此，无论是汉唐时期政府主导的“朝贡体系”，还是宋明以来民间私人海上贸易与海外移民的兴起，无不在相当程度上受到国家政府的制度设计和制度约束，从而在不同程度上影响着中国海洋文明发展的历史进程。特别是明清以后，国家政府对民间私人海上贸易活动及海外移民活动基本采取了压制的政策，对中国海洋文明的国际化进程产生了一定的阻碍作用。中国历代政府与中国海洋文明发展的这种复杂又多元的关系，以及中国传统儒家文化、道德观念对中国海洋文明发展历程所产生的影响力，无疑是我们在探讨中国海洋文明发展史及中国海上丝绸之路历史文化时应关注的内容。

最后，关于中国海洋文明发展历史，虽然最初海洋活动的产生是基于海岸线上的生产生活活动，如捕捞、养殖以及沿着海岸线的短途商业活动等，但随着海洋活动的扩展与进步，中国的海洋活动势必从海岸线走向大海，走向东南亚、南亚、中东以至欧洲、美洲各地。因此，中国海洋文明发展史，无疑是中国海洋活动不断向大海拓展活动空间的历史，而这一历史发展进程，就不单单涉及中国一个国家或地域的问题，而是涉及双向的国际问题。我们现在论述中国海洋文明发展史，总是脱离不了中国海上丝绸之路的话语，这正说明了中国的海洋文明发展史，是与中国海上丝绸之路的发展史紧密联系在一起的。海上丝绸之路是亚洲海洋文明的载体，不是中国一家独有的。从文化视角出发，海上丝绸之路可阐释为“以海洋中国、海洋东南亚、海洋印度、海洋伊斯兰等海洋亚洲国家和地区的互通互补、和谐共赢的海洋经济文化交流体系”。在某种意义上，海上丝绸之路是早于西方资本主义世界体系出现的海洋世界体系。这个世界体系以海洋亚洲各地的海港为节点，自由航海贸易为支柱，经济与文化交往为主流，包容了各地形态各异的海洋文化，形成和平、和谐的海洋秩序。中国利用这条海上大通道联通东西洋，既有主动的，也有被动的成分；沿途国家加入海上丝绸之路的运作，不是中国以武力强势和经济强势胁迫的。从南宋到明初，由于造船、航海技术

的发明和创新，中国具有绝对的海上优势，但中国并不利用这种优势追求海洋权力，称霸海洋。所以海上丝绸之路自开辟后一直是沿途国家交往的和平友善之路，直到近代早期欧洲向东扩张，打破了亚洲海洋秩序，才改变了海上丝绸之路的和平性质。海上丝绸之路作为历史的符号，覆盖了西太平洋和印度洋的地理空间，代表传统海洋时代和平、开放、包容的精神和文化。[①] 从这样的思路出发，我们对中国海洋文明发展史的认识，应该是具备国际视野的。从某种意义上或许可以说，中国的海洋文明发展史，也是我们海洋先民的足迹不断地向海外跋涉迈进的历史。这一点，同样是我们在这系列专著中力求表达的一个重要部分。

从以上的学术思路出发，我们撰写的“中国海上丝绸之路通史”丛书，应该是一套能充分体现中国历史上海洋事业与海上丝绸之路的纵向发展与横向发展的全方位的史学著作。也就是说，这批著作一方面较详尽地阐述了中国自先秦至民国时期海上事业与海上丝绸之路的发展概貌，另一方面也对各个历史时期中国海洋事业与海上丝绸之路发展阶段的主要特征进行专题性研究。其次，我们必须把研究的视野从中国本土逐渐向世界各地延伸，而不能局限于中国本土，不能仅仅以中国人的眼光来审视这一伟大的历程。我们必须追寻我们华侨先人的足迹，他们不惧汹涌的波涛，走向世界各地，从而为中华文化的对外传播，为世界各地的社会发展作出巨大的贡献，他们与祖籍家乡保持紧密联系、始终与祖籍家乡同呼吸共命运。中国海洋文明发展史与海上丝绸之路历史与文化的世界性，是该系列专著要表达的一项重要内容。其三，以往对中国海洋文明发展史及海上丝绸之路的研究都只关注社会经济活动，而事实上中国海洋事业与海上丝绸之路的发展演变过程除了包含社会经济活动，还包含文化、思想、教育、宗教等方方面面的上层建筑领域的内涵。因此，该系列专著还包括政治制度、文化精神等方面的内容，探索中国海洋社会经济发展的基本历程及其与文化等上层建筑领域的相互关系，寻找中国海上丝绸之路的文化意义及其对世界的重要贡献。

---

① 杨国桢、王鹏举：《中国传统海洋文明与海上丝绸之路的内涵》，《厦门大学学报（哲学社会科学版）》2015 年第 4 期。

当然，要比较全面而清晰地反映中国海洋文明发展史及海上丝绸之路历史文化，并不是一件简单的事情，没有一定的篇幅，是不足以反映中国海洋文明发展史及海上丝绸之路历史文化的全貌的。因此，我们联络了厦门大学、中国人民大学、闽南师范大学、福建中医药大学、闽江学院等多所高等院校的研究学者，分工合作，组成撰写20卷作品的研究队伍。我们从中国海洋文明发展史及海上丝绸之路历史文化的纵向和横向两个方面，进行多视野、多层次的探讨，经过三年多的努力，终于完成了这套数百万字的著作。我们希望这套专著能把两千年来的中国海洋文明发展史及海上丝绸之路历史文化，特别是把从事海洋事业、构筑海上丝绸之路的一般民众艰辛奋斗的历史，以及把中国传统文化传播到世界各地，推动世界文明多元化前进的本真面貌，呈现给广大读者。

我们深切知道，要全面深入地呈现中国海洋文明发展史及海上丝绸之路历史文化，单凭这样一套专著是远远不够的。由于我们的学力有限，这部多人协作完成的专著一定还存在不少缺点和错误。我们希望借这套专著的出版问世之机，向各位方家学者求教，希望得到方家学者的批评指正，以促使我们改进，并与海内外有意于研究中国海洋文明发展史及海上丝绸之路历史文化的同仁们一道探索，一道前进，共同促进中国海洋文明发展史及海上丝绸之路历史文化的学术研究更上一层楼。

陈支平

2022年10月

前　言

历史上我国最早的海港，可追溯到春秋战国时期。根据章巽的考证，战国时代我国沿海的重要港口，见于史籍记载的，渤海西北有碣石（在今河北昌黎），是燕国的通海门户；山东半岛北面有转附（今烟台芝罘半岛，春秋时代就是海上港口），南面有琅邪；长江口附近有吴（今江苏苏州，古代长江口在今崇明岛以西入海，吴离海很近）；往南有会稽和句章（今浙江宁波），是越国的海港。再往南，东瓯（今浙江温州）、冶（今福建福州）、番禺（今广东广州）等各族越人的都邑，也都是比较重要的港口。①

到汉代，已经初步形成了东、南两条海外交通线。东方航线，从渤海湾周围地区出发，通往朝鲜半岛和日本。南方航线，主要是从岭南出发，经过南中国海，到达印度洋地区，其港口主要有番禺、徐闻、合浦和卢容（在今越南承天，一说在广治）。三国两晋南北朝时期，海外交通发展较快，其时对外贸易港口主要是在交州和广州，交州的港口除了卢容外，还有龙编（在今越南北部）。除此之外，还有晋安（今福建福州）、梁安郡（郡治在今福建南安）、鄮县（今浙江宁波）、建康（今江苏南京）、长广郡（郡治在今山东青岛崂山区）等。唐五代时期，对外

① 章巽：《我国古代的海上交通》，商务印书馆，1986，第8—9页。

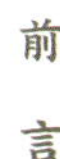

贸易呈现出前所未有的繁荣局面，广州、扬州、交州匕景（比景，今越南横山附近）、福州，成为对外贸易的四个主要港口，此外还有泉州、明州（今浙江宁波）、海州（今江苏连云港）、登州（州治在今山东蓬莱）等。[①]

宋、元两朝，我国的对外贸易进入鼎盛时期，其规模之大，贸易国家和地区之广，进出口货物的数量之多、品种之丰富，都是前所未有的。宋代对外贸易的港口，有广州、泉州、明州、杭州、温州、江阴军、华亭（今上海松江）、登州、密州等；元代对外贸易港口，有泉州、广州、庆元（即明州）、上海、澉浦、温州、杭州、太仓等。总的来说，宋元时期以广州、泉州、明州（庆元）三处海港最为昌盛，其他港口则兴废不常。

明朝初年，由于东南海上势力未靖，倭寇又时常侵扰我国沿海地区，明太祖朱元璋厉行海禁政策，严禁濒海民众出海贸易。与海禁政策相配合的，是官方控制下的朝贡贸易，即："凡外夷贡者，我朝皆设市舶司以领之。……其来也，许带方物，官设牙行与民贸易，谓之互市。是有贡舶即有互市，非入贡即不许其互市。"[②] 也就是说，只允许外国官方派遣使者来朝贡时随带货物，在官方的管理下进行贸易，不允许外国私人来华自由贸易。明王朝在宁波、泉州（后迁福州）、广州等地设立市舶司，以管理朝贡贸易。朝贡贸易具有政治外交与经济贸易的双重涵义，在永乐时期"极大地繁盛发展"[③]，但是明中叶以后，朝贡贸易无法满足国内外经济发展的需要，许多朝贡国的商人经常违禁与沿海商民交往，民间私人海上贸易活动日益增多，形成福建漳州月港、浙江双屿港等走私贸易中心。隆庆元年（1567），明王朝不得不局部开放海禁，但各省情况不尽相同，正如万历四十一年（1613）总督两广兵部右侍郎张鸣

---

① 参见陈高华、陈尚胜《中国海外交通史》，中国社会科学出版社，2017，第 7、13—14、29—30、56 页。

②《续文献通考》卷 31《市籴考・市舶互市》，现代出版社，1986，第 459 页。

③ 万明：《明初"贡市"新证——以〈敬止录〉引〈皇明永乐志〉佚文外国物品清单为中心》，载《明史研究论丛》第七辑，第 108—109 页。

冈所言："浙未常与夷市、闽市有往无来……粤则与诸夷互市。"① 浙江没有开放对外贸易，福建漳州月港只允许本国商人出海贸易，广东则允许外国商人前来贸易。

清朝初期，为了切断沿海地区与郑成功集团的联系，清王朝实行严厉的禁海迁界政策，海外交通贸易处于停滞状态。康熙二十二年（1683）统一台湾后，一度取消海禁，设立闽、粤、江、浙四海关，以管理商民的出海贸易和外商的来华贸易，广州、厦门、宁波成为对外贸易的主要港口。不过，清政府对来华外国商船的限制和防范日趋加强，乾隆二十二年（1757），限制外国商船只能在广州港收泊交易，广州成为对外贸易的唯一口岸。

鸦片战争后，清政府被迫与列强签订了一系列不平等条约，被迫开放众多沿海港口。1842 年中英《南京条约》规定，广州、福州、厦门、宁波、上海等五处港口辟为通商口岸，割让香港岛作为英国商船的往来基地，废除广州的行商制度。其他西方国家通过 1843 年中英《五口通商附粘善后条款》中所谓"一体均沾"的片面最惠国条款，也取得了在上列五口的通商权。第二次鸦片战争期间，英、法、美、俄诸国分别强迫清政府签订《天津条约》，逼迫清政府再开放十个口岸，其中沿海港口有六处，分别是：牛庄（后改营口）、登州（后改烟台）、台湾（后定为台南）、淡水、潮州（后改汕头）、琼州（今海口）。1860 年，英国强迫清政府签订《北京条约》，增辟天津港为商埠，割让香港岛对岸的九龙半岛南端和昂船洲。1876 年签订的中英《烟台条约》，规定中国开放温州、北海两处海港。甲午战争失败后所签订的《马关条约》，要求中国不但开放杭州等口岸，还要把辽东半岛、台湾全岛及所有附属各岛屿和澎湖列岛割让给日本。尽管后来俄、法、德三国强迫使日本归还辽东半岛，但俄国通过 1898 年《旅大租地条约》，强租旅顺口、大连湾及其附近水面，并将大连作为通商口岸；德国通过 1898 年《胶澳租界条约》，强租胶州湾，并将青岛辟为通商口岸。至此，中国沿海及其岛屿上的主要港口均因不平等条约而被迫对外开放。广州港逐渐失去了独占海上对

①《明神宗实录》卷 509，万历四十一年六月庚戌。

外贸易的垄断地位，其对外贸易中心的地位被上海港所取代。厦门、福州、汕头、天津等港口的对外贸易也有一定的发展。

对中国历史上国际贸易港的研究，始于19世纪末20世纪初。日本学者最先开展研究，如石桥五郎的《唐宋时代的中国沿海贸易及贸易港》①，中村久四郎的《唐代的广东》②，藤田丰八的《宋元时代海港之杭州》《葡萄牙人占据澳门考》③《中国港湾小史》，织冈芳太郎的《上海港》④ 等。英国在华领事馆等也组织人员编写了《二十世纪香港、上海和其他中国通商口岸的印象》⑤。20世纪30年代以后，中国学者开始涉足这一领域，主要论著有岑仲勉的《Zaitûn非“刺桐”》⑥、张德昌的《明代广州之海舶贸易》⑦、张道渊的《宁波市在国际通商史上之地位》⑧、程维新的《宋代广州市对外贸易的情形》⑨、武堉干的《唐宋时代上海在中国对外贸易上之地位观》⑩ 和《元代上海在中国对外贸易上之地位观》⑪、梁嘉彬的《广东十三行考》⑫、韩振华的《伊本柯达贝氏所记唐代第三贸易港之Djanfou》⑬、胡寄馨的《明代福建对外贸易港研究》⑭ 等。

---

①［日］《史学杂志》1901年12月。

②［日］《史学杂志》1927年第3—6期。

③ 均收录在藤田丰八:《中国南海古代交通丛考》，何健民译，商务印书馆，1936。

④ 三井物产上海支店，1929。

⑤ Arnold Wright, *Twentieth Century Impressions of Hongkong, Shanghai and Other Treaty Ports of China: Their History, People, Commerce, Industries, and Resources*, London, Lloyd's Greater Britain Publishing Company, Ltd. 1908.

⑥《圣心》1932年第1期。

⑦《清华学报》1932年第2期。

⑧《国风》半月刊1933年第9期。

⑨《食货》半月刊1935年第12期。

⑩《中央大学社会科学丛刊》1935年第1期。

⑪《新中华》1936年第19期。

⑫ 国立编译馆，1937。

⑬《福建文化》1947年第1期。

⑭《福建省研究院研究汇报》1947年第2期。

新中国成立初期，代表性的论著如黄盛璋的《中国港市之发展》[①]。改革开放后，对国际海港史相关问题的研究日益兴盛，各港口的通史性著作陆续出版，如：邓端本编著的《广州港史》（古代部分）[②]，程浩编著的《广州港史》（近代部分）[③]，吴家诗主编的《黄埔港史》（古、近代部分）[④]，福州港史志编辑委员会编的《福州港史》[⑤]，庄为玑等编著的《海上丝绸之路的著名港口——泉州》[⑥]，《泉州古港史》编写委员会编的《泉州古港史》[⑦]，厦门港史志编纂委员会编的《厦门港史》[⑧]，郑绍昌主编的《宁波港史》[⑨]、林士民的《海上丝绸之路的著名海港——明州》[⑩]、朱江的《海上丝绸之路的著名港口——扬州》[⑪]，吴家兴主编的《扬州古港史》[⑫]，茅伯科主编的《上海港史》（古、近代部分）[⑬]，金立成主编的《上海港史》（现代部分）[⑭]，李华彬主编的《天津港史》（古、近代部分）[⑮]，贵义和主编的《天津港史》（现代部分）[⑯] 等。

上述通史性著作基本上就单一海港展开论述。本书在已有研究的基础上，对汉唐至明清中国主要国际贸易港的兴起、发展、繁盛及变迁的历史过程进行系统论述，探讨各历史时期海洋政策等因素对国际贸易港发展的影响，以期对21世纪海上丝绸之路重大倡议的发展提供历史借鉴。

---

①《地理学报》，1951年第1、2期合刊。

② 海洋出版社，1986。

③ 海洋出版社，1985。

④ 人民交通出版社，1989。

⑤ 人民交通出版社，1996。

⑥ 海洋出版社，1989。

⑦ 人民交通出版社，1994。

⑧ 人民交通出版社，1993。

⑨ 人民交通出版社，1989。

⑩ 海洋出版社，1990。

⑪ 海洋出版社，1986。

⑫ 人民交通出版社，1988。

⑬ 人民交通出版社，1990。

⑭⑮ 人民交通出版社，1986。

⑯ 人民交通出版社，1992。

第一章 汉唐国际贸易港的发展

我国的海外贸易，在汉代已初具规模，到唐五代时期，呈现海外诸国“梯山航海”前来贸易的繁荣景象。广州、扬州、交州和福州，成为对外贸易的四个主要港口。鉴于交州位于今越南境内，本章主要探讨广州、福州和扬州三大国际贸易港的发展情况。

第一节　广州港

一、广州港的地理环境

广州港地处珠江水系的西、北、东三江汇合处，南临珠江漏斗湾湾头，兼有海港和河港之利。珠江口外岛屿众多，水道纵横，航线交织，有虎门、横门、磨刀门、崖门等水道出海。广州扼据珠江与南海之间的交通咽喉，是中国大陆通向东南亚、印度洋沿岸乃至欧洲各地区的“南大门”。受海洋性气候的影响，广州每年十月至第二年二月刮北风，其余月份吹东南风及南风，这为古代帆船航行提供了重要的条件。①

古代的广州位于东江、西江和北江的交汇处，东、西、北三江水都可以通过支流或主干汇集至广州。东、西、北三江构成珠江水系，流域

① 邓端本编著《广州港史》（古代部分），海洋出版社，1986，第 1 页。

面积约44万平方公里。其中，西江是珠江水系的主干。

珠江水道在历史上不断变迁，古代西江、北江汊道众多，其主航道也不完全是流入广州经虎门出海。除了东江一直是从虎门入海，明清时期西江主干流已从马口峡直出磨刀门入海，北江由西南直出洪奇沥入海。① 不过，历史上西江的主航道曾经流向番禺（广州），经虎门入海。《水经》记载："（西江）又东至高要县为大水，又东到南海番禺县西，分为二，其一南入于海，其一又东，过县东南入于海。"学者据此认为，汉代西江直通广州，并分为二支入海。② 其中"南入于海"的一支指的是今天北江下游出海的主干道——东平水道，"过县东南入于海"指的则是经广州珠江河道至狮子洋入海的水道。③古代北江流入广州的支流亦为数不少，从北向南排列，有白坭河、芦苞涌，以及西江、北江汇流后的西南涌、佛山涌、平洲水道等。④

珠江三角洲的发育，在历经多次河道淤断、改道等变迁之后，古代西江、北江、东江的水道、水量、流向等发生了很大的变化，珠江各水道汇入南海的口门增至八个：虎门、蕉门、洪奇沥、横门、磨刀门、鸡啼门、虎跳门、崖门。⑤

另外，由于西、北江的主干都不是在广州入海，东江入海与广州也有一定的距离，因此，三江输送到广州附近的泥沙量相对较少，泥沙淤积的过程相对缓慢，广州附近的河道长期保持着水深面阔的良好态势。从先秦到现代，尽管广州附近的海岸线以及西江、北江等干支流交汇广州的路线不断变迁，广州外港码头的位置不断南移，从晋代的扶胥港到

---

①③ 李燕：《广州港与海上丝绸之路》，广东经济出版社，2019，第6页。

② 曾昭璇：《思贤滘河道历史的变迁》，载《历史时期珠江三角洲河道变迁研究》，华南师范学院地理系，1979，第80页。

④ 参见刘卫《广州古城水系与城市发展关系研究》，华南理工大学博士学位论文，2015，第20页。

⑤ 参见李春初等《珠江河口演变规律及治理利用问题》，《泥沙研究》2002年第3期。

宋元时期的琶州港、明清时期的黄埔港再到现今的南沙港[1]，但三江汇流在广州东面（今黄埔一带）入海的总体格局保持不变，这是广州港历千年而不衰的地理基础。[2]

构成珠江水系的东江、北江和西江，不仅将广州的经济腹地扩展到珠江流域的广大地区，还可以通过三江上游及其支流连接广西、贵州、云南、湖南、江西等区域，进而与长江流域各大支流相连接，并通过大运河进入黄淮流域，从而使海上贸易的舶来品可以流通到全国各地，出口的货物也可以从全国各地集中到广州。江海交会的地理优势使历史上的广州港可以充分发挥海港和河港的双重功能，“通过三江可同岭外各地相交通，浮海而出可抵南海沿岸各地”。[3] 唐宋以后，随着大庾岭通道的多次整治和大运河的开通，广州与中原内地的联系更为畅通和便捷，广州港的经济腹地可以辐射大半个中国。广州与腹地联系的便利，对广州的对外贸易具有重要的影响。

二、秦汉时期的番禺港

根据学者考证，番禺早在战国时期就是我国沿海的一个重要港口。[4]但是，当时的岭南地区还属于尚待开发的蛮荒之地，其相关情况缺乏确切的史料记载。根据学者的研究，早期广州城区的水陆分布大体可概括为：一个大湖（即位于城西北的兰湖）、两个半岛（位于城南的坡山半岛和番禺半岛）、三个河（海）湾（浮丘湾、海珠湾和海印湾）[5]。秦汉以后随着泥沙的淤积，逐渐形成一个整体。今珠江南岸地区，在秦汉以前还是一系列的海岛。

---

① 参见吴家诗主编《黄埔港史》（古、近代部分），人民交通出版社，1989，第 4 页。

② 李燕：《广州港与海上丝绸之路》，广东经济出版社，2019，第 9、12 页。

③ 叶显恩主编《广东航运史》（古代部分），人民交通出版社，1989，第 29 页。

④ 章巽：《我国古代的海上交通》，商务印书馆，1986，第 9 页。

⑤ 参见梁国昭《广州港：从石门到虎门——历史时期广州港口地理变化及其对城市空间拓展的影响》，《热带地理》2008 年第 3 期。

据《淮南子·人间训》记载，秦始皇派兵南平百越，其原因之一是“利越之犀角、象齿、翡翠、珠玑，乃使尉屠睢发卒五十万，为五军”。其中，“一军处番禺之都”。① 番禺之名从此开始见诸史册。② 秦始皇平定岭南后，于公元前214年设置了南海、桂林、象郡三郡。“越之犀角、象齿、翡翠、珠玑”，大部分不是本地特产，而是来自海外的舶来品。日本学者藤田丰八认为：“秦始皇之经略南越，其目的固然不像《淮南子》所说的那样细小，然南越之都会番禺即广州当时已为犀角、象齿、翡翠、珠玑集散之中心市场，似无疑义。”③ 由此或可推论岭南地区在先秦时期已经与南海诸国有了贸易往来。我国史学家吕思勉也认为：“贸迁往来，水便于陆，故南琛之至尤早。《史记·货殖列传》言番禺珠玑、犀、玳瑁、果、布之凑，此语必非言汉时，可见陆梁之地未开，蛮夷贾船，已有来至交、广者矣。”④

秦末，天下纷乱，公元前204年，赵佗统一岭南地区，建立南越国，其都城亦在番禺。公元前111年，汉武帝派兵平定南越，设置南海、苍梧等九郡，番禺为南海郡治。《史记·货殖列传》列出西汉初年全国主要的经济区和具有代表性的二十多个商业城市，其中被称为“都会”的有九个：邯郸、燕、临淄、陶、睢阳、吴、寿春、番禺和宛。这九个商业都会大多分布于开发较早的黄河流域，长江以南的只有吴（今苏州）和番禺。番禺作为商业都会，其主要经济特征是“珠玑、犀、玳瑁、果、布之凑”，也就是海外舶来品贸易。《汉书·地理志》也说，粤地“处近海，多犀、象、毒冒（玳瑁）、珠玑、银、铜、果、布之凑，中国往商贾者多取富焉。番禺，其一都会也”。鉴于秦汉时期岭南生产力水平低下，可以推断“中国往商贾者”主要是从事舶来品贸易。两书的记述说明，番禺之所以成为当时全国九个商业都会之一，主要依靠的是港

① 刘安等：《淮南子译注》第18卷《人间训》，陈广忠译注，吉林文史出版社，1990，第885页。

② 邓端本编著《广州港史》（古代部分），海洋出版社，1986，第30页。

③［日］藤田丰八：《宋代之市舶司与市舶条例》，魏重庆译，商务印书馆，1936，第1页。

④ 吕思勉：《吕思勉读史札记》（上），上海古籍出版社，1982，第525页。

口贸易和商品集散功能。而位于长江口的吴，其经济特征是“东有海盐之饶，章山之铜，三江五湖之利”，突出的是内河航运的枢纽功能。

《汉书·地理志》记载了从岭南地区到印度洋的远洋航线：

> 自日南障塞、徐闻、合浦船行可五月，有都元国；又船行可四月，有邑卢没国；又船行可二十余日，有谌离国；步行可十余日，有夫甘都卢国。自夫甘都卢国船行可二月余，有黄支国，民俗略与珠厓相类。其州广大，户口多，多异物，自武帝以来皆献见。有译长，属黄门，与应募者俱入海市明珠、璧流离、奇石异物，赍黄金、杂缯而往。所至国皆禀食为耦，蛮夷贾船，转送致之。……自黄支船行可八月，到皮宗；船行可二月，到日南象林界云。黄支之南，有已程不国，汉之译使自此还矣。

文中所记载的古地名，目前尚无定论，多数学者认为，都元国在今越南南圻一带，邑卢没国为今泰国华富里，谌离国为今泰国古都佛统，夫甘都卢国在今缅甸蒲甘地区，黄支国在今印度东海岸的建志补罗，皮宗在今印尼苏门答腊岛北部，已程不国即今斯里兰卡。[①] 后人多以上述记载为据，认为汉代海上丝绸之路的始发港是日南（在今越南中部）、合浦和徐闻三个港口；[②] 但也有不少学者对此质疑，认为番禺才是汉代海上丝绸之路的始发港和第一大港；[③] 还有学者认为“番禺是出口港，徐闻和合浦是番禺的外港”。[④] 从历史文献和考古发现来看，早在南越国时期，其都城番禺与南洋诸国应该有一定的贸易往来。《汉书》记载：汉文帝时，派陆贾出使南越，越佗“因使者献白璧一双，翠鸟千，犀角

---

① 参见陈高华、陈尚胜《中国海外交通史》，中国社会科学出版社，2017，第 8 页。

② 参见韩湖初、杨士弘《关于中国古代“海上丝绸之路”最早始发港研究述评》，《地理科学》2004 年第 6 期。

③ 参见赵焕庭《番禺是华南海上丝路最早的始发港——对〈关于中国古代“海上丝绸之路”最早始发港研究述评〉的意见》，《地理科学》2006 年第 1 期；章深《广州：汉代中国海上丝绸之路第一大港》，《学术研究》2015 年第 10 期等。

④ 陈柏坚、黄启臣：《广州外贸史》（上），广州出版社，1995，第 44 页。

十，紫贝五百，桂蠹一器，生翠四十双，孔雀二双”。① 这些物品大多是从海外输入。南越王墓出土的文物中，波斯银盒、非洲象牙和乳香，是目前考古发现的最早一批舶来品。② 这些都说明南越国已经与海外有了一定规模的贸易往来。有学者指出，以秦汉时期的造船和航海技术，海船多是近海岸航行，南越国与南洋诸国的联系也必然要经过北部湾诸港口。只是在南越国的统治下，海外大量的舶来品应是要运送到都城番禺，或者说在南越国时期这条远洋航线的终点可能是在番禺，番禺因而成为海外舶来品的集散地。③

元鼎六年（公元前 111），汉武帝出兵统一南越时，番禺城可能已被毁坏，故“改筑番禺县城于郡南六十里，为南海郡治”。④ 元封五年（公元前 106），汉武帝分全国为十三部（州），每部（州）派刺史一人，岭南地区属交趾刺史部。西汉时期，十三部（州）并不是地方的行政机构，而是监察机构，各部（州）刺史“无适所治”，不常驻督察之地，只是每年八月巡视所部，至年底即回京汇报。不过，因岭南地理位置特殊，又是初辟之地，故而交趾刺史与其他部（州）相比有其特别之处。据《汉书·地理志》颜师古注：“胡广记云，汉既定南越之地，置交趾刺史，别于诸州，令持节治苍梧……”特令交趾刺史持节常驻岭南，并把交趾部机构设于苍梧（今广西梧州），说明汉武帝对南越残余势力仍存有一定的戒心，一方面给予交趾刺史较多的权力，另一方面，把岭南的政治中心从番禺西移至苍梧，以便削弱南越残余势力的影响，加强中央政权对岭南的控制。⑤ 交趾刺史部于东汉建安八年（203）改为交州，建安十五年交州州治移到番禺。⑥

由上述可见，自元鼎六年（公元前 111）至建安十五年（210）的三百余年间，番禺不再是岭南的政治中心。不过，从前述《史记》《汉书》

---

①《汉书》卷 95《西南夷两粤朝鲜传》，中华书局，1962。

② 韩维龙、易西兵主编《海上丝绸之路广州史迹》，广州出版社，2017，第 83 页。

③ 李燕：《广州港与海上丝绸之路》，第 62—63 页。

④ 顾祖禹：《读史方舆纪要》卷 101《广东二·广州府》，第 4339 页。

⑤ 高惠冰：《西汉岭南首府——广信考》，《西江大学学报》1998 年第 2 期。

⑥ 梁雁庵：《汉代交州州治沿革》，《广东史志》1996 年第 2 期。

对番禺的记载来看，从汉武帝统一岭南到西汉末年，番禺都会及其在全国的影响似乎没有太大的变化。《史记》叙事止于汉武帝太初四年（公元前 101），《汉书》叙事止于王莽地皇四年（23），两书叙事截止时间相差 124 年。司马迁和班固介绍岭南的角度虽有差别，但对番禺的评价则大体一致。① 对此，有学者解释道："南越立国 93 年，近百年的历史传统足以令这条航线的发展具备一定的稳定性和持续性，番禺作为海外舶来品的集散地，商贾和货物从四方向番禺的流动都可以在历史惯性下形成传统。这些传统在汉平南越之后仍然传承和延续下来，番禺才有可能成为《史记》《汉书》中所记载的全国商业都会之一。"②

从考古发现来看，西汉中期到东汉后期，番禺仍然是华南地区的重要外来商品集散地。在广州已发掘的西汉中期以后的墓中，出土较多串珠。这些串珠的质料有玛瑙、鸡血石、柘榴石、煤精、水晶、硬玉、琥珀和玻璃等，此外还有叠嵌眼圈式玻璃珠、蓝色玻璃碗以及绿色、黄白色玻璃带钩和璧。带钩和璧是我国传统的礼器，其他的则与中国传统的工艺品迥异，应与海外贸易有关。另外，西汉中期以后的墓葬中，出上的熏炉也逐渐增加，熏炉在东汉时尤为普遍，反映出当时燃熏香料的普及和香料进口的增加。尤其值得关注的是，在西汉中期到东汉后期的墓葬中，还发掘出一种托灯的陶塑俑和侍俑。这两种陶俑的形象与汉人不同，"头较短，深目高鼻，两颧高，宽鼻厚唇，下颌较为突出，身材不太高"。发掘者认为该陶俑的形象"可能来自西亚或非洲的东岸"。这种陶俑形象的出现应与对外贸易有关。这些可能是来自西亚或非洲东岸的人，被贩卖到中国后，成了贵家豪族的家内"奴隶"。这种陶俑在广西的贵县和梧州也有发现。③

《后汉书·郑弘传》记载："建初八年（公元 83），（郑弘）代郑众为大司农。旧交趾七郡贡献转运，皆从东冶泛海而至，风波艰阻，沉溺相

---

① 章深：《广州：汉代中国海上丝绸之路第一大港》，《学术研究》2015 年第 10 期。

② 李燕：《广州港与海上丝绸之路》，广东经济出版社，2019，第 63 页。

③ 中国社会科学院考古研究所、广州市文物管理委员会、广州市博物馆编《广州汉墓》，文物出版社，1981，第 477—478 页。

系。弘奏开零陵、桂阳峤道，于是夷通，至今遂为常路。”学者研究认为，“零陵、桂阳峤道”是两条不同的通道。其中，零陵峤道即越城岭（今广西全州附近）道，为交趾—合浦—桂林—零陵一线，是交趾通往中原的交通路线。[①] 而桂阳峤道，是由番禺北上，翻越骑田岭，通往湖南郴州。这条路线的开辟，也与当时对外贸易有关，因为交趾等郡进贡的物品有一部分就是进口的东西。[②] 东汉末年桓帝时（148—167），桂阳太守周昕开凿位于武水上游的六泷，后人为他立功勋碑，铭文指出：“郡又与南海接比，商旅所臻，自瀑亭至于曲江（今广东韶关），一由此水。……其成败也，非徒丧宝玩，陨珍奇，潜珠贝，流象犀也……（开凿之后）小溪乃平直，大道允通利。抱布贸丝，交易而至。”[③] 文中“成败”指沉船。周昕开凿六泷前，六泷经常发生船翻货沉的事故，损失很大。在这些沉没的货物中，有珠贝和象犀，显然与对外贸易有关。雍正《广东通志》也记载：“桓帝时，扶南之西，天竺、大秦等国，皆由南海重译贡献，而贾番自此充斥于扬、粤矣。”[④] 可见，东汉时期番禺仍是重要的对外贸易港，而且到了东汉后期更为繁荣。

据学者考证，广州最早的码头应在城西北古兰湖边的象岗山（古称席帽山）下。秦汉时期的兰湖面积很大，今象岗山下的双井街，是当时的湖岸。[⑤] 兰湖港三面环岗，避风条件好，北部为桂花岗、蛇拦岗、陈岗，南为西山，东为象岗。[⑥] 从兰湖流出的驷马涌向西注入珠江。驷马涌是连接珠江与兰湖码头的重要通道，北来的船只过了石门，很快就可

---

① 邓端本：《对古书“零陵、桂阳道”的考析》，载陈泽泓主编《广州话旧——〈羊城今古〉精选（1987—2000）》上，广州出版社，2002，第 28 页。

② 邓端本编著《广州港史》（古代部分），海洋出版社，1986，第 29 页。

③ 洪适：《隶释》卷 4《桂阳太守周憬功勋铭》，上海书店据商务印书馆 1935 年版重印，1985，第 54—55 页。

④ 雍正《广东通志》卷 58《外番志》，收入《景印文渊阁四库全书》第 564 册，第 650 页。

⑤ 梁国昭：《广州港：从石门到虎门——历史时期广州港口地理变化及其对城市空间拓展的影响》，《热带地理》2008 年第 3 期。

⑥ 李燕：《广州港与海上丝绸之路》，广东经济出版社，2019，第 16 页。

以到达驷马涌口。到唐代，兰湖码头仍是船舶避风港。后来兰湖逐渐淤塞，湖面向西退缩。至元代，码头已西移至彩虹桥。①

很早以前，广州港就有外港和内港之分。内港靠近城区，前述兰湖码头即内港。外港作为大船或海舶停靠和中转的锚地，位于离城较远的郊区。唐代李吉甫《元和郡县图志·岭南道》记载："陆贾故城，在县西一十四里。贾之来也，佗不即前，贾故为城以待之。"陆贾故城又称泥城，因其以泥土筑城，位置在今南源街西场东风西路西端，附近一带有多处秦汉墓葬。陆贾曾先后两次出使南越，一次在汉高祖十一年（公元前 196），另一次在汉文帝元年（公元前 179）。据考证，陆贾第一次出使南越时是走水路。当时赵佗对汉高祖的和平政策不理解，陆贾便"筑城以待佗"。有学者认为，陆贾登陆的西场，为番禺城外西侧的一个重要水陆码头，② 当时可能担负着相当于广州外港的角色。③鸦片战争期间，英国军舰曾在此登陆，并从这里进攻四方炮台，可见其在交通和军事上的重要性④。

三、六朝时期的广州港

东汉末年，孙吴的势力逐渐向岭南地区扩张。建安十五年（210），步骘被孙权委任为交州刺史。步骘抵达交州州治苍梧郡广信后，斩杀由刘表派遣的苍梧太守吴巨，"威声大震"。随后到达番禺，"见土地形势，观尉佗旧治处，负山带海，博敞渺目"，感叹说："斯诚海岛膏腴之地，宜为都邑。"⑤ 建安二十二年（217），步骘受命将交州州治迁到番禺，这不仅是基于番禺的地理条件和经济基础，更有政治上的考虑。东汉后期，出身苍梧广信的士燮家族权倾岭南，兄弟四人分别担任交趾、合浦、徐闻、南海四郡太守。为了摆脱士燮家族对岭南的操控，孙吴把交

①③ 梁国昭：《广州港：从石门到虎门——历史时期广州港口地理变化及其对城市空间拓展的影响》，《热带地理》2008 年第 3 期。

②④ 邓端本编著《广州港史》（古代部分），海洋出版社，1986，第 25 页。

⑤ 郦道元：《水经注》卷 37《泿水》，王先谦校，巴蜀书社，1985，第 575 页。

州州治从苍梧广信东迁至番禺。这样，在南越国灭亡三百余年后，番禺再度成为岭南的政治中心。吴黄武五年（226），孙权接受交州刺史吕岱建议，把交州一分为二，合浦以北另设广州，治所仍在番禺；交趾以南仍为交州，治所在龙编（今越南河内）。此后，广州与交州虽然有过短时期的合并，但岭南地区的政治经济中心仍然向广州方向转移。

据《三国志·吕岱传》记载，吕岱于延康元年（220）取代步骘为交州刺史，226 年上表建议孙权分设交、广二州，为广州刺史。铲除士氏势力后，吕岱被封为番禺侯，广州被废，并入交州①。吕岱“复进讨九真，斩获以万数。遣从事南宣国化，暨徼外扶南、林邑、堂明诸王，各遣使奉贡”。鉴于南方清平稳定，黄龙三年（231），吕岱被召还，率军在长沙郡沤口驻扎，因而其派使节出访南海诸国应是在公元 226 年至 231 年之间。扶南国是中南半岛的一个古国，其领土包括今柬埔寨、老挝南部、越南南部、泰国东南部一带。林邑，在今越南中部，原是汉日南郡象林县，东汉末年自立为王国。

另据《梁书》记载：“吴孙权时，遣宣化从事朱应、中郎康泰通焉（指海南诸国）。其所经及传闻，则有百数十国，因立记传。”“吴时，遣中郎康泰、宣化从事朱应使于寻国。”② 汉代，“中郎”为光禄勋（九卿之一）属官，东汉时为后备官员，无固定职掌或给事于诸中央机构，三国时仍置中郎，为储备人才的一种途径。“从事”或称“从事史”，汉以后三公及州郡长官皆自辟僚属，多以从事为称。从官衔推测，康泰是朝廷命官，朱应是较熟悉南海情况的交州从事。《三国志·吕岱传》与《梁书·海南诸国传》所记载的遣使出访南海诸国，应是同一件事。③《广东通史》认为，（朱应、康泰）“两使节从交州州治番禺启航”。④ 康泰出使回国后撰写的《扶南传》记载：“涨海中，倒（疑为‘到’）珊

---

① 吴景帝永安七年（264），复分交、广二州。

②《梁书》卷 54《诸夷·海南诸国》，中华书局，1973，第 783、789 页。寻国，指范寻统治下的扶南国。

③ 陈泽泓：《广州古代史丛考》，中央编译出版社，2017，第 99 页。

④ 汪廷奎主编《广东通史·古代上册》，广东高等教育出版社，1996，第 333 页。

瑚洲，洲底有盘石，珊瑚生于上也。”① “涨海”即今南海，最早见于东汉杨孚的《异物志》：“涨海崎头，水浅而多磁石……”② 珊瑚洲底的盘石，应当是指西沙群岛一带的暗礁，说明自番禺西行横越西沙群岛的航道已经开辟。

三国吴人万震的《南州异物志》记载了当时东南亚国家来广州贸易的商船：“外域人名船曰‘舡’，大者长二十余丈，高去水三二丈，望之如阁道，载六七百人，物出万斛。”③ 古代一斛十斗，“万斛”或为形容其多，能载六七百人，说明商船载重量大。航海技术也有了明显提高，风帆驶风技术增强了抗击风浪的能力，而且船航行速度更快。《南州异物志》也有详细记载：“外徼人随舟大小，或作四帆，前后沓载之。……其四帆不正前向，皆使邪移，相聚以取风。……无高危之虑，故行不避迅风激波，所以能疾。”④ 随着造船技术和航海技术的进步，南海国家的商船不必为躲避风浪和补给粮食而沿海岸航行，可以选择跨深海至中国口岸的航线，就是自马六甲海峡以东经南沙群岛穿过西沙群岛到达交州、广州某口岸的航线。这条航线不再经过海南岛以西，而是经过海南岛以东到广州的高凉郡与南海郡各港口。这些港口，当然以番禺最为优越。

《梁书》记载：“汉桓帝延熹九年（166），大秦（罗马帝国）王安敦遣使自日南徼外来献，汉世唯一通焉。其国人行贾，往往至扶南、日南、交趾。”“孙权黄武五年（226），有大秦贾人字秦论来到交趾，交趾太守吴邈遣送诣权。”“汉和帝时（89－105），天竺（今印度）数遣使贡献，后西域反叛，遂绝。至桓帝延熹二年、四年，频从日南徼外来献。”⑤ 据此记载，东汉后期至三国初年，大秦、天竺等国前来朝贡、通商，仍然多从日南、交趾等地入境。鱼豢所著《魏略·西戎传》（成书

①《太平御览》卷69，中华书局影印本，1960。《扶南传》又称《吴时外国传》。

② 杨孚：《异物志》，曾钊辑，中华书局，1985，第3页。

③《太平御览》卷769，第3412页。

④ 同上书，卷771，第3419页。

⑤《梁书》卷54《诸夷》，中华书局，1973，第798页。

于3世纪中叶）记载："大秦道既从海北陆通，又循海而南，与交趾七郡外夷比，又有水道通益州永昌，故永昌出异物。"① 著名的中西交通史和航海史专家章巽考证，认为当时大秦船直通中国有两条路线：一条是从大秦出发，经非、亚两洲之间的古运河（今苏伊士运河的前身），沿红海而南，转向东方，横跨印度洋，进入太平洋西南部，到交趾七郡，以至广州；另一条是从大秦到缅甸南部的海口之后，再转伊洛瓦底河等河谷，北上到达三国时期的永昌郡治不韦（今云南保山东北）。② 晋人殷巨记载，太康二年（281），"安南将军广州牧腾侯（即滕修）作镇南方……俄而大秦国奉献琛，来经于州"。③ 这是大秦使者先航海抵达广州，再转赴京城的明确记载，说明广州已成为南海航路的重要港口。正如学者指出："东吴以前盖俱以徐闻、合浦为南海市舶冲路，晋以后始以广州为交通海上诸番之主港也。"④

根据德国汉学家夏德（Hirth，1845—1927年）等人的研究，在公元3世纪时，即大约相当于我国魏晋时代，从事海上贸易的阿拉伯人已经在广州设有居留地。⑤ 东晋以后，印度洋沿岸及东南亚国家直接来广州贸易者不断增加。《晋书》云："孝武太元三年（378）诏曰：……广州夷人宝贵铜鼓，而州境素不出铜，闻官私贾人皆于此下贪比轮钱斤两差重，以入广州，货与夷人，铸败作鼓。其重为禁制，得者科罪。"⑥ 这一记载说明，东晋时前来广州贸易的外国商人已有不少。东晋僧人法显于后秦弘始元年（399）从长安循陆路到天竺"寻求戒律"。几年后，他从天竺乘商船从海上到师子国（今斯里兰卡），"见商人以晋地一白绢扇供

---

①《三国志》卷30《乌丸鲜卑东夷传》，中华书局，1959。

②《章巽文集》，海洋出版社，1986，第63页。

③ 欧阳询：《艺文类聚》卷85《布帛部·布》引殷巨《奇布赋》，汪绍楹校，上海古籍出版社，1965，1463页。

④ 梁嘉彬：《广东十三行考》，广东人民出版社，1999，第26页。

⑤ 参见全汉昇《宋代广州的国内外贸易》，载全汉昇《中国经济史研究》第2册，中华书局，2011，第3页。

⑥《晋书》卷26《食货志》，中华书局，1974。

养”玉佛像[①]，说明此前师子国与晋已有贸易往来。法显在师子国停留两年后，搭乘一艘载二百余人的商人大船，因遇大风，“船漏水入”，经九十余日，漂到耶婆提（今爪哇岛）。5 个月后，换乘另一艘商人大船，“赍五十日粮……东北行，趣广州”，听船上商人说，“常行时正可五十日便到广州”。[②] 由此可见，当时耶婆提和广州之间的商船往来相当频繁，而且能利用信风，准确掌握航行时日，定期往返。《汉书·地理志》记载，汉船从徐闻、合浦或日南出发，到都元国（约今越南南圻一带）需时 5 个月，而法显所乘商船从耶婆提出发到广州，其航程比汉船从徐闻到都元国远得多，却只需 50 日。两相比较，说明东晋时期从马来半岛及其附近一带到广州的航线，应是穿过西沙群岛“涨海”，经海南岛以东而达，航程大为缩短。

东晋及南朝宋、齐、梁、陈均定都建康（今南京），重视经营南方，使广州的海外贸易获得良好的机遇。东晋以后，许多外国贡使和商船以广州为终点港。史书谈及南海诸国时，也以广州为参照物。如《宋书》记载：“西南夷诃罗驼国，元嘉七年（430），遣使奉表曰：……愿敕广州时遣舶还，不令所在有所陵夺。”[③]《南齐书》记载：“宋末，扶南王姓侨陈如，名阇耶跋摩，遣商货至广州。”[④]《梁书》记载：“狼牙修国，在南海中……去广州二万四千里。”“婆利国，在广州东南海中洲上，去广州二月日行。”[⑤] 说明广州已成为外国商船来中国贸易的主要港口。

南朝时，外国商船来广州贸易相当频繁，但是由于尚未建立相应的管理制度和管理机构，其兴衰和稳定程度多取决于官吏的廉贪。史载：“海舶每岁数至，外国贾人以通货易。旧时州郡以半价就市，又买而即卖，其利数倍，历政以为常。”[⑥] 故而有“广州刺史但经城门一过，便得

①《法显传校注》，章巽校注，上海古籍出版社，1985，第 151 页。

②《法显传校注》，章巽校注，上海古籍出版社，1985，第 167、171 页。

③《宋书》卷 97《夷蛮列传》，中华书局，1965。

④《南齐书》卷 58《东南夷列传》，中华书局，1972。

⑤《梁书》卷 54《诸夷列传》，第 795、796 页。

⑥《梁书》卷 33《王僧孺传》。

三千万”的说法。[①] 或称：“广州边海，旧饶，外国舶至，多为刺史所侵，每年舶至不过三数。及（萧）励至，纤毫不犯，岁十余至。”[②] 由于刺史侵渔外国商船，一度使外商望之却步，来者寥寥。经广州刺史萧励整治后，每年来船数量成倍增加，对外贸易不断发展。《南齐书·东南夷传》云：“南夷杂种，分屿建国，四方珍怪，莫此为先。藏山隐海，环宝溢目。商舶远届，委输南州，故交、广富实，牣积王府。”交州地处南海与印度洋航线的必经之地，其首邑龙编是仅次于广州的对外贸易港。

与此同时，中国也有不少商人从广州出海到各国进行贸易。据阿拉伯人古行记的记载：“中国的商舶，从公元三世纪中叶，开始西向，从广州到达槟榔屿，四世纪到锡兰，五世纪到亚丁（Aden），终至在波斯及美索不达米亚独占商权。”[③] 3 世纪中叶即三国孙吴时期。马斯欧迪著《黄金原和宝矿石》一书也记载，在 5 世纪时，巴比伦西南的“Hira（希拉）市外停泊中国、印度之商船”。[④]

东晋南朝时，中外商船在广州贸易是在坡山、绣衣坊码头进出。坡山码头位于今惠福西路坡山巷五仙观一带，是古坡山所在。晋时，今惠福路一带是珠江北岸线所在，后来由于珠江岸线南移，河岸淤积成陆，坡山古渡成为历史。绣衣坊码头，位于今下九路西来正街口，为佛教禅宗始祖达摩登陆之处。萧励在梁中大通元年（529）记曰：“承达摩祖师、奚王优婆塞坐镇之西来庵福荫庇护，普通年间（520—527），外舶靠舶西庙，常年两三艘，转元前，已达十艘，禅商两旺，众口皆碑。”可见，绣衣坊码头在南朝梁时已经是海舶停靠的重要码头。《萧氏族谱·广州绣衣坊纪事》称：“普通五年甲辰（524），余以轻车将军出为广州刺史以来，首次到绣衣坊码头迎候波斯使船。附近杂居藩国商贾，达十国之多。”说明南朝时期广州的海外贸易已有相当规模。[⑤]

---

①《南齐书》卷 32《王琨传》。

②《南史》卷 51《萧励传》，中华书局，1985。

③ 王仲荦：《魏晋南北朝史》（上册），上海人民出版社，1979，第 490 页。

④［日］桑原骘藏：《唐宋贸易港研究》，杨炼译，商务印书馆，1935，第 22 页。

⑤ 参见李燕《广州港与海上丝绸之路》，广东经济出版社，2019，第 17—18 页。

四、隋唐时期全国第一大港

589年，隋统一中国，结束了自东晋以来270多年的分裂割据局面。隋朝统一中国虽不到30年，却开了中国历史上实行对外开放政策的先河。开皇九年（589）初定岭南，隋文帝即颁布著名的《安边诏》，革除陈朝官员对远道而来的海外客商“非法盘检”的弊政，告诫广州当局：“外国使人欲来京邑，所有船舶沿溯江河，任其载运，有司不得搜检。”① 开皇十四年（594）闰十月，又下诏：“东海于会稽县界，南海于南海镇南，并近海立祠。”② 南海神庙地处珠江北岸，位于今广州市黄埔区庙头村，是隋文帝下诏创建的国家坛庙，显示出朝廷对发展海外邦交贸易的重视。大业三年（607），隋炀帝派屯田主事常骏、虞部主事王君政出使赤土国（在今马来半岛）。常骏等人“赍物五千段”，从南海郡乘舟前往赤土，返程航海到交趾。③ 可见南海、交趾当时都是对外贸易港口。常骏一行的成功出访，不仅加强了隋与赤土的关系，还推动了与赤土邻近的东南亚国家如真腊（领土包括今柬埔寨、老挝及越南南部）、婆利（一般认为是今印尼巴厘岛）等国与隋朝的官方交往。史载：“大业中，南荒朝贡者十余国。”④ 从与内地的联系看，大业元年（605）开通济渠，“自扬、益、湘南至交、广、闽中等州，公家运漕，私行商旅，舳舻相继”，⑤ 说明交、广二州当时都是岭南重要的商业都会。正如《隋书》所称，“南海、交趾，各一都会也，并所处近海，多犀象玳瑁珠玑，奇异珍玮，故商贾至者，多取富焉”⑥。

---

① 李德林：《隋文帝安边诏》，收入许敬宗编、罗国威整理《日藏弘仁本文馆词林校证》卷664，中华书局，2001，第224页。

②《隋书》卷7《礼仪志二》，中华书局，1973，第140页。

③《隋书》卷82《南蛮列传》，中华书局，1973，第1834—1835页。

④《隋书》卷82，第1831页。

⑤ 李吉甫：《元和郡县图志》卷5《河南道·河南府河阴县》，中华书局，1983。

⑥《隋书》卷31《地理志下》，第887—888页。

（一）广州通海夷道

唐代在隋朝初步开放的基础上，实行“招来遐域”的对外开放与鼓励贸易政策。唐代的对外贸易以海上贸易为重点，海上贸易大致分为交、广和楚、扬南北两条海上贸易航线，其中以交、广为重点，交、广又以广州为中心。[①] 唐贞元年间（785—805）宰相贾耽（730—805）记述了唐代与四邻国家交通的七条路线，包括陆路五条、海路两条，海路分别为“登州海行入高丽渤海道”和“广州通海夷道”。所谓“广州通海夷道”，即从广州出发，经海南岛东面，沿中南半岛东南海岸向南航行，远达波斯湾、红海、东非海岸的航线。贾耽详细记述了该航线所经的 30 多个国家和地区以及航程所需时间。[②] 该航线全程约 1.4 万公里，是 16 世纪以前世界上最长的远洋航线，显示了唐代广州和中国在航海贸易方面的世界领先地位，标志着唐代广州和中国对外贸易的发展和繁荣。[③] 阿拉伯地理学家伊本·胡尔达兹比赫（IbnKhordadhbeh）（820—912）所著《道里邦国志》，记载了从伊拉克港口巴士拉经波斯湾到中国的航道，其中包括中国从南到北的四个港口：该航线出波斯湾后，往东沿印度海岸经穆拉（Mulā，即没来国）、塞兰迪布（今斯里兰卡），横渡孟加拉湾抵艾兰凯巴鲁斯（Alankabālūs，今印度尼科巴群岛），经印度尼西亚群岛、菲律宾群岛、中南半岛上的栓府（Al－sanf，即占婆，明代为占城国），到达中国的第一个港口鲁金（Lūqīn，即龙编，今越南河内），往北航行四日，到中国最大的港口汉府（今广州），继续航行八日到达汉久（Khānjū，今福州），再向北航行二十日至刚突（Qāntū，即江都，今扬州）。[④]《道里邦国志》的记载与贾耽记述的“广州通海夷道”可以相互印证。根据日本学者高楠顺次郎的研究，唐代经“广州通海夷

① 陈柏坚、黄启臣：《广州外贸史》（上），广州出版社，1995，第 72 页。

② 参见《新唐书》卷 43 下《地理志》，中华书局，1975。

③ 陈柏坚、黄启臣：《广州外贸史》（上），第 78 页。

④［阿拉伯］伊本·胡尔达兹比赫：《道里邦国志》，宋岘译注，中华书局，1991，第 64—72 页。文中今地名据译者注，其中“汉久”今地名，参见本章第二节。

道”来往广州的船舶有四条经常性的定期航线：

第一条：广州 ⇆ 南海（东南亚）⇆ 锡兰（斯里兰卡）⇆ 阿拉伯 ⇆ 波斯；

第二条：广州 ⇆ 南海 ⇆ 锡兰 ⇆ 美索不达米亚（伊拉克）；

第三条：广州 ⇆ 南海 ⇆ 锡兰 ⇆ 阿拉伯；

第四条：广州 ⇆ 林邑（越南中部）⇆ 阇婆（爪哇）⇆ 锡兰。①

唐代广州还有一条通往高丽、日本的东北航线。这条航线从广州起航后，利用西南季风向东北航行，经唐代沿海港口福州、明州（今宁波）、扬州、楚州（今淮安）到日本。据日本学者木宫泰彦研究，唐宣宗大中十年（856），中国商人李英觉、陈太信率领商船从广州出发，装载广州出产的斑藤柱杖、琉璃瓶子和天竺贝多树拄杖等，从广州起航到日本贸易。②

（二）对外贸易大势

广州是唐代中国对外贸易的第一大港，时人称：“广州地当要会，俗号殷繁，交易之徒，素所奔凑。”③ 当时外国经广州入唐朝贡的使节、商人众多，唐朝不得不明文规定：“由海路朝者，广州择首领一人、左右二人入朝。”④ 其余的商人、使节则留在广州及沿海口岸进行贸易。安史之乱以后，由于长安至西域的陆上丝绸之路被阻断，经过南海诸国的海上交通日趋重要，远在南亚、西亚、欧洲的一些国家也多改道由海路至中国。⑤

不过，唐代广州的对外贸易并不是一帆风顺的，而是有起有落，大致可以分为四个阶段：⑥

---

① 陈柏坚、黄启臣：《广州外贸史》（上），第 79 页。

② ［日］木宫泰彦：《中日交通史》，陈捷译，商务印书馆，1931，第 141 页。

③ 陆贽：《陆宣公集》卷 18《论岭南请于安南置市舶中使状》，刘泽民校点，浙江古籍出版社，1988，第 186 页。

④《新唐书》卷 48《百官三·鸿胪寺》。

⑤ 参见周伟洲《唐朝与南海诸国通贡关系研究》，《中国史研究》2002 年第 3 期。

⑥ 四个阶段的划分，参考李庆新：《唐代广州贸易与岭南经济社会变迁》，载李庆新《濒海之地：南海贸易与中外关系史研究》，中华书局，2010，第 22—30 页。

1. 武德至天宝间：日趋兴盛

唐代前期，国内政治开明，政局稳定，社会经济发展迅速，为对外贸易的发展提供了良好的环境和雄厚的物质条件。唐人杜佑比较了汉唐间中国与南海诸国的交往情况后指出："大唐贞观以后，声教远被，自古未通者重译而至，又多于梁、隋焉。"①

当时来广州贸易的商舶各国均有。史载，武则天时期，广州"每岁有昆仑乘舶，以珍物与中国交市"。② 为了加强对海外交通贸易的管理，增加财政收入，唐朝政府于开元二年（714）在广州设置了市舶使。③ 广州的市舶收入，成了唐朝政府的重要财政来源。开元年间宰相张九龄的《开凿大庾岭路序》称："海外诸国，日以通商，齿革羽毛之殷，鱼盐蜃蛤之利，上足以备府库之用，下足以赡江淮之求。"④ 开元中后期市舶使韦光闰的《进岭南王馆市舶使院图表》云："诸番君长，远慕望风，宝舶荐臻，倍于恒数""梯山航海，岁来中国"。广州临江建有海阳旧馆，"陆海珍藏""除供进备物之外，并任番商列肆而市，交通夷夏，富庶于人"。⑤ 天宝七年（748），鉴真和尚第五次东渡日本传法，遇台风漂至广州时，看到"江中有婆罗门、波斯、昆仑等舶，不知其数，并载香药、珍宝，积载如山。其舶深六七丈。师子国、大石国、骨唐国、白蛮、赤蛮等往来居住，种类极多"⑥。这里，婆罗门指今印度一带，波斯即伊朗，昆仑指马来半岛、印度尼西亚诸国，师子国即斯里兰卡，大石国即

---

① 杜佑：《通典》卷188《边防四・海南序略》，王文锦等点校，中华书局，1988，第5088页。

②《旧唐书》卷89《王方庆传》，中华书局，1975。

③ 关于唐代市舶使设置的时间，学界观点不一，本书参照黎虎《唐代市舶使与市舶管理》，《历史研究》1998年第3期。

④ 张九龄：《曲江集》，刘斯翰校注，广东人民出版社，1986，第608页。

⑤《文苑英华》卷613《进岭南王馆市舶使院图表》。此表《全唐文》卷515题王虔休作，黎虎、宁志新、李庆新等学者皆持此说。学者黄楼根据韦光闰神道碑、墓志等碑刻史料，认为此表应为开元中后期宦官韦光闰所撰。参见黄楼《〈进岭南王馆市舶使院图表〉撰者及制作年代考——兼论唐代市舶使职掌及其演变等相关问题》，《中山大学学报》（社会科学版）2009年第2期。

⑥［日］真人元开：《唐大和上东征传》，汪向荣校注，中华书局，1979，第74页。

大食。其中以师子国的商船最大，“南海舶，外国船也，每岁至安南、广州。师子国舶最大，梯而上下数丈，皆积宝货”①。天宝十年，张九皋为南海太守兼岭南五府节度经略等使，招徕番商，公平交易，中外贸易相当可观。萧昕《张公神道碑》称：“异域殊乡，往来辐辏；金贝惟错，齿革实繁；虽言语不通，而贽币交致。”②

由于广州海外贸易带来丰厚的利润，广州地方官吏贪赃枉法特别严重。《旧唐书》记载：“南海有蛮舶之利，珍货辐凑。旧帅作法兴利以致富，凡为南海者，靡不捆载而还。”③ 唐玄宗时曾大力整肃，史载：“南海郡利兼水陆，环宝山积，刘巨鳞、彭杲相替为太守、五府节度，皆坐赃巨万而死。……自开元已来四十年，广府节度清白者有四，谓宋璟、裴伷先、李朝隐及奂。”④ 卢奂，天宝八年（749）任南海郡太守。

2. 至德至贞元八年：起伏不定

天宝十四年（755），安史之乱爆发，唐朝从此由盛转衰。受全国政局影响，沿海地区局势也不稳定。唐代宗广德元年（763）十一月，广州市舶使吕太一发兵作乱，纵部下人肆掠夺，节度使张休弃城而逃。⑤ 广州海外贸易受到严重破坏，“西域舶泛海至者，岁才四五”⑥。杜甫诗云：“自平宫中吕太一，收珠南海千余日。近供生犀翡翠稀，复恐征戎干戈密。”

大历三年（768），冯崇道、朱济时分别在广州、桂州发动叛乱。第二年，李勉出任广州刺史兼岭南节度观察使，平定了冯、朱等人的叛乱，“勉性廉洁，舶来都不检阅，故末年至者四十余”⑦。杜甫诗《送重表侄王砅评事使南海》记其盛况：“番禺亲贤领，筹运神功操。大夫出卢宋，宝贝休脂膏。洞主降接武，海胡舶千艘。”然而，广州的海外贸

① 李肇：《唐国史补》卷下，中华书局，1991。

② 董诰等编《全唐文》卷355，中华书局，1983。

③《旧唐书》卷177《卢钧传》。

④《旧唐书》卷98《卢奂传》。

⑤《资治通鉴》卷223，广德元年十一月条，中华书局，2012。

⑥《旧唐书》卷131《李勉传》。

⑦《旧唐书》卷131《李勉传》。

易好景不长。大历八年（773），李勉离镇不久，循州刺史哥舒晃发兵攻广州，杀岭南节度使吕崇贲。唐朝派江西观察使路嗣恭兼岭南节度使进讨，“及平广州，商舶之徒，多因晃事诛之；嗣恭前后没其家财宝数百万贯，尽入私室，不以贡献”①。广州对外贸易受到沉重打击。

另一方面，岭南吏治腐败，广州官吏视对外贸易为利薮。唐德宗时，王锷出任广州刺史、岭南节度使，“广人与夷人杂处，地征薄而丛求于川市”。王锷通过专卖的方法，收购了一部分舶货，其所得利润竟与两税（即地税和户税，是唐朝的主要税收）的收入相等。②“西南大海中诸国舶至，则尽没其利，由是锷家财富于公藏”③。广州官吏对外商的诛求及招携失所，即陆贽所言，“若非侵刻过深，则必招怀失所”，使海外贸易商人“舍近而求远，弃中而就偏”，多往安南（交州）交易。贞元八年（792），岭南节度使李复竟“欲差判官就安南收市”，上奏请求“望定一中使与臣使司同勾当”。德宗即批“宜依”，被中书侍郎平章事陆贽驳回。④

3. 贞元九年至乾符初年：平稳发展

唐德宗时实行两税法，国家财政收入增加，政局也较为安定，至宪宗时，出现“元和中兴”。与此同时，随着我国经济重心的南移，南方经济在原有基础上有了较大的发展，成为国家财政的重要来源。朝廷对岭南的统治也就更为重视。韩愈元和十五年（820）撰写的《南海神广利王庙碑》称：（广州）“刺史常节度五岭诸军，仍观察其郡邑，于南方事无所不统。地大以远，故常选用重人，既贵而富。”⑤

贞元十八年（802），徐申担任岭南节度使。其时，“番国岁来互市，奇珠玳瑁，异香文犀，皆浮海舶以来”。⑥

元和十二年（817），孔戣出任广州刺史兼岭南节度使，在外贸税收、

---

①《旧唐书》，卷122《路嗣恭传》。

②③《旧唐书》卷151《王锷传》。

④ 陆贽：《陆宣公集》卷18《论岭南请于安南置市舶中使状》，刘泽民校点，浙江古籍出版社，1988，第186页。

⑤ 广州市地方志办公室编《南海神庙文献汇辑》，广州出版社，2008，第161页。

⑥ 李翱：《徐公行状》，收入《全唐文》卷515。

外商财产等方面进行一些改革。当时，“番舶之至泊步，有下碇之税，始至有阅货之燕，犀珠磊落，贿及仆隶，公皆罢之”。[①] 在岭南去世的异域客商，其财货由官府登记，原来规定满三个月仍没有妻子儿女前来认领，则全部没收。孔戣认为海路一年只能往返一次，不能以月来限定，如果有凭证，就把财货全部归还，不计时间远近。这些改革措施，有利于对外贸易的发展。长庆（821—824）初年，郑权为岭南节度使时，广州“外国之货日至，珠香象犀、玳瑁奇物，溢于中国，不可胜用”[②]。

太和八年（834），唐文宗下达谕令，对于岭南、福建及扬州番客，“宜委节度观察使常加存问。除舶脚、收市、进奉外，任其来往通流，自为交易，不得重加率税”。[③] 但是，地方官员对外商的需索仍屡禁不止，以致“至者见欺，来者殆绝”。大中三年（849），岭南节度使韦正贯革除陋规，取消此前节度使和监舶使以低价强取番舶珍货的做法，并“问其所安，交易其物”，于是“海客大至”。[④] 大中四年，中官李敬实为广州都监兼市舶使，“才及下车，得三军畏威，夷人安泰。不逾旬月，番商大至，宝货盈衢”。[⑤]

4. 乾符、天佑间：动荡中衰退

唐末乾符六年（879），黄巢起义军占领广州，诛杀了大批外国商客，广州的海外贸易受到严重破坏。9 世纪阿拉伯文献《中国印度见闻录》称，有 12 万寄居广州城中经商的伊斯兰教徒、犹太教徒、基督教徒和拜火教徒被杀害；还说黄巢起义军把桑树和其他树木全都砍光，使阿拉伯各国失去货源，特别是失去丝绸的来源。马斯欧迪的《金草原》则称黄巢占领广州后，死于劫难的伊斯兰教徒、基督教徒、犹太人以及波斯拜

---

① 韩愈：《韩昌黎集》卷 33《唐正议大夫尚书左丞孔公墓志铭》，商务印书馆，1933。

② 同上书，卷 21《送郑尚书序》。

③《册府元龟》卷 170。“舶脚”，即征收外商的下碇税，或称舶货税；“收市”，指政府以价收购皇室需要的进口珍奇物品；“进奉”，指代替朝廷收受进口的物品。

④ 萧邺：《岭南节度使韦公神道碑》，收入《全唐文》卷 764。

⑤ 崔郜：《李府君墓志铭》，转引自关双喜《西安东郊出土唐李敬实墓志》，《考古与文物》1985 年第 6 期。

火教徒有 20 万人。[①] 不过，据学者推估，唐元和年间（806—820）侨居广州的番客数为 2000 人左右，认为黄巢杀害广州番客 12 万人或 20 万人“绝不可靠、亦无可能”。[②] 但黄巢镇压广州的外国商民，迫使大批外国商民逃离广州应是事实，广州的海外贸易一度停阻。

黄巢占据岭南后，曾上表请求担任广州节度使一职，皇帝下令大臣商议，左仆射于琮说：“南海有市舶之利，岁贡珠玑。如令妖贼所有，国藏渐当废竭。”[③] 由此可见，广州市舶收入在唐朝政府财政收入中占举足轻重的地位。黄巢占领广州数月之后率军北上，朝廷随后恢复了对岭南的控制。随着政局趋于稳定，海外贸易有所恢复。景福二年（893），唐昭宗授陈佩广州节度使制称：“涨海奥区，番禺巨屏。雄藩夷之宝货，冠吴越之繁华。”[④] 刘蜕《献南海崔尚书》也称：“南海实筦榷之地，有金珠、贝甲、修牙、文犀之货。”[⑤]

唐朝末年，刘隐、刘岩兄弟成为岭南最大的武装势力。根据史籍记载，朱温建立梁朝前后，刘氏兄弟向他进献大量海外珍宝。如开平元年（907）五月，进献奇宝名药“品类甚多”；同年十月和十一月，先后两次进献龙脑、腰带、玳瑁、香药等物品。开平四年七月，进贡犀玉、蔷薇水。乾化元年（911）十二月，进贡价值数千万的犀、象、奇珍及金银等。[⑥] 第二年，又进贡价值数十万的金银、宝货。[⑦] 刘氏兄弟如此频繁地向后梁进献海外珍宝，说明广州的海外贸易有了一定的恢复。

后梁贞明三年（917），刘岩（又名陟、龑）在广州称帝，建立南汉。史载，刘岩称帝后，“广聚南海珠玑”[⑧]，“又性好夸大，岭北商贾至南海

---

①《中国印度见闻录》，穆根来等译，中华书局，1983，第 96 页及 140 页中译者注。

② 刘有延：《唐代广州番舶数以及城区人口和番客数量估计》，《回族研究》2015 年第 2 期。

③《旧唐书》卷 178《郑畋传》。

④ 陆扆：《授陈佩广州节度使制》，收入《全唐文》卷 827。

⑤《全唐文》卷 789。

⑥《旧五代史》卷 3、5、6《梁太祖纪》，中华书局，2015。

⑦《十国春秋》卷 58《南汉·高祖本纪》，中华书局，1983，第 840 页。

⑧《旧五代史》卷 135《僭伪列传·刘陟》，中华书局，2015，第 2106 页。

者，多召之，使升宫殿，示以珠玉之富”[①]。南汉大宝六年（963），举行重大宗教活动时，还敞开大门，准许“四海番商”前往内廷瞻礼[②]。可见南汉对海外贸易的重视。后来，宋神宗在评论广州市舶收入对国家财政的重要性时指出，南汉由于“笼海商得术”，“内足自富，外足抗中国”。[③] 遗憾的是，宋开宝四年（971），宋军兵临城下之际，广州城内的南汉官员龚澄枢、李托与内侍中薛崇誉等谋划说：“北军之来，利吾国中珍宝尔。今尽焚之，使得空城，必不能久驻，当自还也。”他们于是纵火焚毁府库、宫殿，“一夕皆尽”。[④]

（三）番商与番坊

对外交通贸易的繁荣，使广州成为殷实繁华的国际性港口大都市。史载：“自唐设结好使于广州，自是商人立户，迄宋不绝，诡服殊音，多流寓海滨湾泊之地，筑石联城，以长子孙。”[⑤]《中国印度见闻录》成书于9世纪中叶至10世纪初，作者是旅居中国的阿拉伯商人，书中称广州是“商人云集之地”，“是船舶的商埠，是阿拉伯货物和中国货物的集散地”。[⑥] 美国著名汉学家爱德华·谢弗教授说：“南方的所有的城市以及外国人聚居的所有的乡镇，没有一处比广州巨大的海港更加繁荣的地方，阿拉伯人将广州称作‘Khanfu’，印度人则将广州称作‘China’。”[⑦]

《旧唐书》称“广人与夷人杂处”[⑧]。当时侨居广州的海外商人主要有阿拉伯人、波斯人、犹太人、印度人，以及中东、南亚和东南亚诸国人，其数量居全国各大城市之首。随着侨民的增多，各方形成强劲的势

---

①《新五代史》卷65《南汉世家五》，中华书局，2015，第913页。

② 吴兰修：《南汉金石志》卷2《匡圣宏明大师碑铭》，中华书局，1985，第31页。

③ 黄以周：《续资治通鉴长编拾补》卷5，中华书局，2004。

④《续资治通鉴长编》卷12。

⑤ 顾炎武：《天下郡国利病书》卷104《广东·杂蛮》。

⑥《中国印度见闻录》，穆根来等译，中华书局，1983，第7页。

⑦［美］爱德华·谢弗：《唐代的外来文明》，吴玉贵译，陕西师范大学出版社，2005，第38页。

⑧《旧唐书》卷151《王锷传》。

力，“番獠与华人错居，相婚嫁，多占田营第舍，吏或挠之，则相挺为乱”①。有时甚至与地方当局相抗衡。如武后光宅元年（684）七月，商胡不堪官吏侵渔，直闯都督府，杀死都督路元睿及左右十余人，“登舟入海，追之不及”。② 肃宗乾元元年（758）九月，广州的大食人、波斯人联合暴动，“劫仓库，焚庐舍，浮海而去”。③

为了安置和管理外籍侨民，唐政府专门设立番坊，以供他们居住和经商。番坊的范围，大体上包括今广州中山路以南、人民路以东、大德路以北、解放路以西一带，以光塔街及其附近为中心。④ 在番坊定居经商的各国商人，保持他们原有的风俗习惯和宗教信仰。由于阿拉伯人、波斯人数量最多，因而伊斯兰教占主导地位，番长一般由穆斯林担任。阿拉伯商人苏莱曼提到：“在商人云集之地广州，中国官长委任一个穆斯林，授权他解决这个地区各穆斯林之间的纠纷……每逢节日，总是他带领全体穆斯林作祷告，宣讲教义，并为穆斯林的苏丹祈祷。”⑤ 可见，当时唐政府从广州的穆斯林中选拔一人为番长，授权他处理坊内事务、民事纠纷和主持宗教活动等。

对于广州番商的交易活动，美国学者爱德华·谢弗在所著《唐代的外来文明》中描述道：“每当午时的鼓声敲响时，居住在广州的各种肤色的外国人以及来自唐朝境内各地的汉人，都被召唤到了大市场上，他们或在店邸中密谋策划，或在商船上讨价还价，进行紧张的贸易活动；而每当日落时分的鼓声响时，他们又都各自散去，返回自己的居住区。有时在晚间，他们偶尔也到夜市去，操着异国腔调大声地讲价钱。”⑥

---

①《新唐书》卷182《卢钧传》。

②《资治通鉴》卷203。

③《旧唐书》卷10《肃宗本纪》，卷198《西戎列传·波斯》。

④ 曾昭璇：《广州历史地理》，广东人民出版社，1991，第235页。

⑤《中国印度见闻录》，穆根来等译，中华书局，1983，第7页。

⑥［美］爱德华·谢弗：《唐代的外来文明》，吴玉贵译，陕西师范大学出版社，2005，第39页。

（四）广州的内港和外港

唐代，广州港的内港主要是南濠码头和兰湖码头，外港是扶胥港和屯门港。南濠码头亦称光塔码头，位于坡山半岛西侧的浮丘湾畔，今光塔路一带，其前身应是位于坡山半岛最南端的坡山古渡。光塔位于坡山半岛北侧怀圣寺内，塔顶有导航明灯。怀圣寺和光塔是伊斯兰教的建筑，其附近为唐代的番坊所在地之一。光塔码头是唐代海舶停靠的主要码头。① 兰湖码头在唐代是船舶避风港。据载，唐代广州刺史李毗在象岗山建余莫亭，“凡使客舟楫避风雨者泊此”②，由西江、北江来的内河船只多在此泊岸登陆。

扶胥港，位于今黄埔老港区和新港区之间的庙头村，隋文帝下诏建立的南海神庙即在庙头村西面。韩愈撰写的《南海神广利王庙碑》即云，“扶胥之口，黄木之湾”。扶胥港的出现，可追溯到晋代，当时称古斗村。隋代古斗村发展成为南海镇，是南海县治所在地。到了唐代，南海县治迁入广州，南海镇改名为扶胥镇。《元和郡县图志》指出：“南海，在县南，水路百里。自州东八十里有村，号曰‘古斗’，自此出海，浩淼无际。”③ 从地形看，扶胥镇前是东江与珠江汇合入海处，江面宽阔，是所有船舶进出广州的良港。1973 年，在南海神庙西侧发现 20 多米长的一整排排桩，每根长 2 米左右，考古、地理、地质专家研究后认为该木桩是唐代扶胥港遗物。④ 唐代扶胥港还有防卫和检查的功能。所有进出口船舶都要在扶胥港检查阅实，防止进口船舶进入内河走私漏税，出口船舶携带违禁物品如武器、钱币及紧缺物资。⑤

屯门港，即贾耽记述的“广州通夷海道”的第一站屯门山，位于今香港新界青山湾。屯门位于珠江口从伶仃洋进入宽阔洋面的要冲，且三

---

① 李燕：《广州港与海上丝绸之路》，广东经济出版社，2019，第 18—19 页。

② 仇巨川：《羊城古钞》卷 7《古迹》，陈宪猷校注，广东人民出版社，1993，第 590 页。

③ 李吉甫：《元和郡县图志》卷 34《岭南道一・广州》。

④ 参见陈柏坚、黄启臣《广州外贸史》（上），广州出版社，1995，第 89 页。

⑤ 吴家诗主编《黄埔港史》（古、近代部分），人民交通出版社，1989，第 17 页。

面环山，东有九逕山，西有屯门山，南有大屿山，为一钳形天然避风港。因此，番舶在进入广州贸易之前，必先停碇屯门，后入扶胥港，再入广州。鉴于屯门在南海航路上的重要性，唐代在此设兵镇守。《新唐书》记载，（南海郡）“有府二：曰绥南、番禺。有经略军，屯门镇兵”①。韩愈有诗句云：“屯门虽云高，亦映波浪没。”刘禹锡亦有诗句：“屯门积日无回飙，沧波不归成踏潮。”说明唐代屯门港作为广州外港，已广为人知。

第二节 福州港

一、秦汉时期的东冶港

福州港位于闽江下游的河口段，地处福建省海岸线的中部，北距福鼎沙埕港125海里，南距泉州港157海里、厦门港200海里。港域自闽江口向内陆逶迤。港口外与白犬列岛、马祖列岛相对，港口内有川石岛、粗芦岛和琅岐岛作为天然屏障，两岸山峦耸峙，地势险要，上可溯闽江沟通闽江水系，自古以来就是闽江流域的货物集散地。② 闽江入海水道深阔，有利于航运，海船可以从闽江口溯流而上，直抵台江。沿岸的琅岐、琯头、闽安、马尾都是可供海船停泊的天然良港。闽江口外则是东海航线和南海航线的交汇处，海船由此前往我国北方和两广诸港以及海外诸国都很便利。因此福州港在外洋航运中处于枢纽的位置。③ 南宋淳熙《三山志》记载：“循州境东出，涨海万里，潮随月长，昼夜至如符契。道闽安而上，江面澄阔，别为西峡，逾于南台……轻舟朝发，

①《新唐书》卷43上《地理志·岭南道》。

② 参见福州港史志编辑委员会编《福州港志》，华艺出版社，1993，第1页。

③ 廖大珂：《唐代福州的对外交通和贸易》，《海交史研究》1994年第2期。

乃一夕可至。南望交广，北睨淮浙，渺若一尘，乘风转舵，顾不过三数日。”①

根据章巽考证，闽越的都邑冶（今福州）是战国时代我国沿海交通线上的重要港口之一。②《史记·东越列传》记载：“闽越王无诸及越东海王摇者，其先皆越王句践之后也，姓驺氏。秦已并天下，皆废为君长，以其地为闽中郡。……汉五年（公元前202），复立无诸为闽越王，王闽中故地，都东冶。”东冶之称由冶山而来，冶山为屏山东支的一座山丘，传说欧冶子曾在此铸剑，故名。东冶故址，在今福州旧城隍庙以北。闽越王无诸在此筑城，称“越王城”，也称冶城。③其时福州为一临水的半岛，据淳熙《三山志》记载，今福州市内东大路的澳桥，“相传无诸时，四面皆江水，此如屋奥，舟楫所赴”。④明初驸马都尉、福州诗人王恭重建福州城时赋诗云：“无诸建国古蛮中，城外长江水漫流。”汉时冶城之南，还是海潮泛滥的地方。清代福州考古学家郭柏苍在《霞树草堂集》中称，“相传汉时海舶定于还珠门外”。古时的还珠门在今福州鼓楼前的贤南路口，现在的福州市区，在1600多年前是一片汪洋。东冶港的港域，北迄北峰山下的屏山，迤西至洪山、旗山，东至鼓山，南通于海，面积达千余平方公里。⑤

位于东冶港南面、闽江边上的南台，又称钓龙台，今为福州四中所在地。其山上有奉祀闽越王无诸的庙宇。相传西汉初年，汉高祖派出的使者，正是在钓龙台赐封无诸为闽越王。钓龙台下有一个深水潭，传说谭中有鳄鱼之类的动物。鳄鱼在中国古籍中常被称为蛟龙，据说闽越王余善曾在这里钓到一条白色的蛟龙⑥，所以这段江面又称白龙江，钓龙台因此得名。南台的水面有一特殊的自然特征，它是海潮上涨时乌龙江

---

① 梁克家：《三山志》卷6《地理类·江潮》，福州市地方志编纂委员会整理，海风出版社，2000，第60页。

② 章巽：《我国古代的海上交通》，商务印书馆，1986，第9页。

③ 郑剑顺：《福州港》，福建人民出版社，2001，第2页。

④ 梁克家：《三山志》卷4《地理类·内外城壕》，海风出版社，2000，第43页。

⑤ 参见福州港史志编辑委员会编《福州港志》，华艺出版社，1993，第1—2页。

⑥ 梁克家：《三山志》卷33《寺观类·僧寺》，第531页。

与白龙江的汇合处。福州的仓山岛将闽江辟为两支，一支为乌龙江，一支为白龙江，乌龙江更为宽阔。因此，海潮上涨时，大量海水涌入乌龙江，而后绕过仓山岛，顺白龙江往下流。同时，另一部分潮水自白龙江往上，两股潮水在钓龙台下汇合，这是白龙潭水深百尺的原因。对江上船只来说，钓龙台是一个自然的停靠点，因为，它们若是停泊在江上不动，潮水便会将船只推到白龙潭一带。久而久之，白龙潭便成为港口。在白龙潭与东冶港之间，是一片湖水与沼泽，但有一条航道连通两地。从大海和闽江上游驶向东冶港的船只，都要在白龙潭停泊，然后乘潮驶向东冶港。东冶和南台因而成为福州城市发展的两个起点，在其附近最早形成市镇，而后向两地之间扩张，分别形成鼓楼市区和台江市区。①

公元前 180 年，吕后驾崩，南越国赵佗“以兵威边，财物赂遗闽越、西瓯、骆”②，说明闽越与南越之间已有货物、使节往来。从福建地理环境和当时陆路交通条件来看，闽越国都城东冶和南越国都城番禺之间交通的主要渠道应是海路。《汉书》记载，汉武帝时，江都王刘建“遣人通越繇王闽侯，遗以锦帛奇珍，繇王闽侯亦遗建荃、葛、珠玑、犀甲、翠羽、蝯熊奇兽”。③ 珠玑、犀甲、翠羽都是舶来品，有可能来自当时舶来品的集散中心番禺。元鼎五年（公元前 112），“南越反，东越王余善上书，请以卒八千人从楼船将军击吕嘉等。兵至揭阳，以海风波为解，不行，持两端，阴使南越”。④ 说明当时东冶至番禺之间的海上航线已经开辟。元鼎六年，余善杀汉三校尉，自立为“武帝”，“天子遣横海将军韩说出句章（今浙江宁波），浮海从东方往……元封元年（公元前 110）冬，咸入东越”，余善败亡，东越遂灭。⑤ 说明从东冶至句章的北路近海航线也已经开通。

闽越国灭亡后，冶城成为冶县所在地。《宋书》记载：“建安太守，

---

① 参见徐晓望《中国福建海上丝绸之路发展史》，九州出版社，2017，第 56—57 页。

②《史记》卷 113《南越列传》，中华书局，2014。

③《汉书》卷 53《江都易王传》。

④《史记》卷 114《东越列传》。

⑤《史记》卷 114《东越列传》。

本闽越，秦立为闽中郡。汉武帝世，闽越反，灭之，徙其民于江淮间，虚其地。后有遁逃山谷者渐出，立为冶县，属会稽。”[①]《后汉书·郑弘传》记载：“旧交趾七郡贡献转运，皆从东冶泛海而至。”旧交趾七郡包括南海、苍梧、郁林、合浦、交趾、九真和日南，设于汉武帝元鼎六年（公元前111），[②] 位于今广东、广西、海南和越南北部。这些地区进贡汉朝廷的贡物都从海路运到东冶港，再由海路转运到江苏沛县或山东登莱，而后从陆路运送都城长安（今西安）或洛阳。由于海上运输“风波艰阻，沉溺相系”，东汉建初八年（公元83），大司农郑弘奏请开辟零陵及桂阳山路，这两条“峤道”后成为“常路”。[③] 陆路开通后，东冶港逐渐失其转运功能，但其海上交通仍持续不断。汉献帝建安元年（196），孙策引兵攻会稽，会稽太守王朗“浮海至东冶”，[④] 许靖“与袁沛、邓子孝等浮涉沧海，南至交州，经历东瓯、闽越之国，行经万里”。[⑤] 以上记述表明，东冶港北至浙江、南至交州的航线仍然畅通无阻，在东南海上交通中仍占有重要地位。

二、六朝时期的福州港和梁安郡开港

三国时期，吴国在闽中设建安郡，在侯官县（今福州）设典船校尉，专门负责造船，“领谪徒造船于此”。淳熙《三山志》引《旧记》：“开元寺东直巷，吴时都尉营，号船场。”[⑥] 福州成为东南沿海重要的造船基地之一。西晋左思的《吴都赋》云：“弘舸连舳，巨槛接舻。……槁工楫师，选自闽禺。”说明孙吴的船工水手，主要是来自福州和广州。黄龙二年（230），孙权“遣将军卫温、诸葛直将甲士万人浮海求夷洲及

①《宋书》卷36《州郡志》，中华书局，1965，第3488页。

②《汉书》卷28下《地理志下》。

③《后汉书》卷33《郑弘传》，中华书局，1997。

④《三国志》卷13《魏书·王朗传》。

⑤《三国志》，卷38《许靖传》。

⑥ 梁克家：《三山志》卷1《地理类》，海风出版社，2000，第3页。

亶洲。亶洲在海中……所在绝远，卒不可得至，但得夷洲数千人还”。① 夷洲即指台湾岛，亶洲据说是日本群岛（一说指今菲律宾）。② 福州与台湾一水之隔，卫温、诸葛直等人寻访夷洲，有可能以福州为出发口岸或中转口岸。建衡元年（269），吴主孙皓派遣“监军李勖、督军徐存从建安海道”南下广西合浦，会合其他军队征讨交址。③

东晋末年，孙恩、卢循起兵反晋，割据东南沿海，沿着永嘉（今温州）—晋安（今福州）—番禺（今广州）的海上航线，与晋军对抗。在孙恩、卢循起义前后，因战乱频仍，赋役繁重，江浙百姓纷纷从海上南下，经晋安航海到广州避难。《晋书》云：“时东土多赋役，百姓乃从海道入广州。”④

南朝梁武帝时，原东魏叛将侯景起兵叛乱，江浙地区社会经济遭受严重的破坏，闽中豪族、侯官人陈宝应乘势割据，“自海道寇临安、永嘉及会稽、余姚、诸暨，又载米粟与之贸易，多致玉帛子女，其有能致舟乘者，亦并奔归之，由是大致资产，士众强盛”⑤，称霸一方。梁绍泰二年（556），“时东西岭路，寇贼拥隔，宝应自海道趋于会稽贡献”。⑥ 陈朝取代梁朝以后，江西的熊昙朗、周迪与浙江的留异，于天嘉三年（562）相继发动叛乱，陈宝应是周迪、留异等人的后台。陈文帝派兵攻入闽境，剪除这一割据势力。

隋朝建立后，会稽人高智慧割据扬州，拥有船舰千余艘，自号东扬州刺史。隋文帝派遣杨素领兵征讨，高智慧自海道退入闽中。杨素从海上追来，泉州（州治在今福州）南安豪族王国庆斩高智慧以自效。⑦

以上记载说明，自汉代至六朝，福州港是南北海上交通的重要中转口岸。这一时期，福州的远洋航行也时有发生。《后汉书》记载：“会稽

①《三国志》卷 47《吴书·吴主传二》。

② 参见廖大珂《福建海外交通史》，福建人民出版社，2002，第 6 页。

③《三国志》卷 48《吴书·孙皓传》。

④《晋书》卷 53《庾翼传》。

⑤⑥《陈书》卷 35《陈宝应传》，中华书局，1972。

⑦《北史》卷 41《杨素传》，中华书局，1974。

东冶县人有入海行，遭风流移至澶洲者。”[①]《三国志·魏书》裴松之注引《魏略》称，倭家（指日本人）“计其道里，当在会稽东冶之东”。可知其时东冶与日本之间已有往来。《南史》记载：“梁天监六年（507），有晋安人渡海，为风飘至一岛，登岸，有人居止。”其所到达之处为今日本。[②]陈朝时，印度僧人拘那罗陀返国，先到晋安郡（治所即今福州），“欲泛舶往楞伽修国”。[③]楞伽修国在今马来半岛，说明当时福州与南海诸国，尤其是与中南半岛和马来半岛之间的海上交通是畅通的。

南朝时期，除了福州港作为主要的出海口继续发展之外，还新辟了梁安郡港。《续高僧传》记载，印度西北优禅尼国僧人拘那罗陀，又名真谛，梁中大同元年（546），曾从海路抵达南海（今广州），两年后到建康（今南京）。因侯景之乱，无法安居，自承圣三年（554）后辗转迁徙于今江西、广东等地。陈永定二年（558）抵达福建的晋安郡。后又乘坐小船到梁安郡，“更装大舶，欲返西国，学徒追逐，相续留连。太守王方奢述众元情，重申邀请。谛又且修人事，权止海隅”。天嘉三年（562）九月，“发自梁安，泛舶西引”，同年十二月，到达广州。[④]

由上述记载可见，梁安郡位于今福州与广州之间，南朝时有大舶通往印度，应是当时重要的对外交通港口。但是相关正史《地理志》对梁安郡的记载却付诸阙如，以致对于梁安郡的地理位置，长期以来一直众说纷纭。1983年，章巽发表《真谛传中之梁安郡》一文[⑤]，认为梁安郡郡治在今福建南安丰州，其存在的时间，“应该是从梁代天监年间（502—519）到陈代天嘉五年（564）这段时间。天嘉五年年底陈朝平定今福建地方，以后不久当即改称梁安郡为南安郡了”。到隋代，又改为南安县。唐初杨炯撰《唐恒州刺史建昌公王公神道碑》云：“公讳义童，字元稚……祖僧兴，齐会稽令梁安郡守南安县开国侯，禄位千石……父

---

①《后汉书》卷85《东夷列传》。

②《南史》卷79《东夷列传》。

③④ 释道宣：《续高僧传》卷1《拘那罗陀传》。

⑤《福建论坛》1983年第4期。

方赊，梁正阁主簿伏波将军梁安郡守……”① 碑文中王义童的父亲王方赊，即前述《续高僧传》中的梁安郡太守王方奢。廖大珂根据碑文中王僧兴的官职“齐会稽令梁安郡守南安县开国侯”，认为梁安郡的始置年代应当在齐中兴二年（502）二月，而不是梁天监中（502 年 4 月—519 年）。梁安郡后来改名南安郡，大致是在陈天嘉五年平定陈宝应之乱后。②

梁代以前，福建海外交通和贸易是以福州港为基地，其时泉州港尚处于萌芽状态，未见于史籍记载。自王方赊承袭父职，担任梁安郡太守，泉州港开始崭露头角。王方赊“以惠和之德，有文武之才”，致力于开拓泉州的海外交通。真谛到梁安郡后，受到王方赊的热情款待，其中原因除了王方赊“勤心正法，性爱大乘”之外，恐怕更主要的是，他通过善待海外商客，以作招徕之计。梁陈之际，整个江南动荡不安，社会经济遭受严重破坏，王方赊治理下的泉州地区，不仅保持着安定的局面，而且经济、文化都有长足的进步，所以能吸引远至印度的各国大舶。因此梁陈时，泉州港的开港与发展不能不首先归功于王方赊。③

关于印度高僧真谛曾到梁安郡一事，在其所翻译《金刚般若波罗蜜经》的《后记》中也有记载：“……真谛，梁武皇帝（502—549）远遣迎接，经游闽越，暂憩梁安，太守王方赊乃勤心正法，性爱大乘，仍于建造伽蓝请弘兹典，法师……即于壬午年（562）五月一日重翻天竺定文……至九月二十五日文义都竟。”④《后记》中的“建造伽蓝”，乾隆《泉州府志》卷十六《坛庙寺观》南安县延福寺条记载，在县西九日山下，“《名胜志》：晋太康间建，去山二里许，唐大历三年（768）移建今所……大中五年（851）赐名建造寺，宋乾德间（963－967）陈洪进增建，复旧名。”其后引宋人曾会的修寺碑铭，称：“造寺也，始晋太康九

① 杨炯：《盈川集》卷 7《唐恒州刺史建昌公王公神道碑》，《景印文渊阁四库全书》第 1065 册，第 243 页。

② 廖大珂：《福建海外交通史》，福建人民出版社，2002，第 16—17 页。

③ 同上书，第 19 页。

④ 转引自章巽《真谛传中之梁安郡》，《福建论坛》1983 年第 4 期。

年（288）……古《金刚经》者，昔天竺三藏拘罗那陀，梁普通中汎大海来中国，途经兹寺，因取梵文，译正了义，传授及今，后学赖也。”依乾隆《泉州府志》记载，似乎该寺最早即名延福寺，唐大中五年才改名建造寺，宋乾德年间又复称延福寺。但据万历《泉州府志》记载，该寺“宋乾德中陈洪进增建，乃改名曰延福”。① 结合前述金谛译《金刚般若波罗蜜经》的《后记》所言，该寺最早的寺名应是建造寺。

南安九日山延福寺

陈朝之后一直到唐末，泉州的海外交通和贸易现状史籍阙如，有学者认为“显然意味着泉州港的衰落”②。隋朝灭陈之后，为了抑制福建的士族势力，一方面裁并闽中郡县、废南安郡，将士族代表王氏家族徙居京兆，授王方赊“上仪同三司”，品位虽高，却只是“散官”，“并不理事”；③ 另一方面下令“其江南诸州，人间有船长三丈已上，悉括入官”，④ 旨在禁止私人海上活动，以绝后患。这些措施无疑不利于福建海外交通和贸易的发展。

---

① 万历《泉州府志》卷 24《杂志・寺观宫庙类》。

② 廖大珂：《福建海外交通史》，福建人民出版社，2002，第 19 页。

③《隋书》卷 28《百官志》，第 785 页。

④《隋书》卷 2《高祖本纪》，第 43 页。

三、隋唐时期的福州港

进入隋朝之后，由于受到战争的影响，福州的海外交通和贸易一度衰落，但与台湾的海上交通仍旧保持。《隋书》记载：“流求国，居海岛之中，当建安郡东，水行五日而至。”① 隋炀帝曾三次派人到流求国，第三次掳其民数千人而还。这些被掳掠来的台湾人口，主要安置在福建。明代何乔远的《闽书》记载：“福庐山……又三十里为化南、化北二里，隋时掠琉球五千户居此。”② 成书时间略早于《闽书》的王应山《闽都记》也有类似的记载：“化北里，在（福清）县东南六十里，民居鳞次，亦多大姓，隋时掠琉球五千户居此。”③ 宋代梁克家《三山志》记载，福清县崇德乡有归化北里、安夷北里和安夷南里，孝义乡有归化南里。④ 可见，明代福清的化南里与化北里，应是宋代“归化南里”与“归化北里”的简称。福清县的“化里”位于福清半岛，与台湾隔海相望，用以安置台湾移民，是很恰当的。

唐初，泉州（治所在今福州）刺史兼都督王义童招抚泉郎，发展海外贸易。泉郎，也称游艇子，是一批世代以船为家，以海运和贸易为生的沿海人民，“其居止常在船上，兼结庐海畔，随时移徙，不常厥所。船头尾尖高，当中平阔，冲波逆浪，都无畏惧，名曰‘了乌船’”⑤。唐武德八年（625），泉郎首领周造麦、细陵等，接受都督王义童的招抚；贞观十年，“始输半课”⑥。王义童利用泉郎“往往走异域，称海商”⑦

---

①《隋书》，卷81《东夷列传》，第1823页。

② 何乔远：《闽书》（点校本）卷6《方域志》，福建人民出版社，1994，第139—140页。

③ 王应山：《闽都记》卷27《郡东南福清胜迹》，林家钟、刘大治校注，方志出版社，2002，第277页。

④ 梁克家：《三山志》卷3《地理类三》，海风出版社，2000，第21页。

⑤ 乐史：《太平寰宇记》卷102《泉州风俗》，王文楚等点校，中华书局，2007。

⑥《太平寰宇记》卷102《泉州风俗》。

⑦ 顾祖禹：《读史方舆纪要》卷95《福建序》，第4121页。

的习性，招抚他们从事海外贸易，使福州的海外交通和商贸得以恢复和发展。《唐恒州刺史建昌公王公神道碑》赞曰：福州“境接东瓯，地邻南越，言其实利，则玳瑁、珠玑”。王义童的举措为唐代福州港的繁荣奠定了基础。唐代福州对外交通和贸易都有了较大发展，通商地区不断扩大。海外交通除了与中南半岛、马来半岛诸国的传统航线之外，还开辟了多条新航线，主要有：

新罗、日本　朝鲜半岛上的新罗与唐朝关系友好，交往频繁，新罗人赴唐出使，有的在福州登陆，然后转赴长安。如唐初“慧轮师者，新罗人也。……自本国出家，翘心圣迹，泛舶而陵闽越，涉步而届长安”。① 天宝三年（744），鉴真和尚第四次东渡日本，先期派人到福州置办粮船，准备由此出洋，② 说明福州已是对日交通的重要口岸。据日本学者研究，852 年（唐大中六年），中国商人钦良晖率商舶赴日本，次年八月九日从日本肥前国值嘉岛扬帆回国，在海上航行 6 天，于八月十五日在福州连江县登陆，搭乘者有圆珍（日本佛教天台宗寺门派创始人）、丰智、闲静、丁雄万等人。③ 又据《入唐五家传》记载，咸通六年（865），有日本商舶“自大唐福州得顺风，五日四夜着值嘉岛”。唐人周朴《福州神光寺塔》诗赞曰：“海水旋流倭国野，天文方戴福州城。”

大食　大食帝国热衷于向外开拓，发展与东方诸国尤其是大唐帝国的海上贸易。福州是大食商人从事商贸活动的重要港口之一，当时大食商船满载着阿拉伯诸国的商品，运抵福州，然后溯闽江而上，翻越武夷山脉，进入江西，又顺赣江而下，从而将舶货贩销全国各地。唐长庆中（821—824）曾担任福建团练副使的沈亚之（781—832）记载了这条商路，指出：“（江西）饶江（今信江）其南导自闽，颇通商，外夷波斯、安息之货，国人有转估于饶者。”④ 波斯、安息指的都是阿拉伯帝国阿拔斯王朝。在唐入仕为官的新罗人崔致远也提到这条贸易路线，称：“闽

---

① 义净：《大唐西域求法高僧传》卷上。

②［日］真人元开：《唐大和上东征传》，汪向荣校注，中华书局，1979，第 58 页。

③［日］木宫泰彦：《中日交通史》，陈捷译，商务印书馆，1931，第 141 页。

④ 沈亚之：《沈下贤集》卷 4《郭常传》。

岭鄱江（指赣江），豁通道路”，福州城因此呈现“万国之梯航竞集”的盛况。[①] 可见，福州与大食之间通商往来不绝。

随着福州港海外交通和贸易的发展，各国商船接踵而至，中外商贾汇聚。武则天时，张循之《送泉州李使君之任》诗赞曰：“傍海皆荒服，分符重汉臣。云山百越路，市井十洲人。执玉来朝远，还珠入贡频。”[②] 当时的泉州指的是今福州，《旧唐书》记载：“福州中都督府，隋建安郡之闽县。贞观之初，置泉州。景云二年（711），改为闽州，置都督府，督闽、泉、建、漳、潮五州。开元十三年（725），改为福州，依旧都督府，仍置经略使。”[③] 武则天时期，今福州已是“市井十洲人”，说明其海外贸易已相当繁盛。但是，由于《全唐诗》卷二〇八又将张循之的这首诗编排在大历（766—779）时人包何的名下，[④] 而该诗题中有“泉州”，一些学者认为该诗反映的是今泉州在唐代时的昌盛景象。这明显是误解。从诗首句“傍海皆荒服”来看，应是指唐初福建沿海地区尚未开发时的情况。到了中唐，福建沿海地区的开发已取得很大成效，时人称“福建大藩也……居民若是其众也”。[⑤] 晚唐人薛能《送福建李大夫》诗有“船到城添外国人”之说，反映了福州舶船辐辏、外商云集的情景。诗题中的“李大夫”，是指乾符二年（875）从河南府尹转任福建都团练观察使、福州刺史的李晦。

福州对外交通与贸易的发达，海外各国使者、商人、学者等纷至沓来。按照唐朝制度，海外各国贡使抵达港口后，先到该州都督府听候安排，由该州立即申报朝廷，然后由该州限定部分人员前往京城。[⑥] 如贞

---

① 崔致远：《奏招降福建草贼状》，载《唐文拾遗》卷35。

②《全唐诗》卷99。

③《旧唐书》卷40《地理志·江南东道》，第1598页。

④ 有学者推测，“此诗似应出唐朝初年张循之之手，很可能是包何任中书舍人时将张循之的诗抄赠给当时赴任的福建都团练节度观察处置使福州刺史兼御史中丞李承昭，故又被隶名于包何”。参见廖大珂：《福建海外交通史》，福建人民出版社，2002，第26页。

⑤ 颜真卿：《送福建观察使高宽仁序》，《全唐文》卷337，第1511页。

⑥［日］木宫泰彦：《日中文化交流史》，胡锡年译，商务印书馆，1980，第89页。

元二十年（804），日本遣唐使藤原葛野麻吕、遣唐僧空海等人乘船漂流到福建长溪（今霞浦）赤岸镇海口，县长吏将他们一行遣送福州。藤原等人“到州，新除观察使兼刺史阎济美处分，具奏，且放廿三人入京”。[①] 唐代福建只在今福州设置都督府，泉州不置都督府，所以接待海外贡使的港口只能是福州而不是泉州。

随着来到福州的海外人士日益增多，各种文化也相继传入福州。1958年在福州发掘出一块元和八年（813）的《球场山亭记》残碑，碑文称当时的福州“海夷日窟，风俗时不恒”。[②] 意思是说，由于侨居福州的海外诸国人日益增多，使得当地风俗受到异邦习俗的影响，难以保持原有的状况。比如，唐代盛行的马球，就是由波斯传入的，故又称“波斯球”。福州建有球场，应与当地有大批阿拉伯人和波斯人侨居有关。由于福州外国侨民甚多，唐朝廷还在此专门设置了“都番长”一职，以管理侨民事务。[③]《球场山亭记》碑文称，福州“迩时廛闬阓阓，货贸实繁”，凡此，都反映了福州对外贸易之繁盛。

随着福州港海外交通和贸易的发展，福州商人出海经商逐渐增多。唐末闽人黄滔（840—911）有诗曰：“大舟有深利，沧海无浅波。利深波也深，君意竟如何？鲸鲵齿上路，何如少经过！”[④] 其时黄滔在福州任节度推官，诗中描绘的当是福州的景象，反映出唐时福州商贾驾驶大舶，出没大洋，随波逐利，大有其人，他们为唐代海外交通和贸易的发展做出了突出贡献。

福州对外贸易兴盛，人称“闽越都会，东南重镇”[⑤]，地位也日趋重要，中唐之后与广州、扬州并列为唐代三大贸易港。伊本·胡尔达兹比赫所著《道里邦国志》记载的唐代四大贸易港：鲁金（Lūqīn）、汉府

---

①［日］《日本后纪》，转引自余又荪《隋唐五代中日关系史》，台湾商务印书馆，1973，第85页。

② 转引自陈叔侗《福州中唐文献孑遗》，《福建史志》1992年第5期。

③ 王溥：《唐会要》卷100《杂录》，收入《景印文渊阁四库全书》第607册，第438页。

④ 黄滔：《莆阳黄御史集》卷2，收入《丛书集成初编》，中华书局，1985。

⑤ 于邵：《为福建李中丞谢上表》，收入《全唐文》卷424，第1914页。

(Khānfū)、汉久（Khānjū）、刚突（Qāntū），其中鲁金即龙编（今越南河内一带），汉府即广州，刚突即扬州，学界看法基本一致，唯独“汉久”，学界仍存在较大分歧。日本学者桑原骘藏从地方物产、地理位置、地形、译音以及文献记载等方面论证汉久为泉府（泉州），① 泉州说遂引起学者的普遍重视。此后，韩振华提出福州说，认为福州的物产、地理位置、地形等方面，均符合《道里邦国志》中关于汉久的记载，其中福州与各港距离所需航程较之泉州说更为妥适（前此桑原氏也发现这一点）。② 廖大珂也力主说福州说。近年来，连原来深受桑原氏影响的戴显群也对桑原氏的泉州说提出质疑，转而支持福州说。③ 廖大珂认为，汉久正是“建安郡”译音，指的是福州港。太和八年（834），唐文宗下谕要求岭南、福建及扬州节度观察使对南海番客“常加存问”，不得“重加率税”。④ 廖大珂据此认为，唐文宗仅提岭南、福建、扬州三处节度观察使的驻节之所，当然是分别指广州、福州、扬州三个港口城市。这三大港口的对外贸易由节度观察使管理，收税所得颇丰，但其下属官吏多为贪鄙之人，勒索外商之事时有发生，致使外商怨声载道，进而影响商税收入。因此朝廷下令要求节度观察使亲自督问，以保护外商利益，使对外贸易正常进行。有些学者认为，诏令中的“福建”指的是今泉州，但是泉州不置节度观察使，距福州有数百里之遥，驻节福州的福建观察使如何能“常加存问”？可见，唐文宗所提的福建之港只能是福州港。福州成为唐代的三大贸易港之一，地位仅次于广州和扬州。⑤

---

①［日］桑原骘藏：《唐宋贸易港研究》，杨炼译，商务印书馆，1935。

② 韩振华：《伊本柯达贝氏所记唐代第三贸易港之 Djanfou》，福建协和大学《福建文化》第 36 期，1947。

③ 戴显群：《再论〈道程及郡国志〉所记唐代四大贸易港之 Djanfou——质疑日本学者桑原骘藏所谓泉州说》，载闽都文化研究会编《海外福州人与海上丝绸之路》，海峡文艺出版社，2017，第 276—282 页。

④《册府元龟》卷 170。

⑤ 廖大珂：《福建海外交通史》，福建人民出版社，2002，第 29—30 页。

四、五代时期的福州港

唐末，藩镇割据，中原鼎沸，割据福建的王审知乘机建立闽政权。王审知主闽期间（898—925），采取保境安民的政策，使福建出现"民不见兵革殆三十年"① 的较长时期的安定局面，为发展海外贸易创造了良好环境。闽国辖境仅五州之地，地狭民少。为了增强自身的经济实力，对抗强邻，维持统治，王审知注重发展对外贸易，"招来番舶，绥怀海上诸蛮"②，"关讥不税，水陆无滞，遐迩怀来，商旅相继"③，以增加财政收入。东南沿海一带的"海上诸蛮"，其实就是疍民。王审知安抚这些族群，使之为闽国效力，并让其与海外诸国通商。他还派人出使南海，吴任臣《十国春秋》卷九十《太祖世家》记载，（闽）"开平四年□□月，命员外郎崔□□聘于南海"。

值得一提的是王审知开辟甘棠港的相关情况。唐天祐三年（906）《恩赐琅琊郡王德政碑》记载："闽越之境，江海通津。帆樯荡漾以随波，篙楫崩腾而激水。途经巨浸，山号黄崎，怪石惊涛，覆舟害物。公乃具馨香黍稷，荐祀神祇。有感必通，其应如响。祭罢一夕，震雷暴雨，若有冥助。达旦则移其艰险，别注平流。虽画鹢争驰，而长鲸弭浪。远近闻而异之，优诏奖饰。仍以公之德化所及，赐名其水为甘棠港。"④ 开辟甘棠港的时间，根据主持甘棠港修建工程的刘山甫在《金溪闲谈》的记载，是乾宁五年（898）。⑤ 后唐同光四年（926）翁承赞撰写的《唐故威武军节度使守中书令闽王墓志》，也记载了王审知开辟甘棠港的功绩，

① 梁克家：《三山志》卷 8《公廨类·忠懿王庙》，海风出版社，2000，第 98 页。

② 范祖禹：《范太史集》卷 36《王延嗣传》，《景印文渊阁四库全书》第 1100 册，第 404 页。

③ 于兢：《恩赐琅琊郡王德政碑》，《十国春秋》卷 90《闽·太祖世家》，第 1306 页。

④ 同上书，第 1305 页。

⑤ 参见光绪《福安县志》卷 38《杂记》，台湾成文出版社，1967，第 403 页。一说在唐天祐元年（904），参见梁克家《三山志》卷 6《地理类·海道》，海风出版社，2000，第 64 页。

称“至今来往番商，略无疑恐”①。说明关于开辟甘棠港的相关记载虽然带有神话色彩，但反映了王审知开辟甘棠港的事实。

由于唐宋时期福州管辖范围内称黄崎（黄岐）、甘棠的地名颇多，以致甘棠港究竟在何处，长期以来众说纷纭，莫衷一是。南宋《三山志·海道》记载：“官井洋港。西源出处州龙泉（今属浙江）界，东流百里至斜滩（今属福建寿宁）……至廉首村。一出政和县界，经麻岭至缪洋，三十里至廉村（今属福安），会龙泉溪，南流为江，过甘棠港。”②根据《三山志》记载，甘棠港在长溪县。宋代长溪县治在今霞浦，辖区包括今霞浦、福安、福鼎、柘荣等，因而《三山志》所记载的甘棠港是在福安东南的黄崎，即今福安下白石镇的白马港。

《三山志》成书于南宋淳熙九年（1182），由时任福州知州的梁克家主修，州通判陈傅良参与编纂，曾与宋景定《建康志》并称佳志。虽然南宋后期王象之撰《舆地纪胜》称，“甘棠港在闽县，旧名黄崎港”③，但明清时期的史志，如明弘治《八闽通志》、王应山《闽大记》、何乔远《闽书》、万历《福安县志》、清道光《重纂福建通志》等，大都沿袭《三山志》的说法。20世纪以来，学者们开始质疑“福安说”，相继提出甘棠港在连江黄岐④、

① 翁承赞：《唐故威武军节度使守中书令闽王墓志》，收入王文泰主编《闽国史汇》，暨南大学出版社，2000，第467—468页。

② 梁克家：《三山志》卷6《地理类·海道》，海风出版社，2000，第64页。

③ 王象之：《舆地纪胜》卷128《福建路·福州·景物下》，李勇先校点，四川大学出版社，2005，第4030页。

④ 韩振华：《五代福建对外贸易港口甘棠港考》，写作于1951年，载韩振华《航海交通贸易研究》，香港大学亚洲研究中心，2002，第398—405页；林光衡：《甘棠港辨析——与王铁藩同志商榷》，《福建论坛》（文史哲）1985年第3期；廖楚强：《“甘棠港”考释》，《海交史研究》1986年第1期；福州港史志编辑委员会编著《福州港史》，人民交通出版社，1996，第24页。

闽县黄崎港（即今琅岐）[①]、长乐黄岐[②]等说法，而一部分学者则坚持“福安说”[③]，各种观点争执不下，至今尚无定论。

王审知及其继承者治闽期间，“外域诸番，赊赆不绝”，其时与福州交往的国家有新罗、高丽、占城、三佛齐、印度、大食、波斯诸国。

新罗、高丽 高丽天授十一年（后唐天成三年，928），“新罗僧洪庆自唐闽府航载大藏经一部，至礼成江（朝鲜半岛中部的河流），王亲迎之”。[④] 新罗也经常派遣使者向闽国统治者进献宝剑。[⑤] 高丽亦前来进贡，据载，福州金身罗汉寺，“旧有高丽铜佛像三……藏于西殿，伪闽王时，高丽所献”。[⑥] 许多高丽僧人前来福建寺院学习佛经，如灵照禅师，“高丽人也。萍游闽越，升雪峰之堂”[⑦]。他后来在杭州龙华寺开山说法。玄沙师备“馆徒常千人，高丽、日本诸僧亦有至者”[⑧]。福州亦有人赴新罗，如《宋史》记载：“王彬，光州固始人。祖彦英，父仁侃，从其族人潮入闽。潮有闽土，彦英颇用事，潮恶其逼，阴欲图之。彦英

---

① 黄荣春：《甘棠港位置探索》，《海交史研究》1990 年第 2 期；黄荣春：《〈三山志〉对闽越王城与甘棠港记载有误之评析》，《福建史志》2020 年第 3 期；欧潭生、李磊：《唐末甘棠港究竟在何方?》，《福建日报》2016 年 10 月 11 日。

② 刘传标：《海上丝绸之路起点福州甘棠港辨析》，《福建社科情报》2014 年第 5 期、第 6 期和 2015 年第 1 期连载；林廉、高宇彤：《甘棠港港址在长乐之辨析——与欧潭生教授“琅岐说”商榷》，《福建史志》2019 年第 4 期。

③ 王铁藩：《唐末开辟的甘棠港址考》，《福建论坛》（文史哲）1984 年第 5 期。廖大珂系列论文：《闽国“甘棠港”考》，《福建学刊》1988 年第 5 期；《甘棠港的位置及其兴衰初探》，《南洋问题研究》1993 年第 3 期；《再论“甘棠港”的历史问题》，《中国社会经济史研究》1998 年第 3 期。林汀水：《也谈甘棠港与黄崎镇的位置》，《中国社会经济史研究》1995 年第 3 期。卢美松：《论甘棠港道的开辟与福州丝路的畅达》，《福建史志》2015 年第 3 期。徐晓望：《中国福建海上丝绸之路发展史》，九州出版社，2017，第 118 页。

④［朝鲜］郑麟趾：《高丽史》卷 1，（日本）国书刊行会，1908。

⑤《新五代史》卷 68《闽世家》。

⑥《重纂福建通志》卷 264《寺观志》，第 4982 页。

⑦ 普济：《五灯会元》卷 7《龙华灵照禅师》。

⑧ 梁克家：《三山志》卷 38《寺观类·僧寺》，第 617 页。

觉之，挈家浮海奔新罗。新罗长爱其材，用之，父子相继执国政。”①

占城 即占婆国，在今越南南部。天德二年（944），“占城遣其国相金氏婆罗来，道里不时，遍体疮疥”，到福州龙德门外汤院一洗即愈，为此金氏捐赠5000缗，在温泉旁盖一亭以资纪念。② 占城还向闽国“献驯象使朝对，列方物为庭实”。时任闽国太常卿的莆田人陈致雍曾作《奏番国使朝见仪状》以记其事。③

三佛齐 三佛齐是当时东南亚的强国，领土包括苏门答腊岛和马来半岛南部。《恩赐琅琊郡王德政碑》云：“佛齐诸国……□者亦逾沧海，来集鸿胪。”或云：“佛齐诸国，绥之以德，架浪自东，驱山拱北。”④《十国春秋》亦载，天祐二年（905）夏四月，“佛齐诸国来宾”⑤。三佛齐还经由福建向唐朝廷进贡。《唐会要》记载，天祐元年六月，“授福建道佛齐国入朝进奉使、都番长蒲诃粟宁远将军”⑥。

印度 《十国春秋》载，天祐三年（906），“西天国声明三藏来宾”⑦。

大食、波斯 《恩赐琅琊郡王德政碑》云，“条支（阿拉伯）雀卵，谅可继于前闻”⑧。说明福州与大食之间的海上贸易仍一如既往。1965年，福州市郊的闽国第三代君主王延钧之妻刘华的墓，出土了三件蓝釉波斯陶瓶。目前业界较普遍的看法是该瓶主要用于存放油料，做长明灯之用。⑨ 刘华是南汉国南平王刘隐的次女，卒于后唐长兴元年（930），

---

①《宋史》卷304《王彬传》。

② 梁克家：《三山志》卷33《寺观类·僧寺》，第529页。

③《全唐文》卷873，第4049页。

④ 于兢：《恩赐琅琊郡王德政碑》，《十国春秋》卷90《闽·太祖世家》，第1305—1306页。

⑤《十国春秋》卷90《闽·太祖世家》，第1302页。

⑥ 王溥：《唐会要》卷100《杂录》，商务印书馆，1935，第1799页。

⑦《十国春秋》卷90《闽·太祖世家》，第1309页。

⑧ 于兢：《恩赐琅琊郡王德政碑》，《十国春秋》卷90《闽·太祖世家》，第1305页。

⑨ 汪震：《从刘华墓出土蓝釉波斯陶瓶看海上丝绸之路的中外交流》，《福建文博》2013年第1期。

因此这三件陶瓶的年代不晚于后唐。这三件陶瓶可能是刘华嫁给王延钧时从南汉带过去的嫁妆，也有可能是在福州本地获得，① 反映了福州与波斯之间的商贸往来。

随着海外贸易的发展，福州的交易征榷事务日趋繁杂。为了加强管理，闽国在福州设置了“榷货务”，专司舶货的征榷事宜。王审知委任张睦“领榷货务。睦抢攘之际，雍容下士，招来蛮裔商贾，敛不加暴，而国用日以富饶”。张睦死后，又“以薛文杰代其职”。② 王延羲时在福州设立市舶司，直至闽国被灭，市舶司才移往泉州。

海外贸易的发展，带来了巨额的财政收入，后人称王审知“外域诸番，琛赆不绝。其廪广之丰盈，帑藏之殷实，虽鲁肃之囷，铜山之冶，比之覇赡，彼乃虚言”。③ 或云王审知“招来番舶，绥怀海上诸蛮，贸易交通，闽俗康阜”。④ 王审知多次向中原王朝进贡从海外贸易中得来的舶来品，如开平二年（908），向后梁进贡玳瑁、琉璃、香药等珍宝，“价累千万”；⑤ 同光二年（924），向后唐进贡象牙、犀珠、香药等物品。⑥ 王延钧等继位者也多次向后唐、后晋进贡犀牛、象牙、玳瑁、香药等舶来品，最多的一次，珍珠 20 斤，犀 30 株，象牙 20 株，香药 1 万斤。⑦

王审知及其继承者奉中原王朝为正朔，接连不断地向中原王朝进贡，但是，福州与中原的传统贡道仙霞岭因战乱中断，由此开辟海上贡路。史载：“审知岁时遣使朝贡于梁，阻于江淮，道不能通，乃航海从

---

① 程酩茜：《波斯釉陶：早期海上丝绸之路的见证者》，《大众考古》2016 年第 9 期。

②《十国春秋》卷 95《张睦传》，中华书局，1983，第 1377 页。

③ 翁承赞：《唐故威武军节度使守中书令闽王墓志》，载王文泰主编《闽国史汇》，暨南大学出版社，2000，第 469 页。

④ 范祖禹：《范太史集》卷 36《王延嗣传》，收入《景印文渊阁四库全书》第 1100 册，第 404 页。

⑤《旧五代史》卷 4《梁书·太祖纪四》，中华书局，2015，第 73 页。

⑥《十国春秋》卷 90《闽·太祖世家》，第 1314 页。

⑦ 同上书，卷 91《闽·世家》，第 1323—1324、1331 页。

登、莱入汴。"[①] 这条海上贡路即"自福州洋过温州洋，取台州洋过天门山，入明州象山洋，过涔港，掠冽港，直东北度大洋，抵登、莱岸"。[②] 这条贡路成为福州与中原交往、贸易的主要交通线。位于辽东的渤海国，其使者高元固曾从海上来访闽国。[③] 闽通文年间（936—939），闽国曾派使者从海路前往契丹。[④] 这说明福州近海航线不仅延伸到山东半岛，而且远及辽东半岛一带。

福州城在唐末五代多次扩建，唐天复元年（901），王审知修筑罗城，城长号称 40 里，将汉冶城和晋太守严高所修的子城囊括在内。后梁开平元年（907），王审知又把罗城椭圆形的南北两面加以扩大，使罗城夹在中间，称为"夹城"。夹城的北面扩展到越王山（今屏山）麓的严胜门、遗爱门一带，南面扩展到今南门兜的宁越门一带，设两个水门，并"浚壕以通潮汐"，"南城大壕百五十步，北城决壕通西湖"，[⑤] 使城壕与江潮相通，江海船舶可循此直抵城下。梁克家《三山志》云，"伪闽时蛮舶至福州城下"。[⑥] 城内各条河渠"悉通海鳝，朝夕盈缩之波，底泽鳞介，岸泊艓艘"。[⑦] 江海船舶乘潮出入，内河两岸停泊着大小各种船只，使福州成为海舶河舟荟萃之区，"蛮邦放椿，且次江岸"。[⑧]

福州的城区建设是随着沙洲的扩展而断断续续进行的。随着城区的拓展，与城池紧密相连的港区也不断向南及东南方向推移。古东冶港的港区在今东直巷至澳桥（今东大路）一带。晋严高筑子城时，凿通了迎

---

① 范祖禹：《范太史集》卷 36《王延嗣传》，收入《景印文渊阁四库全书》第 1100 册，第 403 页。

② 顾祖禹：《读史方舆纪要》卷 95《福建序》，第 4121 页。

③ 徐寅：《唐秘书省正字先辈徐公钓矶文集》，收入《续修四库全书》第 1313 册，上海古籍出版社，1995，第 140 页。

④《十国春秋》卷 92《闽·景宗本纪》，第 1336 页。

⑤ 梁克家：《三山志》卷 4《地理类·夹城》，海风出版社，2000，第 34 页。

⑥ 梁克家：《三山志》，卷 6《地理类·海道》，第 62 页。

⑦ 黄滔：《莆阳黄御史集》卷 5《灵山塑北方毗沙门天王碑》，《丛书集成初编》，中华书局，1985。

⑧ 梁克家：《三山志》卷 6《地理类·江潮》，第 60 页。

仙馆（位于今鼓楼区）至澳桥的水道，[①] “还在城河口设置四个水关：一在水部门（近今东门），引南台江潮水入城；一在西门之南，引洪塘江潮水入城；其他两个分别在北门、汤门（今温泉路），以导城外诸山之水，绕城河而流。又在城郭浚东西二湖，溉田数万亩，其利尤大。”[②] 于是，福州城河与闽江之间，舟船进出无阻。王审知修筑罗城时，在城南利涉门外设三个水门，[③] 福州港区迁移到安泰桥一带。当时，安泰桥是城区运河交通总枢纽，安泰桥边是一个重要码头，“人烟绣错，舟楫云排，两岸酒市歌楼，箫管从柳阴榕叶中出”[④]，是中外商人交易最繁华的街衢，福州港呈现一派繁荣的气象，有“闽越之间，岛夷斯杂”[⑤] 的说法。

福州城南门外的南台，亦是一个重要码头。不过，这时的南台仍然是江中孤岛，靠南的地方因河沙堆积，形成了一片陆地。由于船舶经常经过此地，许多村民拿着各类商品到此地出售，于是，南台南面的陆地形成了新丰市。唐天祐元年（904），右拾遗翁承赞奉命册封王审知为琅琊郡王，[⑥] 王审知在南台为他饯行，他写下一首诗《甲子岁，衔命到家，至榕城册封，次日闽王降旌旗于新丰市堤饯别》：“登庸楼上方停乐，新市堤边又举杯。正是离情伤远别，忽闻台旨许重来。此身替与交亲好，今日还将简册回。争得长房犹在世，缩教地近钓龙台。”[⑦] 从翁承赞的诗中可以看出，新丰市在钓龙台（即南台）附近江边的河堤上。清代林枫《榕城考古略》认为，新丰市即后日台江的新街。[⑧]

---

① 梁克家：《三山志》，卷 4《地理类·内外城壕》，第 44 页。

② 福州港史志编辑委员会编著《福州港史》，人民交通出版社，1996，第 30 页。

③ 梁克家：《三山志》卷 4《地理类·罗城》，第 34 页。

④ 陈寿祺等：《重纂福建通志》卷 29《津梁》，台湾华文书局，1968，第 675 页。

⑤《全唐文》卷 818《授王潮威武军节度使制》。

⑥《十国春秋》卷 90《闽·太祖世家》，第 1301 页。

⑦ 有学者称，该诗是翁承赞开平四年（910）奉后梁之命前往福州册封王审知为闽王时所作，但开平四年是庚午年。

⑧ 林枫：《榕城考古略》卷下《郊垌第三》，海风出版社，2001，第 78 页。

第三节　扬州港

一、扬州港的地理环境

扬州的名称由来已久，但南朝以前的扬州，都不是今天的扬州。今天的扬州，春秋时称作邗，后相继归属吴国和越国，公元前 334 年转归楚国，楚国在公元前 319 年修筑广陵城。秦时设置广陵县，隶属九江郡。汉高祖十二年（公元前 195），刘邦封其侄刘濞为吴王，以广陵为都城。汉景帝三年（公元前 154），刘濞勾结胶西王刘印等发动七国之乱。汉景帝派兵平定叛乱后，改吴国为江都国，把汝南王刘非调来当江都王。汉武帝元狩六年（公元前 117），又改江都国为广陵国，封其子刘胥为广陵王。东汉光武十八年（公元 42），设置广陵郡。

隋炀帝《龙舟曲》写道："舳舻千里泛归舟，言旋旧镇下扬州。借问扬州在何处，淮南江北海西头。"《隋书·地理志下》记载："江都郡，梁置南兖州，后齐改为东广州，陈复曰南兖，后周改为吴州。开皇九年改为扬州，置总管府，大业初府废。"隋唐以来的扬州，才是隋炀帝《龙舟曲》所说的淮河南面、长江北面和大海西头的扬州。

扬州位于长江下游镇扬河段的北岸，现在距离长江入海口 320 公里。扬州在历史上曾是连江襟海之处，与海的距离比现在近得多。在距今 7500—5000 年间，是冰后期气候最为温暖湿润的时期，年平均温度比现在高 2—3℃，年降水量比现在多 500—600 毫米。海岸线向陆地伸展到最大的限度，海浪直拍扬州北面的蜀岗和镇江附近的象山、北固山麓。[①]当时长江为一溺谷型河口湾，湾顶在镇江、扬州一带。"当时长江口是一近似喇叭形的河口，一直到湍山以上扬州附近，才见收缩。也就是

① 印志华：《从出土文物看长江镇扬河段的历史变迁》，《东南文化》1997，第 4 期。

说，扬州以上，江已形成，扬州以下为海湾形状，在骤然开阔的扬州湾内，散布着沙洲，当中以开沙最大，使江流分汊，北支在扬州城东形成曲江。海潮上溯，至湍山以上，奔腾澎湃，形成涌潮，历史上称之为广陵潮”①。西汉人枚乘（？ 一前 140 年）《七发》记载：“将以八月之望，与诸侯远方交游兄弟，并往观涛乎广陵之曲江。”东汉王充在《论衡·书虚篇》中也写道，“大江浩洋，曲江有涛”。

据考证，春秋末年，“邗城的西南角濒临长江”。两汉时期，长江北岸已南迁到蜀岗以南约五华里的沙河一线。不过，汉代扬州有两道江岸，一道是曲江北岸，即前述长江北岸；另一道是大江北岸。关于大江北岸，1986 年位于蜀岗以南约二十华里的京杭运河施桥船闸进行二期船闸的施工过程中，发现一批东汉时期的陶井圈，井内出土了牛鼻耳绳纹底灰陶罐。这批东汉陶井圈的出土，说明在东汉时施桥一带已形成面积较大的江心沙洲，当时沙洲上已有居民居住。正是由于施桥沙洲的存在，才使广阔的长江在镇扬之间有了曲江和大江之分，也由此形成了广陵涛。施桥船闸出土的东汉陶井，说明汉代大江北岸应在今施桥船闸一线。②

两晋南北朝时期，中原居民南迁促进了长江中下游地区的开发，开发活动造成了水土流失，使长江流域的产沙量增加，导致长江口泥沙淤积。据嘉庆《瓜洲志》记载，在晋代，镇扬河段形成了瓜洲，不过当时瓜洲面积较小。《南齐书》记载：宋永初三年（422），“檀道济始为南兖州，广陵因此为州镇，土甚平旷，刺史每以秋月多出海陵观涛，与京口对岸，江之壮阔处也。”③ 那时的海陵，就是今天的泰州，在扬州以东约一百里。宋永初三年与枚乘写《七发》的时间，相距约 580 年，涌潮已经移到了海陵。

---

① 陈吉余、恽才兴：《南京吴淞江间长江河漕的演变过程》，《地理学报》1959 年第 3 期。

② 印志华：《从出土文物看长江镇扬河段的历史变迁》，《东南文化》1997 年第 4 期。

③《南齐书》卷 14《州郡志上》。

隋炀帝大业元年（605），“发淮南诸州郡兵夫十余万，开邗沟，自淮起山阳（今淮安县）至于扬子入江，三百余里。水面阔四十步，通龙舟”。[①] 雍正《扬州府志》记载：“扬子镇即古扬子津……唐以津名……在府城南十五里。”[②] 隋炀帝开山阳渎直达扬子津，说明这时长江北岸已达扬子津以南一线。隋炀帝在扬子津筑临江宫[③]，大业七年（611）“临扬子津，大宴百僚”[④]，说明当时江岸距扬子津有一段距离。

隋代至唐代中期，长江北岸线较为稳定，当时扬州距海并没有像现在这么远。《资治通鉴》卷二〇四记载：武则天光宅元年（684）十一月，徐敬业“将入海奔高丽……至海陵界，阻风”。元代胡三省注曰：“《九域志》：扬州东至海陵界九十八里，又自海陵东至海一百七里。”唐代日本高僧圆仁《入唐求法巡礼行记》亦载：“自海陵县去宜陵馆五十里余，去（扬）州六十五里。”[⑤] 据学者考证，唐时海岸在盐城县东。“当时的海岸西至现在南京城西，由淮河南岸的楚州南至太湖以南的湖州，大致成为一个长方形。扬州就在这个长方形的中央，只是稍稍偏于西北而已”[⑥]。唐开元以前，海潮可到扬州城郭，船舶可以直达扬州城下。唐人诗文中屡有提到扬州的潮水，如：“鸬鹚山头微雨晴，扬州郭里见潮生。”[⑦] “山色潜知近，潮声只听来。”[⑧] “广陵三月花正开，花里逢君醉一回。南北相过殊不远，暮潮从去早潮来。”[⑨] 这些都反映出扬州当时离长江入海口不远，所以扬州的制盐业十分发达。许棠《讲德陈情上淮南

---

① 杜宝：《大业杂记辑校》，辛德勇辑校，三秦出版社，2006，第 2 页。

② 雍正《扬州府志》（影印本）卷 6《都里·集镇附》，台湾成文出版社，1975，第 55 页。

③ 杜宝：《大业杂记辑校》，辛德勇辑校，三秦出版社，2006，第 16 页。

④《隋书》卷 3《炀帝纪上》。

⑤ 圆仁：《入唐求法巡礼行记》卷 1，顾承甫、何泉达点校，上海古籍出版社，1986，第 8 页。

⑥ 史念海：《论唐代扬州和长江下游的经济地区》，《扬州师院学报（社会科学版）》，1982 年 2 期。

⑦ 李颀：《送刘昱》。

⑧ 李嘉祐：《和韩郎中扬子津玩雪寄严维》。

⑨ 韦应物：《酬柳郎中春日归扬州南郭见别之作》。

李仆射八首》之三云：“九郡竟歌兼煮海，四方皆得共和羹。”其《送李员外知扬子州留务》也云：“冶例开山铸，民多酌海煎。”这都是扬州其时近海的证明。

扬州不仅具备作为通海港的地理条件，还拥有便捷的水道交通系统和富庶的经济腹地。早在春秋时期，吴王夫差开凿邗沟，由广陵引水北行，一直到射阳湖，再由射阳湖末口入淮水。吴王在水口筑邗城，即扬州最早的城池。继邗沟之后，西汉吴王刘濞时期（公元前195—前154），扬州开凿的第二条运道——运盐河，西起扬州茱萸湾（今湾头镇），东到海陵，唐时通航到海陵如皋以东的掘港，成为由扬州东行入海的通道。邗沟后来经过多次整治，隋炀帝时又加以修整、扩大，成为贯通南北大运河的重要组成部分，又称淮南运河。淮南运河在扬州之南和长江汇合，扬州成为水上交通枢纽都会。扬州通过运河与长江同海河、黄河、淮河及钱塘江几大水系相连接，形成紧密的水路交通网。史载，隋炀帝大业元年（605）开通济渠，“自扬、益、湘南至交、广、闽中等州，公家运漕，私行商旅，舳舻相继”。[①] 许多地方的运漕和商旅，都是经过扬州前往洛阳、长安，扬州成为江淮与东南地区之间的货物集散地和转运中心，淮南运河成为我国海上丝绸之路连接洛阳和长安的重要国际通道。

二、隋唐时期的扬州港

扬州与海外交通的历史，根据文献记载，最早可以上溯到东晋时期。据《高僧传·佛驮跋陀罗》记载，佛驮跋陀罗，迦维罗卫（今尼泊尔境内）人。“及受具戒，修业精勤。博学群经，多所通达。少以禅律驰名”。后秦西行求法僧智严在罽宾（今克什米尔）与他相遇，邀请他来中国传授禅法。佛驮跋陀罗“度葱岭，路经六国……至交趾乃附舶”，在青州东莱郡登陆，来到后秦都城长安，后转赴庐山、江陵、建康（今南京）等地弘法译经。据学者研究，佛驮跋陀罗在义熙十四年（418）来

① 李吉甫：《元和郡县图志》卷5《河南道·河南府河阴县》。

到广陵（今扬州），翻译《大方广佛华严经卷》，直到南朝刘宋永初二年（421）才离开广陵去建康，元嘉六年（429）圆寂于道场寺。佛驮跋陀罗被称为“第一位来到扬州的西域人”。①

隋炀帝开凿大运河后，扬州成为重要的对外交通海港。唐代，扬州有三处出海口与运河相连，即淮南运河北端的山阳（楚州，今淮安）、南端的扬子津（后为瓜洲渡）和运盐河东端的掘港。

山阳口岸，是传统的海上交通的北路，新罗人来唐大多是经由此口岸来到扬州或是返回新罗。乾符年间（874—879）出任淮南节度副大使高骈幕僚的新罗人崔致远，就是沿着这条航线由扬州回国。日本高僧圆仁撰写的《入唐求法巡礼行记》载，楚州城内有新罗坊，侨居的新罗人很多，设有“总管”管理侨民事务。

扬子津和掘港，这两处均为后来兴起的海上交通的南路。鉴真和尚东渡日本，每次都是取南路。最后一次东渡，即唐天宝十二年（753）十月，也是由扬州江边出发，“从龙兴寺出，至江头乘船。……下至苏州黄泗浦”，乘日本遣唐副使大伴宿祢胡麿的船只航海，经阿儿奈波岛（即今冲绳）、益救岛（今日本尾久岛），到秋妻屋浦（今日本鹿儿岛的秋目浦），由筑志太宰府（今日本福冈县）抵达京城奈良。② 第三、四期的日本遣唐使、留学生以及波斯、大食等国商人大都沿南路海上通道前来扬州。③ 唐开成三年（838），圆仁随遣唐使藤原常嗣来中国，六月十三日从日本出发，先是等信风，后又遇到风浪，七月二日方抵达扬州海陵县白潮镇桑田乡东梁村。后由掘港沿运盐河西行，经如皋、海陵、宜陵、禅智寺前桥，入扬州。圆仁所撰《入唐求法巡礼行记》，记载了当时运盐河的情形，“盐官船积盐，或三四船，或四五船，双结编续，不绝数十里，相遇而行，乍见难记，甚为大奇”。④ 成书于日本宽平初年（唐僖

---

① 朱江：《扬州海外交通史略》，《海交史研究》1982年第4期。

②［日］真人元开：《唐大和上东征传》，汪向荣校注，中华书局，1979，第85—92页。

③ 详见本书第二章第三节。

④ 圆仁：《入唐求法巡礼行记》卷1，顾承甫、何泉达点校，上海古籍出版社，1986，第7页。

宗、昭宗时，885—891）的《日本国见在书目录》，其中的土地家著录地志有《扬州图经》《海州图经》《越州都督府图经》等数种。池田温认为这些书反映了这些地区和日本交流的频繁。① 此外，也有一部分波斯和大食人是在广州等地登陆，然后由梅岭等通道，经洪州（今南昌）、江州（今九江），循长江下扬州，即李白诗句所云，“汉水东流扬子津”。

唐代的扬州，“当南北大冲，百货所集”②，集中了全国各地的物产，为国际贸易提供了十分理想的市场。在扬州，外国商人既可以销售其舶来之商品，也可以顺利地备办旅途中的生活必需品和他们所需要的中国商品，所以扬州吸引了大批外国商人。杜甫《解闷十三首》之二云："商胡离别下扬州"，即形象地反映了外国商人云集扬州这一事实。他们大都以经营珠宝和香料为业，并从扬州贩回陶瓷、铜器和其他手工业品。据《太平广记》载，司徒李勉开元初作浚仪（今河南开封）尉。秩满，沿汴将游广陵，行至睢阳（今河南商丘），遇一波斯老胡得病，求与勉同船到江都。老胡自言本贵王种，商贩于此已逾二十年，家有三子。行至泗上，老胡病危，抽刀决股，取出一珠授勉，说是传国宝珠，价当万万。勉葬老胡于淮上，密以珠含之而去。到了扬州，找到亡胡之子，告其瘗所，胡雏号泣，发墓取而去。③ 这说明有的胡商已在扬州生儿育女。《太平广记》中关于扬州胡商的记载还有不少。

天宝十二年（753），鉴真第六次东渡，随行的24名弟子中，即有胡国人安如宝、昆仑国人军法力、[瞻]波国人善听等。④《旧唐书·田神功传》记载，肃宗上元元年（760），田神功为平卢节度都知兵马使，兼鸿胪卿，“寻为邓景山所引，至扬州，大掠百姓商人资产，郡内比屋发掘略遍，商胡波斯被杀者数千人”。⑤《旧唐书·邓景山传》亦载，“商胡

---

①[日] 池田温：《中国的史书和〈续日本纪〉》，孙晓林等译，载《唐研究论文选集》，中国社会科学出版社，1999，第416页。

②《唐会要》卷86。

③ 李昉等编《太平广记》卷402《李勉》。

④[日] 真人元开：《唐大和上东征传》，汪向荣校注，中华书局，1979，第85页。瞻波国，即我国史籍中的“占婆”，在今天越南中南部一带。

⑤《旧唐书》卷124《田神功传》。

大食、波斯等商旅死者数千人”。反映了当时在扬州的波斯、阿拉伯等国商人数量之多。唐人笔记经常提到扬州“波斯邸”，扬州地方志书中亦有“波斯庄”这样的地名，扬州出土的唐代陶俑中，也有不少波斯胡人的形象。①

1965 年，在扬州城南汽车修配厂所在地出土一件翠绿釉波斯大陶壶；② 1982 年到 1984 年，扬州三元路的基建工地，陆续出土了数百块波斯釉陶片；1985 年至 1986 年，扬州汶河路文园饭店工地等处出土了波斯陶片。这些陶片，器形多是壶、罐类日常用器，还有玩具等，应是从波斯带来的生活用具，其年代应为 9 世纪左右。这些波斯陶片的出土，证明当时扬州罗城内居住着许多波斯人。③

2004 年，扬州普哈丁墓园南侧工地施工时，发现一方唐代扬州波斯人墓志，题为《唐故李府君墓志并序》，记载：“府君父名罗呼禄，府君称摩呼禄。……府君望郡陇西，贯波斯国人也。……舟航赴此，卜宅安居。……大谢于大和九年二月十六日，殁于唐扬州江阳县文教坊之私第也，时七十有五矣。……府君又有侄，一牌会，一端。”④ 扬州波斯人李氏的两代名字都有“呼禄”，有学者认为“呼禄”很可能是摩尼教法师的法号，他们是摩尼教低级传教士。李摩呼禄两个侄儿的名字，牌会很可能是波斯语 Pahlavi（巴列维）的汉译，是中古波斯人常见的名字；李端则可能是汉语名字，反映了入唐波斯人的汉化。墓志的式样和内容都深受汉文化影响。⑤

值得一提的是，1975 年在扬州唐城遗址出土了一件青花瓷枕的残片，瓷片上绘制的碎叶夹菱形纹图案，在我国瓷器上极少见到。有学者认为，“这件瓷枕纹饰风格与组成与唐代传统纹饰截然不同，似与西亚地区波斯有关”。并认为，在唐代，阿拉伯人、波斯人到扬州经商的很

① 朱江：《扬州海外交通史略》，《海交史研究》1982 年第 4 期。

② 周长源：《扬州出土古代波斯釉陶器》，《考古》1985 年第 2 期。

③ 周长源等：《扬州出土的古代波斯釉陶研究》，《文物》1988 年第 12 期。

④ 转引自周运中《唐代扬州波斯人李摩呼禄墓志研究》，《文博》2017 年第 6 期。

⑤ 周运中：《唐代扬州波斯人李摩呼禄墓志研究》，《文博》2017 年第 6 期。

多，因而“波斯人在扬州画瓷器的可能性是存在的”。[①] 若果真如此，这些文物将是扬州在唐代为中外交流活动作出杰出贡献的实物见证。

扬州港口的繁荣与当地造船业的发达是分不开的。《隋书·高祖纪下》载：“吴、越之人，往承弊俗，所在之处，私造大船……”大业元年（605），隋炀帝“敕王弘于扬州造舟及楼船、水殿、朱航、板艑、板舫、黄篾舫、平乘、艨艟轻舸等五千余艘，八月方得成就”。[②]《资治通鉴·隋纪四》记载：“龙舟四重，高四十五尺，长二百丈［尺］。上重有正殿、内殿、东西朝堂，中二重有百二十房，皆饰以金玉，下重内侍处之。”如果扬州一带的造船业不发达，要在八个月内造出这样规模和数量如此多的船只，是很难办到的。《唐大和上东征传》亦载，天宝元年（742），日本学问僧荣睿、普照在唐留学已经十年，鉴真等人“请得宰相李林甫之兄林宗之书，与扬州仓曹李凑，令造大舟”，并准备粮食，准备东渡，同时送他们回日本。[③]《唐语林》记载，大历年间（766—779），刘晏为盐铁转运使，在扬州设有十个造船厂，造船达两千余艘。凡此均说明，隋唐时期的扬州不仅能造航行于长江与内河的运输船，还能建造航海的大船。1960 年在扬州城南施桥出土的沉船，残长 18.40 米（原长 24 米），中宽 4.3 米，底宽 2.4 米，深 1.3 米，船板厚 13 厘米。全船大体可分作五个大［舱］，其中还可能分若干小［舱］。[④] 著名历史地理学家史念海先生认为：“就这个沉船残迹看来，不似普通江船，而应是一条海船。”[⑤]

唐代扬州的港口在扬子津，邀请鉴真东渡的日本遣唐使藤原清河等人，都是经由该港口往返。此外，在施桥沉船以北 200 米处发现一排木桩，发掘者认为“像是一座港口建筑”。[⑥] 该处遗址与扬子津同在一侧江

---

① 冯先铭：《有关青花瓷器起源的几个问题》，《文物》1980 年第 4 期。

② 杜宝：《大业杂记辑校》，辛德勇辑校，三秦出版社，2006，第 16 页。

③［日］真人元开：《唐大和上东征传》，汪向荣校注，中华书局，1979，第 39 页。

④ 江苏省文物工作队：《扬州施桥发现了古代木船》，《文物》1961 年第 6 期。

⑤ 史念海：《论唐代扬州和长江下游的经济地区》，《扬州师院学报（社会科学版）》1982 年 2 期。

⑥ 江苏省文物工作队：《扬州施桥发现了古代木船》，《文物》1961 年第 6 期。

岸上，遗址木桩走向同当时镇扬河段北岸走向一致，应是唐代扬州港长江港区桩式码头残留部分。[①] 天宝十年（752）广陵郡遭大风沉没的船只有数千艘，沿扬子津一带，应该不止一处码头。在西侧的扬子县治所白沙镇（今仪征市），与扬子津在同一条江岸上，亦当是当时扬州的一个码头。[②] 开元之后，由于扬子江边滩涨，阻碍通航，扬子港口先是移到瓜洲，到了北宋时期，又转到真州（今仪征）。

唐末五代之际，扬州历经战乱，遭受了空前浩劫。唐僖宗光启三年（887），割据扬州的淮南节度使高骈为部将毕师铎所攻，庐州刺史杨行密率兵往扬州解围，双方攻守达半年之久，扬州遭受残酷的破坏。《旧唐书》记载："重围半年，城中刍粮并尽，草根木实，市肆药物，皮囊革带，食之亦尽。外军（按：指秦彦、毕师铎的军队）掠人而卖，人五十千。死者十六七……"[③] 后扬州又陷于杨行密和秦宗权属下孙儒的争夺之中。大顺二年（891），孙儒"悉焚扬州庐舍，驱丁壮妇女渡江，杀老疾以饷军"。[④] 连年的战乱，使扬州受到严重的摧残。《旧唐书》记载："江淮之间，广陵大镇，富甲天下。……四五年间，连兵不息，庐舍焚荡，民户丧亡，广陵之雄富扫地矣。"[⑤]

五代末，南唐保大十五年（957），后周世宗柴荣亲征南唐，进逼扬州，李璟"知东都（按：即扬州）必不守，遣使悉焚官私庐舍，徙其民于江南"。[⑥] 扬州又遭受了一场浩劫。

扬州于唐末五代所遭劫难是中国名城大都所罕见的，战乱的破坏使得海外商人不愿前往。而地理环境的变迁，使扬州失去了海港的条件，由国际商埠变为内河港口。

唐代扬州的港口在城西南二十里的扬子津，与瓜洲相对。瓜洲原为

---

① 林承坤：《长江和大运河的演变与扬州港的兴衰》，《海交史研究》1986 年第 1 期。

② 朱江：《扬州海外交通史略》，《海交史研究》1982 年第 4 期。

③《旧唐书》卷 182《秦彦传》。

④《十国春秋》卷 1《吴一·太祖世家》。

⑤《旧唐书》卷 182《秦彦传》。

⑥《十国春秋》卷 16《南唐二·元宗本纪》。

江中一沙洲，隋唐以来，由于长江中上游沿岸土地的大规模开发，水土流失严重，长江江流中的含沙量提高，瓜洲面积不断增大，据《读史方舆纪要》载，“唐时积沙二十五里”①。这么巨大的沙洲横卧江中，影响了扬州和润州（今镇江）之间的水上航行。《旧唐书》记载，自润州“至瓜步沙尾（今瓜洲），纡汇六十里，船绕瓜步，多为风涛之所漂损”。② 为此，开元二十六年（738），润州刺史齐澣开凿从瓜洲直达扬子津的伊娄运河，这就把隋代的淮南运河由扬子津延长到了瓜洲。此后，“上江（按：长江上游）漕船入仪征运河，不入瓜洲。后代苏、松、常、镇、嘉、湖等郡漕船入瓜洲口，桂、广漕船入仪征口”③，然后在扬州汇合，由邗沟、淮河、汴河运往洛阳、长安。这时扬子津的地位已部分被仪征和瓜洲取代，不过当时无论是进入瓜洲伊娄运河的船只，还是进入仪征运河的船只，最终还是要在扬州汇集，因此对扬州没有太大影响。

到唐代后期，情况发生变化，梁肃（753—793）所撰《通爱敬陂水门记》云：“岁在戊辰（贞元四年，788），扬州牧杜公命新作西门，所以通水庸，致人利也。……当开元以前，京江岸于扬州，海潮内于邗沟，过茱萸湾，北至邵伯堰，汤汤涣涣，无隘滞之患。其后江派南徙，波不及远，河流浸恶，日淤月填，若岁不雨，则鞠为泥涂，舟楫陆沉，困于牛车。”④ 说明长江主流已南移到瓜洲与润州之间的水道，使得瓜洲与扬州间的江面变窄，海潮不能顺利到达。没有海潮的冲刷，长江北岸泥沙不断淤积并且向南扩展，扬子津离江越来越远，而瓜洲的面积也在不断扩大。《读史方舆纪要》记载：“唐宋以来，滨江洲渚日增，江流日狭。初自广陵扬子镇济江，江面阔，相距四十余里。唐立伊娄埭，江阔犹二十余里。宋时瓜洲渡口犹十八里，今瓜洲渡至京口不过七八里。”⑤ 李绅（772—846）在《入扬州郭》诗题下注云：“潮水旧通扬州郭内，大历以

---

① 顾祖禹：《读史方舆纪要》卷23《南直五·伊娄河》。

②《旧唐书》卷190中《齐澣传》。

③ 刘文淇：《扬州水道记》卷1《江都运河》，赵昌智、赵阳点校，广陵书社，2011，第16页。

④ 梁肃：《通爱敬陂水门记》，《全唐文》卷519。

⑤ 顾祖禹：《读史方舆纪要》卷23《南直五·扬子江》，第1077页。

后，潮信不通。”《旧唐书》记载，大历年间（766—779），张延赏为淮南节度使，“边江之瓜洲，舟航凑会，而悬属江南，延赏奏请以江为界，人甚为便”。[①] 显然这时的长江已经在瓜洲之南而不在其北了。后来随着长江泥沙不断淤积，江口逐渐东移，扬州距海也就越来越远，最终失去了作为海港的地理优势，其对外贸易在宋代被杭州、明州所取代。[②]

---

①《旧唐书》卷129《张延赏传》。

② 参见吴松弟、王列辉《唐朝至近代长江三角洲港口体系的变迁轨迹》，《复旦学报》2007年第2期。

第二章 宋代国际贸易港的繁荣

宋代，我国海外贸易的发展进入繁荣时期。为了管理对外贸易事宜，宋朝先后在广州、杭州、明州、泉州、密州板桥镇（今山东胶县）、秀州华亭（今上海松江）、温州、江阴军等地设立市舶机构。不过，各个港口发展并不平衡，总体来说，以广州、泉州、明州（庆元）三处海港最为繁荣，其他港口则兴废不常。

第一节　广州港的起伏

一、北宋时期全国最大对外贸易港

（一）朝廷和广州地方政府对海外贸易的重视

宋代重视发展海外贸易。宋开宝四年（971）二月平定南汉，同年六月就在广州设立市舶司，管理对外贸易事宜。其后相继在杭州、明州（今宁波）、泉州等地设立市舶司，但在北宋一代，广州市舶司居于最重要的地位。按照熙宁年间（1068—1077）的市舶法，海外贸易的商船都要经市舶司审批。泉州市舶司设立之前，福建商人赴海外贸易，必须绕远路往返广州。至元丰三年（1080），朝廷进一步规定："诸非广州市舶司，辄发过南番纲舶船，非明州市舶司，而发过日本、高丽者，以违制

论。”元丰八年（1085），朝廷又规定：“诸非杭、明、广州而辄发海商舶船者，以违制论。”① 这就扩大了广州等市舶司的权力，加强了对中国商船到海外贸易的约束。

北宋时期，广州仍是我国对外贸易第一大港。以当时最大宗进口商品香料为例，根据北宋毕仲衍《中书备对》的记载，神宗熙宁十年（1077），广州、明州和杭州三个市舶司共收乳香 354449 斤，其中广州收 348673 斤，占 98.4%；明州收 4739 斤，占 1.3%；杭州收 637 斤，还不到 0.2%。因而清梁廷楠（旧作“枏”）《粤海关志》云：“是虽三处置司，实只广州最盛也。”②

鉴于广州在对外贸易中的绝对优势，熙宁九年（1076），集贤殿修撰程师孟曾经“请罢杭、明市舶，诸舶皆隶广州一司”。③ 元祐二年（1087），朝廷下诏在泉州增置市舶司。朱彧《萍洲可谈》称：“崇宁（1102—1106）初，三路（广东、福建、两浙）各置提举市舶司，三方唯广最盛。”④ 三路市舶司仍以广州为首要。不过，“官吏或侵渔，则商人就易处，故三方亦迭盛衰”。⑤ 番商遇到官员侵渔时，不得已只好选择易处贸易，这就直接影响到三方的盛衰。

作为北宋对外贸易第一大港，广州的兴衰与海外贸易有着密切的关系。据沈括所撰《张中允墓志铭》记载，由于宋廷对西夏用兵，军费大增，“复议益赋于五岭”。张牧时任广州四会县尉，对使者说：“交［广?］州地非能饶也。大商贾胡赖以富者，其根乃在异国。知将困之，彼则踔海而去，昼夜万里，广遂将不为州矣。与其无事而失广州，孰若捐尺寸之利，为百姓计多也。”⑥ 使者听闻其言，不再加税于广州，由此可见朝

---

① 苏轼：《苏轼文集编年笺注》卷 31《乞禁商旅过外国状》，李之亮笺注，巴蜀书社，2011，第 4 册，第 206 页。

② 梁廷楠：《粤海关志》卷 3《前代事实二》，袁钟仁校注，广东人民出版社，2002，第 37 页。依该书记载，三个市舶司所收香料的数额之和为 354040 斤，与总额相差 400 斤。

③《宋史》卷 186《食货下八·互市舶法》，中华书局，1985，第 4560 页。

④⑤ 朱彧：《萍洲可谈》卷 2，李伟国校点，上海古籍出版社，2012，第 28 页。

⑥ 沈括：《长兴集》卷 24《张中允墓志铭》。

廷对广州海外贸易的重视。

为了招徕外商贸易，宋太宗于雍熙四年（987）五月，“遣内侍八人，赍敕书、金帛，分四纲，各往海南诸番国勾招进奉，博买香药、犀牙、真珠、龙脑。每纲赍空名诏书三道，于所至处赐之”。[①] 此后，“勾招进奉”的工作经常进行。宋真宗大中祥符（1008－1016）初年，“海舶久不至”，广州知州马亮“使招来之，明年，至者倍其初，珍货大集”。[②] 天圣六年（1028 年）七月十六日，宋仁宗诏令：“广州近年番舶罕至，令本州与转运司招诱安存之。”[③]

广州地方政府对从事海外贸易的船只也给予种种便利。例如，因为广州城近海，舶船易受台风之苦，大中祥符年间，广州知州邵煜开凿内壕，方便船只避风，“飓不能害”，深得吏民番贾的拥护。[④] 真宗天禧三年（1019），广州特抽调巡检一员，带兵驻市舶亭（在今海珠广场一带），防止舶船被劫。后又建立“望舶”制度，在褥州（今台山广海）设望舶巡检司，派兵船接应来舶，谓之“一望”，沿途依次有二望、三望，将舶船护送至广州市舶亭下，[⑤] 以待“阅货”。

每当外商往返广州时，市舶司都要设宴招待，此为常例，称为“犒设”。史称：“番舶初来，有下碇税，有阅货宴”，[⑥] 表示欢迎；等番商归国时，亦隆重设宴饯行，“岁十月，提举司大设番商而遣之”[⑦]。犒设时，朝廷派遣特使到广州慰劳。《续资治通鉴长编》卷七十二记载：大中祥符二年（1009）十一月，“广州番商凑集，遣内侍赵敦信驰驿抚问犒设之。”犒设场面盛大。为宴请需要，嘉祐年间（1056—063），经略魏炎在府城镇南门外（今北京南路与高第街交界附近）兴建海山楼，楼下就是市舶亭。《萍洲可谈》载：“广州市舶亭，枕水有海山楼，正对五洲（今

①③《宋会要辑稿·职官》，刘琳等校点，上海古籍出版社，2014，第 4204 页。

②《宋史》卷 298《马亮传》。

④ 李焘：《续资治通鉴长编》卷 83，上海古籍出版社，1985，第 728 页。《宋史·邵晔传》“邵煜”作“邵晔”。

⑤ 朱彧：《萍洲可谈》卷 2，李伟国校点，第 28 页。

⑥ 屈大均：《广东新语》卷 15《货语·黩货》，第 381 页。

⑦ 周去非：《岭外代答》卷 3《航海外夷》，上海远东出版社，1996，第 69 页。

太平沙一带)，其下谓之小海……”[①] 宋人陈与义诗云：“百尺阑干横海立，一生襟抱与山开。岸边天影随潮入，楼上春容带雨来。”洪适诗云：“海山楼下水朝东，此去弥漫拍太空。稛载宁寻蓑尔国，舟行好趁快哉风。往来云汉经星外，出入鱼龙巨浪中。拜手君王零湛露，举觞须似吸川虹。”[②] 描写了市舶司官员在海山楼为归国番商饯行的情景。南宋王象之《舆地纪胜》记载：“海山楼，在城南。极目千里，为登览之胜。”[③] 海山楼成为宋代的羊城八景之一。

在朝廷和广州当地政府的奖励下，宋初广州的海外贸易迅速恢复。《宋会要·食货》记载：“太平兴国中，以克平岭南，及交趾、海南诸国连岁入贡，通关市，商人岁乘船贩易外国物，自三佛齐、勃泥、占城，犀、象、香、药……珍异之物充盈府库，始议于京师置香药榷易院，增香药之直，听商人市之。命张逊为香药库使主之，岁得钱五十万贯。”[④] 李焘《续资治通鉴长编》也有记载，但“榷易院”改作“榷药局”。[⑤]

(二) 贸易国家和地区的增加

在政府的招引和鼓励下，北宋时期与广州贸易的国家和地区比唐代有了增加。《宋史·食货志下》记载：“(开宝) 四年 (971)，置市舶司于广州，后又于杭、明州置司。凡大食、古逻 (今马来西亚的瓜拉龙运)、阇婆 (在今印度尼西亚爪哇岛)、占城、勃泥 (今加里曼丹岛)、麻逸 (今菲律宾)、三佛齐诸番并通货易。”据学者考证，广州至阇婆和广州至麻逸的两段航线，为宋代开辟的新航线。[⑥]

在上述诸国中，宋与三佛齐的贸易最盛。北宋末年朱彧《萍州可

---

① 朱彧：《萍洲可谈》卷 2，李伟国校点，上海古籍出版社，2012，第 28 页。

② 洪适：《盘洲文集》卷 65《设番乐语》。

③ 王象之：《舆地纪胜》卷 89《广州·景物下》，李勇先校点，四川大学出版社，2005，第 3056 页。

④《宋会要辑稿·食货·榷货务》，刘琳等校点，上海古籍出版社，2014，第 7263 页。

⑤ 李焘：《续资治通鉴长编》卷 18，太平兴国二年正月乙亥。

⑥ 陈柏坚、黄启臣编著《广州外贸史》(上)，广州出版社，1995，第 106 页。

谈》记载："海南诸国，各有酋长，三佛齐最号大国……地多檀香、乳香，以为华货。三佛齐舶赍乳香至中国，所在市舶司以香系榷货，抽分之外，尽官市。……是国正在海南，西至大食尚远，华人诣大食，至三佛齐修船，转易货物，远贾幅凑，故号最盛。"①

北宋时期与广州有商贸往来的国家与地区，除了前述大食、三佛齐等国外，还有真腊（今柬埔寨）、罗斛（今泰国南部华富里）、登流眉（今泰国南部马来半岛洛坤附近）、蒲甘（今缅甸中部）、蒲端（约为今菲律宾班乃岛西岸或棉兰老岛北岸）、注辇国（今印度科罗曼德尔海岸一带）等，其范围及于今东南亚、印度、波斯湾以至东非，可能达到北非。②

（三）中外商人往来频繁

广州市舶司经常派遣商船前往南洋各国贸易。《宋会要》记载，崇宁五年（1106）三月四日，皇帝诏曰："广州市舶司旧来发舶往来南番诸国博易回，元丰三年（1080）旧条，只得却赴广州抽解……"③ 朱彧《萍洲可谈》记载："海舶大者数百人，小者百余人，以巨商为纲首、副纲首、杂事，市舶司给朱记，许用笞治其徒……舶船深阔各数十丈，商人分占贮货，人得数尺许，下以贮物，夜卧其上。货多陶器，大小相套，无少隙地。……舟师识地理，夜则观星，昼则观日，阴晦观指南针。"④ 说明指南针已开始用于海上导航，这是世界航海史上最早使用指南针的记录。⑤ 中国商人到海外，当年不归者，称为"住番"；长期住番不归者的后裔，称"土生唐人"。《续资治通鉴长编》记载："福建、广南人因商贾至交趾，或闻有留于彼用事者。"⑥

---

① 朱彧：《萍州可谈》卷 2，李伟国校点，上海古籍出版社，2012，第 30 页。

② 参见汪廷奎主编《广东通史·古代上册》，广东高等教育出版社，1996，第 750 页。

③《宋会要辑稿·职官》，刘琳等校点，上海古籍出版社，2014，第 4207 页。

④ 朱彧：《萍洲可谈》卷 2，李伟国校点，上海古籍出版社，2012，第 29 页。

⑤ 陈泽泓：《广州古代史丛考》，中央编译出版社，2017，第 213 页。

⑥《续资治通鉴长编》卷 273，熙宁九年二月壬申。

由于海外贸易利润丰厚，一些官吏也以亲信充当商人参与贸易，至道元年（995）朝廷专门下诏广州市舶司，命令“诸路转运司指挥部内州县，专切纠察，内外文武官僚敢遣亲信于化外贩鬻者，所在以姓名闻”。① 据《宋史·张鉴传》记载，张鉴于咸平（998—1003）初，出知广州，三年，移知朗州。“初，鉴在南海，李庚夷为通判，谢德权为巡检，皆与之不协。二人密言鉴以资会海贾，往来贸市，故徙小郡”。

外国到中国的舶船，大小不一，“凡舶舟之来，最大者为独樯舶，能载一千婆兰（胡人谓三百斤为一婆兰也）；次曰牛头舶，比独樯得三之一；次三木舶，次料河舶，递得三之一也”。② 外商虽多乘本国船，但乘中国船舶者也不少。③ 番舶到广州市舶亭阅货后，一般要在广州港停泊一段时间，以便购置回货和等待季风。通常是乘东南信风于五、六月到，十一、十二月乘东北信风返。如有贡使者，进京贡物后可获得“答赐”。如熙宁十年（1077），注辇国派遣使者奇啰啰、副使南卑琶打、判官麻图华罗等 27 人前来进贡，朝廷封使、副使“为怀化将军、保顺郎将，各赐衣服器币有差；答赐其王钱八万一千八百缗、银五万二千两”。④ 答赐通常超过贡物价值，让进贡方有利可图。贡使回到广州后，可将所赐银、钱购买回货。

大中祥符九年（1017）七月，广州知州陈世卿上书请求限制各国进贡使团入京人数：“每国使、副、判官各一人；其防援官，大食、注辇、三佛齐、阇婆等国勿过二十人，占城、丹流眉、渤泥、古逻、摩迦等国勿过十人，并来往给券料。广州番客有冒代者，罪之。缘赐与所得贸易市杂物，则免税算。”⑤ 可见，由于贡使成员用答赐购买货物可以免税，因而有广州的外商冒充进贡使臣的随员，前往汴梁贸易。

到广州贸易的大食等国商人，请求前往京城及各州从事贸易活动。

---

①《宋会要辑稿·职官》，刘琳等校点，上海古籍出版社，2014，第 4204 页。

② 马端临：《文献通考》卷 20，商务印书馆，1936。

③［日］桑原骘藏：《蒲寿庚考》，陈裕菁译订，中华书局，2009，第 37 页。

④《宋史》卷 489《外国列传五》，第 14098—14099 页。

⑤《宋会要辑稿·番夷·朝贡》，刘琳等校点，第 9947—9948 页。

应广州市舶司的奏请，朝廷在崇宁三年（1104）年五月颁布诏令："应番国及土生番客，愿往他州及东京贩易物货者，仰经提举市舶司陈状，本司勘验诣实，给与公凭，前路照会。经过官司常切觉察，不得夹带禁物及奸细之人。"①

贡使、舶商回国之前，为等信风及与民间交易等原因，有时在广州居留一两年甚至更长时间。如三佛齐于端拱元年（988）派遣使者蒲押陀犁前来进贡方物。蒲押陀犁自京城返回广州后，"闻本国为阇婆所侵，住南海凡一年"。淳化三年（992）春乘舶船到占城，"遇风信不利，复还"。② 至道元年（995），大食商人蒲希密之子向宋廷上奏说："父蒲希密因缘射利，泛舶至广州，迨今五稔未归。母令臣远来寻访，昉至广州见之。"③ 据《宋史》卷四百九十《外国列传六》记载：淳化四年（993），大食国派遣李亚勿前来进贡，"其国舶主蒲希密至南海，以老病不能诣阙"，于是以方物附李亚勿向宋廷进献。可见，蒲希密滞留在广州。大食另一使臣辛押陀（陁）罗"居广州数十年矣，家资数百万缗"。④ 番商到广州后，当年不归国者，称"住唐"，⑤ 长期住唐不归者的后裔，称"土生番客"。皇祐四年（1052）侬智高围攻广州时，城外"番汉数万家悉委于贼，席卷而去"，⑥ 其中的番人大部分是侨居广州的外商。

北宋时，由于对外贸易的繁荣，"广州多番汉大商"。⑦ 在广州"住唐"的外国商人，除一部分"番汉杂处"以外，大多聚居于"番坊"。番坊设"番长"一人，由中国政府任命番官充任。番长穿戴华官服饰，"管勾番坊公事"。"番人衣装与华异，饮食与华同"，只是不食猪肉而已。

①《宋会要辑稿·职官》，刘琳等校点，上海古籍出版社，2014，第4207页。

②《宋史》卷489《外国列传五》，第14089页。

③《宋史》卷490《外国列传六》，第14119—14120页。

④《宋史》卷490《外国列传六》，第14121页；苏辙：《龙川略志》卷5，李郁校注，三秦出版社，2003，第66页。

⑤ 朱彧：《萍洲可谈》卷2，李伟国校点，上海古籍出版社，2012，第30页。

⑥《宋会要辑稿·方域》，刘琳等校点，上海古籍出版社，2014，第9460页。

⑦ 李焘：《续资治通鉴长编》卷94，天禧三年九月乙卯。

番人在广州犯法，经广州官府查实，徒刑以上重罪由官府判决，轻者交由番长处置。此外，番长还有“招邀番商入贡”的任务。[①] 前述大食国舶主蒲希密在淳化四年（993）上宋皇帝表中称，“昨在本国，曾得广州番长寄书招谕，令入京贡奉”[②]，因而来到广州贸易。

当时在广州的外国商人，有的娶中国女子为妻。朱彧《萍洲可谈》记载：“元祐间（1086—1094），广州番坊刘姓人娶宗女，官至左班殿直。”[③] 后来朝廷规定，外商在华侨居，三代之内有人做官的，方可与宋宗室通婚。也有外商携同妻子来广州居住。《宋会要·刑法》记载：“（景祐二年，1034）十月九日，前广南东路转运使郑载言：‘广州每年多有番客带妻儿过广州居住，今后禁止广州不得卖与物业。’”[④] 对于随同前来广州的外国妇女，“广中呼番妇为菩萨蛮”。[⑤]

宋代的广州，除有番坊外，还设有“番市”，以便外商从事贸易。《续资治通鉴长编》记载：“广州多蛮徭，杂四方游手，喜乘乱为寇敓。上元燃灯，有报番市火者。”[⑥]

广州还有番学。神宗熙宁年间，程师孟知广州，“大修学校，日引诸生讲解。负笈而来者相踵，诸番子弟皆愿入学”。[⑦] 来自大食的辛押陀罗，“番酋也，闻风兴起，亦捐资以完斋宇，且售田以赠之。后置别舍，以来番俗子弟之愿学者”。[⑧] 大观二年（1108）三月，前摄贺州州学教授曾鼎旦称，“切见广州番学渐已就绪”，于是宋廷任命曾鼎旦为广州番学教授。[⑨] 说明当时广州番学教育建置已完备。

---

① 朱彧：《萍洲可谈》卷2，李伟国校点，第30页。

②《宋史》卷490《外国列传六》，第14119页。

③ 朱彧：《萍洲可谈》卷2，李伟国校点，第34页。

④《宋会要辑稿·刑法》，刘琳等校点，第8294页。

⑤ 朱彧：《萍洲可谈》卷2，李伟国校点，第31页。

⑥ 李焘：《续资治通鉴长编》卷128，康定元年八月己酉，中华书局，2004，第3035页。

⑦ 龚明之：《中吴纪闻》卷3，中华书局，1985，第32页。

⑧ 阮元：《广东通志》卷269《刘富传》，上海古籍出版社，1990，第4661页。

⑨《宋会要辑稿·崇儒》，刘琳等校点，第2768页。

二、南宋时期对外贸易的起落

（一）朝廷和广州地方官府对海外贸易的奖励

宋室南渡之后，国家财政困难，南海贸易的意义尤显重要。顾炎武《天下郡国利病书》云：“南渡后，经费困乏，一切倚办海舶。”[①] 绍兴三年（1133）七月，宋高宗下诏曰：

> 广南东路提举市舶官，今后遵守祖宗旧制，将中国有用之物如乳香、药物及民间常使香货，并多数博买，内乳香一色，客算尤广，所差官自当体国，招诱博买。[②]

此后，宋高宗在绍兴七年（1137）闰十月和十六年（1146）九月多次下诏，要求广南市舶司“宜循旧法，以招徕远人，阜通货贿”，发展市舶之利，以助国用。[③]

朝廷还给“招诱”工作有成绩的市舶纲首加官晋爵。绍兴六年（1136）规定：“诸市舶纲首能招诱舶舟，抽解物货，累价及五万贯、十万贯者，补官有差。”大食番客啰辛贩售乳香值 30 万缗，泉州纲首蔡景芳招诱舶货获利 98 万缗，各补官为“承信郎”。与此同时，对广州、泉州等市舶司的官吏能增加市舶收入者，亦有升官之褒，规定“闽、广舶务监官抽买乳香，每及一百万两，转一官；又招商入番兴贩，舟还在罢任后，亦依此推赏”。[④]

绍兴六年（1136）十月，改广州奉圣观为来远驿，“以备招来诸国贡使”。[⑤] 南宋初期，广州官吏招待海外贸易商人的“礼意”，厚于其他港

---

① 顾炎武：《天下郡国利病书》卷 120《海外诸番》。

②《宋会要辑稿・职官》，刘琳等校点，上海古籍出版社，2014，第 4212 页。

③ 同上书，第 4213—4214、4216 页。

④《宋史》卷 185《食货志下》。

⑤ 李心传：《建炎以来系年要录》卷 106。

口。绍兴十四年九月，提举福建路市舶楼璹上书说："臣昨任广南市舶司，每年于十月内，依例支破官钱三百贯文，排办筵宴，系本司提举官同守臣犒设诸国番商等。今来福建市舶司，每年止量支钱委市舶监官备办宴设，委是礼意与广南不同。"① 广州官吏每年发舶月份举办的犒设，不仅邀请从事海外贸易的主要人物（番汉纲首），也邀请附属人物如作头、梢工（即水手）等，以示对于海外贸易的重视和奖励，"非特营办课利，盖欲招徕外夷，以致柔远之意"。②

（二）南宋前期广州对外贸易仍独占鳌头

在朝廷和广州地方官府的招徕、奖励下，南宋前期，广州港仍是最重要的对外贸易港口。绍兴二年（1132）六月，广南东路经略安抚、提举市舶司上书说："广州自祖宗以来，兴置市舶，收课入倍于他路。"③

许多商人随舶船前往海外贸易。曾敏行（1118—1175 年）《独醒杂志》记载："庐陵商人彭氏子市于五羊，折阅不能归。偶知旧以舶舟浮海，邀彭与俱。彭适有数千钱，谩以市石蜜。发舟弥日，小憩岛屿……彭因出蜜纵嗜群蛋属餍，报谢不一，得珠贝盈斗。又某氏忘其姓，亦随舶舟至番部。偶携陶瓷犬、鸡提孩之属，皆小儿戏具者。登市，群儿争买。"④

洪适在绍兴二十三年（1153）曾说："领（岭）以南广为一都会。大贾自占城、真腊、三佛齐、阇婆涉海而至，岁数十柁。凡西南群夷之珍，犀象、珠香、流离之属，禹不能名，卨不能计。"⑤《方舆胜览》卷三十四记载：广州城内"胡贾杂居，欲杂五方"。周去非《岭外代答》记载，宋代来到中国的番商，以大食国、阇婆国、三佛齐国为多：

> 诸番国之富盛、多宝货者，莫如大食国，其次阇婆国，其次三佛齐国，其次乃诸国耳。三佛齐者，诸国海道往来之要冲也。三佛齐之

① 《宋会要辑稿·职官》，刘琳等校点，上海古籍出版社，2014，第 4216 页。

② 同上书，第 4210 页。

③ 同上书，第 4210 页。

④ 曾敏行：《独醒杂志》卷 10，上海古籍出版社，1986，第 98 页。

⑤ 洪适：《盘洲文集》卷 31《师吴堂记》。

来也，正北行，舟历上下竺与交洋，乃至中国之境。其欲至广者，入自屯门。欲至泉州者，入自甲子门。阇婆之来也，稍西北行，舟过十二子石，而与三佛齐海道合于竺屿之下。大食国之来也，以小舟运而南行，至故临国，易大舟而东行，至三佛齐国，乃复如三佛齐之入中国。其他占城、真腊之属，皆近在交趾洋之南，远不及三佛齐国、阇婆之半，而三佛齐、阇婆又不及大食国之半也。诸番国之入中国，一岁可以往返，唯大食必二年而后可。①

广州的外商“富盛甲一时”，岳珂（1183—1243年）《桯史》记载：

番禺有海獠杂居，其最豪者蒲姓，号“白番人”，本占城之贵人也。既浮海而遇涛，惮于复反，乃请于其主，愿留中国，以通往来之货。主许焉，舶事实赖给。其家岁益久，定居城中，屋室稍侈靡逾禁。……其宏丽奇伟，益张而大，富盛甲一时。……其挥金如粪土，舆皂无遗，珠玑香贝，狼藉坐上，以示侈。②

留居广州海外番商的豪富，也反映了当时广州海外贸易的兴盛。

（三）南宋后期广州对外贸易地位下降，市舶贸易优势被泉州取代

孝宗隆兴元年（1163），即有官员进言，“舶船物货已经抽解，不许再行收税”的旧法不被遵守，“近来州郡密令场务勒商人将抽解余物重税，却致冒法透漏（走私），所失倍多”。虽由户部立法，“应抽解物，不出州界货卖，更行收税者，以违制论”③，但未能扭转违法征税及其他舞弊行为。如宋宁宗开禧三年（1207），前南雄知州聂周臣说，泉、广市舶司，番船抵岸抽解后，“所隶官司择其精者，售以低价，诸司官属复相

① 周去非：《岭外代答》卷3《航海外夷》，屠友祥校注，上海远东出版社，1996，第70页。

② 岳珂：《桯史》卷11《番禺海獠》，吴敏霞校注，三秦出版社，2004，第276—278页。

③《宋会要辑稿·职官》，刘琳等校点，上海古籍出版社，2014，第4217页。

嘱托，名曰‘和买’。获利既薄，怨望愈深。所以比年番船颇疏，征税暗损”。[①] 嘉定年间（1208—1224），泉、广市舶司“番商浸少，皆缘克剥太过，既已抽分和市，提举监官与州税务又复额外抽解和买”。[②] 于是，“透漏”更为泛滥。淳祐年间（1241—1252），广州市舶“舟始至有和买纲，既办，有例库（即接受贿赂）”已成为“旧例”。[③] 广州市舶司的舶政，虽说也有清廉守法之时，但总的趋势是旧弊未除新弊又出，日益腐败，导致市舶贸易地位下降。

李昴英《广州新创备安库记》云，广州港全盛时，“巨舶衔尾笼江……迩来唐儿罕到狮国（今斯里兰卡，此处泛指外国）……余三十年所目击，公私气象，由丰美入狭啬，岁甚一岁矣”。[④] 该文写于淳祐六年（1246），从文中可知，当时广东商人（唐儿）已很少前往海外诸国贸易，而且每况愈下。按其所说“三十年”推算，广州市舶贸易在嘉定后期开始走向衰落，与前述《宋会要辑稿》所记载泉、广市舶司开禧年间“番船颇疏”、嘉定年间“番商浸少”的趋势基本一致。

另一方面，泉州自北宋元祐二年（1087）设置市舶司后，市舶贸易发展较快。进入南宋以后，由于时势、政策、人事、港口腹地等诸多因素的变化，泉州港获得更好的发展机会，也表现出更多的竞争优势，[⑤] 逐渐赶上居于领先地位的广州。乾道（1165－1173）初年，有奏者称：“福建、广南皆有市舶，物货浩瀚，置官提举实宜，惟两浙冗蠹可罢。”[⑥] 据学者研究，《宋会要辑稿》自淳熙年间（1174—1189）起，市舶贸易大多泉、广并提，而且泉州在广州之前，[⑦] 说明泉、广并重，而且泉州比广州更受到重视。南宋朝贡贸易航线，在绍兴前、中期仍有多次经广州，此后便只见经泉州及庆元府（今宁波市）。乾道年间大食国的贡船

---

①《宋会要辑稿·职官》，刘琳等校点，第 4221 页。

②《宋会要辑稿·食货·和市》，刘琳等校点，第 6839 页。

③ 刘克庄：《后村先生大全集》卷 163《叶寺丞墓志铭》。

④ 李昴英：《文溪集》卷 1《广州新创备安库记》。

⑤ 李燕：《广州港与海上丝绸之路》，广东经济出版社，2019，第 95—96 页。

⑥《宋史》卷 167《职官七》。

⑦ 汪廷奎主编《广东通史·古代上册》，广东高等教育出版社，1996，第 865 页。

行至占城被劫，“诉于福建路市舶”而不诉于广，[①] 这也可以看出泉重于广或盛于广。不过，前述南宋中期以后广州市舶司的弊政，在泉州也同样存在。南宋绍定年间（1228—1233）泉州舶商因困于诛求，据真德秀所言，“发船者少，漏泄于恩、广、潮、惠间者多，而回州者少。嘉定间（1208—1224）……舶税收钱犹十余万贯。及绍定四年，才收四万余贯；五年止收五万余贯”[②]。有学者据此认为，直至绍定年间，泉、广地位仍互有升降，孰先孰后，尚未见分晓。[③] 南宋后期，番商后裔蒲寿庚“提举泉州舶司，擅番舶利者三十年”，并拥有大量海船[④]，从事海上贸易。此外，设在泉州的南外宗正司，自南宋初便从事“兴贩番舶”，到南宋末年仍然继续海外贸易。这样，加上泉州当地的海商番舶，泉州港便存在三个海商集团。[⑤] 这是广州所不能及的，因此“南宋末泉州市舶贸易已超过广州无疑”。[⑥]

三、广州港址的变迁

宋代，广州港外港和内港码头的分布有所变化。外港除了扶胥港持续繁荣之外，琶洲港逐渐得到开发利用。内港码头随着珠江北岸线的南移，主要有西澳和东澳等。

扶胥港位于今黄埔老港下游五公里的庙头村，宋代时仍是广州主要的外港。北宋治平四年（1067），章望之《重修南海庙碑》云：“先时，此民与海中番夷、四方之商贾杂居焉。皇祐（1049—1053）中，广源州蛮来为寇，民之被杀之余，流散殆尽，后虽归怀，无复昔时之饶富。”[⑦]

---

①③⑥ 汪廷奎主编《广东通史·古代上册》，广东高等教育出版社，1996，第 866 页。

② 真德秀：《西山先生真文忠公文集》卷 15《申尚书省乞拨降度牒添助宗子请给》，商务印书馆，1937，第 256 页。

④《宋史》卷 47《瀛国公本纪》。

⑤ 傅宗文：《后渚古船：宋季南外宗室海外经商的物证——古船牌签研究并以此纪念古船出土 15 周年》，《海交史研究》1989 年第 2 期。

⑦《岭海名胜记增辑点校》卷 5《南海庙记》，王元林点校，三秦出版社，2016，第 396 页。

皇祐四年，广源州侬智高围广州，城外居民多惨遭杀戮。已故广东著名建筑史专家龙庆忠曾指出：由章望之所撰碑文可见，“宋皇祐以前，此地外舶之多，贸易之盛，镇民之殷，或有如后世广州十三行以及西关之情状也。复有一于此，意者当时之黄木湾，乃一水深浪平面积宽广之良港，足以容受外舶（大逾万斛），彼外来洋商海贾，则由此扶胥江进入扶胥镇，而贸易焉，而谒神焉，而居留焉，此黄木湾及扶胥江实为构以此胜地之一要素也”。①

皇祐之后，扶胥港逐渐恢复了往日的繁盛。南宋乾道元年（1165）刻立的《南海广利洪圣昭顺威显王记碑》，称扶胥港的盛况是“夷舶来往，百货丰盈”。乾道三年（1167）刻立的《重修南海庙记碑》，记述更为丰富：“胡商越贾，具万斛之舟……往来迅速……西南诸番三十余国，各输珠赆，辐辏五羊。珍异之货，不可缕数。闽浙艑舶亦皆载［重］而至，岁补何啻千万缗！廛肆贸易，繁夥富盛。公私优裕……”刘克庄嘉熙四年（1240）至淳祐八年（1248）任职广州，曾为市舶提举，其《即事》诗反映了南海神庙波罗诞赛会的热闹及扶胥港的繁荣景象。其一云：“香火万家市，烟花二月时。居人空巷出，去赛海神祠。”其二云：“东庙小儿队，南风大贾舟，不知今广市，何似古扬州。”东庙即指位于扶胥镇的南海神庙。

琶洲在宋代是一个小岛，“在郡东三十里，以形似名”。② 琶洲岛“上有三阜，形如琵琶”，③ 称琵琶山，高 20 至 40 米，可作商舶导航标志。《宋史·注辇国传》记载，大中祥符八年（1015），注辇国主罗茶罗乍派遣三文等入贡。三文等人经占宾国、古罗国、三佛齐国，从广州琶洲登陆，“度羊山、九星山至广州之琵琶洲，离本国凡千一百五十日至广州焉”。④ 南宋方信孺（1177—1222）《南海百咏》称：“俗传洲在水

① 转引自赵立人《续论南海神庙与扶胥港——再答王元林先生》，《海交史研究》2009 年第 2 期。

② 方信孺：《南海百咏》，中华书局，1985，第 20 页。

③ 顾祖禹：《读史方舆纪要》卷 101《广东二·广州府》，第 4344 页。

④《宋史》卷 489《注辇国传》。

中，与水升降，盖海舶所集之地也。髣髴琵琶海上洲，年年常与水沉浮。客船昨夜西风起，应有江头商妇愁。”[①] 可见，琶洲当时已是海舶停靠之地。

唐代珠江北岸在坡山，宋代由于不断淤积成陆，北岸线已南移到今万福路、一德路一线。宋代在唐代子城（旧城）的基础上增建东城和西城，形成宋代广州三城，唐代主要的内港码头——光塔码头被包裹在西城之内。宋代广州疏浚环城濠池，完成六脉渠的修建。六脉渠是指广州城内六条排水大渠，[②] 主要在西城内，以南濠为排水总汇。南濠在今海珠中路东南的南濠街一带，“景德间（1004—1007），经略高绅所辟，纳城中诸渠水，以达于海”。[③] 因其与江海相接，有潮入，是宋时广州最重要的内港码头和对外商贸中心。作为码头，南濠又称西澳。方信孺《南海百咏》记载：“南濠，在共乐楼下，限以闸门，与潮上下，盖古西澳也。景德中，高绅所辟，维舟于者，无风波恐，民常歌之。”[④] 共乐楼是一座雄伟的建筑，“旧名粤楼，在大市阛阓中，高五丈余，背倚诸峰，面临巨海，气象雄伟，为南州冠。宋绍兴中，漕使王正言重建，改匾曰‘共乐’。”[⑤] 该楼元大德年间改名为“远华”。宋代主持修筑西城的程师孟，其《题共乐亭》诗描述了共乐楼下西澳码头一带商贸活动的繁荣景象：“千门日照珍珠市，万瓦烟生碧玉城。山海是为中国藏，梯航尤见外夷情。”

宋代另一个重要的内港码头是位于清水濠的东澳。清水濠，“在行春门外，穴城而达诸海，古东澳也”。[⑥] 东澳是专门用来运盐的码头。宋

---

① 方信孺：《南海百咏》，中华书局，1985，第 20 页。

② 广州市地方志编纂委员会办公室编《元大德南海志残本》卷 8《城壕》，广东人民出版社，1991，第 57 页。

③ 同上书，第 53 页。

④ 方信孺：《南海百咏》，中华书局，1985，第 5 页。

⑤ 仇巨川：《羊城古钞》卷 7《古迹》，陈宪猷校注，广东人民出版社，1993，第 579 页。

⑥ 广州市地方志编纂委员会办公室编《元大德南海志残本》卷 8《城壕》，第 54 页。

代广州的盐仓在今旧仓巷、仓边路一带，盐运司在大塘街一带。清水濠在文溪下游，毗邻盐运司和盐仓，运盐北上极为方便。从东澳码头沿清水濠上溯到文溪，再由文溪北上，是广州盐运的主要路线。元明以后，由于文溪逐渐淤塞，东澳码头不再使用，清水濠改作排水之用。①

第二节　泉州港的繁荣

泉州港位于福建东南沿海。从地理概念上说，古泉州港包括位于晋江入海口的泉州湾和它南面的深沪湾、围头湾，每个港湾又有若干个支港，其中以泉州湾的后渚港和围头湾的安海港最为重要。泉州港水道深邃，海湾曲折，港口密布，又地处亚热带，终年不冻，是天然良港。

如第一章第二节所述，早在公元 6 世纪时，今泉州境内的梁安郡就是一个重要海港，有远通“西国”的“大舶”。印度僧人拘那罗陀于陈文帝天嘉三年（562）来到梁安郡，在今泉州西郊的九日山翻译《金刚经》，同年九月从梁安郡“泛舶西引”，因风漂至广州，太建元年（569）在广州入寂。

一、唐五代泉州港的兴起

陈朝之后到唐末，泉州的海外交往和海外贸易情况，史籍记载不详。何乔远《闽书》称，唐武德年间（618—626），伊斯兰教创始人穆罕默德的门徒四人来中国，一贤在广州传教，二贤在扬州传教，三贤、四贤在泉州传教。三贤、四贤后来死在泉州，葬于泉州东郊的灵山。② 对于《闽书》的这一记载，学界看法不一。蒋颖贤通过对中外史籍与考古

① 李燕：《广州港与海上丝绸之路》，广东经济出版社，2019，第 27 页。

② 何乔远：《闽书》卷 7《方域志 · 泉州府》，福建人民出版社，1994，第 165—166 页。

遗迹的综合考察，认为“《闽书》所记灵山圣墓事是历史的真实”。穆罕默德创立伊斯兰教之初，其信徒因政治、经济和宗教等种种原因来到有商业贸易传统的中国，同时也传播伊斯兰教。首先是在侨居的阿拉伯人中传教，后逐步扩及华人。① 林翠茹、庄景辉则认为，唐武德年间相当于穆罕默德从麦加迁往麦地那前后的十来年间，是伊斯兰教最困难、最幼弱和不完善的初创时期，并不具备向中国传教的条件；另一方面，从泉州的建置沿革、史地变迁、交通发展状况等方面考察，泉州在唐武德年间并不具备接受伊斯兰教传播的因素，因而圣墓“唐武德说”是不能成立的。灵山圣墓的主人应是唐末至宋初来泉经商的两位德高望重的穆斯林商人。②

唐圣历二年（699），设武荣州，管辖南安、莆田、清源（后改为仙游）、龙溪四县。景云二年（711），武荣州改为泉州。③ 开元六年（718），析南安县地置晋江县，泉州州治由南安丰州移设于晋江县城，④即今泉州市鲤城区北部。初筑城时，环城皆植刺桐树，因此泉州城别称刺桐城。⑤ 唐光化年间（898－901），曹松《送陈樵校书归泉州》诗云：“帝京须早入，莫被刺桐迷。”⑥ 陈陶（约 812—约 885 年）《泉州刺桐花咏兼呈赵使君》诗记述了唐末泉州刺桐花夹道而开的盛况：“猗猗小艳

① 蒋颖贤：《泉州灵山圣墓及其有关问题的探讨》，《福建师范大学学报（哲学社会科学版）》1983 年第 3 期。光绪《广州府志》卷 160《杂录》云：“广州开海舶，西域回教默德那（麦地那）国王谟罕慕德（穆罕默德）遣其母舅番僧苏哈白赛来中土贸易，建光塔及怀圣寺，寺塔告成，寻殁，遂葬于此。”墓在广州城北门外，墓碑载该墓为唐贞观三年（629）修建。有论者称该墓主即一贤也。

② 林翠茹、庄景辉：《泉州伊斯兰教圣墓年代及其墓主人身份的考证》，《海交史研究》2000 年第 1 期。

③ 黄仲昭：《八闽通志》卷 1《地理 · 建置沿革》，福建人民出版社，2006，第 13 页。

④ 万历《泉州府志》卷 1《舆地志上 · 沿革》。《八闽通志》卷 1《地理 · 建置沿革》和《闽书》卷 7《方域志 · 泉州府》均记载，晋江县设于开元八年。

⑤ 王象之：《舆地纪胜》卷 130《福建路 · 泉州 · 风俗形胜》，第 4115 页。

⑥《全唐诗》卷 717。

泉州东郊灵山的伊斯兰教圣墓

夹通衢，晴日熏风笑越姝。只是红芳移不得，刺桐屏障满中都。”①

明人陈懋仁撰《泉南杂志》记载，唐设“参军事四，掌出使导赞”。② 说明唐代往来泉州的海外商人和使节不少，因而唐王朝要设立专门的官员进行管理。《安海志》称，唐开元八年（720），晋江东石澳有个叫林銮的海商曾航海到渤泥国，并引来“番舶通贸”。天宝中，另一商人王尧自渤泥运回木材，为林銮建造海船。乾符间（874—879），林銮九世孙林灵航海通贸夷州、渤泥、占城等地，有大船百余艘。③ 德国学者夏德和美国学者柔克义《诸番志译注》云：

> 当第九世纪的时候，或者有可能是比第九世纪较早的一些时候，中国南部的海上贸易，有一部分是移到泉州来（原注：靠近现在的厦门）。泉州在以前，曾经与日本、高丽发生通商关系，有过了一个世纪时间的历史，以后才给阿拉伯人发现这个地方有日本、高丽等国的产

①《全唐诗》卷746。

② 陈懋仁：《泉南杂志》卷上，中华书局，1985，第13页。

③《安海志》卷12《海港》，《安海志》修编小组，1983，第120—121页。

> 品，因为这些产品，都是没有法子在广州得到的。除此以外，在泉州这个地方还可以获得该地当局捐税较轻的优待。[①]

若此说成立的话，在9世纪前后，泉州与日本、高丽等国已有通商关系。而那些从日本、高丽进口的产品，又成为泉州满足阿拉伯商人的外销商品。泉州的关税比广州轻，所以能吸引更多的外商到泉州来进行贸易活动。

据《宋高僧传》记载，泉州僧人释智宣，唐末到西域求法，游历异域30余国，直到后梁开平元年（907）才回到东京（今开封）。[②]

唐末五代王审知治闽期间，其侄子王延彬任泉州刺史26年，大力发展对外贸易，“多发蛮舶以资公用，惊涛狂飚，无有失坏，郡人借之为利，号招宝侍郎”。[③] 泉州开元寺出土南唐保大四年（946）泉州刺史王继勋所建《佛顶尊胜陀罗尼经幢》，落款署名所冠头衔，有“海路都指挥使”与“榷利院使”二职。[④] 海路都指挥使的职责是保护海上航道安全，榷利院使应当是仿效王审知天祐元年（904）在福州所设榷货务，主持舶货的征榷事宜，其始置年代大概在福州榷货务设立后不久，即王延彬任泉州刺史期间。

公元945年，闽国为南唐所灭，福建出现了三分的局面，南唐占领建州、剑州和汀州，吴越占领福州，留从效割据漳泉。留从效自述当时所面临的情况：“此一方（指泉、漳）东渐于海，与福州世为仇敌；南限于广州瘴厉之地，人使不通；西达鄞水（即汀江），皆猿径鸟道，近岁干戈屡动，三农废弃，冬征夏敛，仅足自赡。”[⑤] 在这种形势下，既然与邻近地区处于敌对状态，对外贸易就只得避开这些地区，去发展长途

---

① 转引自韩振华《唐代南海贸易志》，载《韩振华选集》之三《航海交通贸易研究》，香港大学亚洲研究中心，2002，第368页。

② 赞宁：《宋高僧传》卷30，范祥雍点校，上海古籍出版社，2014，第687页。

③ 乾隆《泉州府志》卷40《封爵》。

④ 林宗鸿：《泉州开元寺发现五人石经幢等重要文物》，《泉州文史》第9期，1986，第30—31页。

⑤ 转引自李东华《泉州与我国中古的海上交通》，台湾学生书局，1986，第56页。

泛海贸易。有学者认为，这“是中外海舶直接大量来泉州贸易的开始”。[①]《留氏族谱》称：“泉州城市旧狭窄，至是扩为仁风、通淮等数门。教民间开通衢，构云屋（货栈）……听买卖，平市价，陶器、铜铁泛于番国，收金贝而还，民甚称便。”[②] 留从效扩建了面向港口的城东仁风门和城东南通淮门（即涂门），开通了大道，构建了货栈，大大便利了海外交通和贸易。在当时军阀混战的恶劣环境下，留从效阳奉南唐，阴款后周，交好吴越，又向宋太祖上表称藩，不断地向中原小朝廷进贡海外贸易所得的“宝货”。如显德六年（959），留从效向北周“进獬豸通犀带一条、白龙脑香十斤”。[③] 建隆元年（960）北宋建立，留从效又“奉表称藩，贡獬豸犀带一、龙脑香数十斤。”[④] 由于留从效锐意经营，泉州不仅成为一个南海商品中心，而且已能同广州、福州相媲美。这是一个转折点，它改变了泉州港作为扬（州）广（州）间中途站的地位，为宋元时期泉州港海外交通贸易的繁盛打下坚实的基础。[⑤]

留从效建隆三年（962）去世后，陈洪进控制了泉、漳二州，亦不断地向宋朝廷进贡各类海外物品：乾德元年（963）十二月，贡“白金千两，乳香、茶、药皆万计”；[⑥] 开宝九年（976），贡品有瓶香 1 万斤、象牙 2000 斤、白龙脑 5 斤；[⑦] 太平兴国二年（977），先后在四月、八月、九月和十一月四次进贡各类海外舶来品，其中尤以八月进贡的物品种类繁多、数量巨大，包括：香 1.5 万斤、牙 7000 斤、乳香 5.4 万斤、犀 20 株重 40 斤、苏木 5 万斤、白檀香 1 万斤、白龙脑 20 斤、木香 1000 斤、石膏脂 900 斤、阿魏 200 斤、麒麟竭 200 斤、没药 200 斤、胡椒 500 斤、

---

① 李东华：《泉州与我国中古的海上交通》，台湾学生书局，1986，第 60 页。

②《清源留氏族谱》卷 3《宋太师鄂国公传》，厦门大学图书馆抄本。

③《册府元龟》卷 232《僭伪部十四·称藩》，周勋初等校订，凤凰出版社，2006，第 2601 页。

④《宋会要辑稿·番夷·朝贡》，刘琳等校点，上海古籍出版社，2014，第 9933 页。

⑤ 戴显群：《唐宋时期我国第一贸易大港地位的转换》，《海交史研究》2004 年第 2 期。

⑥《宋史》卷 1《太祖一》，第 16 页。

⑦《宋会要辑稿·番夷·朝贡》，刘琳等校点，上海古籍出版社，2014，第 9936 页。

通犀带1条，通牯犀1株、牯犀4株、珍珠5斤、玳瑁5斤、水晶棋子5副。[①] 如此数量庞大的舶来品，说明泉州与海外诸国的通商往来更加频繁，贸易额也不断增长。太平兴国三年四月，陈洪进献上泉、漳二州14县地，泉州正式并入宋的版图。

五代时期，泉州地区相对安定，在王延彬、留从效、陈洪进的先后经营下，泉州港的海外贸易得到持续发展，为宋代的繁荣奠定基础。

二、北宋时期泉州港的发展

（一）北宋前中期对外贸易的繁荣

泉州归入北宋的版图后，对外贸易继续发展。《宋会要》职官四十四记载："太平兴国（976—983）初，京师置榷易院，乃诏诸番国香药、宝货至广州、交趾、泉州、两浙，非出于官库者，不得私相市易。"[②] 该书同卷又载："（太平兴国）七年（982）闰十二月诏：'闻在京及诸州府人民或少药物食用，今［令］以下项香药止禁榷广南、漳、泉等州舶船上，不得侵越州府界，紊乱条法，如违，依条断遣。其在京并诸处即依旧官场出卖，及许人兴贩。'凡禁榷物八种：玳瑁、牙、犀、宾铁、鼊皮、珊瑚、玛瑙、乳香。放通行药物三十七种……"[③] 同书《食货》三十六记载："雍熙四年（987）六月，诏：两浙、漳、泉等州自来贩舶商旅藏隐违禁香、药、犀、牙，惧罪未敢将出。与限陈首，官场收买。"[④] 上述记载说明泉州与交、广、明三州并为海外番国前来贸易的重要港口。然而，北宋前期仅在广州及两浙设置市舶司，泉州未置，有学者认为，"闽省与内陆交通运输之不便应为一重要原因"，因为宋代禁榷贸易，贵重物品须运往京师榷易，广州、杭州、明州与内陆交通较为便利。[⑤]

①《宋会要辑稿·番夷·朝贡》，刘琳等校点，第9937—9938页。

②③《宋会要辑稿·职官》，刘琳等校点，第4203页。

④《宋会要辑稿·食货·榷易》，刘琳等校点，第6786页。

⑤ 李东华：《泉州与我国中古的海上交通》，台湾学生书局，1986，第73页。

据学者考证，北宋前期海外贸易管理较为宽松，并未限制发舶和住舶港口[①]，未设立市舶机构的港口也可进行海外贸易。[②] 嘉祐四年（1059），蔡襄于泉州知州任内著《荔枝谱》，指出荔枝经加工为干果后畅销海内外，“水浮陆转，以入京师，外至北戎、西夏，其东南舟行新罗、日本、流求、大食之属”。[③] 乾隆《泉州府志》记载：“关咏……嘉祐八年自太常少卿知泉州……泉有番舶之饶，官州者多市取其货，十不偿一，惟咏与参军杜纯无私买，竟以不察举他官坐免。”[④] 晁补之《杜纯行状》也写道，杜纯任泉州司法参军时，“舶商岁再至，一舶连二十艘，异货禁物如山”。[⑤] 说明泉州在设置市舶司之前对外贸易已相当繁荣。以泉州与高丽之间的贸易往来为例，根据朝鲜史学家郑麟趾编纂的《高丽史》及我国相关文献记载，从北宋真宗大中祥符年间（1008—1016）到哲宗元祐二年（1087）泉州市舶司设置之前，泉州商人前往高丽的情况如表 2-1。但这并非是全部，有学者统计，《高丽史》记载大中祥符年间到元祐二年前往高丽贸易的中国商人有 70 起，[⑥] 其中多数泛称“宋商”，只有少数标明籍贯，计有福州 2 起、广南 3 起、台州 3 起、明州 1 起、江南 2 起、南楚 1 起。而标明泉州的，则如表 2-1，有十余起，超过了其他各地。由此可以推测，《高丽史》所记载的“宋商”“宋人”中，应该有一部分是泉州商人。

---

① 住舶港口，指船舶进入中国境内后首次进驻的港口。

② 参见陈少丰《宋代未立市舶机构港口之海外贸易》，《海交史研究》2016 年第 1 期。

③ 蔡襄：《荔枝谱》，福建人民出版社，2004，第 5 页。

④ 乾隆《泉州府志》卷 29《名宦・关咏传》。

⑤ 晁补之：《鸡肋集》卷 62《朝散郎充集贤殿修撰提举西京嵩山崇福宫杜公（纯）行状》，收入《景印文渊阁四库全书》第 1118 册。

⑥ 参见宋晞：《宋商在宋丽贸易中的贡献》，载宋晞《宋史研究论丛》第二辑，台湾中国文化学院出版部，1980，第 146—153 页；李东华：《泉州与我国中古的海上交通》，台湾学生书局，1986，第 74—82 页。两书均未把表 2-1 中的第 1 和 17 列入统计。

表 2-1　北宋前期前往高丽的泉州商人

序号	年代	贸易情况	资料来源
1	高丽显宗六年（北宋真宗大中祥符八年，1015）闰六月	宋泉州人欧阳征来投	《高丽史》卷4《显宗世家一》，朝鲜科学院，1957，第58页
2	高丽显宗八年（北宋真宗天禧元年，1017）七月	宋泉州人林仁福等四十人来献方物	《高丽史》卷4《显宗世家一》，第60页
3	高丽显宗十年（北宋真宗天禧三年，1019）七月	宋泉州陈文轨等一百人来献方物	《高丽史》卷4《显宗世家一》，第62页
4	高丽显宗十一年（北宋真宗天禧四年，1020）二月	宋泉州人怀贽等来献方物	《高丽史》卷4《显宗世家一》，第63页
5	高丽显宗十四年（北宋仁宗天圣元年，1023）十一月	宋泉州人陈亿来投	《高丽史》卷5《显宗世家二》，第67页
6	高丽显宗十九年（北宋仁宗天圣六年，1028）九月	宋泉州人李颉等三十余人来献方物	《高丽史》卷5《显宗世家二》，第71页
7	高丽显宗二十一年（北宋仁宗天圣八年，1030）七月	宋泉州人卢遵等来献方物	《高丽史》卷5《显宗世家二》，第73页
8	高丽德宗二年（北宋仁宗明道二年，1033）八月	宋泉州商都纲林蔼等五十五人来献土物	《高丽史》卷5《德宗世家》，第77页
9	高丽靖宗十一年（北宋仁宗庆历五年，1045）五月	大宋泉州商林禧等来献土物	《高丽史》卷6《靖宗世家》，第93页
10	高丽文宗三年（北宋仁宗皇祐元年，1049）八月	宋泉州商王易从等六十二人来献珍宝	《高丽史》卷7《文宗世家一》，第100页
11	高丽文宗六年（北宋仁宗皇祐四年，1052）九月	宋商萧宗明等四十人来献土物	《高丽史》卷7《文宗世家一》，第103页

（续表）

序号	年代	贸易情况	资料来源
12	高丽文宗十二年（北宋仁宗嘉祐三年，1058）八月	宋商黄文景等来献土物	《高丽史》卷8《文宗世家二》，第115页
13	高丽文宗十三年（北宋仁宗嘉祐四年，1059）四月	宋商萧宋［宗］明等乞就街路瞻望法驾，许之	《高丽史》卷8《文宗世家二》，第115页
	高丽文宗十三年（北宋仁宗嘉祐四年，1059）八月	宋泉州商黄文景、萧宗明、医人江朝东等将还，制许留宗明、朝东等三人	《高丽史》卷8《文宗世家二》，第116页
14	高丽文宗十七年（北宋仁宗嘉祐八年，1063）十月	宋商林宁、黄文景来献土物	《高丽史》卷8《文宗世家二》，第118页
15	高丽文宗二十二年（北宋神宗熙宁元年，1068）七月	宋人黄慎来见……（发运使罗拯）奏遣慎等来传天子之意，王悦，馆待优厚	《高丽史》卷8《文宗世家二》，第123页
		拯使闽时，泉商黄谨往高丽	《宋史》卷331《罗拯传》
16	高丽文宗二十四年（北宋神宗熙宁三年，1070）八月	宋湖南、荆湖、两浙发运使罗拯复遣黄慎来	《高丽史》卷8《文宗世家二》，第124页
17	北宋神宗熙宁八年（高丽文宗二十九年，1075）三月	江淮发运司罗拯言："泉州商人傅旋持高丽礼宾省帖，乞借乐艺等人。"	《续资治通鉴长编》卷261
18	北宋神宗元丰七年（高丽宣宗元年，1084）十二月	钱勰等昨在高丽国闻女真四十余人在彼，尝密谕泉州商人郭敌往招诱首领，令入贡及与中国贸易	《续资治通鉴长编》卷350
19	高丽宣宗四年（北宋哲宗元祐二年，1087）三月	宋商徐戬等二十人来献新注华严经板	《高丽史》卷10《宣宗世家》，第145页
		泉州百姓徐戬擅于海舶内	《东坡奏议》卷6《论高丽进奏状》

由于北宋与辽之间的矛盾，北宋王朝曾经禁止商舶去高丽。庆历年间（1041—1048）敕令云：“客旅于海路商贩者，不得往高丽、新罗及登、莱州界。”① 嘉祐年间（1056—1063）重申该令。《熙宁编敕》仍规定：“往北界高丽、新罗并登、莱界商贩者，各徒二年。”② 但是，从表2-1 可以看出，即使在严禁交通高丽时期，泉州商人前往高丽的贸易活动也并未停止。正如《宋史》所称，“禁人私贩，然不能绝”③。值得注意的是，熙宁元年（1068）泉商黄慎（黄谨）去高丽，事先是得到福建地方政府同意并担负有传递政府意旨任务的。《宋史·罗拯传》记载：“拯使闽时，泉商黄谨往高丽，馆之礼宾省，其王云自天圣后职贡绝，欲命使与谨俱来。至是，拯以闻，神宗许之，遂遣金悌入贡。高丽复通中国自兹始。”④《宋史·高丽传》《文献通考·高句丽》及《高丽史》等亦有类似记载，其中《高丽史》“文宗二十二年”条云：

> 秋七月辛巳，宋人黄慎来见，言皇帝召江淮两浙、荆湖南北路都大制置发运使罗拯曰：“高丽古称君子之国，自祖宗之世输款甚勤，暨后阻绝久矣。今闻其国主贤王也，可遣人谕之。”于是拯奏遣慎等来传天子之意。王悦，馆待优厚。⑤

高丽通过商人向北宋传递信息，不到明州，竟交由福建转运使，而黄慎又是泉州人，更加证明泉州与高丽间关系的密切。

泉州商人除了前往高丽贸易之外，还往日本及南海诸国。熙宁五年（1072），日僧成寻乘坐中国商船到中国求法，船头三人，一为南雄州人

---

① 苏轼：《苏轼文集编年笺注》卷 31《乞禁商旅过外国状》，李之亮笺注，巴蜀书社，2011，第 4 册，第 205 页。

② 同上书，第 206 页。

③《宋史》卷 186《食货志下八·互市舶法》，第 4560 页。

④《宋史》卷 331《罗拯传》，第 10646 页。

⑤ 郑麟趾：《高丽史》卷 8《文宗世家二》，第 123 页。

（今广东南雄），一为福州人，一为泉州人。[①] 泉州海商邵保经常到占城经商，其时，有一伙海盗逃到占城，邵保“以私财募人之占城”[②]，将这伙海盗带回，交宋朝惩处，邵保因而获得奖赏，庆历二年（1042）录用为下班殿侍、三班差使，监南剑州顺昌县酒税。[③] 熙宁九年（1076）二月壬申诏：“福建、广南人因商贾至交趾，或闻有留于彼用事者……”[④] 元丰五年（1082），勃泥国（今加里曼丹岛）派使节来中国进贡方物，“其使乞从泉州乘海舶归国，从之”。[⑤] 说明当时泉州与南海诸国已有相当频繁的贸易往来，这位勃泥使者才会提出这样的要求。至于印度洋诸国，《诸番志》卷上《天竺国》记载：“雍熙间（984—988），有僧啰护哪航海而至，自言天竺国人，番商以其胡僧，竞持金缯、珍宝以施，僧一不有，买隙地建佛刹于泉之城南，今宝林院是也。”[⑥]

由于泉州位于我国东南沿海中段，居于海岸线由东西向转为南北向之转折点，既可以利用夏季西南季风赴高丽、日本，又可以利用冬季东北季风往南海，因此成为我国兼通东北亚与南海之唯一港市。[⑦] 宋代泉州一年祈风两次，正是最好的说明。泉州九日山祈风第三方石刻云“舶司岁两祈风于通远王庙”[⑧]，真德秀《祈风文》亦云“一岁而再祷焉”。其中，在初冬者谓“遣舶祈风”，孟夏者称“祷回舶南风”。[⑨]《闽书·方域志》记载：“（九日山）灵岳祠，谓指木之叟，（永春）乐山之神也。祠以祀之，水旱疫疠，海舶祈风，辄见征应。宋时累封通远王，赐庙额

---

①［日］成寻：《新校参天台五台山记》，王丽萍校点，上海古籍出版社，2009，第1页。

② 司马光：《涑水纪闻》卷12，上海书店出版社，1990。

③《续资治通鉴长编》卷137，庆历二年七月己巳。

④ 同上书，卷273。

⑤《宋史》卷489《勃泥传》。

⑥ 赵汝适：《诸番志校释》，杨博文校释，中华书局，1996，第86页。

⑦ 李东华：《泉州与我国中古的海上交通》，台湾学生书局，1986，第110页。

⑧ 傅宗文：《九日山市舶祈风石刻校注》，载傅宗文：《沧桑刺桐》附录三，厦门大学出版社，2011，第417页。

⑨ 同上书，第417、421页。

‘昭惠’，其后迭加至‘善利广福显济’六字……风之祈也，盖宋时，泉有市舶，郡守岁以四月、十一日［月］同市舶提举率属以祷。宣和二年（1120），提举张佑陛辞，朝廷至颁御香诣殿焚之，其重如此。曰肉身王姓陈，名益，熙宁间有西夏之警，诏求勇敢士，郡守辟益为巡辖官。元丰间，从守祈风，睹庙之灵，誓舍身为佐，遂植杖立化。僧泥益躯，别祠奉之。淳祐中累封‘仁福王’。”[①] 说明泉州至迟在宋元丰年间（1078—1085）已有祈风之举。

南安九日山昭惠庙

北宋前期泉州虽未设置市舶司，但是以泉州为进出基地的海船可以从这里扬帆出海，向北经明州到日本、高丽，向南往印支半岛、马来群岛，远至印度洋、波斯湾。返航时则于明州、广州住舶抽解，然后又将舶货转贩于沿海各个港口，泉州由此成为“有番舶之饶，杂货山积”[②]的繁华海港。

（二）熙宁市舶法的变更和泉州市舶司的设置

到了熙宁年间（1068—1077），宋朝对市舶法作了调整。史载：“泉

---

① 何乔远：《闽书》（点校本）卷 6《方域志》，福建人民出版社，1994，第 197 页。
②《宋史》卷 330《杜纯传》，第 10632 页。

人贾海外，春去夏返，皆乘风便。熙宁中始变市舶法，往复必使东诣广，不者没其货。”①

熙宁七年（1074），宋廷下诏：“诸泉、福缘海州，有南番海南物货船到，并取公据验认，如已经抽买，有税务给到回引，即许通行。若无照证及买得未经抽买物货，即押赴随近市舶司勘验施行。诸客人买到抽解下物货，并于市舶司请公凭引目，许往外州货卖。如不出引目，许人告，依偷税法。”② 按照这一规定，海外贸易船舶到达泉州、福州等未设立市舶机构的港口，如其经过市舶司（此时仅有广州、明州和杭州三个市舶司）抽解博买，持有公凭则放行；如果没有公凭，则押送至就近的市舶司抽解博买。中外海商必须持有市舶司公凭方可往外地买卖（如在广州抽解博买完毕后转贩泉州）。这样一来，在华贸易的所有中外船舶必须在广州、明州、杭州三地入境住舶，接受市舶司的抽解博买，否则即为非法。

元丰三年（1080）和八年，朝廷又接连规定，只有广州、明州和杭州三处市舶司才有发舶贸易的权力，否则“以违制论”。泉州因尚未设立市舶机构，无权发舶和住舶，出洋贸易往返必须绕道广州或明州，航程更远，耗时更长，风险更大，收益减少。“自泉之海外，率岁一往复，今迂诣广，必两驻冬，阅三年而后返，又道有焦［礁］石浅沙之险，费重利薄”③。由泉州前往南海诸国，一般是在冬天利用东北风发船，第二年夏天即可利用东南风返航。现在先得在冬天乘东北风到广州，在广州过冬，第二年冬天才能去南海诸国，第三年夏天才能回国。许多泉州海商因不愿意绕远路往返而获罪，《文献通考》云：“海道回远，窃还家者过半，岁抵罪者众。”④

不过，即使在这种不利的情况下，泉州的海外贸易也仍然没有中断。万历《泉州府志》记载：“都税务，在镇雅坊街东，熙宁八年建。

①③ 解缙：《永乐大典》卷 3141《陈偁》，中华书局，1986，第 1836 页。

②《宋会要辑稿·职官》，刘琳等校点，上海古籍出版社，2014，第 4205—4206 页。

④《文献通考》卷 62《职官·提举市舶》，商务印书馆，1936，考 563。

税之目有七，曰门税、市税、舶货税、彩帛税、猪羊税、浮桥税、外务税。”① 由此可以看出，在熙宁变更市舶法之后，泉州仍然在征收“舶货税”，而且排在七种商税的第三位，反映出其转口贸易仍然在持续。

熙宁年间，即有人建议在泉州设置市舶司。《宋史·互市舶法》记载：“熙宁五年（1072），诏发运使薛向曰：‘东南之利，舶商居其一。比言者请置司泉州，其创法讲求之。’”② 其后，泉州知州陈偁于元丰五年（1083）再次上书请求在泉州设置市舶司。③ 元祐二年（1087），泉州正式设立市舶司，确立了作为对外贸易港的重要地位。此后，不论是泉人贾海外，还是番舶至泉州，再也不必寄港广州，而可以直接通航了。政和（1111—1118）年间，不断有“南番舶来泉州”。④ 朝廷还下令泉州市舶司招诱南海诸国前来入贡。政和五年（1115）七月礼部奏称：“据本寺（鸿胪寺）状称，契勘福建路市舶司依崇宁二年（1103）二月六日朝旨，招纳到占城、罗斛二国前来进奉。”⑤ 招诱活动卓有成效，连罗斛（今泰国南部）这样“自来不曾入贡”⑥ 的国家也来朝贡。又在泉州设置“来远驿”，⑦ 把泉州作为接待海外朝贡使者的一个重要口岸。还在泉州设立番学，“大观、政和之间，天下大治，四夷响风，广州、泉南请建番学”。⑧ 自此之后，泉州港蒸蒸日上，“珍珠、玳瑁、犀象、齿角、丹砂、水银、沉檀等香，希奇难得之宝，其至如委。巨商大贾，摩肩接足，相刃于道”⑨，泉州成为中外商人荟萃的大商港。

泉州设置市舶司后，对高丽的贸易仍持续不断。只是《高丽史》所载赴高丽贸易的宋商，宋哲宗以后多未注明其籍贯，能确定是泉州商人的只有元祐四年（1089）十月和次年三月先后向高丽“献土物”的徐成，⑩

---

① 万历《泉州府志》卷24《杂志·古迹类》，泉州地方志编纂委员会，1985，第3页a。

②《宋史》卷186《食货下八·互市舶法》，第4560页。

③ 万历《泉州府志》卷10《官守志下·古今宦迹·陈偁》。

④ 洪迈：《夷坚三志已》卷9《婆律山美女》，中华书局，1981，第1370页。

⑤⑥⑦《宋会要辑稿·职官》，刘琳等校点，上海古籍出版社，2014，第4208页。

⑧ 蔡绦：《铁围山丛谈》卷2，中华书局，1983，第27页。

⑨ 江公望：《多暇亭记》，何乔远：《闽书》卷55《文莅志》，第1489页。

⑩《高丽史》卷10《宣宗世家》，第149页。

苏轼《乞禁商旅过外国状》提及，“泉州纲首徐成状称”①。另，泉州人刘载，元祐三年“随商舶”赴高丽，以诗赋授千牛卫录事参军等职。据《高丽史》卷九十七记载，刘载“性朴素，不事生产，虽偕商人来，自立朝，不复相亲，时议多之”。元祐四年，泉州商人颜显、李元篢为“义天与宋的通信联络”。②

杭州知州苏轼元祐四年（1089）所撰《论高丽进奉状》云：“自二圣嗣位，高丽数年不至，淮、浙、京东吏民有息肩之喜，惟福建一路多以海商为业，其间凶险之人，犹敢交通引惹，以希厚利……福建狡商专擅交通高丽，引惹牟利，如徐戬者甚众。”③ 这一年，泉州商人徐戬以舶船载高丽僧寿介等来到杭州，苏轼将他们送到明州，“附因便海舶归国”。后苏轼“访闻明州近日少有因便商客入高丽国”，而“泉州多有海舶入高丽往来买卖”，于是便通知明州方面，如果“等到来年（元祐五年）卒无因便舶舡”，便将寿介等“发往泉州，附舡归国”。④ 这个例子和《高丽史》的记载相互印证，似可说明，当时泉州不仅有商船直航高丽，而且泉州对高丽的交通已超过明州，是对高丽的主要贸易港。从留居高丽的华人情形可知此言不虚：“（高丽）王城（开城）有华人数百，多闽人因贾舶至者，密试其所能，诱以禄仕，或强留之终身。朝廷使至，有陈牒来诉者，则取以归。”⑤

赴日本贸易方面，崇宁元年（1102），泉州海商李充到日本贸易，三年回国，四年又到日本贸易。⑥ 李充崇宁四年六月赴日本贸易时明州市舶司所发的公凭在日本史籍中保存了下来，成为今天我们研究宋代市舶

---

① 苏轼：《苏轼文集编年笺注》卷31《乞禁商旅过外国状》，李之亮笺注，巴蜀书社，2011，第4册，第204页。

② 朴玉杰：《宋代商人来航高丽与丽宋贸易政策》，载黄时鉴主编《第二届韩国传统文化学术研讨会论文集》（历史卷），学苑出版社，2000，第54页。义天为高丽著名高僧。

③ 苏轼：《东坡奏议》卷6《论高丽进奉状》。

④ 苏轼：《东坡奏议》，卷6《乞令高丽僧从泉州归国状》。

⑤《宋史》卷487《高丽传》，第14053页。

⑥［日］木宫泰彦：《日中文化交流史》，胡锡年译，商务印书馆，1980，第243页。

制度的珍贵资料。

宋室南渡前两年，即宣和七年（1125），曾赐予三路市舶司空白度牒：“广南、福建路各五百道，两浙路三百道，付逐路市舶司充折博本钱，仍每月具博买并抽解到数目申尚书省”。① 以空白度牒赐三路市舶司为博买本钱，泉州与广州同为五百道，远高于两浙之三百道，可见泉州此时的进口货物已在两浙市舶司之上，而与广州有并驾齐驱之势。

三、南宋时期泉州港的繁盛

（一）泉州对外贸易地位的提升

宋高宗即位后，一度下令把两浙、福建路提举市舶司并入转运司，但次年又复置：“（建炎二年五月）丁未（二十四日），复置两浙、福建路提举市舶司，赐度牒直三十万缗为博易本，以尚书省言：市舶公私兼利，非取于民，自并归漕司，亏失数多，市井萧索，土人以并废为不便，故有是旨。”②《宋会要辑稿》记载：“（建炎二年）六月十日，诏给度牒、师号，二十万贯付福建路，十万贯付两浙路，专充市舶本钱。”③

如本章第一节所述，为了鼓励外商来华贸易，绍兴六年（1136），朝廷对“招诱”工作有成绩的市舶纲首和市舶司官员予以奖励、提拔，相关举措是应泉州知州连南夫的奏请。④ 当时能给政府增加收入的市舶司官员往往得到提拔，“其（指苏岘，引者注）提举福建市舶，前官有以岁市乳香增数授贴职者，公至增至三十八万斤，不肯自言”。⑤

建炎四年（1130），泉州仅抽买乳香数即达 86780 斤。⑥ 泉州纲首蔡景芳，自建炎元年至绍兴四年（1127—1134）的八年间，“招诱贩到物

①③《宋会要辑稿·职官》，刘琳等校点，上海古籍出版社，2014，第 4209 页。

② 李心传：《建炎以来系年要录》卷 15，中华书局，1985，第 324 页。

④《宋史》卷 185《食货下七》，第 4537—4538 页。

⑤ 韩元吉：《南涧甲乙稿》卷 21《朝散郎祕阁修撰江南西路转运副使苏公（岘）墓志铭》，中华书局，1985，第 441 页。苏岘淳熙年间提举福建市舶。

⑥《宋史》卷 185《食货下七》，第 4537 页。

货”，收净利钱98万余贯，诏补官为承信郎。① 泉州另一海商杨客，“为海贾十余年，致资二万万”。② 绍兴十四年（1144），福建市舶司奏请按照广南市舶司的体例，“每年于遣发番舶之际，宴设诸国番商，以示朝廷招徕远人之意”，获得朝廷的允准。③ 学者认为，由此可见泉州港已上升至与广州港同等重要的地位。④ 南宋时人曹勋（1098—1174）上皇帝书曰：“窃见广、泉二州市舶司，南商充牣，每州一岁不下三五百万计。”⑤ 乾道（1165—1173）初，有奏者称：“福建、广南皆有市舶，物货浩瀚，置官提举实宜，惟两浙冗蠹可罢。”⑥ 南宋王朝于乾道二年罢两浙路提举市舶司，此后，福建市舶司成为南宋两大市舶司之一。乾道三年，宋廷还特地“诏令福建市舶司，于泉、漳、福州、兴化军应合起赴左藏西库上供银内，不以是何窠名，截拨二十五万贯，专充抽买乳香等本钱”，⑦ 扩大泉州港的对外贸易活动，反映了南宋统治者对泉州海外贸易的重视。如前所述，《宋会要辑稿》自淳熙年间（1174－1189）起，市舶贸易大多泉、广并提，而且泉州排在广州之前，⑧ 说明泉、广并重，而且泉州比广州更受到重视。

泉州还是南宋王朝接待外国使者的一个重要门户。乾道三年（1167），占城使者搭乘福建海船前来进贡，宋廷下诏“使人免到阙，令泉州差官以礼管设”。⑨ 淳熙五年（1178），三佛齐派使臣进贡方物，“诏免赴阙，馆于泉州”。⑩

---

①《宋会要辑稿·职官》，刘琳等校点，第4213页。

② 洪迈：《夷坚丁志》卷6《泉州杨客》，《夷坚志》第2册，中华书局，1981，第588页。

③《宋会要辑稿·职官》，刘琳等校点，第4216页。

④ 陈柏坚、黄启臣编著《广州外贸史》（上），广州出版社，1995，第121页。

⑤ 曹勋：《松隐集》卷23《上皇帝书十四事》，文物出版社，1982，第7页b。

⑥《宋史》卷167《职官七》。

⑦《宋会要辑稿·职官》，刘琳等校点，第4218页。

⑧ 汪廷奎主编《广东通史·古代上册》，广东高等教育出版社，1996，第865页。

⑨《宋会要辑稿·番夷》，刘琳等校点，第9968页。

⑩《宋史》卷489《外国列传五》。

南宋时期泉州对外贸易地位的上升，主要与以下几个因素有关：

地理优势与交通改善　南宋定都临安（今杭州），市舶司征收的海外舶货由北宋时期解送开封改为解送杭州。这一路线的改变对泉州海外贸易发展更加有利。因为从地理上来看，泉州至杭州，远比广州至杭州距离更近，交通更为便捷。

泉、杭之间的陆上交通比广、杭间近。由广州至杭州，先由北江水运至南雄，越大庾岭至虔州（今江西赣州），然后顺赣江而下至南昌，转信江至上饶，由玉山走山路至浙江，再顺新安江而下抵杭州。沿途多有水道可供利用，交通虽称方便，但路程较远。由泉州往杭州的陆路，自北宋以来，经历了两次重大改变，交通大为改善。原来由泉州至浙、赣，均须经过福州，再溯闽江至延平北上。此路极为难行，因为泉州城东北二十里有洛阳江，江阔浪急，“洛阳未桥时，路出城北朝天门，由朋山至仙游，以达福州”。① 北宋嘉祐四年（1059），蔡襄二度担任泉州知州时，洛阳桥顺利建成。此后，可出城东仁风门，经洛阳桥走惠安、莆田沿海线至福州。蔡襄还倡议在泉福新路沿途种植松树，故民谣歌颂道：“夹道松，夹道松，问谁栽之，我蔡公；行人六月不知暑，千古万古摇清风。”但由于泉福路仍有大义渡之险，后改由泉州往西北直趋延平。乾隆《泉州府志》记载：“宋泉州旧驿在城西义成门。《名胜志》：宋自西北取剑州路，出城西义成门，至南安汰口驿，永春桃源驿，德化龙浔驿、上壅驿，抵尤溪县，迤逦经西芹至延平，避福州大义江（乌龙江）之险。”② 由延平赴杭州，可溯建溪至浦城，越枫岭关（或仙霞关）至浙；或由崇安越分水关至赣，再沿富春江抵杭。因此，就陆路距离而言，泉杭路较广杭路近。

海路交通，由泉州至杭州比广州至杭州更快捷。淳熙元年（1174）十月，提举福建路市舶司奏请，细色舶来品由步担纲运到杭州，粗色则由海道纲运，获得允准。次年五月，户部规定：“欲令福建、广南路市舶司粗细物货并以五万斤为一全纲，福建限三月程，广南限六月程，

①② 乾隆《泉州府志》卷 4《封域·驿递铺舍附》第 4 页 b。

退潮后的泉州洛阳桥

到行在。”[①] 由此可见，大多数粗色舶来品是由海道纲运到杭州，而泉州到杭州的海路运输时间比广州到杭州节约一半，因而更具有优势。

造船业发达和经济腹地优势 出海贸易离不开海船。宋代福建造船业发达，所造海船享有盛名，时人称：“南方木性，与水相宜，故海舟以福建船为上，广东、西船次之，温、明州船又次之。”[②] 成书于宋初的《太平寰宇记》中，“泉州土产”项下即有“海舶”一项，说明造船业在宋初已成为泉州主要制造业之一。北宋泉州惠安人谢履（1017－1094）的《泉南歌》云：“泉州人稠山谷瘠，虽欲就耕无地辟。州南有海浩无穷，每岁造舟通异域。”[③]《宣和奉使高丽图经》记载由福建征来之客舟：“长十余丈，深三丈，阔二丈五尺，可载二千斛粟，其制皆以全木巨枋挽叠而成。上平如衡，下侧如刃，贵其可以破浪而行也。”[④] 可见宋代福

①《宋会要辑稿·职官》，刘琳等校点，上海古籍出版社，2014，第 4219 页。

② 吕颐浩：《忠穆集》卷 2《论舟辑之利》，第 13 页。收入《景印文渊阁四库全书》第 1131 册。

③《舆地纪胜》卷 130《福建路·泉州府·诗》，第 4130 页。

④ 徐兢：《宣和奉使高丽图经》卷 34《客舟》，中华书局，1985，第 117 页。

建造船技术已达到相当的水准，因此官方出使高丽常向福建征调船只："旧例，每因朝廷遣使，先期委福建、两浙监司顾募客舟，复令明州装饰，略如神舟，具体而微。"① 建炎三年（1129），金兀术渡江南扰，企图一举灭宋。宋高宗采吕颐浩乘海舟避敌之策，亡命于温、台之间，所乘舟船亦多征自福建。《建炎以来系年要录》记载："上次明州，提领海船张公裕奏已得千舟，上甚喜……先是监察御史林之平自春初遣诣泉、福，召募闽、广海舟，为防讬之计，故大舟自闽中至者二百余艘，遂获善济。"②《宋会要辑稿》记载南宋嘉定五年（1212）臣僚言："窃见漳、泉、福、兴化，凡滨海之民所造舟船，乃自备财力兴贩牟利而已。"③ 1974 年在泉州湾后渚港发掘的宋代海船，考古工作者根据其长度、宽度和深度，估计载重量为 200 吨以上。船板大多采用榫合的方法，缝隙则塞以麻丝、竹茹和桐油灰捣成的艌合物，并用参钉和吊钉钉合。这种工艺在当时处于世界领先地位。根据海船的构造特点，学术界认为，它是一艘尖底造型、多根桅杆、三重木板、隔舱数多、容载量大、结构坚固、稳定性好、抗风力强、宜于远洋航行的海上运货船。④ 说明宋代泉州的造船业已达到相当高的成就。宋代广东所造之船，据周去非《岭外代答》记载："深广沿海州军，难得铁钉、桐油，造船皆空板穿藤约束而成，于藤缝中以海上所生茜草干而窒之，遇水则涨，舟为之不漏矣。其舟甚大，越大海商贩皆用之。"⑤ 这类船舶的坚固性，当然不如福建以铁钉铆合，并以油灰填缝的船舶。

宋代福建的经济发展取得了令人瞩目的成就，成为先进区域，时人称："夫今之所谓繁盛雄富者，二浙七闽耳。"⑥ 宋人张全真说，"睠昔瓯

---

① 徐兢：《宣和奉使高丽图经》卷 34《客舟》，第 117 页。

②《建炎以来系年要录》卷 30，建炎三年十二月己卯条。

③《宋会要辑稿·刑法·禁约》，刘琳等校点，第 8365 页。

④ 泉州湾宋代海船发掘报告编写组编《泉州湾宋代海船发掘简报》，《文物》1975 年第 10 期。

⑤ 周去非：《岭外代答》卷 6《器用门·藤舟》，

⑥ 叶适：《应诏论》，载《历代名臣奏议》卷 55《治道》，台湾学生书局，1985，第 782 页。

粤险远之地，为今东南全盛之邦”[①]，则反映了时人对福建变化之快的震惊。宋代泉州所属各县和福建路的经济发展，为泉州发展对外贸易提供了丰富的资源。以对外贸易输出的主要商品丝绸和瓷器的生产为例：泉州纺织业在唐代就有相当水平，《唐六典》将福建泉、建、闽出产的绢、纻列入贡品八等之列。[②] 宋代福建路已成为全国重要丝绸产地之一，如宋徽宗时“大观库物帛不足，令两浙、京东、淮南、江东西、成都、梓州、福建路市罗、绫、纱一千至三万匹各有差”。[③] 泉州丝织业尤为发达，苏颂曾赋诗赞泉州“绮罗不减蜀吴春”[④]。泉州制瓷业在唐代就有一定基础，在泉州境内已发现的唐五代窑址有18处，主要集中在沿海的晋江、惠安一带。[⑤] 至宋代，泉州制瓷业发展到一个新的阶段，截至目前，已发掘的宋元时期窑址，德化有42处，永春10多处，南安30多处，安溪20多处，晋江20处，同安（今厦门地区）10多处。生产的代表性瓷器有：德化盖德碗坪仑窑、屈斗宫窑等生产的青瓷、青白瓷，质量可与景德镇青白瓷相媲美，安溪魁斗窑、泉州东门窑、永春玉斗窑、同安汀溪窑等，也生产青白瓷。晋江磁灶窑址众多，产品丰富，釉色有青、绿、黄、黑、酱等。同安汀溪窑以烧造青黄釉瓷为大宗，也烧造青白瓷。[⑥] 除此之外，泉州近邻兴化的蔗糖、水果，福州以及内地四州军（建州、汀州、南剑州、邵武军）作为泉州更为深广的经济腹地，则有葛藤竹器、茶棉纸札乃至“建本文字”等。[⑦] 相比之下，宋代珠江三角洲还只是得到初步开发，地广人稀，水稻可一年两熟，粮食输往福建、两浙，但用于出口的手工业发展相对落后。以制瓷业为例，广东发现宋

---

① 王象之：《舆地纪胜》卷128《福州·四六》，第4050页。

②《唐六典》卷20《太府寺》。

③《宋史》卷175《食货上三》，第4235页。

④ 苏颂：《苏魏公文集》卷7《送黄从政宰晋江》。

⑤ 许清泉：《宋元泉州陶瓷的生产》，《海交史研究》1986年第1期。

⑥ 叶文程：《古泉州地区陶瓷生产与海上“陶瓷之路”的形成》，载中国航海学会、泉州市人民政府编《泉州港与海上丝绸之路（二）》，中国社会科学出版社，2003，第289—292页。

⑦ 袁冰凌：《海上贸易与宋元泉州商业经济》，《南洋问题研究》1992年第3期。

代窑址80余处，以潮、广两州瓷窑为多，以潮州笔架山窑和广州西村窑为代表。两处窑生产的瓷器中，粗瓷器较多，精瓷胎质“细腻洁白”。但西村窑大约于北宋末年停废，笔架山窑已发掘的九座窑中，七座已在元丰至徽宗建中靖国年间（1078—1101）废弃；潮州韩江西岸诸窑，大致同时转向衰退。[①] 因此广州港的对外贸易，非常依赖国内其他经济区域的产品支持。[②]

南外置司泉州 建炎三年（1129），金兵南下，管理皇室宗族的两大宗支——南外宗正司和西外宗正司于十二月迁到泉州和福州。[③] 绍兴四年（1134）冬十月，金兵又一次大举南侵，宋高宗急“命六宫自温州泛海往泉州”[④]。皇室宗族寄居泉州，每年供应他们的钱米成为一大负担。据载，绍兴元年居于泉州的“南外宗子、妇女”共349人，“岁费钱六万缗”[⑤]。后来宗室人口不断繁衍，“至庆元（1195—1200）中，则在院者一千三百余人，外居者四百四十余人”。到绍定年间（1228—1233）真德秀担任泉州知州时，宗室人口增至2314人，每岁支给他们的钱米达205600余贯，其中泉州应出备钱米143700余贯。[⑥] 南外置司泉州，有利于泉州直通朝廷奏事，提升泉州在宋室的地位。宗室成员有多人担任泉州知州、市舶提举，他们大多能够积极发展海外贸易，促进泉州海外贸易的发展。[⑦] 而宗室成员的奢华生活，客观上也刺激了泉州本地香犀象翠等舶来品的需求量。[⑧]

---

① 参见汪廷奎主编《广东通史·古代上册》，广东高等教育出版社，1996，第730—734页。

② 李燕：《广州港与海上丝绸之路》，广东经济出版社，2019，第98页。

③ 参见杨文新《宋代南外宗正司入闽及其影响》，《史学月刊》2004年第8期。

④《建炎以来系年要录》卷81。

⑤《建炎以来系年要录》卷47，绍兴元年九月壬子条。

⑥ 真德秀：《西山先生真文忠公文集》卷15《申尚书省乞拨降度牒添助宗子请给》，第255—256页。

⑦ 吴幼雄：《论南外宗正司的历史作用》，《泉州师专学报（社会科学版）》1995年第1期；杨文新：《宋代南外宗正司入闽及其影响》，《史学月刊》2004年第8期。

⑧ 童家洲：《试论宋元泉州港繁盛的原因》，《文史哲》1980年第4期。

此外，两浙路的对外贸易国主要是高丽和日本[①]，两浙海商若与南海诸国进行贸易，往往以泉州为总吞吐口岸。南宋吴自牧《梦粱录》记载："浙江乃通江渡海之津道……若欲船泛外国买卖，则是泉州便可出洋，迤过七洲洋，舟中测水，约有七十余丈。……若商贾止到台、温、泉、福买卖，未尝过七洲、昆仑等大洋。若有出洋，即从泉州港口至岱屿门，便可放洋过海，泛往外国也。"[②]

（二）海外贸易地区的扩大

南宋时期，从泉州出海贸易的不仅有福建海商，两浙甚至内地的商人也多从这里出海，去往外国。如楚人海王三之父即"贾泉南，航巨浸"[③]。外国商人更是舳舻相衔，蜂拥而至。时人称："东南有海道，所以扞隔诸番，如三佛齐、大食、占城、阇婆等数国，每听其往来，相为互市。遂于岭南之广州、福建之泉州，各置市舶一司，诸番通货举积于此。荆、淮、湖，外及四川之远，商贾络绎，非泉即广，百货所出，有无相易，此亦生人之大利也。"[④]

开禧年间（1205—1207），常到福建市舶司办理舶船事务的诸国达30国，《云麓漫钞》记载："大食、嘉令、麻辣、新条、甘秠、三佛齐国则有真珠、象牙、犀角、脑子、乳香、沉香、煎香、珊瑚、琉璃、玛瑙、玳瑁、龟筒、栀子香、蔷薇水、龙涎等。真腊亦名真里富、三泊、缘洋、登流眉、西棚、罗斛、蒲甘国则有金颜香等。渤泥国则有脑版。阇婆国多药物。占城、目丽、木力千、宾达侬、胡麻、巴洞、新洲国则有夹煎。佛啰安、朋丰、达啰啼、达磨国则有木香。波斯兰、麻逸、三屿、蒲里唤、白蒲迩国则有吉贝布、贝纱。高丽国则有人参、银、铜、

---

① 陈少丰：《宋代两浙路市舶司补探》，《国家航海》第20辑，上海古籍出版社，2018，第19—20页。

② 吴自牧：《梦粱录》卷12《江海船舰》，浙江人民出版社，1980，第111—112页。

③ 洪迈：《夷坚支甲》卷10《海王三》，《夷坚志》第2册，第787页。

④ 林光朝：《直宝谟阁轮对札子》，载《历代名臣奏议》卷349《夷狄》，台湾学生书局，1985，第4549页。

水银、绫布等。大抵诸国产香略同。以上舶船候南风则回，惟高丽北风方回。”①

嘉定至宝庆年间（1208－1227），提举福建路市舶兼知泉州的赵汝适，“暇日阅诸番图”“询诸贾胡，俾列其国名”达57处。② 东自今日本、菲律宾，南止印度尼西亚各群岛，西达非洲及意大利西西里岛，北至中亚及小亚细亚。参见表2-2。

表2-2 《云麓漫钞》和《诸番志》③ 所记国家

《云麓漫钞》	《诸番志》	今地
	交趾国	越南北部
占城	占城国	越南中部及南部
目丽	日丽*	越南中部广平省丽水
木力千、胡麻巴洞		越南中圻一带
新洲国	新州*	越南中部平定省
宾达侬	宾瞳龙国	越南东南部藩朗
真腊	真腊国	柬埔寨
三泊	三泺*	老挝
缘洋	绿洋*	待考
西棚	西棚*	柬埔寨西北之斯楞河域
登流眉	登流眉国	泰国南部马来半岛洛坤一带
罗斛	罗斛*	泰国南部华富里

① 赵彦卫：《云麓漫钞》卷5，傅根清点校，中华书局，1996，第88—89页。该点校本“嘉令”与“麻辣”之间有顿号，即视作两国。杨博文认为“《云麓漫钞》卷五之嘉令麻辣即此国（故临）”，参见赵汝适《诸番志校释》，杨博文校释，中华书局，1996，第70页注⑤。

② 赵汝适：《诸番志校释》，杨博文校释，中华书局，1996。杨博文在《前言》中称“《诸番志》所记国家计五十有八”，但该书目录卷上所列为57国。

③ 赵彦卫：《云麓漫钞》卷5，傅根清点校，中华书局，1996，第88—89页；赵汝适：《诸番志校释》，杨博文校释，中华书局，1996。“今地”参照《诸番志校释》。

（续表）

《云麓漫钞》	《诸番志》	今地
波斯兰	波斯兰*	柬埔寨湄公河三角洲之朔庄东南安哥①
蒲甘国	蒲甘国	缅甸
三佛齐国	三佛齐国	苏门答腊东南部
朋丰	蓬丰*	马来半岛彭亨
达啰啼	加罗希*	马来半岛东北岸之柴也
达磨国	单马令国	马来半岛
	凌牙斯加国	泰国北大年
佛啰安	佛啰安国	马来半岛中部西岸之董里、帕里安等港
新条	新拖国	西爪哇之西北端
甘秠	监篦国	苏门答腊岛西北岸兰沙附近
	蓝无里国	苏门答腊岛西北端之亚齐附近
	细兰国	斯里兰卡
阇婆国	阇婆国	爪哇岛
	苏吉丹	爪哇岛
	南毗国	印度南部卡利卡特
嘉令麻辣	故临国	印度南端奎隆
	胡茶辣国	印度古吉拉特邦一带
	麻啰华国	印度马哈拉施特拉邦北部那格浦尔至马尔瓦高原
	注辇国	印度南部，马德拉斯区域为其主要港口
	鹏茄啰国	孟加拉
	南尼华啰国	胡茶辣都城，印度古吉拉特邦帕坦城
	大秦国	都城在叙利亚之安都城，今土耳其安塔利亚
	天竺国	印度
大食	大食国	阿拉伯黑衣大食阿拔斯王朝，建都巴格达；法提玛王朝，建都于开罗。

① 一说在菲律宾苏禄群岛之巴西兰，参见李东华《泉州与我国中古的海上交通》，台湾学生书局，1986，第 156 页。

（续表）

《云麓漫钞》	《诸番志》	今地
	麻嘉国	沙特阿拉伯之麦加
	层拔国	坦桑尼亚桑给巴尔
	弼琶啰国	索马里沿岸
	勿拔国	阿曼米尔巴特
	中理国	索马里米朱蒂尼亚
	瓮蛮国	阿曼
	记施国	伊朗基什岛
	白达国	伊拉克巴格达，阿拔斯王朝时期的都城
	弼斯啰国	伊拉克巴士拉
	吉慈尼国	建都于今阿富汗加兹尼，后迁都于今巴基斯坦拉合尔
	勿斯离国	伊拉克摩苏尔
	芦眉国	都城在今土耳其科尼亚
	木兰皮国	都城在今摩洛哥马拉喀什
	勿斯里国	埃及
	遏根陀国	埃及亚历山大港
	晏陀蛮国	位于孟加拉湾之安达曼岛
	昆仑层期国	马达加斯加
	沙华公国	马来西亚沙巴
	女人国	神话故事中之国，一说在北沃沮海中，或说在倭国（日本），又谓在扶桑国东千余里
	波斯国	苏门答腊岛东北岸
	茶弼沙国	神话故事中之国
	斯加里野国	意大利南部西西里岛
	默伽猎国	阿尔及利亚
渤泥国	渤泥国	加里曼丹岛
麻逸	麻逸国	菲律宾民都洛岛
三屿	三屿	菲律宾马尼拉湾附近
蒲里唤	蒲哩噜	菲律宾马尼拉

（续表）

《云麓漫钞》	《诸番志》	今地
白蒲迩国	白蒲延*	菲律宾巴布延群岛
	流求国	台湾
	毗舍耶	菲律宾巴布延群岛一带之米沙鄢族
高丽国	新罗国	朝鲜半岛
	倭国	日本

说明：带*的10国，《诸番志》中没有专条记载。据《诸番志》记载，日丽为占城属国，新州为占城国都，三泺、绿洋、西棚、罗斛、波斯兰为真腊属国，蓬丰、加罗希为三佛齐属国，白蒲延为麻逸属国。

泉州与东北亚的贸易以高丽为主，《诸番志》记载，新罗国（高丽）“地出人参、水银、麝香、松子、榛子、石决明、松塔子、防风、白附子、茯苓、大小布、毛施布、铜磬、瓷器、草席、鼠毛笔等。商舶用五色缬绢及建本文字博易”。① 如绍兴四年（1134），“高丽罗州岛人光令与其徒十余人泛海诣泉州”。② 泉州与日本贸易量不大，“倭国在泉之东北，今号日本国……多产杉木、罗木，长至十四五丈，径四尺余，土人解为枋板，以巨舰搬运至吾泉贸易，泉人罕至其国”。③ 当时日本出口的货物主要是木材与海产，这两种物品都是福建的特产，泉州商人到日本贸易获利有限，因而去者较少。

东南亚诸国中，中南半岛与泉州贸易较多的是占城、交趾与真腊。占城是宋朝的主要朝贡国之一，朝贡次数极为频繁。淳熙元年（1174），宋廷下诏：“占城国使人免到阙，令泉州如法管待，表章令先次入递前来。”④ 泉州成为接待占城来使的口岸。泉州商人赴占城贸易者也很多，“自泉州至本国，顺风舟行二十余程”。⑤ 洪迈《夷坚志》记载：“泉州人王元懋，少时袛役僧寺，其师教以南番诸国书，尽能晓习。尝随海舶诣

① 赵汝适：《诸番志校释》，杨博文校释，中华书局，1996，第151—152页。

②《建炎以来系年要录》卷78，绍兴四年七月辛未，第1282页。

③ 赵汝适：《诸番志校释》，杨博文校释，中华书局，1996，第155页。

④《宋会要辑稿·番夷·占城》，刘琳等校点，上海古籍出版社，2014，第9820页。

⑤ 赵汝适：《诸番志校释》，杨博文校释，中华书局，1996，第8页。

占城，国王嘉其兼通番汉书，延为馆客，仍嫁以女，留十年而归……遂主舶船贸易，其富不赀。”① 乾道三年（1167），“福建路市舶司言：本土纲首陈应祥等昨至占城……”② 占城出产的麝香木，“泉人多以为器用，如花梨木之类”。③ 交趾，《桂海虞衡志》记载：“闽人附海舶往者，必厚遇之，因命之官，咨以决事。”真腊国，今名柬埔寨，“自泉州舟行，顺风月余日可到”。④ 有时结队而来的真腊商舶一次就达四艘。⑤

东南亚岛国中，与泉州交往较多的是三佛齐、阇婆和渤泥。三佛齐在苏门答腊岛东南部，临近马六甲海峡，“扼诸番舟车往来之咽喉”，是东西交通的咽喉之地。三佛齐“在泉之正南，冬月顺风月余方至凌牙门（今新加坡）”⑥。南宋初年，“泉州纲首朱舫，舟往三佛齐国……舟行神速，无有艰阻，往返曾不期年，获利百倍”。⑦ 南宋高、孝之际曾任泉州市舶使的林之奇说：“泉之征舶，通互市于海外者，其国以十数，三佛齐其一也。三佛齐之海贾，以富豪宅，生于泉者，其人以十数……”⑧ 阇婆是东南亚与三佛齐齐名的另一个港口，位于爪哇岛，“于泉州为丙巳方，率以冬月发船，盖借北风之便，顺风昼夜月余可到”。阇婆是胡椒的集散地，“此番胡椒萃聚，商舶利倍蓰之获，往往冒禁潜载铜钱博换，朝廷屡行禁止兴贩，番商诡计，易其名曰苏吉丹”。⑨ 渤泥位于加里曼丹岛（也译作婆罗洲），“土地所出，梅花脑、速脑、金脚脑、米脑、黄蜡、降真香、玳瑁。番商兴贩，用货金、货银、假锦、建阳锦、五色绢、五色茸、琉璃珠、

---

① 洪迈：《夷坚三志己》卷6《王元懋巨恶》，《夷坚志》第3册，中华书局，1981，第1345页。

②《宋会要辑稿·番夷·朝贡》，刘琳等校点，第9968页。

③ 赵汝适：《诸番志校释》，杨博文校释，中华书局，1996，第184页。

④ 同上书，第18页。

⑤ 楼钥：《攻媿集》卷88《敷文阁学士宣奉大夫致仕赠特进汪（大猷）公行状》。

⑥ 赵汝适：《诸番志校释》，杨博文校释，中华书局，1996，第34—36页。

⑦ 方略：《祥应庙记》，郑振满、丁荷生编《福建宗教碑铭汇编·兴化府分册》第14号，福建人民出版社，1995。

⑧ 林之奇：《拙斋文集》卷15《泉州东坂葬番商记》，收入《景印文渊阁四库全书》第1140册，第490页。

⑨ 赵汝适：《诸番志校释》，杨博文校释，中华书局，1996，第54—55页。

琉璃瓶子、白锡、乌铅、网坠、牙臂环、胭脂、漆碗碟、青瓷器等博易”。① 宋末有泉州人到渤泥居住，并卒于斯，其坟与墓碑至今犹存。②

西亚国家中，距泉州最远的是大食国，“番舶艰于直达，自泉发船四十余日，至蓝里（苏门答腊西北）博易住冬，次年再发，顺风六十余日方至其国”。当地的阿拉伯商人自唐宋以来，一直进行远东贸易，“本国所产，多运载与三佛齐贸易，贾转贩以至中国”。大食国以出产香药闻名，“土地所出，真珠、象牙、犀角、乳香、龙涎、木香、丁香、肉荳蔻、安息香、芦荟、没药……番商兴贩，系就三佛齐、佛啰安等国转易”。③ 大食国的商人在宋代也来到泉州贸易，“大食番客啰辛贩乳香值三十万缗”④，“有番商曰施那帏，大食人也。蹻寓泉南，轻财乐施，有西土气习，作丛冢于城外之东南隅，以掩胡贾之遗骸”⑤。

（三）泉州的空前繁荣和外商云集

泉州在宋室南渡前已很繁荣，时人称“驿道四通，海商辐辏。夷夏杂处，权豪比居”；⑥ “平海之大州，乃七闽之都会，土疆差广，齿笈至繁……廛肆杂四方之俗，航海皆异国之商”；⑦ “舳舻辐辏，日闻夷俗之归心，宝货云屯，坐见海商之富国”。⑧ 在大观元年（1107）已升为望郡。⑨ 宋室南渡后，随着对外贸易的繁盛，城市繁荣更甚于往昔。张纲《连南

---

① 赵汝适：《诸番志校释》，杨博文校释，中华书局，1996，第 136 页。

② 林少川：《渤泥“有宋泉州判脘蒲公之墓”新考》，《海交史研究》1991 年第 2 期。

③ 赵汝适：《诸番志校释》，杨博文校释，中华书局，1996，第 89—90 页。

④《宋史》卷 185《食货下七》，第 4537 页。

⑤ 赵汝适：《诸番志校释》，杨博文校释，中华书局，1996，第 91 页。

⑥ 郑侠：《西塘集》卷 8《代谢仆射相公》，收入《景印文渊阁四库全书》第 1117 册。

⑦ 郑侠：《西塘集》，卷 7《代太守谢泉州到任》，收入《景印文渊阁四库全书》第 1117 册。

⑧ 陈渊：《默堂集》卷 11《贺张市舶再任》，收入《景印文渊阁四库全书》第 1139 册。陈渊，宋南剑州沙县人，卒于绍兴十五年（1145）。根据杨清江、陈苍松编著《福建市舶司人物录：纪念泉州市舶司设置九百周年》（温陵书画院印务馆 1987），绍兴十五年以前张姓提举泉州市舶司者，只有宣和二年（1120）任职的张佑。

⑨《宋史》卷 89《地理志五・福建路》。

夫知泉州》云："泉之地并海，蛮胡贾人，舶交其中，故货通而民富。"[①] 周必大云："泉南地大民众，为七闽一都会，加以蛮夷慕义航海日至，富商大贾宝货聚焉，犹市之繁非他邦比也。"[②] 真德秀《申尚书省乞拨降度牒添助宗子请给》亦云："庆元（1195—1200）之前，未以为难者，是时本州田赋登足，舶货充羡，称为富州。"[③] 其他如南宋初年陆守《修城记》云，"城内画坊八十，生齿无虑五十万"；[④] 陈说（1134—1216 年）《贺韩尚书》云，"况今闽粤，莫盛泉山。外宗分建于维城，异国悉归于互市"，《贺黄左史》云，"泉号佛国，而风俗素淳；舶交岛夷，而财赋本裕"；傅诚《贺朱少卿》云，"眷此清源（泉州），实今巨镇。舟车走集，繁华特盛于瓯闽；山水透迤，气象宛同于伊洛"。[⑤]

来到泉州的外商船舶都停泊在城南晋江沿岸，因此城南沿岸成为外商聚集之区。史载："胡贾航海踵至，富者资累巨万，列居城南。"[⑥] 因而在泉州形成"番人巷"。《方舆胜览》卷十二《泉州》记载："诸番有黑白二种，皆居泉州，号'番人巷'。每岁以大舶浮海往来，致象犀、玳瑁、珠玑、玻璃、玛瑙、异香、胡椒之属。"据泉州海外交通史调查组实地查证，宋元时期番客居住区在今泉州城南门附近地区，东起青龙聚宝，经车桥市，西至富美与风炉埕，北从横巷起，南抵聚宝街以南的宝海庵止的范围之内。[⑦]《诸番志》卷上《南毗国、故临国》载："时罗巴、

---

① 张纲：《华阳集》卷 1，收入《景印文渊阁四库全书》第 1131 册。

② 周必大：《文忠集》卷 109《赐敷文阁直学士中大夫陈弥作辞免差遣知泉州恩命不允诏》，收入《景印文渊阁四库全书》第 1148 册，第 190 页。该诏作于淳熙五年（1178）。

③ 真德秀：《西山先生真文忠公文集》卷 15《申尚书省乞拨降度牒添助宗子请给》，第 256 页。

④ 王象之：《舆地纪胜》卷 130《福建路·泉州·风俗形胜》，第 4115 页。

⑤ 同上书，《福建路·泉州·四六》，第 4133 页。

⑥ 乾隆《泉州府志》卷 75《拾遗上》，第 39 页。

⑦ 泉州海外交通史调查组《泉州宋元时代"番坊"遗址调查》，载中国海外交通史研究会、福建省泉州海外交通史博物馆合编《泉州海外交通史料汇编》第 3 辑，1983，第 92 页。

智力干父子，其种类也，今居泉之城南。”[①] 绍定三年（1230），泉州知州游九功在南罗城外沿江添筑翼城，东起浯浦，西至甘棠桥，[②] 将城南富足地区纳入城中。泉州翼城的修筑，无疑与对外贸易繁盛所带来的泉州南门外的富庶有密切关系。

泉州不仅有番人聚居区，城东还有外商聚葬之墓地。泉州市舶使林之奇曾说：“三佛齐之海贾……试郍围之在泉，轻财急义，有以庇服其畴者，其事以十数，族番商墓其一也。番商之墓，建发于其畴之蒲霞辛，而试郍围之力能以成就封殖之。其地占泉之城东东坂……凡绝海之番商有死于吾地者，举于是葬焉。”[③] 该墓地于绍兴三十二年（1162）开始营建，逾时一年始成，“且复栋宇，周以垣墙”，规制宏大，极尽奢华。由此可知常住泉州的外商的确不少。引文中“试郍围”即前述《诸番志》卷上《大食国》所记载的“施那帏”。

在泉州的外商不仅居住在番人巷，还与当地人杂居。刘克庄《吴洁知泉州制》称：“今言郡难者有四：民夷杂居也，贵豪盘错也，财粟弹（殚）竭也，珠犀点涴也。”[④] 把“民夷杂居”作为“四难”之首。楼钥所撰《汪（大猷）公行状》云：“番商杂处民间，而旧法与郡人争斗，非至折伤，皆用其国俗，以牛赎罪，寖以难制。公号于众曰：‘安有中国而用夷俗者，苟至吾前，当依法治之。’始有所惮，无敢斗者。”[⑤] 甚至有外商在州学前建楼，“有贾胡建层楼于郡庠之前，士子以为病，言之郡”。但因“贾资巨万，上下俱受赂，莫肯谁何”。[⑥] 虽有“化外人法

---

① 赵汝适：《诸番志校释》，杨博文校释，中华书局，1996，第 68 页。

② 乾隆《泉州府志》卷 11《城池志》。

③ 林之奇：《拙斋文集》卷 15《泉州东坂葬番商记》，收入《景印文渊阁四库全书》第 1140 册，第 490 页。

④ 刘克庄：《后村先生大全集》卷 62《吴洁知泉州制》。

⑤ 楼钥：《攻媿集》卷 88《敷文阁学士宣奉大夫致仕赠特进汪（大猷）公行状》。

⑥ 朱熹：《晦庵先生朱文公文集》卷 98《朝奉大夫直秘阁主管建宁府武夷山冲佑观傅（自得）公行状》。

不当城居”[1] 的规定，但已形同具文。这座建筑于州学前的“贾胡层楼”，即始建于南宋绍兴元年的泉州南城清净寺。[2]

番商还在泉州境内修建了各自的宗教庙宇。前述印度僧人于北宋雍熙年间在泉州修建的佛教宝林院，清顺治年间重修时改名宝海庵。泉州的穆斯林番商众多，北宋大中祥符二年（1009），当时番商聚集的城东南通淮街修建艾苏哈卜寺，也称圣友寺，即保留至今的位于涂门街的清净寺。南宋绍兴元年（1131），自波斯撒那威（今伊朗的 Siraf 港）来泉的回人纳只卜·穆兹喜鲁丁，在泉州南城兴建清净寺。[3] 摩尼教在宋代也广为传播，其“事魔食菜，法禁甚严……而近时事者益众，云自福建流至温州，遂入二浙”。[4] 明代何乔远《闽书》记载，在今晋江华表山麓“有草庵，元时物也，祀摩尼佛”。[5] 晋江草庵摩尼教遗迹是世界现存唯一的摩尼教寺庙遗址。1979 年，晋江县文管会在草庵寺前 20 多米处发掘出 1 件有“明教会”字样的黑釉碗和 60 多件碗的残片，其中 13 件有“明”“教”“会”等字。1982 年和 1983 年在晋江磁灶大树威宋代窑址中先后发现有“明”字的黑釉碗残片各 1 件。该窑址出土的黑釉碗残片与草庵前发掘的“明教会”黑釉碗，釉色、字体、字模均一样，因此可以断定，草庵“明教会”黑釉碗系宋代磁灶大树威窑所烧制的产品。[6] 说明草庵是宋代明教会（摩尼教）活动的据点，他们势力甚大，人数众多，公开活动，因此到窑场统一烧制食具。结合相关文献，有学者提出

---

① 朱熹：《晦庵先生朱文公文集》卷 98《朝奉大夫直秘阁主管建宁府武夷山冲佑观傅（自得）公行状》。

② 参见韩振华《泉州涂门街清真寺与通淮街清净寺》，《海交史研究》1996 年第 1 期。

③ 吴鉴：《清净寺记》，参见福建省泉州海外交通史博物馆、泉州市泉州历史研究会编《泉州伊斯兰教研究论文选》附录 3《重立清净寺碑》，福建人民出版社，1983，第 257 页。

④ 庄绰：《鸡肋编》卷上，李保民校点，上海古籍出版社，2012，第 13 页。

⑤ 何乔远：《闽书》卷 7《方域志·泉州府》，福建人民出版社，1994，第 171 页。

⑥ 黄世春：《福建晋江草庵发现“明教会”黑釉碗》，《海交史研究》1985 年第 1 期。

草庵应该是肇建于宋绍兴年间（1131—1162）。①

始建于北宋雍熙年间的泉州宝海庵

始建于北宋大中祥符二年的泉州涂门街清净寺

① 李天锡：《晋江草庵肇建于宋代新证》，《宗教学研究》2006 年第 2 期。

晋江草庵

泉州番商也参与地方公共事务建设。叶适《林（湜）公墓志铭》载，淳熙年间（1174—1189），“（林湜）知泉州晋江县，州分造战船，公曰：负郭岂有羡钱耶？何忍敛百姓。将舍去，诸番义公之为，助其役，舟先就，而民不知。”① 万历《泉州府志》亦载：“嘉定四年（1211），守邹应龙以贾胡簿录之资请于朝，而大修之，城始固。”②

番民杂处日久，番商“渐与华人结姻”。1965 年，泉州通淮门外津头埔出土了一方墓碑，一面阴刻着阿拉伯文和波斯文，译为：“人人都要尝死的滋味。艾哈玛德·本·和加·哈吉姆·艾勒德死于艾哈玛德家族母亲的城市——刺桐城。生于（伊斯兰历）692 年即龙年。享年三十岁。”另一面汉文碑铭为：“先君生于壬辰（元至元二十九年，1292）六月二十三日申时。享年三十岁。于元至治辛酉（1321）九月二十五日卒，

① 叶适：《水心集》卷 19《中奉大夫直龙图阁司农卿林公墓志铭》。

② 万历《泉州府志》卷四《规制志上·城池》，第 299 页。

遂葬于此。时至治二年岁次壬戌七月□日，男阿含抹谨志。”这件石刻说明：艾哈玛德的先辈娶了一个刺桐妇女为妻，并已数代居住在泉州，因为碑文明确称“艾哈玛德家族的母亲”，而不是艾哈玛德的母亲。

（四）庆元以后对外贸易的中衰和蒲寿庚的崛起

不过，南宋中期以后，泉州和前述广州一样，苛征与贪渎等弊政对市舶贸易造成严重影响。《宋史》卷四百三十七《真德秀传》载，南宋嘉定十年（1217），“（真）德秀以右文殿修撰知泉州。番舶畏苛征，至者岁不三四。德秀首宽之，至者骤增至三十六艘”。真德秀本人亦称：“泉虽闽镇，古号乐郊，其奈近岁以来，浸非昔日之观。征榷太苛，而蛮琛罕至。”① 又称：“先是，浮海之商，以死易货，至则使者郡太守以下，惟所欲刮取之，命曰和买，实不给一钱。……以故舶之至者滋少，供贡阙绝，郡亦立不可为。及是，公以选来，余亦代公守郡，相与划硖前弊，罢和买，镌重征。期季，至者再倍。二年，而三倍矣。”② 上述引文中的“公”指赵崇度，嘉定间（1208—1224）提举泉州市舶。③

绍定五年（1232），真德秀再知泉州，更感到市舶贸易每况愈下：“自三二十年来……富商大贾，积困诛求之惨，破荡者多，而发舶者少，漏泄于恩、广、潮、惠间者多，而回州者少。嘉定间（1208—1224），某在任日，舶税收钱犹十余万贯。及绍定四年（1231），才收四万余贯，五年止收五万余贯。”④

苛征与贪渎等弊政之外，土地兼并和海盗劫掠也对泉州海外贸易造成不利影响。庆元以后，土地兼并导致财富严重不均，影响到民间的市场交易。真德秀指出，庆元之前，“本州田赋登足，舶货充羡，称为富州……自三二十年来，寺院田产与官田、公田多为大家巨室之所隐占，

---

① 真德秀：《西山先生真文忠公文集》卷 17《知泉州谢表》，商务印书馆，1937，第 286 页。

② 真德秀：《西山先生真文忠公文集》卷 43《提举吏部赵公墓志铭》，第 783 页。

③ 乾隆《泉州府志》卷 29《名宦·赵崇度》。

④ 真德秀：《西山先生真文忠公文集》卷 15《申尚书省乞拨降度牒添助宗子请给》，第 256 页。

而民间交易率减落，产钱而后售，日朘月削……经界未行，版籍难考，不坍落者指为坍落，非逃亡者申为逃亡，常赋所入大不如昔矣”。[①]

闽、广的海盗与南宋一代相始终，而且有愈演愈烈之势。[②] 海盗劫掠海上来往商贾以取财，使中外海商屡受侵袭。真德秀《申尚书省乞措置收捕海贼状》云：“贼船见泊深澳，正属广东界分，正南北咽喉之地，其意欲劫米船以丰其食，劫番船以厚其财，掳丁壮、掳舟船以益张其势……福、兴、漳、泉四郡全靠广米以给民食，而福建提舶司正仰番船及海南船之来以供国课，今为贼船所梗，实切利害。”[③]

泉州市舶贸易自庆元（1195—1200）以后一度中衰，也影响到当地社会经济的发展。嘉泰年间（1201—1204），叶适感叹：“（泉州）乐郡之名，自此不可复得矣。”[④] 淳祐年间（1241—1252），刘克庄称：“温陵（泉州）为闽巨屏，旧称富州，近岁稍趋凋敝，或谓非兼舶不可为。”[⑤] 其后又称：“（温陵）素号闽之乐土，今之郡犹昔之郡也，而谈者类曰凋匮不可为。”[⑥] 宋末蒲寿宬（蒲寿庚胞兄）诗云：“南泉昔乐土，画戟深凝香。今为凋瘵区，盐米忧苍皇。”[⑦]

在这种情况下，蒲姓外商在泉州迅速崛起，南宋末年方回《乙亥前上书本末》记载：“泉之诸蒲，为贩舶作三十年，岁一千万而五其息，每以胡椒八百斛为不足道。”[⑧] 一年贸易额达到一千万贯。尤以“擅番舶利三十年”的蒲寿庚最具影响，在东南沿海对外贸易中无人可比。蒲寿

---

① 真德秀：《西山先生真文忠公文集》卷15《申尚书省乞拨降度牒添助宗子请给》，第256页。

② 李东华：《泉州与我国中古的海上交通》，台湾学生书局，1986，第89页。

③ 真德秀：《西山先生真文忠公文集》卷15《申尚书省乞措置收捕海贼状》，第252—253页。

④ 叶适：《水心集》卷1《上宁宗皇帝劄子三》（嘉泰三年）。

⑤ 刘克庄：《后村先生大全集》卷62《吴洁知泉州制》。

⑥ 刘克庄：《后村先生大全集》卷68《胡侁仍旧直秘阁知泉州制》。

⑦ 蒲寿宬：《心泉学诗稿》卷1《送使君给事常东轩先生》。常东轩即常挺（？—1268年），字方叔，号东轩，福建连江人，咸淳初知泉州。该诗当为常挺离任泉州知州时蒲寿宬写的送别诗。

⑧ 方回：《桐江集》卷6《乙亥前上书本末》，第5页b。

庚家财万贯，王磐《藁城令董文炳遗爱碑》称：“泉州太守蒲寿庚者，本西域人，以善贾往来海上，致产巨万，家童数千。”[①] “寿庚本回纥人，以海舶为业，家资累巨万计，南海蛮夷诸国莫不畏服。”[②] 蒲寿庚在泉州城南及东南郊法石一带广置宅院、花园，并在滨海地方专门建了一座“海云楼”，以眺望他的众多船舶，其富有达到了惊人的程度。蒲寿庚不仅以富商身份担任泉州市舶使，咸淳十年（1274）还因率领船队打败了侵扰泉州的“海寇”，被任命为福建安抚沿海都制置使，掌握了整个福建的海上力量，景炎元年（1276）更被授以“福建广东招抚使、总海舶”，成为宋元交替之际的一代风云人物。景炎元年十二月，蒲寿庚向元军投降。[③] 蒲寿庚降元，使泉州海上力量未受重大损害，得以在元代大放异彩。[④]

四、泉州港口的变迁

泉州自南朝梁安郡开港以后，其港口所在地曾经数度变迁。在唐开元六年（720）晋江设县以前，晋江流域的交通中心在南安县，县治所在为今之南安丰州。丰州位于晋江中游北岸，其西三里的九日山，即南朝陈代前期印度僧人拘那罗陀翻译《金刚经》之地，亦即北宋以来郡守、市舶司祈风之处。因此，自齐中兴二年（502）设置梁安郡以后，郡治所在（即今南安丰州）应为晋江流域水陆交通中心，亦即海舶往来停靠的港湾。

唐开元六年（720）析南安县地设置晋江县，并将其作为泉州治所。

---

① 王磐：《藁城令董文炳遗爱碑》，载李修生主编《全元文》第2册，江苏古籍出版社，1998。

② 康熙《藁城县志》卷12《文集志下》，《中国地方志集成·河北府县志辑6》，上海书店出版社，2006，第132页。

③ 参见［日］桑原骘藏：《蒲寿庚考》，陈裕菁译订，中华书局，2009，第120—121、140页。

④ 庄为玑、庄景辉、王连茂编著《海上丝绸之路的著名港口——泉州》，海洋出版社，1988，第60—61页。

开元二十九年（741），“别驾赵颐贞凿沟通舟楫城下”[①]，城南江流开始与刺桐城联通。泉州城南边的晋江是福建省的第三大河流，泉州城（鲤城）河段地处晋江下游感潮河段，其上游浮桥河段古代称笋江，中段称浯江，下段称溜江。除主干流外，还有菜洲北支流（破腹沟，今称笋浯溪，又称伍堡溪），支流自中堡村分流经伍堡与干流汇合，紧靠城西南，河面宽约 80 米，水流畅通，历史上是进出市区的主要航道。[②]

五代时，留从效增筑罗城，“周围二十里，为门七”[③]，其中南为镇南门，东南为通淮门，西南为通津门、临漳门。镇南门外壕有桥曰镇南桥，或称南门桥。泉州市城建局在该地段施工时曾发现地表下松木横直相排，城建局有关人员认为，镇南桥以北，地质是实地，容易建城；桥以南为海滩，必须打椿。[④] 五代泉州城西部是沿笋浯溪而建，当时商业中心在城东仁风门和城东南通淮门（即涂门）。[⑤]

入宋之后，泉州港的海外贸易日趋繁盛，涂门、镇南门一线以南成为海商聚集区，市舶司、清净寺等都分布在这一带。据《八闽通志》卷八十《古迹》记载，“市舶提举司，在府治南水仙门内，旧市舶务［司］址”。同书卷十三《地理·城池》记载，“元至正十二年……为门凡七……南曰德济……濒溪水门曰南薰”，“南薰门，在旧市舶司之旁”。南薰门，俗称水门，元至正十二年（1352）泉州路达鲁花赤偰玉立“拓南罗城以就翼城”时，“于临漳、德济之间建门曰南薰”。[⑥] 水仙门即南薰门，道光《晋江县志》说：“鹊鸟桥，原名通粂桥，在南薰门右水关处。”[⑦] 在水关沿水道北 60 米处有水仙宫，立有“市舶司遗址”标识。

---

①《新唐书》卷 41《地理志五》。

② 福建省泉州市鲤城区交通局编《鲤城交通志》，人民交通出版社，1997，第 36 页。

③ 万历《泉州府志》卷 4《规制志上·城池》，第 1 页 b。

④ 庄为玑：《泉州历代城址的探索》，《泉州文史》1980 年第 2、3 期合刊，第 21—22 页。

⑤ 同上书，第 28 页。

⑥ 万历《泉州府志》卷 4《规制志上·城池》，第 2 页 a。

⑦ 道光《晋江县志》卷 11《津梁志》，福建人民出版社，2020，第 218 页。

而在水仙宫东，过洪厝山，通往大街有条巷叫舶司库巷，该巷应是市舶司仓库所在地。北宋时尚无翼城，故市舶司在城外江畔，后来的南薰门附近。泉州晋江下游的车桥、厂口、后山、新街等处，古称圆通港。[①] 乾隆《泉州府志》卷十《桥渡》载："车桥，在车桥市东。隆庆府志：海舶聚此。"宋时，泊于沿江的中外船舶，可用小船沿破腹沟至三堡入八卦沟，过水门水关达市舶司库装卸货物。[②]

泉州水仙宫及市舶司遗址

南宋时，泉州城从临漳门（新门）、涂门街一线向南扩张，一直扩到现在的下十字街，建了一个新的南门城。这一地段在泉州城南部，称为"泉南"，是南宋泉州对外贸易繁荣的地方。[③] 乾隆《泉州府志》卷十六《坛庙寺观·天后宫》引隆庆府志云："宋庆元二年（1196），泉州浯浦海潮庵僧觉全梦神命作，官乃推里人徐世昌倡建，实当笋江、巽水二流之汇，番舶客航聚集之地。时罗城尚在镇南桥内，而是宫适临浯浦之上。"天后宫初建时称顺济宫，在后之南门（德济门）内。嘉定四年

①《泉州古港史》，人民交通出版社，1994，第 58 页。

②《鲤城区志》，中国社会科学出版社，1999，第 328 页。

③ 庄为玑：《泉州历代城址的探索》，《泉州文史》1980 年第 2、3 期合刊，第 23 页。

(1211) 知州邹应龙于笋江下游造石桥，以近顺济宫，因名“顺济桥”。说明当时外商登岸聚集处，是在泉州城外东南的浯浦一带。绍定三年(1230)，泉州知州游九功鉴于南罗城外商业繁荣，人烟稠密，“沿江为蔽”，修筑翼城，东自浯浦（今南门附近），西抵甘棠桥（即临漳门外第一桥）。[①] 翼城的修筑，把原镇南门外到破腹沟北岸一带的泉南包入城中，对中外商人起到了保护作用。

泉州天后宫

对于历史上的泉州港，陈支平撰文指出：“实际上，中国古代时期的所谓‘泉州港’，是由若干个不同的港口组成的，因为这些不同的港口都处在‘泉州府’行政所辖的地域之内，故在习惯上统称为‘泉州港’。”“宋元时期的‘泉州港’，北至湄州湾的内澳及惠安县的崇武港等，南至同安县的莲河港等处。”[②] 在这些港口中，除了前述泉州城南的圆通港（《鲤城区志》《鲤城交通志》《泉州市志》等称“泉州内港”）外，主要的对外贸易港口还有泉州湾的法石港、后渚港及围头湾的安海港等。

① 万历《泉州府志》卷4《规制志上·城池》，第2页a。

② 陈支平：《明清港口变迁史的重新解读——以泉州沿海港口为例》，《中国经济史研究》2012年第2期。

法石，俗称石头街，在泉州城东南十里许，位于江、海交汇处，有文兴、美山等江口码头，上溯仙石口、溜石而抵泉州内港，下经蚶埔出岱屿门，可泛海通番。法石的玄天上帝真武庙是宋代郡守祭祀海神之所，万历《泉州府志》记载，石头山“上有真武殿，旧为郡守望祭海神之所，下为石头街，民居鳞集，旧有千余家”。① 南宋淳熙十三年(1186)，“城南置宝林寨，城东置法石寨”，② “分水军各一百五十人”屯守二寨。③ 真德秀称，法石“为防海要冲之地”，“法石寨去城十五里，水面广阔，寨临其上，内足以捍州城，外足以扼海道”。④ 宋末元初，“擅番舶利者三十年”的蒲寿庚在法石的宝觉山上修建“天风海云楼”“以望海舶”⑤，为瞭望船舶出入港口之所。志书记载蒲寿庚之兄蒲寿宬居住在法石寺，又传法石的石路是蒲寿庚降元后为迎接元将唆都而修筑的。黄仲琴《蒲寿庚兄弟遗族及遗迹》一文称：“东门外法石街，蒲寿宬居处，遗垣尚在。寿庚花园，后夷为南较场。”⑥ 1959 年，泉州海外交通史博物馆调查组在法石发现乌墨山澳、鸡母澳两处宋元停泊船舰或修造船只的遗址，在法石美山（尾山）、云麓发现阿拉伯人墓地。⑦ 1982 年，考古工作者在法石发掘一艘南宋海船。⑧ 2003 年，考古工作者在法石文兴码头发现宋元时期内河码头伸向江面的河堤式泊船设施，在美山

---

① 万历《泉州府志》卷 2《舆地志・山》。

② 道光《晋江县志》卷 5《海防志》，第 97 页。

③ 道光《晋江县志》卷 17《兵制志》，第 464 页。

④ 真德秀：《西山先生真文忠公文集》卷 8《申枢密院措置沿海事宜状》，第 136—137 页。

⑤《八闽通志》卷 73《宫室》，第 1059 页。

⑥《中山大学语言历史学研究所周刊》第 9 集第 105 期，1929 年 11 月。

⑦ 泉州海外交通史博物馆调查组《泉州涂关外法石沿海有关中外交通史迹的调查》，《考古》1959 年第 11 期。

⑧ 中国科学院自然科学史研究所、福建省泉州海外交通史博物馆联合试掘组：《泉州法石古船试掘简报和初步探讨》，《自然科学史研究》第 2 卷，1983 年第 2 期。

码头发现宋元时期内河码头墩台式泊船设施。[①] 凡此，说明法石在宋元时期是中外海舶停泊、避风的港口之一。

法石文兴码头

法石美山码头

① 福建省文物管理委员会考古队、泉州市丰泽区文化发展中心《泉州文兴、美山古码头发掘报告》，《福建文博》2003 年第 2 期。

法石真武庙

法石宋代古船遗址

后渚港，位于洛阳江与晋江交汇和出海处，是泉州湾内最大的天然良港。该港距泉州城十公里，陆路经桃花山进入东门，或者经法石后，一路到涂门，另一路到城南聚宝街；① 水路经过晋江下游的蚶埔、法石、溜石至南关港。南宋宁宗嘉定十一年（1218），泉州知州真德秀上《申枢密院措置沿海事宜状》，述及泉州沿海各港口及所拟建置水寨名称、兵员配置与设防情况，如南关港的宝林寨（城南一里许）、法石港附近的法石寨（去城十五里）、深沪湾口东北面的永宁寨、石井港（安海港）附近的围头寨（去州一百二十余里）以及晋江县石湖寨（在今石狮蚶江）、惠安县小兜寨。② 有学者认为，真德秀在上书中，“惟独一字不及后渚港。因此大致可以判明：直至宁宗年间，后渚港仍非泉州市舶司海上贸易港口”。③ 此说或可再斟酌。法石处在后渚港通往泉州城区古通道的水陆交汇点，真德秀在上书中划分诸寨巡逻范围，其中一个是“自岱屿内外，直至东洋，法石主之”。④ 万历《泉州府志》记载，岱屿，在二十二都海中，介于石湖、北镇两山之间，与白屿相连，“在石湖港之西，距江中心，正洛阳、圣姑、北镇、石湖诸港湍流分汇之处”。⑤ 洛阳港在后渚港的上游，距离后渚港约 3 海里。这说明后渚港是在法石寨的巡察范围之内，有学者称法石寨设有“后渚分屯”。⑥

如前所述，南宋中期以后，泉州本地富商大贾因“积困诛求之惨”，“破荡者多，而发舶者少”，海上贸易优势逐渐转移到贾胡番商手中，蒲姓外商在泉州迅速崛起。蒲寿庚之父蒲开宗于理宗淳祐三年（1243）重

---

① 李再铭：《宋元时期后渚港至泉州城区的交通路线》，《海交史研究》总第 1 期，1978 年。

② 真德秀：《西山先生真文忠公文集》卷 8《申枢密院措置沿海事宜状》，第 136—142 页。

③ 傅宗文：《沧桑刺桐》，厦门大学出版社，2011，第 272 页。

④ 真德秀：《西山先生真文忠公文集》卷 8《申枢密院措置沿海事宜状》，第 140 页。

⑤ 万历《泉州府志》卷 2《舆地志・山》。

⑥《泉州古港史》，人民交通出版社，1994，第 56 页。只是书中未注明资料来源，不知其引自何处。

修濠溪上的龙津桥，六年（1246）又重建长溪上的长溪桥。濠溪与长溪为洛阳江上游的支流，蒲开宗出资修桥，应与改善泉州湾港区的运输有关。晋江入海口北岸鹧鸪口地段，“海洋多暗礁伏石，非潮涨，巨舟不得行。仅龟屿前一线，舴艋可通”。① 因而海船若住舶南关港和法石港，须候潮溯江而上。后渚港水深港阔，便于海船停泊和起航，为中外海商提供了方便。1974 年在后渚港发掘宋代沉船的海水深度为 7 米左右，沉船点相当于现在后渚港退潮后仍然可以停泊海船的港区。② 在距离海船出土位置以北约 135 米处，深 2.5 米的港道底部，发现一处石砌建筑物。经试掘，是两条宽 3 米左右，用花岗岩条石横铺的路面，一条自西向东，另一条自西北向东南延伸，西北有石砌台阶通往岸上。条石最长的 2.6 米，宽 40 厘米，厚 30 厘米，表面光滑，是长期踩踏摩擦的结果。其建筑方法是：以碎石为基底，架上松木卧椿（径 15 厘米），在卧椿上再盖上条石。推断应是宋代码头或搬运货物的道路遗址。③

安海港，位于泉州城西南方的围头湾内东北面。港湾曲折，有九十九湾之说，港域宽阔，风浪小，是天然避风良港。港区周围现有晋江的东石、安海及南安的水头、石井四镇。宋代，安海港东西两侧各有一条 5 公里长的内港道。东港道沿内市（今桥头一带）、坩坂到甘棠（今加塘）；西港道经西垵到南安大盈。④ 宋元时期，随着泉州港的繁盛，安海港也兴盛一时。安海镇明代黄氏族人撰写的《金墩黄氏祠堂图记》，记载了宋代这一带乡族利用优良海湾开辟港口、通商贸易的事实。该文献称：“泉城以南，循五陵而下五十里为安平（安海）。宋全盛时，万有余家。……东石、石井之处，实安平之二巨鳌也。其水则自晋江趋东南隅入于海，南归于石井。江由海门而入安海，以通天下之商舶。……海水东入内市、浦边、庵前，西入于西安、曾埭，商舡亦至其乡，与居

① 史继偕：《鹧鸪口铳台记》，乾隆《泉州府志》卷 11《城池》。

② 林禾杰：《泉州湾宋代海船沉没环境的研究》，《海交史研究》1982 年第 4 期。

③ 福建省泉州海外交通史博物馆编《泉州湾宋代海船发掘与研究》，海洋出版社，1987，第 6 页。

④《泉州市志》第 2 册，中国社会科学出版社，2000，第 822 页。

人互市。其屋宇鳞鳞相次，北接曹店，南接内市，故二乡有市店之名。”①

由于海舶往来频繁，宋代在安海设置了石井津和石井镇。万历《泉州府志》记载：“石井镇，在晋江县东南六十里修仁里安海市，□客舟自海至，州遣吏榷税于此，号曰石井津。”② 何乔远《闽书》亦载：“安平镇，镇最繁夥，其俗多贸夷为生。……宋为安海市，东曰旧市，西曰新市。……建炎四年（1130），州请于朝，创石井镇，以迪功郎任。绍兴二十六年（1156），海寇奄至，镇官方某始自镇西偏循东北筑土城，叠石为门备之。”③《安海志》称：“斯时，海港千帆百舸，乘风顺流，出入海门之间；渡头风樯林立，客商云集，转输货物山积；镇市店肆罗列，百货杂陈……镇市之繁荣，不亚于一大邑。”④

绍兴年间安平桥和东洋桥的相继修建，既是为适应海上交通贸易发展的需要，也反映了当时安海商贸的繁盛。安平桥横跨晋江安海与南安水头之间的海湾，因桥长约五里，又称五里桥。未建桥之时，“方舟而济者日千万计”。安平桥自绍兴八年（1138）起，历经十多年，至绍兴二十二年建成。全长811丈（约2701米），宽1.6丈（5.3米），是古代著名的跨海石梁桥，有“天下无桥长此桥”之誉。东洋桥，在安海东门外，又名安平东桥，俗称东桥。绍兴二十三年（1153）在知州赵令衿支持下集资修建，桥长660丈（约2200米），宽1.2丈（4米）。两座长桥的修建，需要有相当的财力。知州赵令衿《石井镇安平桥记》称：“斯桥之作，因众志之和，资乐输之费，一举工集。”两桥建成后，中外商船可直接停泊在桥边装卸货物，方便了进出口货物的水陆转运。

① 转引自傅宗文《沧桑刺桐》附录六，厦门大学出版社，2011，第429页。

② 万历《泉州府志》卷24《杂志·古迹类》，泉州地方志编纂委员会，1985，第2页b。

③《闽书》卷33《建置志》，第828—829页。

④《安海志》卷12《海港》，《安海志》修编小组，1983，第121页。

泉州安平桥

围头湾口的围头角，亦为古泉州港的支港之一。真德秀称："围头去州一百二十余里，正阚大海，南北洋舟船往来必泊之地。旁有支港，可达石井，其势甚要。"① 又云："围头……视诸湾澳为大，往来舟船可以久泊。访之土人，贼船到此，多与居民交通，因而为盗。""寻常客船、贼船自南北洋经过者，无不于此稍泊。盖其湾澳深阁，可以避风，一也；海中水咸，不可饮食，必须于此上山取水，二也；当处居民亦多与贼徒交通贸易，酒令店肆，色色有之，三也。"② 南宗嘉定十一年(1218)，宋在围头设置宝盖寨，派兵驻守，元代废弃。

① 真德秀：《西山先生真文忠公文集》卷 8《申枢密院措置沿海事宜状》，第 136 页。

② 同上书，第 139 页。

第三节　明州港的发展

明州，即现在的宁波市，位于浙江省东部，濒临东海，地处我国大陆海岸线的中段。三面环山，北部和中部为宁绍平原的一部分，余姚江、奉化江汇流而成甬江，东流入海。甬江是典型的平原河流，江面开阔，落差极小，水深流稳，通航条件优越。

一、句章古港和古鄮城

甬江流域的海上交通，可以追溯到7000年前的河姆渡文化时代。考古文物证明，在六七千年前，今宁波余姚河姆渡一带的先民已经能够制造和使用舟楫，航行于港湾和近海。这是已被实物证明的迄今为止中国最早的航海活动。① 春秋战国时期，甬江流域出现了最早的港口——句章港。根据记载，周元王三年（公元前473），越王勾践灭吴后，为发展水师，增辟通海门户，遂在其东疆勾余之地开拓建城，名为句章，为句章古港之始。② 经考古发掘，句章古港位于今宁波市江北区慈城镇王家坝村与乍山翻水站一带。

《史记·东越列传》记载，西汉元鼎六年（公元前111），东越王余善反叛朝廷，"天子（汉武帝——引者注）遣横海将军韩说出句章，浮海从东方往"击东越。说明当时从句章到福建沿海的航路已开通。《后汉书·孝顺孝冲孝质帝纪》载，东汉顺帝阳嘉元年（132）二月，"海贼曾旌等寇会稽，杀句章、鄞、鄮三县长，攻会稽东部都尉"。《三国志·吴书》记载，吴景帝永安七年（264）四月，"魏将新附督王稚浮海入句

① 郑绍昌：《宁波港史》，人民交通出版社，1989，第8页。

② 同上书，第12页。

章，略长吏（赏林）［赀财］及男女二百余口”。① 可见，汉至三国时期，句章是海上进入浙东内陆的门户。

两晋时期，句章仍为濒海要津。《宋书·武帝本纪》记载，东晋安帝隆安三年（399），孙恩起兵于浙东，犯会稽等地，依海进退。次年十一月，刘牢之率军征讨，屯兵上虞，“使高祖（刘裕）戍句章城。……贼乃退还浃口。……五年春，孙恩频攻句章，高祖屡摧破之，恩复走入海”。浃口即今宁波市镇海，孙恩屡次率军从海上入浃口侵句章，可见句章在浙东沿海的重要性。据《晋书》卷一百《孙恩传》记载，孙恩后来“浮海”北上京口（镇江）、广陵（扬州）、郁州（连云港）等地，说明当时从浙东到苏北的沿海航路十分畅通。

学者研究认为，句章古港主要是作军事交通的港口，而与之相距不过百里的鄮县则主要是作海上贸易的港口。② 鄮县，县治在今宁波市鄞州区五乡镇同岙村村口山谷，阿育王寺附近，早期有小浃江通海。小浃江是一条与甬江平行的短源河流，全长约 15 公里，唐时已截流筑坝蓄水，不通海舟。③ 《乾道四明图经》引唐人梁载言《十道四番志》，云：“以海人持货贸易于此，故名。而后汉以县居鄮山之阴，乃加邑为鄮。”④ 根据西晋陆云《答车茂安书》，鄮县不仅与会稽郡治山阴（今绍兴）之间交通便捷，而且是南北近海贸易的主要中转站。“县去郡治，不出三日，直东而出，水陆并通。西有大湖，广纵千顷，北有名山，南有林泽，东临巨海，往往无涯，泛船长驱，一举千里，北接青徐，东洞交广”⑤。

值得一提的是，宁波地区出土的一些东汉晚期至西晋时期的堆塑罐及堆塑壶上塑有胡人形象，如鄞州出土的东汉堆塑蒜头壶和三国时期吴

---

①《三国志》卷 48《吴书三·三嗣主传》，中华书局，1959，第 1161 页。

② 张华琴：《句章古港新探》，载《历史视野下的港城互动：首届“港通天下”国际港口文化论坛论文集》，科学出版社，2018，第 259 页。

③ 郑绍昌：《宁波港史》，人民交通出版社，1989，第 15 页。

④《乾道四明图经》卷 2《鄞县·山》，收入《宋元方志丛刊》本，中华书局，1990，第 4886 页。

⑤ 陆云：《陆士龙集》卷 10《答车茂安书》第 7 页 b。

国的堆塑人物飞鸟五联罐，余姚出土的元康四年（294）越窑谷仓罐等。学者认为，这些胡人堆溯罐、壶的出现，“反映出域外文化已经渗透到了该区域的社会生活、精神信仰之中”“很可能是中西方海路交流的佐证”。[①] 吴赤乌年间（238—251），印度高僧那罗延来句章五磊山（今慈溪宓家埭）“结庐修静”，是为五磊寺的开山祖，促进了佛教在浙东的传播。

另一方面，在朝鲜半岛西南的百济故地，发现了六朝时期的越窑青瓷。如位于韩国首尔南部的梦村土城，发现了越窑的黑釉钱纹陶罐残片，其制作年代可能早至晋代；在梦村土城和石村洞古墓群出土了不少中国的青釉瓷，其制作造型、胎土和施釉技法很接近典型的越窑风格，其制作年代大概在两晋时期；韩国江原道法泉里古墓中出土的青瓷羊，大致为 4 世纪中期，与浙江余姚文管会所藏的东晋青瓷羊有相似之处等。[②] 三国至南北朝时期，宁波地区的慈溪、余姚与绍兴地区的上虞、绍兴是越窑瓷业的核心区域。朝鲜半岛百济故地发现的中国南方陶瓷是百济与南朝交往的历史物证。[③]

二、唐五代明州港的兴起

隋文帝开皇九年（589），改会稽郡为吴州，把鄞、鄮、余姚三县并入句章县，县治迁至小溪（今宁波市鄞州区鄞江镇一带），隶属于吴州，而港口主体却分迁到了三江口。[④]

唐武德四年（621），设立越州总管府，统辖越、嵊、姚、鄞等十一

① 刘恒武：《宁波古代对外文化交流——以历史文化遗存为中心》，海洋出版社，2009，第 27—31 页。

② 参见［韩］赵胤宰：《略论韩国百济故地出土的中国陶瓷》，《故宫博物院院刊》2006 年第 2 期。

③ 刘恒武：《宁波古代对外文化交流——以历史文化遗存为中心》，第 36—37 页。

④ 郑绍昌：《宁波港史》，人民交通出版社，1989，第 18 页；张如安等：《宁波通史·史前至唐五代卷》，宁波出版社，2009，第 189 页。

州，以旧句章、鄞、鄮三县地属鄞州，州治有说在小溪，也有说在三江口。[①] 仅仅过了四年，即武德八年，废鄞州，以其地置鄮县，这时的鄮县实辖旧鄞、鄮、句章三县之地。开元二十六年（738），甬江流域设立了独立的行政建制——明州。《旧唐书》记载："开元二十六年，于越州鄮县置明州。天宝元年（742），改为余姚郡也。乾元元年（758），复为明州，取四明山为名。"[②] 关于明州初设时的州治，一直众说纷纭，主要有三种观点：一是"古鄮城"说，认为明州初治于今鄞州区五乡镇同岙村的古鄮城，唐大历六年（771），明州州治与鄮县县治一起移到今宁波市区三江口一带；二为"小溪"说，认为明州初治小溪镇，大历六年随鄮县县治移到三江口一带；三为"三江口"说，认为明州初设时，其州治就在三江口一带。[③] 不管明州州治最初设在何处，它最终设在三江口是不争的事实。长庆元年（821），刺史韩察"易县治为州治，撤旧城，筑新城"，修建了周长420丈的明州子城（即内城）。唐末，明州刺史黄晟从景福元年（892）起建造罗城（又叫外城），北面沿姚江、东面沿奉化江筑城墙，周长2527丈，城市面积扩大20余倍。

州治迁到三江口后，明州港进入了新的发展时期。三江口一带成为舟舶聚集之地，东渡门到姚江边的渔浦门，沿江建有海运码头。考古人员在宁波市和义路靠姚江边的唐代遗址中，清理出用三合土（鹅卵石、黏土、砖头）夯筑的江岸地坪，应是船舶停靠的码头。还有两边用木板夹住，中铺石板的伸向水面的引桥式码头。在三江口至灵桥一带的唐城外临江岸发现成排的木桩，有的木桩中还夹杂着木板，其功能应是加固堤岸，以便于舟楫停泊。可见，唐代的码头分布在奉化江的灵桥门外至三江口、三江口至姚江南岸的盐仓门一带。[④]

1973年至1975年，在宁波和义路遗址唐文化层中，发掘一处造船场遗迹，有大批木渣、碎板，有的有明显的刀削加工痕迹，有的船板中

---

① 参见张如安等《宁波通史·史前至唐五代卷》，第189页。

②《旧唐书》卷40《地理志》。

③ 许超等：《唐代明州初治地望考辨》，《东南文化》2016年第1期。

④ 张如安等：《宁波通史·史前至唐五代卷》，宁波出版社，2009，第201页。

尚留有钉子钉榫的铁锈积物及油灰。有两排南北向的柱，有的柱子尚遗留当时系绳的痕迹。还有许多芦苇、稻草和黄色竹子，当为修造船舶的棚舍之类的建筑。还出土 1 艘龙舟，长 11.5 米，宽 0.95 米。[①] 唐代后期，明州商人还把造船技术带到日本，在日本造船。会昌二年（842），明州商人李处人在日本肥前国松浦郡值嘉岛花三个月时间，用楠木建造了一艘商船；咸通三年（862），因为日本真如法亲王安前往唐朝，明州商人张支信在肥前国松浦郡柏岛建造了大船。[②]

造船业之外，杭甬运河的开通对明州港的发展也具有重要意义。杭甬运河的雏形在六朝时已经存在，隋唐时又经过多次整治。隋大业六年（605）开江南河，曾对杭甬运河杭州至会稽（今绍兴）段作过整治。到了唐代，杭甬运河又进行了多次整治。如“自上虞江抵山阴百余里”，在开元十年（722）、大历十年（775）和大和六年（832）先后三次进行修浚，以利于灌溉和航运。[③] 杭州至山阴（今绍兴）、上虞至明州段，亦经整治。[④] 这样，杭甬运河全线通航。船只从明州州治三江口出发，溯姚江、曹娥江、钱塘江抵杭州，与京杭大运河相接，可至扬州，或经扬州抵达洛阳、长安。因杭州湾潮大流急，赴杭州船舶往往先行在明州港停泊，然后改乘内河船，取道杭甬运河往杭州。这样，杭甬运河把甬江流域和江淮平原在经济贸易上联系起来。唐朝在水陆交通要道上设有驿站，明州在月湖边上设置了水驿站，作为浙东到长安内河水运的起点。明州的贡品如蚶、蛤、淡菜等海鲜，就是取道运河运至长安的。后因“水陆劳费”“邮卒不胜其疲”，浙东观察使元稹、明州刺史孔戣等奏请罢之。[⑤] 晚唐时，“旧制，东川每岁进浸荔枝，以银瓶贮之，盖以盐渍其新者，今吴越间谓之鄞荔枝是也。此乃闽福间道者，自明之鄞县来……咸

① 林士民：《浙江宁波和义路遗址发掘报告》，载林士民《再现昔日的文明：东方大港宁波考古研究》，上海三联书店，2005，第 114、147 页。

②［日］木宫泰彦：《日中文化交流史》，胡锡年译，商务印书馆，1980，第 109、112 页。

③《新唐书》卷四十一《地理志五・越州会稽郡》。

④ 参见郑绍昌《宁波港史》，人民交通出版社，1989，第 22 页。

⑤《乾道四明图经》卷 1《贤守事实十二》，第 4881 页。

通七年（866），以道路遥远，停进”。① 可见，晚唐时福建的荔枝贡品也取道于此。明州港成为唐代著名的贸易中转港。

明州港的海外交通以新罗、日本为主。《旧唐书》卷一百九十九上《东夷列传·新罗》记载，元和十一年（816），“新罗饥，其众一百七十人求食于浙东”。他们是否进入明州港不得而知，但至少可以断定新罗船将航迹延伸到了浙东海域。至晚唐时，新罗清海镇大使张保皋一度控制了东北亚贸易圈，从事唐、罗、日三国间的通商贸易。清海镇位于今韩国全罗南道莞岛，是新罗时代的重要港口。张保皋的贸易船直接到了明州港，船只自新罗灵岩附近或清海镇港出发，经黑山岛（今大黑山岛），横渡东海，到达明州望海镇。在清海镇港遗址，出土了明州生产的越窑青瓷制品，以碗、罐为大宗，有玉璧底碗、大环底碗、六角形嘴的执壶和柿蒂钮的罐。这批制品大多生产于明州慈溪上林湖古慈都，生产年代为中唐晚期到晚唐早期，与张保皋商团在明州港从事贸易活动的年代相吻合。张保皋还从明州带回陶瓷工匠，这些工匠与新罗工匠一起，成功烧制“新罗青瓷”，使新罗由青瓷制品输入国一跃成为输出国。②

唐代中、日之间的航路，有北路和南路。北路有两条航线：一条是贾耽记载的“登州海行入高丽渤海道”，从登州出发，过渤海海峡，至辽东半岛南岸，再沿岸东北行，至鸭绿江口，然后沿朝鲜半岛西海岸南下，过对马海峡到日本；另一条从登州、莱州启航，横渡黄海，到朝鲜半岛仁川，然后沿半岛南下，过对马海峡到日本。南路也有两条航线：一条自日本难波的三津浦（今大阪市南区三津寺町）沿濑户内海西下，经筑紫大津浦（今博多），然后经过夜久（屋九岛）、吐火罗（今宝七岛）、奄美（大岛）等南岛，再横渡东海，到达扬子江口，这是南路南线；另一条从筑紫的值嘉岛（五岛列岛及平户岛的旧名）附近横渡东海，这是南路北线。据日本学者木宫泰彦所著《日中文化交流史》，第一、二期遣唐使（629—671 年）大都走北路，第三期（697—758 年）以

---

① 钱易：《南部新书》丙，尚成校点，上海古籍出版社，2012，第 26 页。

② 参见林士民《东亚商团杰出人物——新罗张保皋》，载林士民《再现昔日的文明：东方大港宁波考古研究》，上海三联书店，2005，第 290—295 页。

后的遣唐使走的是南路。[①] 改走南路的原因，据《新唐书·东夷列传》记载："新罗梗海道，更繇明、越州朝贡。"唐朝中期，新罗统一了朝鲜半岛，与日本关系趋于紧张，而日本对九州岛以南各小岛的开发有了进展，故改走南路。经由南路的遣唐使船，其到达大唐的地点和返国启程地点大致如下表 2-3。

表 2-3　日本经由南路的遣唐使船抵唐地点和返国启程地点[②]

遣唐使名	抵唐地点	返国启程地点
文武朝（702 年）	楚州盐城县	?
元正朝（717 年）	?	?
圣武朝（733 年）	?	苏州
孝谦朝（752 年）	明州、越州	苏州
光仁朝（777 年）	扬州海陵县	第一、二舶：苏州常熟县 第三舶：扬州海陵县 第四舶：楚州盐城县
桓武朝（804 年）	第一舶：福建长溪县 第二舶：明州	明州下鄮（郧）县
仁明朝（838 年）	扬州	楚州

关于日本遣唐使船在明州停靠登陆和返航的情况，上表 2-3 中，唐天宝十一年（752），日本孝谦朝遣唐使船四艘在明州和越州登陆。唐贞元十九年（803），日本桓武朝遣唐使船从难波出发，不久遭遇暴风，舶船受损。修缮后，次年七月从筑紫出发，又遇暴风，其中大使藤原葛野麻吕所乘的第一舶漂流至福建长溪县（今霞浦），副使石川道益所乘的第二舶到达明州。藤原大使经明州赴京城长安朝贡，贞元二十一年（805）五月，两舶于明州郧县解缆返回日本。[③]

除了上述两次之外，日本齐明五年（659，唐显庆四年）的遣唐使舶

① [日] 木宫泰彦：《日中文化交流史》，胡锡年译，商务印书馆，1980，第 80—83 页。

② 同上书，第 86 页。

③《日本后纪》，载汪向荣、夏应元编《中日关系史资料汇编》，中华书局，1984，第 116—117 页。

于八月十一日从筑紫大津浦（博多）出发，九月十三日到达百济南畔一岛，次日二舶一起出海，十五日傍晚，第一舶横遭逆风，漂流到尔加委岛（南岛），被岛上人所害，其中五人盗取岛人船只，勉强到达括州（浙江永嘉）。第二舶则漂流到越州，于 661 年返回日本。① 据考证，第二舶抵达的应是鄮县港，其时鄮县隶属于越州。但鄮县只有初步迎接的义务，没有安排外国贡使的权力，他们必须到越州州治办理涉外事务，这就有可能被误解为他们到达的是会稽港。②

值得关注的是，日本承明五年（838，唐开成三年）仁明朝所派的遣唐使船，木宫泰彦在《日中文化交流史》第 86 页表格中称，它"到达唐国地点"是扬州，在第 89 页却说"仁明朝到达明州的第一、四舶"，并注明出自圆仁《入唐求法巡礼行记》承和五年十月四日条。查阅圆仁所著《入唐求法巡行礼记》，该书详细记载了两艘使舶在扬州海陵县白湖镇桑田乡东梁丰村登陆后，由掘港沿运盐河西行入扬州的情况，与明州并无关联。因而《日中文化交流史》第 89 页中的"仁明朝到达明州的第一、四舶"，应是笔误。遗憾的是，该说法被不少学者误引。③ 此外，《日中文化交流史》第 72 页和第 85 页都提到，该使团返回日本时，因嫌日本船舶不够完善，分乘在楚州（江苏淮安府）租来的 9 艘新罗船，沿新罗南部返回日本。租新罗船一事，在《续日本后纪》承和六年八月条亦有记载。④ 一些论著却称，该使团"归国则从明州起航，明州奉观察（使）之命，赐给从明州归国的日本仁明朝遣唐使一行 270 人绢 1350 匹"。⑤

---

①［日］木宫泰彦：《日中文化交流史》，胡锡年译，商务印书馆，1980，第 64、91 页。

② 施存龙：《宁波对外开放于一千三百五十年前——宁波历史上对外开放诸说考辨》，《浙东文化》2001 年第 2 期。

③ 如郑绍昌《宁波港史》，人民交通出版社，1989，第 26 页；《鄞县志》，中华书局，1996；王慕民等《宁波与日本经济文化交流史》，海洋出版社，2005，第 22 页等。

④ 汪向荣、夏应元编《中日关系史资料汇编》，中华书局，1984，第 131 页。

⑤ 如《鄞县志》，中华书局，1996；林士民《日本遣唐使入明州地点考》，载林士民《再现昔日的文明：东方大港宁波考古研究》，上海三联书店，2005，第 421 页；张如安等《宁波通史·史前至唐五代卷》，宁波出版社，2009，第 208 页。

经学者考证，赐给仁明朝遣唐使 270 人绢 1350 匹一事，是在扬州进行的，并非明州。①

唐开成三年之后，日本未再派遣唐使，一度掌控东北亚贸易圈的新罗豪商张保皋于 841 年被害，中、日间交通贸易由中国商人李邻德、张支信、李延孝等取代。木宫泰彦统计了自日本承和六年（839，唐开成四年）到延喜七年（907，唐天祐四年）中日间往来船舶的数量，其中自唐赴日的船舶 24 艘，标明出发港的有 10 艘：明州 6 艘，楚州、苏州、台州和广州各 1 艘；自日赴唐的船舶 13 艘，标明到达港的有 6 艘：楚州 2 艘，常州、明州、温州和福州各 1 艘。② 由此可见，唐后期往来中日间的商船，虽然仍有一部分在楚州取道北路沿新罗到日本，但南路更占上风。在南路各港口中，以明州为主要出发港（从福州或台州开出的船，一般也先到明州停泊），商船横渡东海，直抵日本肥前松浦郡的值嘉岛，再进入博多津、难波，即前述“南路北线”。这些商船比日本遣唐使舶小，只能搭乘四十至六十人，船身小而轻快，而且中国海商们已经掌握了东海的气象规律，因此能平安到达，极少漂流遇难。据《安福寺惠运传》记载，张支信的船于日本承和十四年（847）六月二十二日从明州望海镇出发，“得西南风三个日夜，才归著远值嘉岛那留浦，才入浦口，风即止”。③ 可见张支信能熟练地利用季风。日本贞观四年（862，唐咸通三年），张支信的船从日本值嘉岛开出，“九月三日从东北风飞帆，其疾如矢……六日未时，顺风忽止，逆浪打舻，即收帆投沉石”。次日晨转为顺风，再度扬帆启航，七日下午靠泊明州杨扇山石丹奥④，前后仅用五日四夜时间。

唐代明州港除了与新罗、日本通商贸易之外，与波斯等西亚地区亦有一定的交往。1997 年初，在宁波公园路唐宋子城遗址的考古发掘中，

---

① 李广志：《明州与日本遣唐使关系辨误》，《齐齐哈尔大学学报（哲学社会科学版）》2014 年第 4 期。

② 根据［日］木宫泰彦《日中文化交流史》第 109—116 页的《日唐间往来船舶一览表》进行统计。

③［日］木宫泰彦：《日中文化交流史》，胡锡年译，第 121 页。

④ 同上书，第 121—122 页。

出土了9块波斯釉陶残片，所处时代为9世纪左右。波斯陶质地明显劣于越窑青瓷，仅仅是波斯商人的日常生活用器。[①] 它是古代明州港与西亚波斯地区交往的实物证据。学者指出："波斯商人在明州汇集大量越窑及其他窑系瓷器、丝织品等商品从明州港出口，经广州绕马来半岛，过印度洋运抵波斯湾沿岸的希拉夫港、霍尔木兹岛、巴士拉港等，再由这些港口转运西亚各地。从国外考古资料看，越窑青瓷器遗迹几乎遍及西亚各地……这些青瓷器，不论造型、釉色，很大一部分与宁波海运码头遗址附近准备外运的出土瓷器相一致。"[②]

五代时期，明州是吴越国辖区。吴越国重视发展海上交通贸易，尤其是与中原的通海贸易。为了对抗强邻吴国（南唐），吴越统治者采取"尊奉中原"的政策，不断遣使向中原朝廷进贡。后梁贞明四年（918），杨行密占据虔州，吴越的陆上贡道受阻。《资治通鉴》记载："先是，吴越王镠常自虔州入贡，至是道绝，始自海道出登、莱，抵大梁。"[③] 对此，胡三省注曰："此即闽越入贡大梁水程也。但吴越必就许浦或定海就舟，水程比闽为近耳。"许浦在今浙江海宁许村镇一带，其时已沙积水浅，故入贡当以定海（今宁波镇海）为便。为了与吴越国进行贸易，中原王朝还在沿海的郡县设立了博易务（亦称回易务），明州海商应是到中原贸易的主要力量。《十国春秋·拾遗》载："梁时，江淮道梗，吴越泛海通中国，于是沿海置博易务，听南北贸易。"

吴越还与契丹、朝鲜半岛和日本等东北亚地区建立海上交通贸易关系，明州是其与东北亚交往的重要港口。据学者统计，自915年至943年间，吴越向契丹遣使9次，契丹向吴越遣使2次[④]，吴越与契丹的交往，据《辽史》卷三七《地理志》记载，是"航海输贡"。五代时，朝鲜半岛也进入战乱不息的后三国时代。三国之中，后百济与吴越国的关

① 一说是运输舶来品时的储存器，参见汪震《从刘华墓出土蓝釉波斯陶瓶看海上丝绸之路的中外交流》，《福建文博》2013年第1期。

② 傅亦民：《唐代明州与西亚波斯地区的交往——从出土波斯陶谈起》，《海交史研究》2000年第2期。

③《资治通鉴》卷270，贞明四年（918）条。

④ 何勇强：《钱氏吴越国史论稿》，浙江大学出版社，2002，第258—259页。

系最为密切，多次“遣使朝吴越”“遣使入吴越进马”。[①]《旧五代史》说吴越国王钱镠“伪行制册，加封爵于新罗、渤海，海中夷落亦皆遣使行封册焉”。[②] 关于吴越与日本的商贸往来，木宫泰彦指出：五代时，往来中日间的船舶都是中国的商船，没有一艘日本船，“因为当时的日本政府对外采取极消极的态度，几乎处于锁国状态”；而“开到日本的中国商船，似乎大都从吴越出发，横渡东中国海，经过肥前松浦郡的值嘉岛，进入博多津港”。[③] 木宫泰彦在《五代时期中日间船舶往来一览表》中，统计了自 909 年至 959 年中日间往来的 15 艘船舶，其中 11 艘注明船主为吴越人，可见吴越和日本之间的交往相当频繁。这些往来于吴越和日本值嘉岛之间的商船，从唐代后期的情况来看，应多数是以明州港为启航和靠岸的港口。这些商船都是为了贸易而往，不过，吴越商人蒋承勋、蒋衮等多次为两国官方传递信息。[④]

除了中原地区与东北亚之外，明州港与南部沿海及南海诸国亦有一定的商贸往来，史载：“南琛交贸，有蛮舶以时来。东道送迎，有皇华而岁至。”[⑤] 据《十国春秋》记载，吴越国曾向后唐进贡“佛头螺了青一，山螺子青十，婆萨石蟹子四，空青四”，[⑥] 这些供画眉之用的奢侈品，据说大多来自波斯湾一带。天福三年（938）、七年和开运三年（946），吴越相继向后晋进贡大排方通犀瑞象腰带、2 万斤苏木和乳香。[⑦] 乾祐二年（949），向后汉进贡犀带。[⑧] 这些苏木、乳香和犀带等，应是

---

① 何勇强：《钱氏吴越国史论稿》，浙江大学出版社，2002，第 263 页。

②《旧五代史》卷 133《世袭列传二·钱镠》，第 1768 页。

③［日］木宫泰彦：《日中文化交流史》，胡锡年译，商务印书馆，1980，第 224—225 页。

④ 同上书，第 227—230 页。

⑤ 崔仁冀：《奉国军节度使彭城钱（弘亿）公碑铭》，《延祐四明志》卷 19《集古考》，收入《中国方志丛书·华中地方》第 577 号，台湾成文出版社，1983，第 1318 页。

⑥《十国春秋》卷 78《吴越世家二》，第 1099 页。

⑦《十国春秋》卷 80《吴越世家四》，第 1124、1135、1139 页。

⑧《十国春秋》卷 80《吴越世家五》，第 1151 页。

直接或间接来自南海诸国的舶来品。

《旧五代史》称，吴越国在钱弘佐当政时（941—947），“航海所入，岁贡百万，王人一至，所遗至广，故朝廷宠之，为群藩之冠”。[①] 北宋神宗也认识到：“东南利国之大，舶商亦居其一焉。昔钱、刘窃据浙、广，内足自富，外足抗中国者，亦有笼海商得术也。”[②] 由此可见以明州港为主的海上贸易对吴越国的重要性。

三、宋代明州港的繁荣

（一）宋代两浙路市舶机构的变迁

宋代，两浙路市舶机构变动频繁。两浙市舶司始设于端拱二年（989）[③]，治所在杭州。《宋会要辑稿》记载：“端拱二年五月，诏：‘自今商旅出海外番国贩易者，须于两浙市舶司陈牒，请官给券以行，违者没入其宝货。’”[④] 从此以后，朝廷开始限制发舶港口。但是，只有两浙路一处市舶司可以签发海船赴海外番国贸易的凭证，势必影响其他诸处港口的贸易，尤其是最早设置市舶司的广州港。曹家齐考证认为，该规定在咸平二年（999）九月即被废止。[⑤] 淳化三年（992）两浙市舶司移至明州定海县（今宁波镇海），但第二年又迁回杭州。至咸平年间（998—1003），“诏杭州、明州各置市舶司，仍取番官稳便”。[⑥] 这样，在

①《旧五代史》卷133《世袭列传二》，第2064页。

② 黄以周：《续资治通鉴长编拾补》卷5。

③［日］藤田丰八：《宋代之市舶司与市舶条例》，魏重庆译，商务印书馆，1936，第37页。有学者认为，两浙路市舶司设立的时间应当在宋朝接管吴越国的太平兴国三年（978年），参见施存龙《唐五代两宋两浙和明州市舶机构建地建时问题探讨》（下），《海交史研究》1992年第2期。

④《宋会要辑稿·职官》，刘琳等校点，上海古籍出版社，2014，第4204页。

⑤ 曹家齐：《宋朝限定沿海发舶港口问题新探》，《上海交通大学学报（哲学社会科学版）》2013年第3期。

⑥《宋会要辑稿·职官》，刘琳等校点，第4204页。

两浙路市舶司下，杭州、明州各置司。此后杭州、明州市舶机构经历多次裁撤、复置。[①] 徽宗大观三年（1109）七月一度“诏罢两浙路提举市舶官”，不过政和二年（1112）五月又下诏复置。[②] 政和三年，设立秀州市舶务，驻华亭县。[③]

宋室南渡后，于建炎元年（1127）下令把两浙、福建路提举市舶司并入转运司，次年又复置“两浙、福建路提举市舶司”。绍兴二年（1132），宋廷下令把两浙路市舶司治所从杭州移到秀州华亭县（县治在今上海松江）。[④] 绍兴十五年，“诏江阴军依温州例置市舶务，以见任官一员兼管”。[⑤] 至此，两浙路市舶司下设有临安（杭州）、明州、秀州、温州、江阴五处市舶务。

乾道二年（1166），有大臣上奏：“（两浙路）市舶置司乃在华亭，近年遇明州舶船到，提举官者带一司公吏留明州数月，名为抽解，其实骚扰。余州瘠薄处，终任不到，可谓素餐。今福建、广南路皆有市舶司，物货浩瀚，置官提举，诚所当宜。惟是两浙路置官，委是冗蠹，乞赐废罢。”朝廷因此下诏废除两浙路提举市舶司，“所有逐处抽解职事，委知（州）、通（判）、知县、监官同行检视而总其数，令转运司提督”。[⑥] 此后，一直到宋元鼎革，两浙路市舶司未再恢复，市舶业务改由转运司署理，地方官府兼管。

明州自北宋设立市舶司后发展很快，贸易地位迅速上升。元丰三年（1080），朝廷下令：“诸非广州市舶司，辄发过南番纲舶船，非明州市舶

---

① 陈少丰：《宋代两浙路市舶司补探》，《国家航海》第 20 辑，上海古籍出版社，2018，第 13 页。

②《宋会要辑稿·职官》，刘琳等校点，第 4207 页。

③ 同上书，第 4208 页。

④ 同上书，第 4210 页。

⑤ 同上书，第 4216 页。关于温州市舶务设立的时间，据学者考证，应在建炎二年至建炎四年之间，参见邱志诚：《宋代温州市舶务设置时间考辨》，《浙江海洋学院学报（人文科学版）》2013 年第 6 期。

⑥ 同上书，第 4218 页。

司，而发过日本、高丽者，以违制论。”[①] 依此规定，明州是前往日本、高丽贸易的唯一合法港口。对于明州海外贸易的情形，北宋诗人梅尧臣的诗句称：“悠悠信风帆，杳杳向沧岛。商通远国多，酿过东夷少。”[②]

南宋定都杭州，称为临安。杭州濒临钱塘江北岸，尽管是都城所在地，但由于钱塘江潮猛流急，江口泥沙淤塞，港口地位不如明州。当时“海商舶船畏避沙潬，惟泛余姚小江，易舟而浮运河，达于杭、越矣”。[③] 也就是说，船舶一般先抵达明州港，然后沿余姚江和浙东运河到达杭州，因而明州实际上担任了杭州外港的角色，成为拱卫京师的海防要塞。《开庆四明续志》载：“州濒于海，鳣波吐吞，渺无津涯。商舶之往来于日本、高丽，虏舟之出没于山东、淮北，撑表拓里，此为重镇。”[④]

乾道二年（1166）两浙路市舶司被革除后，原下辖的各处市舶务中，温州、秀州市舶务废于嘉定元年（1208）。江阴市舶务在嘉定元年裁撤后又重建，最终于宝祐三年（1255）废除。杭州市舶务在光宗登基（淳熙十六年，1189）后撤销，嘉定六年（1213）规定，临安府海商“欲陈乞往海南州军兴贩，止许经庆元府给公凭”；[⑤] 后又重建，淳祐八年（1248）“拨归户部，于浙江清水闸河岸新建，牌曰行在市舶务”。杭州附属外港澉浦，“淳祐六年创市舶官，十年置（市舶）场”。只有明州（庆元）市舶务最稳定，一直到德祐元年（1275），朝廷“罢市舶分司，令通判任舶事”。[⑥] 据《宝庆四明志》记载，在宁宗、光宗时期，两浙路其他四个市舶务被废止或暂时中断后，“凡中国之贾高丽与日本，诸番之至

① 苏轼：《苏轼文集编年笺注》第 4 册卷 31《乞禁商旅过外国状》，李之亮笺注，巴蜀书社，2011，第 206 页。

② 梅尧臣：《宛陵集》卷 21《王司徒定海监酒税》。

③ 姚宽：《西溪丛语》卷上，中华书局，1985，第 2 页。

④《开庆四明续志》卷 6《三郡隘船》，收入《中国方志丛书·华中地方》第 576 号，台湾成文出版社，1983，第 5423 页。

⑤《宋会要辑稿·职官》，刘琳等校点，第 4221 页。

⑥ 参见陈少丰《宋代两浙路市舶司补探》，载《国家航海》第 20 辑，上海古籍出版社，2018，第 15—16 页。

中国者，惟庆元得受而遣焉。”① 也就是说，明州（庆元府）成为两浙路唯一的对外贸易港口。

明州市舶司（务）的方位，据《宝庆四明志》卷三《制府两司仓场库务并局院坊园等》记载，市舶司（务）在子城东南，嘉定十三年（1220）被烧毁，通判王梃重建，宝庆三年（1227），郡守胡矩（旧作“榘”）捐楮券13288缗，委托通判蔡范主持翻新。有东、西、前、后四个市舶库，分为二十八间，以“寸地尺天皆入贡，奇祥异瑞争来送。不知何国致白环，复道诸山得银瓮”为名号。还专门为市舶司设置一个城门，即来安门，出来安门即为城外通衢，濒江的来远亭（宝庆二年更名来安亭）为检核贾舶货物之所。市舶务的前门靠近灵桥门。根据1995年考古发掘，市舶务大致范围：东至东渡路，西至车桥街，北至咸通街，南近现工人俱乐部，占地面积约1.2万平方米。②

（二）明州港与高丽的贸易

对于明州的对外贸易情况，《乾道四明图经》云：明州“虽非都会，乃海道辐凑之地，故南则闽广，东则倭人，北则高句丽，商舶往来，物货丰衍……亦东南之要会也”。③ 宋代明州的对外贸易以与高丽、日本的贸易为主。

明州与高丽的贸易有两种形式：一种是宋、丽官方的朝贡贸易，另一种是两国商人之间的民间贸易。北宋建立后，东北有契丹建立的辽，宋与高丽之间的陆路交通被切断，两国往来只能走海路。《宣和奉使高

①《宝庆四明志》卷6《叙赋下·市舶》，收入《中国方志丛书·华中地方》第574号，台湾成文出版社，1983，第5136页。宋绍熙五年（1194），宁宗继位，诏改次年为庆元元年。因其在藩邸时曾遥领明州观察使，故于十一月二十四日降旨，升明州为府，以改元之名命为庆元。

② 宁波市文物考古研究所编《浙江宁波市舶司遗址发掘简报》，《浙东文化》2000年第1期。

③《乾道四明图经》卷1《总叙·分野》，收入《宋元方志丛刊》，中华书局，1990，第4877页。

丽图经》载："若海道，则河北、京东、淮南、两浙、广南、福建皆可往。"① 宋初，官方往来仍是走北路航线，高丽使者来宋，多在登州或莱州登岸，再从陆路前往开封。到神宗熙宁七年（1074），情况发生变化。《宋史·高丽传》记载："往时高丽人往返皆自登州，七年，遣其臣金良鉴来言，欲远契丹，乞改途由明州诣阙，从之。"高丽使节到明州后，换舟溯余姚江沿杭甬运河到杭州，然后进入大运河到汴京。自元丰（1078—1085）以后，宋使出访高丽，"皆由明州定海放洋，绝海而北"。②从明州到高丽的航程，《宋史》记载："自明州定海，遇便风三日入洋，又五日抵墨（或作黑）山，入其境。自墨山过岛屿，诘曲礁石间，舟行甚驶，七日至礼成江……又三日抵岸，有馆曰碧澜亭，使人由此登陆，崎岖山谷四十余里，乃其国都云。"③ 可见，明州已成为宋、丽官方往来的主要进出港。

明州是全国造船业的重要基地之一，宋使所乘船只，或由明州负责打造，或在明州装饰。元丰元年（1078），宋廷派安焘、陈睦出使高丽，所乘"凌虚致远安济神舟"和"灵飞顺济神舟"，即在明州定海（今宁波镇海）制造。宣和五年（1123），路允迪、傅墨卿等奉使高丽，又在明州造两艘大海船，名曰"鼎新利涉怀远康济神舟"和"循流安逸通济神舟"。两艘神舟"巍如山岳，浮动波上，锦帆鹢首，屈服蛟螭"。随往客舟虽从福建、两浙征募，但"复令明州装饰"，即经明州整修后出海。④当时船上已经使用指南针，《宣和奉使高丽图经》卷三四《半洋焦》记载："是夜洋中不可住，维视星斗前迈，若晦冥，则用指南浮针，以揆南北。"

为接待高丽贡使，宋廷在明州建了高丽使馆。据载，熙宁年间，曾在延秋坊设置同文馆，"以待高丽使者"。⑤ 元丰元年（1078），在明州定海东南四十步建航济亭，"为丽使往还赐燕之地"。⑥ 元丰二年六月，神

---

①② 徐兢：《宣和奉使高丽图经》卷3《封境》，中华书局，1985，第7页。

③《宋史》卷487《高丽传》。

④ 徐兢：《宣和奉使高丽图经》卷34《神舟》《客舟》，第116—117页。

⑤ 许孟光：《明州与高丽的交往以及高丽使馆》，《海交史研究》1995年第2期。

⑥《宝庆四明志》卷18《定海县志一·公宇》，收入《中国方志丛书·华中地方》第574号，第5313页。

宗下诏，“赐两浙路度僧牒百五十，修高丽使亭、馆”。① 后又“增明州公使钱为二千六百缗”。② 元丰二年下旨修建的高丽使馆，遗址已无考。徽宗政和七年（1117），明州奉化籍进士楼异建议在明州“置高丽司，曰来远局，创二巨航、百画舫，以应办三韩岁使。且请垦州之广德湖为田，收岁租以足用。既对，改知明州，复请移温之船场于明，以便工役。创高丽使行馆”。③ 徽宗采纳楼异的建议，“出内帑缗钱六万为造舟费，治湖田七百二十顷，岁得谷三万六千”。④ 楼异奉请建造的高丽使馆，根据 1999 年考古发掘，遗址位于今宁波月湖历史文化景区宝奎巷尽头。⑤

南宋因担心金人利用高丽由海道入侵，加强了对高丽的防范，双方关系处于若即若离的状态。《宋史·高丽传》记载：“隆兴二年（1164）四月，明州言高丽入贡……其后使命遂绝。”此后，明州港与高丽的交往转而以民间贸易为主。

自明州设立市舶司后，经营宋、丽贸易的海商，不少经明州领取出海公凭后放洋。如：宝元元年（1038），明州商人陈亮、台州商人陈维绩等 147 人，渡海至高丽经商。⑥ 崇宁二年（1103）二月，明州教练使张宗闵、许从等与纲首杨炤等 38 人一起到高丽。⑦ 在高丽的国都开城，设有清州、忠州、四店、利宾四馆，“皆所以待中国之商旅”。⑧ 元丰二年（1079），宋廷又明确规定：“贾人入高丽，资及五千缗者，明州籍其名，

① 李焘：《续资治通鉴长编》卷 298，元丰二年六月庚子条。

② 李焘：《续资治通鉴长编》卷 301，元丰二年十二月癸丑条。

③《宝庆四明志》卷 6《叙赋下·市舶·高句丽国》，收入《中国方志丛书·华中地方》第 574 号，第 5138 页。

④《宋史》卷 354《楼异传》。

⑤ 林士民：《宋丽江南交往的历史遗迹——明州（宁波）高丽使馆遗址发掘剖析》，载林士民《再现昔日的文明：东方大港宁波考古研究》，上海三联书店，2005，第 498—505 页。

⑥《高丽史》卷 6《靖宗世家》，第 85 页。

⑦《高丽史》卷 12《肃宗世家二》，第 171 页。

⑧ 徐兢：《宣和奉使高丽图经》卷 27《客馆》，第 98 页。

岁责保给引发船，无引者如盗贩法。”① 也就是说，赴高丽贸易的商人，资本在5000缗以上者，需在明州市舶司登记姓名、籍贯，并有当地保人担保，市舶司方可颁发出海凭证。元丰三年八月，朝廷再次规定，所有到高丽的舶船，必须由明州市舶司发放出海凭证，否则“以违制论”。②这样，明州港不仅是宋、丽官方往来的唯一通道，而且也成为民间交通贸易的主要港口。元祐二年（1087）泉州设立市舶司后，因从泉州前往高丽要途经明州海域，而从明州到高丽，航程便捷，“舟行皆乘夏至后南风，风便不过五日即抵岸焉”③，前往高丽贸易的福建商人有相当部分取道明州。《诸番志》称：“其国（高丽）与泉之海门对峙。俗忌阴阳家子午之说，故兴贩必先至四明，而后再发；或曰泉之水势渐低，故必经由四明。”④ 所谓“泉之水势低”，指的是泉州位于高丽的较南端，纬度相差较大，距离较远，航程不如明州到高丽短。如南宋泉州商人柳悦、黄师舜“世从本州（明州）给凭，贾贩高丽，岁一再至，留高丽者率尝经岁”。⑤

明州地方政府还通过商舶传递信息，史载：“本府与其礼宾省以文牒相酬酢，皆贾舶通之。”⑥ 仅据《高丽史》记载，略举数例：宣和六年（1124），“宋商柳诚等四十九人来。初，明州杜道济、祝延祚随商船到本国，不还。明州再移文取索。国家上表请留。至是诚等来传明州奉圣旨牒云，杜道济等许令任便居住”。⑦ 建炎二年（1128）三月，纲首蔡世章赍宋高宗即位诏到高丽。⑧ 绍兴元年（1131）四月，都纲卓荣向高丽报

---

①《宋史》卷186《食货下八·互市舶法》。

② 苏轼：《苏轼文集编年笺注》第4册卷31《乞禁商旅过外国状》，李之亮笺注，巴蜀书社，2011，第206页。

③《宣和奉使高丽图经》卷3《封境》，第7页。

④ 赵汝适：《诸番志校释》，杨博文校释，中华书局，1996，第151—152页。

⑤ 叶梦得：《石林奏议》卷3《奏乞差人至高丽探报金贼事宜状》。

⑥《宝庆四明志》卷6《叙赋下·市舶·高句丽国》，收入《中国方志丛书·华中地方》第574号，第5138页。

⑦《高丽史》卷15《仁宗世家一》，第221页。

⑧ 同上书，卷15，第229页。

告宋金战况。绍兴六年，商客陈舒奉政府之命，为西夏使节前往高丽议事而奔忙："遣金稚规、刘待举如宋。明州牒云，伏审近商客陈舒赍到公凭。今来夏国差别使人，欲同使臣前去高丽议事，差遣陈舒往高丽于本国掌管事务官处，密谕此意，仍取回报前来。"绍兴八年三月，商人吴迪等63人持明州牒到高丽，通报宋徽宗及宁德皇后郑氏在金驾崩的消息。[①] 绍兴三十二年三月，都纲侯林等43人到高丽，赍明州牒报云："宋朝与金举兵相战，至今年春大捷，获金帝完颜亮，图形叙罪，布告中外，御制书图。"[②] 绍兴三十三年七月，"宋都纲徐德荣等来献孔雀及珍玩之物，德荣又以宋帝密旨，献金银合二副，盛以沈香"。[③] 据《开庆四明续志》记载，开庆元年（1259）四月，纲首范彦华自高丽返回明州，"赍其国礼宾省牒，遣被虏人升甫、马儿、智就三名回国"。升甫等三人曾被蒙古军掳去，后逃到高丽，高丽国王给以食宿，交纲首范彦华带回明州。[④] 所谓"纲首"或"都纲"，是宋商的领袖人物。

宋、丽之间的政治外交关系对两国的民间贸易往来有显著影响。根据郑麟趾《高丽史》卷四至卷二八《世家》的记载，自宋真宗大中祥符五年（1012）到南宋帝昺祥兴元年（1278）的266年间，宋商到高丽达129次，人数达5000余人。其中北宋真宗大中祥符五年到徽宗宣和六年（1124）的112年间，共97次；南宋高宗建炎二年（1128）到帝昺祥兴元年的150年间，共32次。南宋的32次中，有24次是在孝宗隆兴二年（1164）之前，从隆兴二年"使命遂绝"到南宋灭亡的110多年间，仅有8次。[⑤] 有学者指出，《高丽史》记载的通常是国王接见海商的活动，如果与国王没有关系，宋商的到来就不会引起注意而列入记载。因此，《高丽史》的相关记载，只是从一个方面反映了宋商的活动，远不是全

①《高丽史》卷16《仁宗世家二》，第241、250、252页。

②《高丽史》卷18《毅宗世家二》，第275页。

③ 同上书，卷18，第277页。

④《开庆四明续志》卷8《收刺丽国送还人》，收入《中国方志丛书·华中地方》第576号，第5445页。

⑤ 参见宋晞《宋商在宋丽贸易中的贡献》，载宋晞《宋史研究论丛》第二辑，台湾中国文化学院出版部，1980，第146—159页《宋商赴丽一览表》。

部，肯定还有不少到高丽贸易的宋商被《高丽史》遗漏了。① 尽管如此，《高丽史》的记载还是在一定程度上反映了宋商前往高丽贸易的大体趋势。由上述统计可见，宋与高丽的外交关系断绝后，双方的经济交流受到影响，宋商前往高丽的次数大为减少。

另一方面，与前述广州港、泉州港一样，苛征与贪渎等弊政亦对明州港市舶贸易造成严重影响。乾道三年（1167）四月明州知州姜诜上奏说："明州市舶务每岁夏汛，高丽、日本、外国舶船到来，依例提举市舶官于四月初亲去检察，抽解金、珠等起发。"② 后因抽解过重，致使"舶商不来"。当时的抽解法则是：商舶细色货物五分抽一分，粗色物货七分半抽一分。但实际抽解时，"各人物货分作一十五分，舶务抽一分起发上供，纲首抽一分为船脚糜费，本府（指庆元府——引者注）又抽三分低价和买，两倅厅各抽一分低价和买，共已取其七分。至给还客旅之时，止有其八，则几于五分取其二分"。③ 由此可见，除市舶务对货物进行抽解外，地方官府也要进行抽买，而且往往低价收买。抽解过重和抽买过多，无疑损害了商人的利益，"故客旅宁冒犯法禁透漏，不肯将出抽解"，影响了市舶务的收入。宝庆二年（1226），庆元知府胡矩进行改革，经户部批准："不分粗细，优润抽解。高丽、日本船纲首、杂事，十九分抽一分，余船客十五分抽一分，起发上供。"胡矩还揭榜告示海商："本府断不和买分文，抽解上供之外，即行给还客旅。"因而商船又纷纷驶入明州港，"舶货之价顿减，而商舶往来流通"。④ 宝祐年间（1253—1258），鉴于高丽商船"时亦飘至台、温、福建、庆元界分"，庆元知府吴潜向朝廷建议，"仍行下浙东西、福建诸州，遇有丽人飘流至各州界内，即仰各州支给钱米"。⑤

---

① 陈高华：《宋朝与高丽的海上交通》，载《陈高华文集》，上海辞书出版社，2005。

②《宋会要辑稿·职官》，刘琳等校点，上海古籍出版社，2014，第 4218 页。

③《宝庆四明志》卷 6《叙赋下·市舶》，《中国方志丛书·华中地方》第 574 号，第 5137 页。

④《宝庆四明志》卷 6《叙赋下·市舶》，第 5137 页。

⑤ 吴潜：《许国公奏议》卷 4《奏给遭风倭商钱米以广朝廷柔远之恩亦于海防密有关系》，中华书局，1985，第 92—93 页。

明州与高丽贸易的货物，输入品有细、粗两类，细色货物有：银子、人参、麝香、红花、茯苓、蜡等；粗色货物有：大布、小布、毛丝布、䌷等纺织品，栗、枣肉、榛子、椎子、香油、紫菜、螺头、合蕈等食品，甘草、防风、牛膝、白术等药材，翎毛、虎皮、漆、青器、铜器、双瞰刀、席等原料和日用品。[①] 由明州输往高丽的货物，主要有瓷器、腊茶、丝织品、书籍、文具等，此外还有南海诸国的香药、沉香、犀角、象牙等。

（三）明州港与日本的贸易

北宋时期，执掌日本国家大权的藤原氏[②]对外采取锁国主义，禁止本国人私自到海外贸易，但宋朝商船前往日本却很频繁。根据木宫泰彦统计，在北宋 160 多年间，往来北宋和日本之间的中国商船，仅确知年代或能推测年代的，就有 70 次。[③] 这些商船一般是搭乘六七十人的小型帆船，大都走唐末五代以来开辟的南路北线，从两浙诸港口出发，横渡东海，到达日本肥前的值嘉岛，然后转往筑前的博多。北宋末期不少船只深入日本海，抵达接近都城的越前的敦贺。元丰三年（1080），朝廷指定明州为前往高丽、日本的发舶港，浙江台州、温州和福建一带的商人到日本贸易，须到明州市舶司登记，领取出海“公凭”。泉州在元祐二年（1087）设立市舶司后，仍有部分福建船只前往明州领取公凭后出海。如泉州商人李充于崇宁四年（1105）前往日本贸易，就是“经赴明州市舶务抽解”。[④]

---

①《宝庆四明志》卷 6《叙赋下・市舶》，收入《中国方志丛书・华中地方》第 574 号，第 5138—5139 页。

② 日本在第十、十一世纪时，藤原氏一族相继担任摄政、关白等职，包揽国家大权，天皇徒拥虚位，历史上称为藤原时期。具体年代说法不一，一般指 969—1068 年。参见［日］木宫泰彦《日中文化交流史》，胡锡年译，商务印书馆，1980，第 237 页注①。

③［日］木宫泰彦：《日中文化交流史》，胡锡年译，第 238—243 页。

④ 陈少丰：《宋代两浙路市舶司补探》，载《国家航海》第 20 辑，上海古籍出版社，2018，第 20 页。

前述明州地方政府通过商舶与高丽礼宾省传递信息，类似的情形也出现在与日本的交往中。《宋史·日本国传》记载："天圣四年（1026）十二月，明州言日本国大宰府遣人贡方物，而不持本国表，诏却之。"熙宁五年（1072），日僧成寻带领弟子赖缘等 7 人到天台山、五台山等地朝拜，神宗在延和殿召见，赐给紫方袍、绢帛等物。第二年六月，赖缘等 5 人搭乘宋商孙忠的船从明州返回日本，神宗托他们带去送给日本朝廷的御笔文书和金泥《法华经》、锦二十匹。① 元丰元年（1078）正月，日本派通事僧仲回携带答赠礼物，搭乘孙忠的船到明州。《宋史》记载："明州又言得其国太宰府牒，因使人孙忠还，遣仲回等贡纯二百匹、水银五千两，以孙忠乃海商，而贡礼与诸国异，请自移牒报，而答其物直，付仲回东归。从之。"② 据日籍《善邻国宝记》载，这年孙忠再到日本时，还带去宋朝"赐日本国大宰府藤原经平"的牒文和礼物。③ 根据前述《宋史》记载，该牒文和礼物应出自明州地方政府。元丰三年和四年，又先后由宋商黄逢、黄政（王瑞垂）带去"明州牒"，询问孙忠的下落。④ 元丰五年十月，日本方面起草复牒，交孙忠回国时带回。绍圣四年（1097）九月，日本又收到宋朝牒文，当年十二月指令大宰府作复牒送给明州。政和六年（1116），商人孙俊明、郑清等又把宋朝的牒文带到日本。⑤

上述宋朝给日本的牒文，除了熙宁六年为神宗御笔外，其他大多是由明州地方政府发出并委托宋商传递。明州地方政府之所以不断通过海商携带牒文给日本政府，是出于推动双方的贸易需要。《宝庆四明志》称："本府僻处海滨，全靠海舶住泊，有司资回税之利，居民有贸易之饶。"⑥ 其中"回税"，是指商品交易税。海舶抵港后，经过市舶司（务）

---

①［日］木宫泰彦：《日中文化交流史》，胡锡年译，商务印书馆，1980，第 250 页。

②《宋史》卷 491《日本国传》。

③［日］木宫泰彦：《日中文化交流史》，胡锡年译，第 252 页。

④ 赵莹波：《宋朝与日本、高丽之间"准外交关系"初探》，《史林》2014 年第 5 期。

⑤［日］木宫泰彦：《日中文化交流史》，胡锡年译，第 252—253 页。

⑥《宝庆四明志》卷 6《叙赋下·市舶》，收入《中国方志丛书·华中地方》第 574 号，第 5137 页。

官员的抽解、博买，所携货物便可进行交易，但在交易过程中，商人须向当地有关部门缴纳交易税。在宋代，市舶司（务）抽解的收入须上缴朝廷，而对“回税”，地方政府则有一定的支配权。《宝庆四明志》卷五《商税》称，庆元府的商税征收，“视海舶之至否，税额不可豫定”。正因为如此，明州地方官府对海外贸易持积极态度，屡次通过海商携带牒文给日本政府，以推动明州与日本的贸易。

南宋初期约30年间，中日之间很少经贸往来。但平清盛上台后，“日宋间的交通便频繁起来了”，因为平清盛“看到日宋贸易的利益，就大加奖励”。[①] 乾道八年（1172），赴日本贸易的明州商船，带去有“赐日本国王物色”字样的牒文和方物。次年三月，日本大宰府发送复牒，并赠送描金橱、描金提箱、砂金、剑作为答礼。[②]《宋史·日本国传》对此记载：“乾道九年（1173），始附明州纲首以方物入贡。”

南宋中叶以后，日本商船前来南宋贸易的逐渐增多。据《宋史·日本国传》记载，淳熙三年（1176）和十年、绍熙四年（1193）、庆元六年（1200）、嘉泰二年（1202）等，都有日本商船漂流到明州及定海、秀州华亭、泰州等地，朝廷下诏赐给常平仓钱米，使他们得以返回日本。自宝祐六年（1258）起，“念倭人之流离于海上者多阻饥”，明州市舶务又每天提供给日商一贯五百文钱、每人二升米，直到第二年回国之日才停止。[③] 宋朝政府的友好态度无疑会激发日商的来华热情。《开庆四明续志》称：“倭人冒鲸波之险，舳舻相衔，以其物来售。”[④]可见日本商船往来明州的盛况，以致镰仓幕府在日本建长六年（1254）四月规定，凡驶往宋朝的船以五艘为限，“此外不得建造，应速令毁弃”。[⑤] 搭乘商船往来的赴宋日僧之多，也反映出日宋之间商船往来的频繁。南宋时期的赴

---

①［日］木宫泰彦：《日中文化交流史》，胡锡年译，第293页。关于平清盛任大宰大贰的时间，各书说法不一，根据《公卿补任》，似在保元三年（1158）三月六日原大宰大贰藤原忠能去世后，由平清盛继任。

② 木宫泰彦：《日中文化交流史》，胡锡年译，第293—294页。

③④《开庆四明续志》卷8《蠲免抽博倭金》，收入《中国方志丛书·华中地方》第576号，第5442页。

⑤［日］木宫泰彦：《日中文化交流史》，胡锡年译，第295页。

宋日僧，大都是单身（间或有一两个同行者）搭乘商船往来。据木宫泰彦统计，自日本仁安二年（1168，宋乾道四年）至南宋末年，有100多个日本知名僧人先后来到中国。① 他们多数是搭乘往返明州港的中日商船，有的日僧竟来回两三次。他们还常常委托便船和中国的名僧互通信息。如果没有商船频繁来往，这些都是不可能做到的。

明州与日本贸易的物品，据《宝庆四明志》记载，从日本输入的物品，细色有金子、砂金、珠子、药珠、水银、鹿茸、茯苓，粗色有硫黄、螺头、合蕈、松板、杉板、罗板。② 据日本学者加藤繁考证，宝祐年间（1253—1258）日本每年输入庆元府（明州）的黄金约四五千两，而当时南宋的黄金年产量不过数千两而已。③《开庆四明续志》记载，宝祐年间，庆元市舶务每年抽解博买日本商人黄金获利“多者不过二三万缗旧楮”，其中宝祐四年所收“止八千余缗，五年博买之利所收止一万余缗”。当时日本商船“所贩倭板、硫黄之属，多其国主贵臣之物”，唯独所带黄金为日本商人“自己之物”。日商为了躲避抽解，往往“深藏密匿，求售于人”，宝祐五年，庆元市舶官员检查出漏舶黄金67200余贯。由于人地生疏，日商的私下交易往往为当地的牙侩所操纵，受尽欺诈和盘剥之苦，甚至被奸牙侵吞；而一旦被官府发现，又要罚纳税款，以致日商“常怀憾而去”。因此，知府吴潜在宝祐六年上奏朝廷，请求免去对日本黄金的抽博，改由沿海制置司代为缴纳。④ 日本黄金的输入，有利于南宋金融秩序的稳定。

硫黄既可用于制造火药，又是一种常用药物，因而备受宋廷重视。据《宋史·日本国传》记载，端拱元年（988），日僧奝然遣其弟子向宋太宗赠送礼物，其中有“石流黄（硫黄）七百斤”。元丰七年（1084）二

---

①［日］木宫泰彦：《日中文化交流史》，胡锡年译，第295—296、305—334页。

②《宝庆四明志》卷6《叙赋下·市舶》，收入《中国方志丛书·华中地方》第574号，5139—5140页。

③［日］加藤繁：《中国经济史考证》，吴杰译，中华书局，2012，第687页。

④《开庆四明续志》卷8《蠲免抽博倭金》，收入《中国方志丛书·华中地方》第576号，第5442—5444页。

月，明州地方官奏准朝廷“募商人于日本国市硫黄五十万斤”。① 绍兴十五年（1145）十一月，一艘装载硫黄和布匹的日本商船，因风漂到温州平阳县仙口港。② 直到宝祐年间，硫黄和木材仍是日本输入品的大宗。庆元知府吴潜在奏状中称：“倭商每岁大项博易，惟是倭板、硫黄颇为国计之助。”③《宝庆四明志》载：“日本即倭国，地极东，近日所出，最宜木，率数岁成围。”④ 其中以松板、杉板、罗板最为著名。明州天童山千佛阁和阿育王山舍利殿的楹柱都是用日本的大木材建造的。⑤

从明州输往日本的物品，主要有铜钱、瓷器、香料、药材、书籍及丝织品等。值得关注的是铜钱的输出。包恢《禁铜钱申省状》称，日本商人“所酷好者，铜钱而止”“一船可载数万贯文而去”。日船“每岁往来不下四五十舟，乃无非木板、螺头等物，而坐听其空竭吾国家之重宝”。⑥ 宋廷虽因国内“钱荒”加剧而多次下令禁止中外商人用铜钱交易，但“法禁虽严，奸巧愈密，商人贪利而贸迁，黠吏受赇而纵释，其弊卒不可禁”，以致国内“金银铜铁，海舶飞运，所失良多，而铜钱之泄尤甚”。⑦ 宋钱大量流入日本，在日本民间广泛流通，引起了日本政府的关注。日籍《玉叶》治承三年（1179）七月二十五日条载：“近来输入宋钱，随意卖买。私铸钱者处八虐。此举虽非私铸，但行同私铸，应令停止。”把宋钱买卖视作私铸加以禁止。《法曹至要抄》“出举”条载，建久四年（1193）七月四日的宣旨中说：“今后应永远禁绝宋朝钱货事。右左大臣奉敕宣旨：如不制止钱币买卖，焉能在交易中稳定物价？仍仰检

① 李焘：《续资治通鉴长编》卷343，元丰七年二月丁丑条。

② 李心传：《建炎以来系年要录》卷154，绍兴十五年十一月丁巳条。

③《开庆四明续志》卷8《蠲免抽博倭金》，收入《中国方志丛书·华中地方》第576号，第5442页。

④《宝庆四明志》卷6《叙赋下·市舶》，收入《中国方志丛书·华中地方》第574号，第5139页。

⑤［日］木宫泰彦：《日中文化交流史》，胡锡年译，商务印书馆，1980，第302页。

⑥ 包恢：《敝帚稿略》卷1《禁铜钱申省状》，收入《景印文渊阁四库全书》第1178册。

⑦《宋史》卷186《食货志下八·互市舶法》，第4566页。

非违使及京职自今以后永加禁止。”① 宋钱买卖已影响到日本的物价，可见流入日本的铜钱数量定当不少。据不完全统计，日本全国28处出土的中国钱，自唐至明共为553000余枚，其中北宋钱占82.4%，这些钱绝大部分是在南宋时输往日本的。②

（四）明州港与东南亚及其他地区的贸易

《宋史·食货志》记载，宋真宗咸平年间（998—1003）杭州、明州各置市舶司后，与广州市舶司，“凡大食、古逻、阇婆、占城、勃泥、麻逸、三佛齐诸番并通货易”。③ 元丰八年（1085）九月，朝廷规定：“诸非杭、明、广州而辄发海商舶船者，以违制论，不以去官赦降原减。诸商贾由海道贩诸番，惟不得至大辽国及登、莱州。即诸番愿附船入贡或商贩者听。”④ 说明明州也是中国与南海诸国贸易往来的发舶港和收泊港之一。根据记载，淳化三年（992）十二月，阇婆国王穆罗茶派遣贡使陀湛、副使蒲亚里等，携带象牙、珍珠、檀香、金银装剑等贡品，“泛舶船六十日至明州定海县”。朝廷“令有司优待，久之使还，赐金币甚厚，仍赐良马戎具，以从其请”。⑤ 天禧元年（1017），大食国商人麻思利等，打着“进奉”的名义直接到京城，以规避明州市舶司的抽解，沿途却收购各种物品，并要求免除“缘路商税”。对此，三司官员经查验后，认为不应免税，但朝廷还是下诏“特蠲其半”。⑥

本章第一节引用北宋毕仲衍《中书备对》的记载，熙宁十年（1077），明州市舶司所收乳香4739斤。乳香，据《诸番志》记载：“出大食之麻啰拔、施曷、奴发三国深山穷谷中……以象辇之至于大食，大

---

① 转引自［日］木宫泰彦《日中文化交流史》，胡锡年译，商务印书馆，1980，第300—301页。

② 徐规、周梦江：《宋代两浙的海外贸易》，《杭州大学学报》1979年第1—2期。

③《宋史》卷186《食货志下八·互市舶法》，第4558页。

④ 苏轼：《苏轼文集编年笺注》第4册卷31《乞禁商旅过外国状》，李之亮笺注，巴蜀书社，2011，第206页。

⑤《宋史》卷489《外国传五·阇婆》，第14092页。

⑥《宋会要辑稿·职官》，刘琳等校点，第4204页。

食以舟载易他货于三佛齐，故香常聚于三佛齐。”[①] 乳香或由原产地大食贩卖，或由中转地（如三佛齐）贩卖。这说明东南亚诸国和阿拉伯地区除了经由明州到京城朝贡之外，也有商人直接到明州贸易，只不过比重较小。

根据记载，孝宗乾道元年（1165），有一位真里富大商死于明州城下，“囊资巨万，吏请没入”。知州赵伯圭曰：“远人不幸至此，忍因以为利乎？”令官府备棺收殓，“属其徒护丧以归”，深得真里富人的好感。[②] 明州舶务边狮子桥以北的清真寺，俗称回回堂。据考证，建于北宋咸平年间（998—1003），说明当时在市舶务附近居住着一批波斯、阿拉伯人。[③]《开庆四明续志》记载，明州城内泥桥下有“波斯团”组织[④]，明州东渡门内有波斯巷，说明在明州经商的波斯人有一定的规模。

据《宝庆四明志》记载，明州市舶务对海南、占城、西平[⑤]、泉州、广州船的抽解，“不分纲首、杂事、梢工、贴客、水手，例以一十分抽一分，般［贩］铁船二十五分抽一分”；对“外化番船，遇到申上司，候指挥抽解”。[⑥] 也就是说，对于“外化番船”，要报上级部门确定抽解税率。说明南宋时明州市舶务所管辖的范围不仅仅是海外贸易，还包括海南、泉州、广州等国内沿海贸易在内。明州与泉州、广州及占城、西平等地贸易往来比较频繁，因而有统一的抽解率；而与东南亚及南亚、西亚的其他国家和地区，直接的贸易活动较少，加之一些外国商人打着“进奉”的名义，明州市舶司尚无权决定抽解税率。

---

① 赵汝适：《诸番志校释》，杨博文校释，中华书局，1996，第 163 页。

② 楼钥：《攻媿集》卷 86《皇伯祖太师崇宪靖王（赵伯圭）行状》。

③ 参见林士民、沈建国《万里丝路——宁波与海上丝绸之路》，宁波出版社，2002，第 240 页。

④《开庆四明续志》卷 7《楼店务地》，收入《中国方志丛书·华中地方》第 576 号，第 5435 页。

⑤ 西平，原为唐代羁縻州，置安南都护府，治所在今越南谅山东北。北宋属邕州左江道，元属思明路，明洪武三年（1371）废，永乐二年（1404）复置，属思明府，宣德元年（1426）废。

⑥《宝庆四明志》卷 6《叙赋下·市舶》，收入《中国方志丛书·华中地方》第 574 号，第 5140—5141 页。

第三章 元代国际贸易港的鼎盛

元代，我国的对外贸易进入鼎盛时期。元朝先后在泉州、庆元、上海、澉浦、广州、温州、杭州等地设立市舶司，对外贸易仍以广州、泉州、庆元三处海港最为繁盛。泉州港取代广州港的对外贸易地位，成为中国对外贸易的第一大港和东方第一大港，广州港则屈居第二位。

第一节　广州港对外贸易地位的降格

一、对外贸易地位的下降

元代广州港对外贸易地位的降格，一方面与泉州在元初的特殊地位有关（详见本章第二节），另一方面与宋末元初广州遭受巨大的破坏相关。

宋元交替之际，宋军与元军在广州及附近地区经过七个回合的艰苦拉锯战，元军才夺得对广州的统治权。长达近三年的拉锯战，广州地区居民“或罹锋镝，或被驱掠，或死于盗寇，或转徙于他所，不可胜计”。[①] 许多舶舟被征用于战争，毁于战火，海运力量遭受巨大损失，海

① 广州市地方志编纂委员会办公室编《元大德南海志残本》卷6《户口》，广东人民出版社，1991，第1页。

外贸易受到严重影响。至元十四年（1277），泉州设置市舶司，随后庆元、上海、澉浦三地设置市舶司，而广州在至元十六年（1279）归属元朝之后，仍多年没有设置市舶司。这与宋朝平定南汉仅四个月就设立市舶司形成鲜明对照，意味着广州对外贸易第一大港地位的下降。据《元史》记载，广东招讨使杨庭璧自至元十六年起，先后三次奉旨招谕俱蓝国（即《诸番志》中的“故临”），第一次（至元十六年十二月）、第三次（至元十八年十一月），未载明下海地点，第二次（至元十八年正月），是“自泉州入海”。① 这也反映了广州港地位的下降。

元代海外贸易政策反复无常。《元史》记载：“（至元）二十一年，设市舶都转运司于杭、泉二州，官自具船、给本，选人入番，贸易诸货。其所获之息，以十分为率，官取其七，所易人得其三。凡权势之家，皆不得用己钱入番为贾，犯者罪之，仍籍其家产之半。”② 这些贸易船被称为官本船，私人到海外经商的活动遭到禁止，但不到一年，至元二十二年八月就“罢禁海商”。③ 此后，自至元二十九年（1292）至英宗至治二年（1322），前后四次“禁商下海”，但每次取缔后不久就又被迫重开。据学者统计，从至元十四年（1277）到元末（1368）的 92 年间，海外贸易中断只有 11 年时间，其他 81 年间均有海外贸易。④

元《大德南海志》记载：“市舶亭，在朝宗门外，至元十九年创建。”⑤ 朝宗门在广州西城之南，正对海珠岛。据载，塔喇海哈至元十九年（1282）出任广东宣慰使之后，对广州进行一番整治，“廉洁不犯，番商大悦，其后舟舶至者常倍焉”。⑥ 哈喇布哈（合剌普华）约在至元二十年任“广东转运盐使兼领诸番市舶”，⑦ 说明广州对外贸易逐渐恢复。

①《元史》卷 210《外夷列传三·马八儿等国》，中华书局，1976，第 4669 页。

②《元史》卷 94《食货二·市舶》，第 2402 页。

③《元史》卷 13《世祖本纪十》，第 279。

④ 参见王冠倬《元代市舶制度简述》，载《中国历史博物馆馆刊》1979 年。

⑤《元大德南海志残本》卷 10《局务仓库》，广东人民出版社，1991，第 91 页。

⑥ 嘉靖《广东通志》卷 48《列传五·名宦五》，第 1218—1219 页。

⑦ 许有壬：《至正集》卷 54《哈喇布哈（合剌普华）公墓志铭》。合剌普华卒于至元二十一年二月。

《元史》卷十四《世祖本纪十一》记载，至元二十三年十一月，改广东转运市舶提举司为盐课市舶提举司。学者推测，广东转运市舶提举司之设，可能在当年八月市舶司隶属泉府司前后。[①] 不过，同年十二月，泉州复置市舶提举司，[②] 责任较专，这也反映出元初广东市舶贸易不如泉州受重视。此后，各市舶司置废无常，元英宗至治二年（1322），“复立泉州、庆元、广东三处提举司，申严市舶之禁。三年，听海商贸易，归征其税”。[③] 其后直到元末，未再发生变动。

二、海外贸易的持续发展

元《大德南海志》卷七《舶货》记载：“广（州）为番舶凑集之所，宝货丛聚，实为外府。岛夷诸国，名不可殚，前志所载者四十余。圣朝奄有四海，尽日月出入之地，无不奉珍效贡，稽颡称臣。……而珍货之盛，亦倍于前志之所书者。[④]” 该书记载的进口舶货有八大类七十多种。同卷《诸番国》列举海外地名 140 多个，按现在的国别划分，包括越南、缅甸、泰国、马来西亚、菲律宾、印度尼西亚、孟加拉、印度、斯里兰卡、伊朗、伊拉克、阿曼、沙特阿拉伯、埃及、土耳其、索马里等国[⑤]，说明元代广州对外贸易的国家与地区达到甚至超过宋代。值得一提的是，《大德南海志·诸番国》把单马令、三佛齐等 31 个国家和地区归入“小西洋”范围，把佛坭国等 10 个国家和地区归入“小东洋”范围，把单重布啰国、阇婆国等 44 个国家和地区归入“大东洋”范围。[⑥] 有关东西洋的划分，虽然比较粗略，界限不很清楚，方位也不很准确，但毕竟

---

① 黄启臣主编《广东海上丝绸之路史》，广东经济出版社，2003，第 324 页注②。

②《元史》卷 14《世祖本纪十一》。

③《元史》卷 94《食货二·市舶》。

④ 广州市地方志编纂委员会办公室编《元大德南海志残本》卷 7《舶货》，广东人民出版社，1991，第 44 页。

⑤ 汪廷奎主编《广东通史·古代上册》，广东高等教育出版社，1996，第 983 页。

⑥ 广州市地方志编纂委员会办公室编《元大德南海志残本》卷 7《诸番国》，第 46—47 页。

对中国以南海域及其所属岛屿作了初步的地理区划。西洋和东洋之称为后人所沿用。

对于元代中后期广州对外贸易的情况，元人文集中不乏记载。吴莱《南海山水人物古迹记》云，广州“岁时番舶金珠、犀象、香药、杂产之富，充溢耳目，抽赋帑藏，盖不下巨万计”。① 吴莱生于元成宗大德元年（1297），卒于惠宗至元六年（1340），他所记录的应当是至治二年（1322）复置泉州、庆元、广东三路市舶提举司到至元六年间广州对外贸易的情形。

虞集在元统年间（1333—1335）撰写的《广州路右文成化庙记》称，广州为“服岭以南一大都会，临治海岛。近悦远来，贡赋货殖充斥，瑰异比于中州”。②

刘仁本《送吴明仲赴广东师阃经历序》云：“广海在南服万里，为天子外府。联属岛夷，聚落作大藩镇。贾舶所辏，象犀珍珠，翡翠玳瑁，委积如山。”③ 刘仁本所描述的是元顺帝至正间（1341—1368）广州的情况。

著名游历家意大利鄂多立克和摩洛哥人伊本·白图泰都到访过广州。鄂多立克约于1322年到1328年之间在中国旅行，他在《游记》中写道：“我到此邦的第一个城市叫辛迦兰（CENSCALAN，即广州），它是一个比威尼斯大三倍的城市。……该城有数量极其庞大的船舶，以致有人视为不足信。确实，整个意大利都没有这一个城的船只多。”④

伊本·白图泰于至正七年（1347）抵达泉州，随后到访广州。他后来在《游记》中写道：“论城市，它是中国几大城市之一；论市场，它是中国几大市场之一。市场中尤以陶瓷市场为最。陶瓷由这里贩运到中国各地及印度、也门等国。”⑤ 伊本·白图泰来华途中，曾在印度西南部

---

① 吴莱：《渊颖集》卷9。

② 虞集：《道园类稿》卷23。

③ 刘仁本：《羽庭集》卷5。

④［意］鄂多立克：《鄂多立克东游录》，何高济译，中华书局，2019，第62—63页。

⑤［摩洛哥］伊本·白图泰口述，伊本·朱甾笔录：《伊本·白图泰游记》（精编本下册），李光斌、李世雄翻译，中国旅游出版社、商务印书馆，2016，第298页。

的科泽科德（亦名卡利卡特）等待来华船只，当时“要到中国海旅行只有乘中国船才行”。他在《游记》中，把中国船分为大、中、小三类：“大船上有12面帆，最少的也有3面。……这样的大船一艘上往往有上千人为它服务，仅水手就有600名，再有400名武士。……每一艘大船后面都跟随有3艘小船……这种海船只有中国的刺桐城或克兰穗城即中国的穗城才能制造。”① 其中刺桐城即泉州，克兰穗城即广州。

由上述描述可见，元代广州仍是一个中外商贾云集，海舶汇聚，珠宝珍奇、香料异物堆积如山的国际大商埠。在广州经营的中外海商很多，皇庆（1312—1313）初年“豪民濒海堰，专商舶以射利”。② 王艮（1278—1348）“迁广州市舶提举，辍俸资造库屋，舶商欣然出私钱为助，不愈月而告成”。③

宋元之际的战乱，扶胥港和南海神庙也在劫难逃。史载：“至元二十八年（1291）世祖皇帝加以‘灵孚’之号，天使奉宣命，驰驿万里至广城……将致宠光于正祠。闻祠已废，乃于城西别祠行礼焉。”④ “正祠”即指位于扶胥镇的南海神庙，也称东庙，已被毁坏，以致元朝派出的使者只能在西庙行礼南海神，可见扶胥镇受破坏的程度较广州城西更为严重。不过，广州海外贸易恢复发展后，大德七年（1303），南海东庙重新建成。⑤据元《大德南海志》记载，扶胥镇所收市务税钱年达4467贯，居于新会（4088贯）、清远（3623贯）、东莞（2282贯）、怀集（644贯）诸县之上，仅次于增城县（4661贯）。⑥ 该镇商贸活动的繁荣，于此可见。

元至元二十八年（1291），行枢密院副使、广东道宣慰使阿里对南濠

---

①［摩洛哥］伊本·白图泰口述，伊本·朱甾笔录：《伊本·白图泰游记》（精编本下册），李光斌、李世雄翻译，中国旅游出版社、商务印书馆，2016，第217页。

②《元史》卷191《卜天璋传》，第4362页。

③ 黄溍：《金华黄先生文集》卷34《王公墓志铭》。

④⑤ 陈大震：《重修南海庙记》，收入《岭海名胜记增辑点校》卷5《南海庙记》，王元林点校，三秦出版社，2016，第400页。

⑥ 广州市地方志编纂委员会办公室编《元大德南海志残本》卷6《旧志税赋》，第25页。

进行疏浚[①]，南濠在元代可能仍是广州最大的内港。《羊城古钞》关于濠畔朱楼的记载称，“此濠畔当盛，平时香珠、犀象如山，花鸟如海，番夷辐辏，日费数千万金，饮食之盛，歌舞之多，过于秦淮数倍”，“隔岸有百货之肆，五都之市，天下商贾聚焉”。[②] 西澳码头北面，就是原光塔码头以及番坊所在地，“番汉大贾巨室”聚集，使西澳码头一带成为舶货云集的繁华闹市。南濠附近现今还保留了大市街、麻行街、玛瑙街、象牙巷、米市街等街名，连西城南濠附近的城门，也称为“阜财”门、“善利”门，可见当时西澳码头一带是广州的商贸中心。[③]

第二节　东方第一大港：泉州

泉州港归属元朝后，即受到元世祖忽必烈的特别重视和大力扶持，因而迅速繁荣起来，并走向它的黄金时代，成为东方第一大港。日本学者成田节男指出，“宋末元初，泉州完全取代了广东的位置。尔后进入元代，泉州成了中国最大的门户”，“虽然元仿效宋在诸港设置市舶司，但实际上船舶辐辏不绝，支配了大部分贸易的是泉州”。[④]

一、元初的特殊地位

蒲寿庚向元军投降后，受到元统治者的重用。至元十四年（1277）四月，元大将董文炳向元世祖报告说：“寿庚素主市舶，谓宜重其事权，

① 广州市地方志编纂委员会办公室编《元大德南海志残本》卷6《旧志税赋》，第53页。

② 仇巨川：《羊城古钞》卷7《古迹》，陈宪猷校注，广东人民出版社，1993，第581—582页。

③ 曾昭璇：《广州历史地理》，广东人民出版社，1991，第186—187页。

④［日］成田节男：《宋元时代泉州的发达与广东的衰微》，庄景辉译，《泉州文史》第6、7合辑，1982，第135、143页。

使为我捍海寇，诱诸蛮臣服，因解所佩金虎符佩寿庚矣，惟陛下恕其专擅之罪。”[①] 元世祖不但没有责备董文炳，反而表示赞赏，授予蒲氏“昭勇大将军、闽广都提举福建广东市舶事，改镇国上将军，参知政事”。蒲寿庚长子蒲师文，“尤暴悍嗜杀，淮兵、宗子之死，师文力居多。元以寿庚有功，官其诸子若孙，多至显达。泉人避其薰炎者十余年，元亡乃已”。[②] 史载蒲师文曾任“正奉大夫工部尚书海外诸番宣慰使”“正奉大夫宣慰使左副都元帅兼福建道市舶提举”等职。

元朝数度在泉州建省。据载：“元以寿庚归附之功，授官平章，开平海省于泉州，富贵冠一时。”[③]《元史·地理志》记载，泉州路“至元十四年，立行宣慰司，兼行征南元帅府事。十五年，改宣慰司为行中书省，升泉州路总管府”。而同年三月在福州设立的福建行省，在七月被降为福建路并入设于赣州的江西行省。泉州行省设立的时间或与福建行省的裁并大体同时。至元十五年（1278）八月，“两淮运粮五万石赈泉州军民”和“制封泉州神女号护国明著灵惠协正善庆显济天妃”，[④] 说明当时泉州行省已经存在，这是泉州第一次设省。

《元史·世祖本纪八》记载，至元十七年（1280）正月，“甲子，敕泉州行省，所辖州郡山寨未即归附者率兵拔之，已拔复叛者屠之……戊辰……置行中书省于福州”；四月，“以隆兴、泉州、福建置三省不便，命廷臣集议以闻”。说明在至元十七年正月至四月之间，今福建境内设置了泉州和福建两个行省。不过，当年五月，“福建行省移泉州”，即福建行省与泉州行省合并，省治设在泉州。七月，“徙泉州行省于隆兴”，将省治迁到江西隆兴（今南昌）。据《元史》卷六十二《地理志五·江西湖东道肃政廉访司》记载，江西行省于至元十七年“并入福建行省”；同书卷十一《世祖本纪八》记载，十八年二月，“福建省左丞蒲寿庚言：诏造海船二百艘……”说明至元十七年七月泉州行省治所迁到隆兴后，

---

①《元史》卷156《董文炳传》，第3673页。

②《闽书》卷152《蓄德志》，第4496页。

③《八闽通志》卷86《拾遗》，第1422页。

④《元史》卷10《世祖本纪七》，第204页。

改名为福建行省。十八年十月，“于扬州、隆兴、鄂州、泉州四省，置蒙古提举学校官各二员”①，说明至元十八年十月之前复置泉州行省，这是泉州第二次设省。至元二十年三月，“并泉州行省入福建行省”。②

至元二十一年（1284）二月，“以福建宣慰使管如德为泉州行省参知政事，征缅”，③ 这是泉州第三次设立行省。同年九月，福建行省被并入江淮等处行省（后改名为江浙行省），在泉州设立分省。④ 参见下表 3-1。

表 3-1　元至元年间今福建境内行省设置简况

序号	时间	行省名称	省治	备注
1	至元十五年三月至七月	福建行省	福州	降为福建路，并入江西行省
2	至元十五年至十七年四月	泉州行省	泉州	泉州第一次设省
3	至元十七年正月至四月	福建行省	福州	
4	至元十七年五月	泉州行省	泉州	福建行省与泉州行省合并
5	至元十七年七月	福建行省	隆兴	
6	至元十八年十月之前	泉州行省	泉州	泉州第二次设省
7	至元二十年三月	福建行省	福州	泉州行省并入福建行省
8	至元二十一年二月	泉州行省	泉州	泉州第三次设省
9	至元二十一年九月	分省	泉州	福建行省并入江淮等处行省
10	至元二十三年	福建行省	福州	

据《八闽通志》记载，至元二十三年（1286），复置福建行中书省。大德元年（1297），立福建平海行中书省，因“泉州与琉球相近，或招或取，易得其情”，徙治泉州；三年，改置宣慰使司都元帅府，仍徙治福州；至正十六年（1356），复置福建行省；至正十八年，立泉州分省。⑤

元代初期行省治所在泉州、福州之间迁来迁去，是因为泉州在对外贸易和对外交往中所占地位越来越重要。《元史·唆都传》记载，至元

①《元史》卷 11《世祖本纪八》，第 235 页。

②《元史》卷 12《世祖本纪九》，第 251 页。

③《元史》卷 13《世祖本纪十》，第 264 页。

④《元史》卷 13，第 269 页。

⑤ 黄仲昭：《八闽通志》卷 1《地理》，福建人民出版社，2006，第 5、14 页。

十五年（1278），唆都“进参知政事，行省福州。征入见，帝以江南既定，将有事于海外，升左丞，行省泉州，招谕南夷诸国”。元世祖为招谕南海诸国，而令唆都行省泉州，可见泉州在对外交往中所处的特殊地位。元朝的军队和使者多次从泉州出发，到海外国家去完成使命。如至元二十九年，元军远征爪哇即从泉州后渚港出海。①

至元十四年（1277），当东南一带还是战火纷飞之时，元世祖就下令首先在泉州设置市舶司，“每岁招集舶商，于番邦博易珠翠香货等物。及次年回帆，依例抽解，然后听其货卖”。② 为了确保泉州港的贸易利益，至元十八年规定：“商贾市舶物货已经泉州抽分者，诸处贸易，止令输税。”③ 至元二十年，朝廷“定市舶抽分例，舶货精者取十之一，粗者十五之一”。④ 但泉州的情况有所不同，在当时七处市舶司中，“独泉州于抽分之外，又取三十分之一以为税”，因此引起了其他港口的羡慕，从而迫使元朝廷于至元三十年允许所有的港口“悉依泉州例取之”。⑤ 可见元初泉州港在国内诸港中居于特殊的重要地位。

泉州不仅首先设立市舶司，而且是招徕外商、组织海外贸易的中心。当时，元政府亟欲同南海诸国建立贸易关系，《元史·世祖本纪七》记载，至元十五年（1278）八月，元世祖“诏行中书省唆都、蒲寿庚等曰：诸番国列居东南岛屿者，皆有慕义之心，可因番舶诸人宣布朕意。诚能来朝，朕将宠礼之。其往来互市，各从其欲”。⑥ 随后，元政府几次派遣使者前往南海诸国进行“招谕”，也多倚重泉州港的人物。如《元史·外夷列传三》记载，至元十六年十二月，“遣兵部侍郎教化的、总管孟庆元、万户孙胜夫与唆都等使占城，谕其王入朝”。⑦ 元人吴鉴为汪大渊《岛夷志略》所作的序也提及：“世祖皇帝既平宋氏，始命正奉大

---

①《元史》卷 210《外夷列传·爪哇》，第 4665 页。

②《元史》卷 94《食货二·市舶》，第 2401 页。

③《元史》卷 11《世祖本纪八》，第 234 页。

④《元史》卷 12《世祖本纪九》，第 255 页。

⑤《元史》卷 94《食货志二·市舶》，第 2402 页。

⑥《元史》卷 10《世祖本纪七》，第 204 页。

⑦《元史》卷 210《外夷列传三·占城》，第 4660 页。

夫工部尚书海外诸番宣慰使蒲师文，与其副孙胜夫、尤永贤等通道外国，抚宣诸夷。”其中，蒲师文是蒲寿庚的长子，孙胜夫、尤永贤都是泉州人，为蒲寿庚旧部。

当时中外使节往来，大多是经由泉州港进出。如至元十八年正月，广东招讨使杨庭璧“自泉州入海”，出使俱蓝国，因风受阻于马八儿国（今印度马拉巴尔海岸）。[①] 马可·波罗、伊本·白图泰等，他们来华都在泉州登陆或放洋。中外航程的远近，也以泉州为起点来计算。如《元史·外夷列传三》记载，爪哇，“自泉南登舟海行者，先至占城而后至其国”；俱蓝，“自泉州至其国约十万里”等。《岛夷志略·万里石塘》记载：“舶由岱屿门（即泉州湾的大坠门）挂四帆……至西洋或百日之外，以一日一夜行百里计之，万里曾不足。”曾六次奉命出使外番的元人周致中的《异域志》亦载，爪哇国，“自泉州发舶一月可到”。[②]

元代一度在福建设立海上驿站。朝廷在泉州获得的珍宝，一般要由泉州转运到杭州，然后由运河水路运往大都。泉州至杭州之间设有递运站，“外国使客进献奇异物货，劳民负荷，铺马多死”。[③] 为了减轻驿站运送货物的压力，至元二十六年（1289），“自泉州至杭州，立海站十五，站置船五艘、水军二百，专运番夷贡物及商贩奇货，且防御海道”，[④] 从而保证了泉州舶货与外国使节能够及时上下递接，经杭州直抵大都。

二、梯航万国之都会

元世祖至元末年以后，泉州港开始进入鼎盛时期，成为名符其实的世界性港口。至元二十八年（1291）冬天，马可·波罗因护送蒙古公主阔阔真远嫁波斯为王后，由大都来到泉州城，约一个月后，从后渚港扬帆启航。他后来在《游记》中描写了其所目睹的泉州城：“刺桐城的沿

①《元史》卷210《外夷列传三·马八儿等国》，第4669页。

②周致中：《异域志》，中华书局，1981，第25页。

③《永乐大典》卷19418引《经世大典·站赤三》，第7209页。

④《元史》卷15《世祖本纪十二》，第320页。

海有一个港口，船舶往来如织，装载着各种商品，驶往蛮子省（指原南宋统治地区）的各地出售。……刺桐是世界最大的港口之一，大批商人云集于此，货物堆积如山，买卖的盛况令人难以想象。”① 大德六年（1302），泉州人庄弥邵在《重浚南壕记》中称：“梯航万国，此其都会……四海舶商，诸番琛贡，皆于是乎集。”② 元代理学家吴澄（1249—1333 年）亦称：“泉，七闽之都会也，番货、远物、异宝、珍玩之所渊薮，殊方别域，富商巨贾之所窟宅，号为天下最。”③ 伊本·白图泰于至正七年（1347）来华，从泉州港登岸，在中国游历数年之后，复从泉州港乘船西归。他著述的《游记》反映了元代后期泉州港的盛况：“这是一座宏伟壮观的大城，以生产锦缎而闻名，并以城名命名叫刺桐锦。这种锦缎比行在缎和大都锦更好。刺桐港是世界上最大的港口之一，甚至可以说就是世界上最大的港口。我看到港内有上百条大船，至于小船可谓多得数不胜数。”④

关于泉州梯航万国的情况，曾经“两附舶东西洋”的汪大渊，以“身所游览，耳目所亲见”⑤ 而撰成的《岛夷志略》，记载元代与泉州进行海上贸易的国家和地区，除澎湖外，多达 98 个，比南宋《诸番志》记载的增加了 40 余个。这些增加的通商口岸，主要集中在东南亚及马来群岛和南亚，反映了泉州港同这些地区的贸易往来有了较大发展。⑥

在中南半岛，相比《诸番志》中心记载，增加的贸易港口如：灵山（今越南东端华列拉岬），“舶之往复此地，必汲水、采薪以济日用”，当地出产藤杖、槟榔、荖叶，中国商人用粗碗、烧珠、铁条等与其交换。

---

①［意］马可·波罗：《马可·波罗游记》，梁生智译，中国文史出版社，1998，第 217 页。

② 乾隆《泉州府志》卷 11《城池》。

③ 吴澄：《吴文正公集》卷 16《送姜曼卿赴泉州路录事序》。

④［摩洛哥］伊本·白图泰口述，伊本·朱甾笔录：《伊本·白图泰游记》（精编本下册），李光斌、李世雄翻译，中国旅游出版社、商务印书馆，2016，第 296—297 页。

⑤ 汪大渊：《岛夷志略校释》，苏继庼校释，中华书局，1981，第 385 页。

⑥ 本部分以下论述，所引资料出自《岛夷志略校释》者，不再逐一注明，特此说明。

昆仑（今越南南部昆仑岛），“舶泛西洋者，必掠之，顺风七昼夜可渡”。八都马（今缅甸马达班），出产象牙、胡椒，中国商人运去南北丝、花银、赤金、铜、铁鼎、丝布、草金缎、丹山锦、山红绢、白矾等进行贸易。淡邈（今缅甸土瓦），也出产胡椒，中国商人用黄硝珠、麒麟粒、西洋丝布、粗碗、青器、铜鼎等进行交易。乌爹（今缅甸白古），出产黑国（稻米）、翠羽、黄蜡、木绵、细匹布，中国商人运去金、银、五色缎、白丝、丁香、豆蔻、茅香、青白花器、鼓瑟等。由于该地“家给人足，岁无饥寒之忧”，所以“贩其地者，十去九不还也”。暹（今泰国北部，后并入罗斛，合称暹罗），出产苏木、花锡、大风子、象牙、翠羽，中国商人则用硝珠、水银、青布、铜、铁等进行交换。

在马来半岛，增加的贸易港口如：戎（今马来半岛克拉地峡东岸春蓬），出产白豆蔻、象牙、翠毛、黄蜡、木绵纱，中国商人用铜、漆器、青白花碗、瓷壶、瓶、花银、紫硝烧珠、巫仑布等进行交换。东冲古剌（今马来半岛东岸宋卡），出产沙金、黄蜡、粗降真香、龟筒、沉香，中国商人运去花银、盐、青白花碗、大小水埕、青缎、铜鼎等进行交易。东西竺（今马来西亚柔佛东岸奥尔岛），出产槟榔、荖叶、椰心簟、木绵花，中国商人以花锡、胡椒、铁器、蔷薇水等与其交换。无枝拔（今马来半岛马六甲），出产花斗锡、铅、绿毛狗等，中国商人用西洋布、青白处州瓷器、瓦坛、铁鼎等与其交易。罗婆斯（今尼科巴群岛），“形势临海，风俗野朴”。

在马来群岛，增加的通商口岸如：龙涎屿（今苏门答腊西北），出产龙涎，“用之合诸香，则味尤清远”，中国商人以金银购买。须文答剌（今苏门答腊西北），出产脑子、粗降真、鹤顶、斗锡，中国商人以西洋丝布、樟脑、蔷薇水、黄油伞、青布、五色缎等进行交换。淡洋（今苏门答腊岛东岸），出产降真香、芊粟，中国商人用赤金、铁器、粗碗等进行交易。勾栏山（今加里曼丹岛西南端附近格兰岛），出产熊、豹、鹿、麂皮、玳瑁，中国商人以谷米、五色绢、青布、铜器、青器（青瓷）等交换。都督岸（今加里曼丹岛西南岸沙捞越河口），出产片脑、粗速香、玳瑁、龟筒，中国商人以海南占城布、红绿绢、盐、铁、铜鼎、色缎等进行交换。蒲奔（今加里曼丹岛东南海岸），出产白藤、浮

留藤、槟榔，中国商人运去青瓷器、粗碗、海南布、铁线、大小埕瓮等进行交易。假里马打（今加里曼丹岛西南之卡里马塔群岛），出产高大可骑的番羊及玳瑁，中国商人以硫黄、珊瑚珠、阇婆布、青色烧珠、八都剌布等与其贸易。苏禄（今菲律宾苏禄群岛），出产中等降真条、黄蜡、玳瑁、珍珠，“苏禄之珠，色青白而圆，其价甚昂。中国人首饰用之，其色不退，号为绝品”。元商运去赤金、花银、八都剌布、青珠、处器、铁条等进行交换。

值得注意的是，元代之前，中国与马来群岛的交通和贸易主要在爪哇以西诸岛，而在元代，爪哇以东岛屿也加入了与中国的海上贸易。其中，文老古（今马鲁古群岛），以出产丁香著称，元商从泉州运去银、铁、水绫、丝布、巫仑布、八节那涧布、土印布、象齿、烧珠、青瓷器、埕器等，深受当地人民欢迎。文诞（今班达群岛），出产肉豆蔻、黑小厮、豆蔻花、小丁皮，元商用水绫丝布、花印布、乌瓶、鼓瑟、青瓷器等进行交易。

在南亚，增加的通商口岸有：高郎步（今斯里兰卡科伦坡）、大佛山（今科伦坡之南）、下里（今印度西南柯钦北阿尔瓦耶）、放拜（今印度孟买）、班达里（今印度卡利卡特北）、须文那（今印度孟买北）、巴南巴西（今印度半岛西岸巴那华西）、大乌爹（今印度奥里萨）、特番里（今印度半岛南端第路纳弗里区域）、北溜（今马尔代夫之马累）等。值得注意的是，元代以前，中西海上交通有两个中心，印度洋以波斯湾为中心，印度以东则以苏门答腊的三佛齐为中心，转运中阿间的货物。到了元代，由于中国商人越马六甲海峡西去者日多，印度西岸一带成为中阿间贸易的新转运站。① 《岛夷志略·古里佛（今印度西南海岸科泽科德，亦名卡利卡特）》记载：

> 当巨海之要冲，去僧加剌密迩，亦西洋诸番之马头也……地产胡椒……其珊瑚、珍珠、乳香诸等货，皆由甘理（即甘埋里）、佛朗（欧洲或地中海东部区域）来也。去货与小唄喃国同。畜好马，自西极来，

① 李东华：《泉州与我国中古的海上交通》，台湾学生书局，1986，第205页。

故以舶载至此国。每疋互易，动金钱千百，或至四十千为率。

《岛夷志略·小嗅喃》（小嗅喃即俱蓝，《诸番志》中的故临，今印度南端奎隆）记载："或风迅到迟，马船已去，货载不满，风迅或逆，不得过喃巫哩洋，且防高浪阜中卤股石之厄。所以此地驻冬，候下年八九月马船复来，移船回古里佛互市。"

《马可·波罗游记》也称，在印度西部的马拉巴王国，"来自蛮子省的船载着铜作为压船的重物。此外，还装运金线织成的锦缎、丝、薄绸、金银块和马拉巴所不产的许多种药材，他们用这些货物换取此处的商品。当地有些商人将上述货物运往亚丁，再由亚丁转运到亚历山大港"。①

元朝商人从泉州等港口直接到印度西海岸贸易，无须再如宋时以三佛齐为转运站，无疑是元代中西贸易大盛的体现。

泉州与西亚、非洲之间的海上交通和贸易，除了以印度西海岸一带为转运站外，双方之间直接的经济、文化交流也进入了一个新的阶段。元代官方文书说，由泉州出发"做买卖的"海船经常远至"回回田地里"（阿拉伯世界）。② 而来自伊斯兰国家的人士也接踵而至，到泉州港旅游、经商和传教，甚至定居下来，泉州因而有"缠头赤脚半番商"之说。③ 元代之前中国与非洲的往来多通过阿拉伯中转，到了元代开辟了双方之间的直通航线，中非贸易出现了新局面，北非的勿斯里（今埃及）、默伽腊（今摩洛哥），东非的马兰丹（今肯尼亚马林迪）、那旺（今帕特岛）、三麻兰（今索马里）、马合答束（今摩加迪沙）、阿思里（今埃及库赛）、层摇罗（今坦桑尼亚）、马达加斯加等国，与元朝都有直接的海上交通或贸易。④

---

① 马可·波罗：《马可·波罗游记》，梁生智译，中国文史出版社，1998，第 261 页。

②《通制条格》卷 27《杂令》，黄时鉴点校，浙江古籍出版社，1986，第 285 页。

③ 宗泐：《全室外集》卷 4《清源洞图为洁上人作》，收入《景印文渊阁四库全书》第 1234 册，第 820 页。

④ 参见廖大珂《福建海外交通史》，福建人民出版社，2002，第 121 页。马兰丹，应即《岛夷志略》麻那里；阿思里，廖著注"埃塞俄比亚"，苏继庼《岛夷志略校释》认为是今埃及库赛。

元代还开通中欧海上通道。当时从欧洲来中国的海路有两条，一条是渡地中海至埃及，从埃及出红海东来；另一条是取道巴勒斯坦、叙利亚、伊朗至波斯湾，从波斯湾发船以抵中国。欧洲人往来中国多取后一条路线，意大利传教士孟高维诺和鄂多利克东来与马可·波罗和马黎诺里归国，都取此路线。① 地处波斯湾出口处的甘埋里（今伊朗南部霍尔木兹），是当时欧亚海上交通贸易的中转港口。《岛夷志略·甘埋里》记载：

> 乘风张帆，二月可至小唭喃。其地船名为马船，大于商舶……下以乳香压重，上载马数百匹……所有木香、琥珀之类，均产自佛郎国来，商贩于西洋互易。去货丁香、豆蔻、青缎、麝香、红色烧珠、苏杭色缎、苏木、青白花器、瓷瓶、铁条，以胡椒载而返。

元代的泉州是中国与欧洲交通的主要口岸，欧洲商品多在此卸货，然后转运中国各地。如至大元年（1308）八月，“泉州大商马合马丹的进珍异及宝带、西域马”。② 此西域马即产自欧洲。许多欧洲商人、传教士和旅行家远涉重洋来到泉州，从事贸易和传教等活动。

元代泉州港对外贸易范围的扩大及进出口商品的增多，不仅给这个梯航万国的都会带来了空前的繁荣，也使它成了元帝国最大的中外商品集散港口。

三、色彩缤纷的国际都市

随着海外贸易的兴盛，中外商客云集，泉州港呈现出一种国际都市的色彩。至正十二年（1352），泉州路达鲁花赤偰玉立对罗城进行了大规模的修筑和扩建，把位于今涂门街一带原罗城的南垣向南拓展，直至濒临晋江北岸，与南宋绍定三年（1230）知州游九功修筑的翼城连接起来，

① 廖大珂：《福建海外交通史》，福建人民出版社，2002，第 127 页。

②《元史》卷 22《武宗本纪》，第 503 页。

并砌石加高，从而使城周达到三十里。[①] 这次扩建，把最热闹的城南商业区的大部分包罗了进来。居住在这座城市的居民，除了汉人和蒙古人外，东南亚、马来群岛、印度、西亚，以及遥远的非洲和欧洲各地的人们也纷至沓来，侨居在这里。这些外国人，无论人数、国籍还是身份，都比宋时复杂得多。他们当中有商人、传教士、教徒、游历家、水手、骑士、妇女和儿童，也有王子、贵族和使节。在这些肤色不同、服饰各异的人们中，又以头裹白巾、来自波斯和阿拉伯各地的穆斯林居多，故有"缠头赤脚半番商，大舶高樯多海宝"[②] 之称。

元朝实行民族等级制，把西北地区各族及中亚、东欧来中国的人称为色目人，地位仅次于蒙古人，因而色目商人势力发展很快，把持着泉州港的对外贸易。元代泉州色目海商有两个来源不同的集团：一个是唐宋时期来华的外国人后裔，其代表是蒲寿庚集团；另一个是元代来到福建定居的西域和外国商人，其代表是后起的亦思巴奚集团。

蒲寿庚降元后，其子孙"多至显达"。[③] 蒲氏女婿佛莲，"其家富甚，凡发海舶八十艘"，1293 年去世后家产被没收，"见在珍珠一百三十石，他物称是"。[④] 不过，蒲寿庚去世后，蒲氏集团的势力渐不如昔，取而代之的是新来的色目商人集团。先有合只铁即剌和马合马丹的等，[⑤] 后有赛甫丁、阿里迷丁和那兀纳等。其中，"西域那兀纳者，以总诸番互市至泉"[⑥]，控制了泉州的海外贸易。色目商人充当元朝统治者的帮手，备受优待，"持玺书，佩虎符，乘驿马，名求珍异，既而以一豹上献，复邀回赐，似此甚众"。[⑦] 元末有一番商，"以货得参省，势震中外，胁户

---

① 乾隆《泉州府志》卷 75《拾遗上》。

② 宗泐：《全室外集》卷 4《清源洞图为洁上人作》，收入《景印文渊阁四库全书》第 1234 册，第 820 页。

③《闽书》卷 152《蓄德志》，第 4496 页。

④ 周密：《癸辛杂识续集》卷下《佛莲家赀》，收入《景印文渊阁四库全书》第 1040 册。

⑤《元史》卷 22《武宗纪》（第 502 页）载：至大元年（1308）八月，"太尉脱脱奏：泉州大商合只铁即剌进异木沉檀可构宫室者"。

⑥ 万历《泉州府志》卷 24《盗贼类》，第 32 页。

⑦《元史》卷 22《武宗纪》，第 505 页。

部令下四场盐引自为市”。[①] 色目商人控制、操纵海外贸易，凌驾于一般海商之上，是元代特有的权贵商人。

由于蒙古统治者对各种宗教均采取宽容政策，随着各色人等的纷至沓来，泉州成了世界多种宗教在东方的重要据点，各种外来宗教竞相兴起修建宗教场所的热潮。

在外来宗教中，伊斯兰教势力最大，对泉州影响也最深。该教唐代即已传入，历五代以迄两宋，又有很大发展，全盛时期是在元代。其时，居于泉州的“回回番客”估计有数万人之多，他们成立了伊斯兰公会的组织。这一时期泉州的穆斯林不仅有来自波斯、阿拉伯等地的侨民及数量可观的“半南番”（番人与当地人结婚所生的孩子），而且有汉人和蒙古人。元末吴鉴说，“今泉造礼拜寺增为六七”。[②] 这六七座伊斯兰教寺，有三座系宋代遗物，但元时多进行过维修或扩建：一座是始建于北宋大中祥符二年（1009）的艾苏哈卜寺（即保留至今的位于涂门街的清净寺），元至大三年至四年（1310—1311），来自波斯设拉子城的艾哈玛德·本·穆罕默德·贾德斯出资修缮了此寺；一座是南宋绍兴元年（1131）创建的城南清净寺，元至正九年（1349）泉州穆斯林金阿里作了修缮，该寺后毁于元末兵乱；一座是12世纪以前由也门奈纳·奥姆尔所建的也门教寺，位于涂门外津头埔，该寺亦毁于元末。元代新建教寺，已知的有三座：一座在南门，由穆罕默德·本·艾敏伯克尔建造；一座在东门外东头乡，元至治二年（1322）由阿拉伯人纳希德·艾斯玛尔·穆萨丁重修；另一座只存留一块礼拜寺门楣石刻，寺名、地点及建造者均无法考证。[③] 元代新建三座教寺应毁于元末兵乱。

---

① 乾隆《泉州府志》卷41《卢琦传》，第54页。

② 吴鉴：《清净寺记》（元至正十年，1350），参见福建省泉州海外交通史博物馆、泉州市泉州历史研究会编《泉州伊斯兰教研究论文选》附录3《重立清净寺碑》，福建人民出版社，1983，第257页。关于该碑记，参见杨晓春《元代吴鉴〈清净寺记〉相关问题的讨论》，《北方民族大学学报（哲学社会科学版）》，2010年第5期。

③ 参见庄为玑、陈达生《泉州清真寺史迹新考》，福建省泉州海外交通史博物馆、泉州市泉州历史研究会编《泉州伊斯兰教研究论文选》，福建人民出版社，1983，第110—114页。

天主教的方济各会也在泉州建立教堂。元至治元年（1321）来华的意大利籍方济各会会士和德理在其回忆录里记载：“（刺桐）城内有吾会修士，并圣堂两座，即余安置致命之圣骸之所也。”① 意大利另一方济各会会士马黎诺里受罗马教皇派遣，于元至正二年（1342）抵达元大都（今北京），在大都居留三四年后到泉州，从泉州启程回国。他在《游记》中记载：“吾小级僧人在此城（即刺桐城）有华丽教堂三所，财产富厚。僧人又建浴堂一所，栈房一所，以储存商人来往货物。”② 说明元中叶以后方济各会在泉州势力颇大。

泉州东南门外有座番佛寺，泉州《清源金氏族谱》记载：“元政衰，四方兵起，国令不行，其（蒲寿庚）婿西域人那兀纳袭作乱，即乔平章宅，建番佛寺。”③ 该番佛寺一般认为是印度教寺，不过也有人提出是伊斯兰教寺。④ 除此之外，在泉州西北隅幼儿师范高等专科学校平水庙校区，发现有印度教祭坛遗址。⑤

摩尼教在泉州也有遗迹。泉州海外交通史博物馆收藏一方1954年12月在泉州通淮门外津头埔乡发现的皇庆二年（1313）碑刻，上有叙利亚文和汉文两种文字。汉文全文如下：“管领江南诸路明教、秦教等，也里可温马里失里门阿必思古八马里哈昔牙。皇庆二年岁在癸丑八月十五日，帖迷答扫马等泣血谨志。”明教即摩尼教；秦教为大秦教的简称，也就是景教（基督教的聂斯托尔派，Nestorian）；也里可温是元代蒙古人对基督教的名称，元人对于景教和天主教（罗马派），统称“也里可温”。据夏鼎先生研究，“失里门”为人名，“马里”是尊称，“阿必思古八”是教长、主教，“马里哈昔牙”是师僧（僧侣），“帖迷答扫马”是采用基督

---

① 李东华：《泉州与我国中古的海上交通》，台湾学生书局，1986，第218—219页。

② 张星烺编注《中西交通史料汇编》第1册，华文出版社，2018，第280页。

③ 转引自努尔《那兀纳与番佛寺》，福建省泉州海外交通史博物馆、泉州市泉州历史研究会编《泉州伊斯兰教研究论文选》，第115页。

④ 同上书，第115—125页。

⑤ 参见庄为玑、庄景辉、王连茂编著《海上丝绸之路的著名港口——泉州》，海洋出版社，1988，第79页。

教古代的人名为名。① 刘南强把首句翻译为英文，意思是："献给江南诸路摩尼教和景教等的管领者、最尊敬的基督教主教马里失里门。"② 由此可见，元代摩尼教是合法存在的。

外来宗教的驳杂与兴盛，反映了元代泉州对外交通与贸易的繁盛。

四、元明之际对外贸易的衰落

元代，天后宫所在的南关仍是中外海商聚集之地，大德六年(1302)，庄弥邵在《重浚南壕记》中指出："一城要地，莫盛于南关，四海舶商，诸番琛贡，皆于是乎集。""南门桥鼎建崇楼，仍扁镇南。潮流参错其冲要，渔歌响答于阛阓，吞吐溟渤，雄视东南。"③ 晋江下游东岸的车桥、后山、厂口等处是元时中外商舶停泊之区。后山、厂口是当时泉州城南的码头，车桥介于城区与厂口码头之间，南连后山码头及中外商贩云集的新街，北接泉州城区。车桥附近的聚宝街与城南番坊为邻，是泉州中外商人堆积货物的仓库重地。民间流传着"金浯江银聚宝"的说法。浯江是指晋江下游泉州城南的一段，因经常停泊着许多满载珠宝的番舶，故名"金浯江"。④

《元史》卷二百一十《外夷列传》记载，元世祖至元二十九年(1292)，从福建、江西、湖广三省调集军士二万、舟千艘在泉州会合，自后渚启航征讨爪哇。⑤ 同年，马可·波罗护送蒙古公主阔阔真远嫁波斯，亦由后渚港启航。说明后渚港是元代对外交通的重要港口。

---

① 夏鼐：《两种文字合璧的泉州也里可温（景教）墓碑》，中国航海学会、泉州市人民政府编《泉州港与海上丝绸之路》，中国社会科学出版社，2002，第389—390页。

② 转引自林悟殊《泉州摩尼教渊源考》，林中泽主编《华夏文明与西方世界》，香港博士苑出版社，2003，第83页。

③ 乾隆《泉州府志》卷11《城池》。

④《泉州古港史》，人民交通出版社，1994，第106—107页。

⑤《元史》卷17《世祖本纪十四》记载："用海船大小五百艘，军士二万人。"与卷210《外夷列传》的记载稍异。

《元史·本纪》载，至正十七年（1357）三月，“义兵万户赛甫丁、阿里迷丁叛据泉州”。① 赛甫丁、阿里迷丁都是在泉州经商的波斯籍巨商，所谓义兵，是根据需要临时组织的乡兵、民兵之类。② 这次战乱称为亦思巴奚（或称亦思法杭）之乱，祸害泉州、兴化、福州等地达10年之久。至正二十二年，“以总诸番互市至泉”的那兀纳杀死阿里迷丁，接收他的军队。《八闽通志》记载：“西域那兀纳等据泉，虐州民以取货财，不得者多置于死。”③ 至正二十六年，陈友定率军进入泉州城，那兀纳束手就擒，从而结束了亦思巴奚兵乱。随着那兀纳兵败被擒，泉州人民对色目人的积恨一发而不可收，泉州发生排外风潮，很多色目人被杀戮或被驱逐，其屋宇、寺庙、坟墓被夷为平地。受排外风潮影响，泉州被海外诸国君长和番客视为畏途，不敢在泉州登陆，这是其海外贸易衰落的原因之一。

明初的海禁政策和朝贡贸易制度，则进一步加速了泉州港的衰落。朱元璋建立明朝之初，因东南海上势力未靖，倭寇又在山东、江苏、浙江、福建偶有出没，在沿海实行海禁。洪武四年（1371）十二月，“禁濒海民不得私出海”。④ 此后，在洪武十四年十月和二十三年十月反复重申“严交通外番之禁”，⑤ 二十七年正月“禁民间用番香、番货”。⑥ 明成祖登基后，针对“缘海军民人等近年以来往往私自下番交通外国”，下令所司“一遵洪武事例禁治”。⑦ 永乐二年（1404）正月，“下令禁民间海船，原有海船者，悉改为平头船。所在有司，防其出入”。⑧ 明初海禁政

①《元史》卷45《顺帝本纪八》，第936页。

② 吴幼雄：《论元末泉州亦思巴奚战乱》，《泉州师专学报》1992年第2期。

③《八闽通志》下册卷67《人物·泉州府·武功》，福建人民出版社，2006，第842页。

④《明太祖实录》卷70，洪武四年十二月丙戌，第1300页。

⑤《明太祖实录》卷139，洪武十四年十月己巳，第2197页；卷205，洪武二十三年十月乙酉，第3067页。

⑥《明太祖实录》卷231，洪武二十七年正月甲寅，第3373页。

⑦《明太宗实录》卷10上，洪武三十五年秋七月壬午，第149页。

⑧《明太宗实录》卷27，永乐二年正月辛酉，第498页。

策，禁绝民间船只从事海上贸易，使泉州港无法开展正常的海上交通贸易活动。

明代前期曾在泉州设置福建市舶司，接待琉球贡船，成化年间市舶司移置福州。此后，泉州府城附近的内港、后渚港等港口成为地方性港口，而离府城较远的安海港（明时称安平港），因官府的控制力相对较弱，成为走私贸易港。

第三节　庆元港的兴盛

一、庆元市舶司的演变与贸易盛况

南宋绍熙五年（1194），升明州为庆元府。元至元十三年（1276）三月，元军进占庆元，第二年，改庆元府为庆元路总管府，隶属江淮行省（后改为江浙行省）。据《元史·食货志二》记载，至元十四年，在泉州立一市舶司；随后在庆元、上海、澉浦三处设立市舶司，由福建安抚使杨发统领。[①] 之后又增设广州、温州、杭州三处市舶司。至元三十年（1293），把温州市舶司并入庆元，杭州市舶司并入税务。大德二年（1298），又把澉浦、上海两处市舶司并入庆元市舶提举司，直隶中书省。自此，庆元市舶司成为整个江浙地区海外贸易的管理机构。由于元政府海外贸易政策反复无常，曾于大德七年（1303）、至大四年（1311）和延祐七年（1320）三次罢废庆元市舶司，[②] 但每次罢废后不久又再次设立。

①《元史》卷94《食货志二·市舶》，第2401页。《延祐四明志》卷3记载：至元十五年（1278）立提举庆元市舶使司。

②《延祐四明志》卷3《职官考》，收入《中国方志丛书·华中地方》第577号，第213页。

英宗至治二年（1322），复立泉州、庆元、广东三处市舶提举司。[①] 此后庆元市舶司直到元末至正二十五年（1365）才被撤销。[②]

庆元与泉州、广州是元代对外贸易的三大主要港口，地方志称："南通闽广，东接日本，北距高丽，商舶往来，华物丰溢。出定海有蛟门虎蹲之险，实一要会也。"[③] 其出海口定海（今宁波镇海），"蛮夷诸番帆番所通，为一据会总隘之地"。[④] 庆元对外贸易的情形，时人程端礼（1271—1345年）指出："明为浙东大郡，其阳大海，远迩方物，夷商贸迁，风帆浪舶，万里毕集，事视他郡尤剧。"[⑤] 异国商人到来，他们奇异的服饰引人注目，旅居庆元的文人张翥（1287—1368）在《四明寓居即事》中即有"船来蛮贾衣裳怪"[⑥] 的诗句。海外贸易为庆元带来了大量的税收。张翥在《送黄中玉之庆元市舶》中指出："是邦控岛夷，走集聚商舸，珠香杂犀象，税入何其多。"[⑦] 据《至正四明续志》记载，庆元的市舶税为504锭49两有余。[⑧]

《至正四明续志》记载的市舶物货有223种，其中细色134种，大致可分为几类：（一）贵重珍宝与金属，如珊瑚、玉、玛瑙、水晶、犀角、琥珀、象牙、玳瑁、珍珠和倭金、倭银等；（二）香料，如丁香、蓬莱香、登楼眉香、旧州香、乳香、万安香、交趾香、罗斛香等；（三）生产、生活用品，如吉贝花、吉贝布、木棉、三幅布罩、番花棋布、毛驼布、袜布、鞋布、吉贝纱、崖布、糖霜、新罗漆、高丽青器、高丽铜器等；（四）药材，如苏合油、人参、鹿茸、天竺黄、丁香枝、牛黄、雄黄、红花等。粗色89种，如苎麻及焦布、手布、生布等布匹，倭枋板

①《元史》卷94《食货二·市舶》，第2403页。

② 成化《宁波郡志》卷5《廨舍》，宁波出版社，2013，第292页。

③《至正四明续志》卷1《土风》，《中国方志丛书·华中地方》第579号，第5836—5837页。

④《至正四明续志》卷3《城邑·定海县》，第5870页。

⑤ 程端礼：《畏斋集》卷5《庆元路总管沙木斯鼎（沙木思迪音）公去思碑》。

⑥ 张翥：《蜕庵集》卷3。

⑦ 张翥：《蜕庵集》卷1《送黄中玉之庆元市舶》。

⑧《至正四明续志》卷6《市舶》，第5913页。

柃、花梨木、乌木、苏木等木材，倭铁、硫黄、铅锡、条铁、硫黄泥、镬铁、丁铁、铜钱等金属及矿物，红豆、杏仁等食物，以及一些普通药材、香料等。①

从市舶货品种类来看，《宝庆四明志·市舶》记载的南宋庆元海外贸易货物是160余种，说明元代庆元港的海外贸易货品种类大大超过南宋。元代庆元舶货进口的一个显著特点是生产、生活用品明显增多，仅布匹一项就有10余种，还有大量的药材。学者指出："这充分说明海外贸易对国计民生的重要性得到体现，同时也使庆元人民生产、生活的用品得到满足。"② 这些舶货产地广泛，根据《诸番志》记载，乳香、没药、血竭、苏合油、栀子花、没石子、木香、阿魏、芦荟、龙涎等，产自大食诸国；金颜香，产自真腊、大食；笃耨香、苏木，产自真腊；安息香，产自三佛齐；檀香，产自阇婆的打纲、底勿两国及三佛齐；丁香，产自大食、阇婆等国；胡椒，产自阇婆；象牙，产自大食诸国及真腊、占城两国；黄蜡，产自三屿、麻逸、真腊、三佛齐等国。③ 说明元代庆元港直接和间接的贸易地区包括东南亚、南亚和西亚的众多国家和地区。

二、庆元港与高丽、日本的贸易

元代庆元港对外贸易的地区仍以高丽和日本为主。《至正四明续志》所载市舶货物中的新罗漆、高丽青器、高丽铜器、人参、红花、茯苓、麝香、榛子等，应是从高丽输入。在元代，由于朝廷重视交通事业的建设，从高丽经中国东北到大都（北京）的陆路交通是相当便利的，高丽与元朝的贸易活动，无论是官方或是民间，大多通过陆路进行，不过海路往来仍然相当频繁。④ 对于高丽商人而言，走海路的话，取道黄海、

①《至正四明续志》卷5《土产·市舶物货》，收入《中国方志丛书·华中地方》第579号，第5891—5893页。

② 乐承耀：《宁波古代史纲》，宁波出版社，1995，第245页。

③ 赵汝适：《诸番志校释》，杨博文校释，中华书局，1996。

④ 陈高华：《元朝与高丽的海上交通》，载《陈高华文集》，上海辞书出版社，2005，第368页。

渤海的传统北路航线前往大都较为便捷；同样地，中国江淮以北的北方地区商人，经由北线出航高丽，也比庆元近便。学者认为，元代北方虽没有正式的对外贸易港，但辽东、山东都有与高丽来往的港口，北方对外贸易港可能是直沽（天津塘沽）。[①] 因此，在元朝与高丽的海上交通贸易中，庆元港的地位远不如宋代重要。不过，中国南部地区在出产物品上与高丽更具互补性，与高丽之间仍有贸易往来。据郑麟趾的《高丽史》记载，忠烈王四年（1278）十月，“宋商人马晔献方物，赐宴内廷”；[②] 忠烈王十四年七月，“宋商人顾恺、陆清等来献土物”。[③] 所谓“宋商人”是高丽方面对来自中国南部（原南宋统治地区）商人的习惯称呼。忠烈王二十七年（元大德五年）八月，“江南商客享王于寿康宫”。[④] 据元代著名学者姚燧记载，元成宗元贞年间（1295—1296），史耀为江浙行省右丞，“高丽王遣周侍郎浮海来商有司，求比泉、广市舶，十取其三。公（史耀）曰：‘王于属为副车，且内附久，岂可下同海外不臣之国。惟如令，三十税一。’”[⑤] 如本章第二节所述，至元二十年所定的市舶抽分比例，舶货精者十取其一（后改为二），粗者十五取一（后改为二），这是市舶税；然后再三十税一，这是商税。纳完市舶税和商税以后，方可在市场上出售。姚燧所说“泉、广市舶，十取其三”并不准确。史耀提出“三十税一”的意思，是对高丽的货物免收市舶税，只收商税，也就是给予优待，与国内货物同样处理。他的建议是否被采纳，史籍阙如，但由此可以看出，当时高丽向中国南方输出的物品为数不少，其中相当部分是由高丽官方或民间经营，以致高丽国王专门派人到江浙行省商谈市舶税问题。中国南方地区与高丽的海上交通贸易应以庆元港为主。元末，割据浙东的方国珍多次派使者到高丽。据《高丽

① 陈高华：《元朝与高丽的海上交通》，载《陈高华文集》，上海辞书出版社，2005，第 380 页。

②《高丽史》卷 28《忠烈王世家一》，第 444 页。

③《高丽史》卷 30《忠烈王世家三》，第 471 页。

④《高丽史》卷 32《忠烈王世家五》，第 499 页。

⑤ 姚燧：《牧庵集》卷 16《荣禄大夫福建等处行中书省平章政事大司农史公神道碑》，中华书局，1985，第 198 页。

史》记载，恭愍王七年（1358）五月，“台州方国珍遣人来献方物”。[①] 此后，又于八年八月、十三年六月、十四年八月和十月相继派遣使者到高丽，[②] 总计 5 次。方国珍与高丽的联系，应该是通过庆元港进行的。

庆元港在元代中日贸易中仍占优势地位。木宫泰彦指出：“日元之间的贸易港，在元朝是庆元，在日本是博多。因此，所有的商船都来往于这两港之间，从而航路一般也都是横渡东中国海，航海日数似乎只是十天左右。”[③] 根据学者统计，在元、日间往来商船中，中国贸易港明确的有 35 次，其中有 24 次是进出庆元港，是其余港口次数之和（温州 5 次、福建 4 次、太仓 2 次）的两倍。[④] 元代庆元港与日本的贸易有两个明显的特点：

第一，日本商人唱主角。在中日贸易中，唐宋时期主要是中国商人赴日本贸易，南宋中叶以后，日本商船前来南宋贸易的逐渐增多。到了元代，往来中日之间的商船主要是日本船，明确属于中国船的，只有元至正十年（1350）三月送还日僧龙山德见等十八人到达博多的船只。而且这艘船也不是专程赴日贸易的商船，而是受龙山德见雇佣，送其返乡的船只。[⑤] 之所以发生这种变化，原因是多方面的。元世祖先后在至元十一年（1274）与至元十八年两次派兵征讨日本，使日本政府加强了博多湾的防备力量，在博多湾派驻了大量的兵力。至元十八年的“辛巳之役”后不久，即当年九月，为防止元朝战俘逃跑，日本幕府下令对所有进出船只严加搜索，并制止外国人赴日。[⑥] 日本幕府对元朝船只的戒备

---

①《高丽史》卷 39《恭愍王世家二》，第 595 页。

②《高丽史》卷 39、40、41《恭愍王世家二、三、四》，第 598、618、623 页。

③［日］木宫泰彦：《日中文化交流史》，胡锡年译，商务印书馆，1980，第 401 页。

④ 江静：《元日贸易特征论——以庆元港为考察对象》，载《宁波与海上丝绸之路》，科学出版社，2006，第 203 页。

⑤ 江静：《元代赴日中国商船锐减原因初探》，《中日文化论丛》第 8 辑，浙江大学出版社，2000，第 44 页。

⑥［日］木宫泰彦：《日中文化交流史》，胡锡年译，第 393 页。

始终未曾松懈过，这对想赴日经营的元商来说，是个极为不利的因素。①而元朝规模空前的统一局面，海外市场广阔，海陆贸易发达，对日本市场的需求度降低；加以元人畏恶日本观的逐渐形成，极大地打击了中国商人的赴日热情。②

反观日本，由于其与高丽之间的贸易受阻，中国几乎成为日本唯一的海外市场，是日本与世界联系的唯一窗口。日本社会对中国商品的需求，以及希望通过海外贸易弥补财政不足的意图，导致日本社会对元朝市场的强烈依赖。③ 而元政府并未禁止与日本的贸易，即使在元日关系紧张的至元十四年（1277），依然能做到“日本遣商人持金来易铜钱，许之”；④ 至元十五年十一月，朝廷还下诏“谕沿海官司通日本国人市舶”。⑤ 因而日本商船不断前来中国沿海寻求贸易，尤其是到距离最近的庆元港。如至元十六年，日本商船四艘、水手二千余人至庆元港口，庆元路达鲁花赤哈剌解经过探查，确认他们为贸易而来，于是，“言于行省，与交易而遣之”。⑥ 至元二十九年六月，日本商船又来互市，“风坏三舟，惟一舟达庆元路”。⑦ 木宫泰彦指出：“日本驶往元朝的商船，除兴国三年（1342）派遣的天龙寺船是特殊例外，其余都是私人的商船，往来极为频繁，几乎每年不断。元末六七十年间，恐怕是日本各个时代中商船开往中国最盛的时代。”⑧

第二，元政府对日商的防范和戒备。元朝廷虽允许中国沿海与日本商船进行贸易，但元世祖时期，中日两国处于积极备战的准军事状态，

---

① 江静：《元代赴日中国商船锐减原因初探》，《中日文化论丛》第8辑，第48—49页。

② 同上书，第52页。

③ 参见江静《元日贸易特征论——以庆元港为考察对象》，载《宁波与海上丝绸之路》，第206页。

④《元史》卷208《日本传》。

⑤《元史》卷10《世祖本纪七》。

⑥《元史》卷132《哈剌解传》。

⑦《元史》卷17《世祖本纪十四》。

⑧［日］木宫泰彦：《日中文化交流史》，胡锡年译，商务印书馆，1980，第394页。

元政府不能不对来华日商有所戒备，既要防止他们借通商之名行间谍之实，又要防止日本武装力量利用商船伺机反攻。成宗朝以后，征伐日本的计划虽渐被放弃，两国间的紧张关系似乎趋于缓和，但是倭寇在我国东南沿海地区的活动日渐猖獗，日商的贸易行为常常伴随着武力掠夺，日商的寇盗性不断增强。[①] 因此，元政府对前来贸易的日商严加防范。如：至元二十九年（1292）十月，日本商船到庆元要求互市，但“舟中甲仗皆具”，元政府担心日商另有图谋，下诏设立都元帅府，由哈剌䚟出任都元帅，以防海道。[②] 大德八年（1304）四月，“置千户所，戍定海，以防岁至倭船”。[③] 第二年，日本商船开到庆元，元政府不准船上人员上岸，还有意“翻其抽分之直”，即提高货物的抽分额度。[④] 大德十年四月，日商有庆等抵庆元贸易，“以金铠甲为献，命江浙行省平章阿老瓦丁等备之”。[⑤]

至大二年（1309）正月，发生日商焚烧官衙、民居，乃至肆意掠夺的重大寇掠事件。史载：“岛夷岁以土物互市，郡境吏卒侵渔之，不堪以忿，持所赍硫黄等药，火城中官府故家，民居几尽。”[⑥] 至大四年，枢密院官员认为：“庆元与日本相接，且为倭商焚毁”，同意了江浙行省曾经提出的“斟酌冲要去处，迁调镇遏”的请求。[⑦] 皇庆二年（1313）把蕲县翼万户府移戍庆元，并在定海设置万户府衙署机构，试图通过迁调的方式提高庆元沿海军队的防御作战能力。日商的寇掠事件仍时有发生，延祐三年（1316），元政府以“浙东倭奴商舶贸易致乱”，派遣大臣

---

① 参见江静《元日贸易特征论——以庆元港为考察对象》，载《宁波与海上丝绸之路》，第 207—208 页。

②《元史》卷 17《世祖本纪十四》。

③⑤《元史》卷 21《成宗本纪四》。

④ 江静：《元日贸易特征论——以庆元港为考察对象》，载《宁波与海上丝绸之路》，第 207 页。

⑥ 虞集：《玄妙观碑记》，载《至正四明续志》卷 10《道观道院》，收入《中国方志丛书·华中地方》第 579 号，第 5964 页。

⑦《元史》卷 99《兵志二》。

虎都铁木禄宣慰闽、浙，“抚戢兵民，海陆为之静谧云”。[①]

日商的暴力行为，从表面上看与元朝官员的贪婪与无能有关，如前述至大二年日商焚掠庆元事件，据称是因为不堪“郡境吏卒侵渔”，但实际上，日本国内社会矛盾激化导致来华日商成分的改变才是根本原因。13世纪后期，因受领主和地头的双重压迫，许多日本农民处境困难，纷纷逃离家园。这些人逐渐聚集到新兴武士周围，公然与朝廷和幕府对抗，被统治阶级称作“恶党”。同时，一些对幕府不满的御家人为增强实力，对“恶党”加以保护和利用，甚至成为“恶党巨魁”。他们或占山为王，或入海为寇，九州和濑户内海沿岸的“恶党”还将触角伸向获利百倍的海外贸易，成为武装商人。与此同时，在抗元战争中取得战功和遭受损失的御家人，因为无法从幕府获得恩赏和补偿而大批破产，他们大多是西国的武士，利用长期与海外通商的地理优势染指海外贸易。由于他们的介入，海上之路变得危机四伏，原来的海商们为免遭伤害，开始武装自己或寻求幕府的保护，来华日商的武装性因此增强。[②]

一般情况下，监督官员若举措得当，互市能够顺利进行。如延祐四年（1317），江浙行省左右司都事王克敬前往庆元监督日本人互市，“先是，往监者惧外夷情叵测，必严兵自卫，如待大敌。克敬至，悉去之，抚以恩意，皆帖然无敢哗”。[③] 泰定二年（1325）十月，日本商人到庆元海口贸易，江浙行省命宣慰都元帅马铸至定海监督，“于是整官军，合四部以一号召，列逻船以示备御，戢科调，减驺从，除征商之奸，严巡警之实，虑民之投究，为文以谕，收其帆樯器械，而舶法卒不敢移减自便”。历时137天，贸易得以顺利完成。[④] 元后期，“倭商久不至”。浙东元帅米某廉明公正，有才略，与浙东帅府掾朱子中统军镇遏。“惩曩年以金珠磊落，官吏受啖，致激事变，尽革其弊，一新禁令，令行禁止。

---

①《元史》卷122《虎都铁木禄传》。

② 参见江静《元日贸易特征论——以庆元港为考察对象》，载《宁波与海上丝绸之路》，第209页。

③《元史》卷184《王克敬传》。

④ 袁桷：《清容居士集》卷19《马元帅防倭记》，王颋点校，浙江古籍出版社，2015，第522页。

交易流通，百姓晏然，仁孚威慑，岛夷悦服，深得柔远之体”。① 在实行各种防范措施之后，“贾区市墟，陈列分错，咿嚘争奇，踏歌转舞”②，一片热闹的贸易景象。

值得一提的是，元代庆元港还是漕粮起运港之一。据虞集撰《黄头公墓碑》记载，黄头于延祐元年（1314）“任武德将军海道都漕运万户府副万户，亲运米二百七十万，迁显武将军海道都漕运万户……粮之登舟，自温、台上至福建，凡二十余处，皆取客舟载之至浙西，复还浙东入海。公请移粟庆元，海舟受之，自烈港（今舟山沥港）入海，无反复之苦”③。该建议是否得到批准，史无明载。从现有文献来看，至顺年间（1330—1333），庆元“每岁漕运米物十数万斛”。④ 元顺帝至元年间（1335—1340），庆元每年漕运仍是不下十万石。⑤《元史》记载：元代海运，“始自至元二十年（1283），至于天历（1328—1330）、至顺（1330—1333），由四万石以上增而为三百万以上”。至正初年开始，海运量有所减少，至正元年（1341）为二百八十万石，至正二年为二百六十万石。⑥ 由此可见，虽然延祐以后庆元港是海运漕粮的起运港之一，但所占比例并不大。有学者提出，“元朝漕粮北运的主要航线原先从长江南岸的刘家港（在今江苏太仓）出发，皇庆元年（1312）开始从庆元港运粮入京”，其资料来源注明是来自虞集《道园学古录》卷四一⑦，应当就是前引虞集所撰黄头墓碑文。从前面所引碑文内容来看，该说法值得商榷。

---

① 程端礼：《畏斋集》卷 4《送浙东帅掾朱子中考满序》，《文渊阁四库全书》第 1199 册。

② 袁桷：《清容居士集》卷 19《马元帅防倭记》，王颋点校，第 522 页。

③ 虞集：《道园学古录》卷 41《昭毅大将军平江路总管府达鲁花赤兼管内劝农事黄头公墓碑》，商务印书馆，1937，第 704 页。

④ 程端礼：《畏斋集》卷 5《庆元路总管沙木斯鼎（沙木思迪音）公去思碑》，收入《文渊阁四库全书》第 1199 册。

⑤ 况逵：《丰惠庙碑记》，载《至正四明续志》卷 9《祠祀·神庙》，收入《中国方志丛书·华中地方》第 579 号，第 5954 页。

⑥《元史》卷 97《食货志五·海运》。

⑦ 吴松弟、王列辉：《唐朝至近代长江三角洲港口体系的变迁轨迹》，《复旦学报》2007 年第 2 期。

黄头只是建议温州、台州以至福建一带的漕粮改在庆元起运，从至顺及后至元年间庆元每年的漕运量十万余石来看，似乎只是庆元当地所征集的漕粮。根据《元史》记载，元末，方国珍、张士诚分别割据浙东、浙西，“海运之舟不至京师者积年矣”，引起朝廷的忧虑。至正十九年(1359)，朝廷派遣兵部尚书伯颜贴木儿、户部尚书齐履亨“征海运于江浙，由海道到庆元，抵杭州”。当时方国珍、张士诚已归顺元朝，张士诚为江浙行省太尉，方国珍为江浙行省平章政事。元廷诏命张士诚征集粮食，方国珍准备船只，至正二十年五月从嘉兴澉浦起运赴京[①]，并非从庆元起运。

①《元史》卷97《食货志五·海运》。

第四章
明代朝贡贸易体制下的对外港口

朱元璋建立明朝后，为了防备倭寇与海盗对沿海地区的骚扰，实行海禁政策，严禁民间商人出海贸易，只允许官方控制的朝贡贸易（又称“勘合贸易”）。为了管理朝贡贸易，洪武三年（1370）在宁波、泉州和广州设置市舶司①，洪武七年三处市舶司一度被罢废，其职责由地方长官负责。永乐元年（1403）八月，“上以海外番国朝贡之使附带货物前来交易者，须有官专至之，遂命吏部依洪武初制”，恢复浙江、福建、广东三处市舶司。② 永乐三年九月，“上以海外诸番朝贡之使益多”，又下令各市舶司增设驿馆，“福建曰来远，浙江曰安远，广东曰怀远，各置驿丞一员”③，专门负责接待赴京朝贡使臣和转运贡物。

但是，朝贡贸易无法满足国内外经济发展的需要，明中叶以后，民间私人海上贸易活动日益增多，浙江双屿港和福建漳州月港成为走私贸易中心。隆庆开海后，月港成为当时中国唯一允许商人去海外从事贸易的口岸，澳门则成为广州的外港和国际贸易的中转站。

---

①《明史》卷81《食货五》。吴元年（1367）十二月，朱元璋在太仓州的黄渡（今江苏太仓浏河镇）设置市舶司，但洪武三年（1370）即停罢，洪武七年正月虽一度复设，但当年九月又废止。

②《明太宗实录》卷22，永乐元年八月丁巳，第409页。

③《明太宗实录》卷46，永乐三年九月甲午，第709页。

第一节　宁波港的“贡市”和私人海上贸易

元至正二十七年（1367）十二月，割据浙东一带的方国珍在大兵压境的情况下，不得不向朱元璋奉表投降。第二年即明洪武元年，明政府将庆元路改为明州府。洪武十四年（1381），改明州府为宁波府，此后宁波之名沿袭至今。在明代，宁波既作为官方朝贡贸易的重要国际贸易港，又成为中外闻名的国际贸易走私港，“一度上升为海上丝绸之路上最为活跃的国际贸易港之一”。①

一、宁波“贡市”的盛衰

明代浙江市舶司初设于洪武三年（1370），洪武七年一度罢废又恢复，洪武十九年再次被废止②，永乐元年（1403）复置于宁波。明末鄞县人高宇泰所纂《敬止录》卷二十《贡市考上》，详细记载了永乐年间浙江市舶司及安远驿的设置情况：

> 安远驿，在宁波卫后，今海道司，为方国珍遗屋。永乐元年设市舶司于此，四年复改为驿。
>
> 正厅三间（扁曰宾梯），厅前轩三间，东西小厅六间，过廊六间，左右挟屋一十六间，中堂七间七披，东廊房一十二间，前过廊三间，左右厢房一十一间二披，西侧屋二间。后堂七堂二披，东西厢房一十三间一披，前厢房五间一披，东三椽过房三间，后左右侧屋五间，马房一十一间，外门三间，东西排楼各一座，铺陈什物三十副。驿丞一员，吏一名，馆夫二十名。

---

① 万明：《明代嘉靖年间的宁波港》，《海交史研究》2002 年第 2 期。

② 白斌、王慕民：《明代浙江市舶司废止考》，《海交史研究》2008 年第 1 期。

以驿西方国珍花厅为市舶司。提举一员，副提举五员，司吏二名，典吏二名。祗禁十名，弓兵二十名，工脚一百名，库子二十二名，秤子十名，合干人二名，行人一百名。

文中注明“自市舶司小［以］下俱永乐志”，即引自已佚的永乐《鄞县志》。由上文可见，永乐元年（1403）设市舶司于原方国珍住宅，永乐四年市舶司官署改为安远驿，市舶司则迁至驿西原方国珍花厅。值得注意的是，永乐元年复置市舶司时，其职官配置为提举司一员，副提举二员，吏目一员。① 但在《敬止录》中，浙江市舶司副提举多达5人，下属吏员有4人（“司吏二名，典吏二名”），还有各类办事人员264人，形成了一个完整的朝贡贸易管理机构。

尤其值得关注的是“行人一百名”。对于前来朝贡的各国使团，明朝“许带方物，官设牙行与民贸易，谓之互市”。② 市舶司中的“行人”，也就是“官设牙行”中的官牙。关于市舶司行人的设置，郑舜功《日本一鉴》记载：“始设于永乐之初。四夷来朝，上许顺带土产互市，而恐奸民欺骗，有失远人向化之心，遵照国初事例，于浙江、福建、广东各设市舶提举司，以隶各布政司。随设正副提举吏目之官，部颁行人专主贡夷贸易。”③ 市舶司行人的主要职责，即是市舶司所掌管的“征私货，平交易”④，也就是主持外国使团附带货物的贸易。浙江市舶司行人设有百名之多，反映了当时宁波朝贡贸易的繁盛。

日本对明的勘合贸易始于永乐时期。永乐元年（1403），明成祖派遣左通政赵居任等人赴日本，将要启行，日本使者已达宁波。这年十月，明成祖在南京见到日本使者，大为喜悦，便派赵居任等于次年送日本使者回国，赠给日本金印和永乐年号的本字勘合一百道及日字勘合底簿一扇。⑤ 日本从此被纳入朝贡贸易的范围之内，“自是或二三年，或五六

---

①《明太宗实录》卷22，永乐元年八月丁巳，第409页。

②《续文献通考》卷31《市籴考·市舶互市》，现代出版社，1986，第459页。

③ 郑舜功：《日本一鉴·穷河话海》卷7《市舶》，1939年影印本。

④《明史》卷75《职官志·市舶提举司》，第1848页。

⑤［日］木宫泰彦：《日中文化交流史》，胡锡年译，商务印书馆，1980，第520页。

年，贡无定期，皆诏至京师，燕赏优渥，捆载而归。是以其贡而来也，于利不于义，往往各道争先受遣之为幸”。[①] 据《明史·日本传》记载："永乐初，诏日本十年一贡，人止二百，船止二艘，不得携军器，违者以寇论。乃赐以二舟，为入贡用，后悉不如制。”[②] 实际上，从永乐二年到永乐八年（1404—1410），日本共派遣勘合船6次，几乎年年来贡，船只共38艘，平均每次派船六七艘。[③]

日本使团所带的货物可分为三类：贡品、使臣自进品和附来货物。《明会典》记载：“正贡外，使臣自进并官收买，附来货物俱给价，不堪者令自贸易。”[④] 所谓“正贡”，即日本国贡物，《明会典》记载的有马、盔、铠、剑、贴金扇、玛瑙、硫黄、苏木、牛皮等20种。[⑤] 对这部分贡物，明朝是以给赐方式回报。日本学者木宫泰彦认为，“这也就是利用外交上的礼节来进行的一种官营贸易”。[⑥] 宣德八年（1433）明朝颁发给日本的勘合，把日本使团的货物分成三部分：一是“进贡方物”，二是“本国并差来人附搭物件”，这部分包括日本官方与上层附带的贸易物品，三是“客商物货”。[⑦] 说明附搭的货物实际上也可分为三种类型，即日本国的官方附搭物品、使臣附搭物品和客商附搭物品，这些附搭物品实际上都是贸易物品。附搭物品中，刀剑、苏木、硫黄、红铜、纸扇箱盒等由明政府收购[⑧]，其他物品令自行贸易。即使到了嘉靖年间海上不宁，日本使团最后一次朝贡时，明朝也仍然是“除违禁货物照例禁约外，其

---

① 李言恭、郝杰编撰《日本考》，汪向荣、严大中校注，中华书局，1983，第64页。

②《明史》卷322《日本传》。

③［日］木宫泰彦：《日中文化交流史》，胡锡年译，第530—531页。

④ 万历《大明会典》卷111《给赐二》，《续修四库全书》第791册，第126页。

⑤ 万历《大明会典》卷105《朝贡一》，第76页。

⑥［日］木宫泰彦：《日中文化交流史》，胡锡年译，第570页。

⑦［日］瑞溪周凤：《善邻国宝记》，东京国书刊行会，1975，转引自郑樑生《明代中日关系研究》，台湾文史哲出版社，1985，第66页。

⑧ 参见郑樑生《明代中日关系研究》，第242—251页。

一应服饰器用之类，俱许两平交易”。① 在使团运载来的物品中，正贡只占少数，绝大多数是贸易商品。

日本贡舶抵达宁波后，所带货物从一号船依次卸货，市舶司职官予以盘验，然后放进市舶库。凡应由明政府收购的物品，都装箱运往南京（永乐十九年迁都后运往北京），其余则由使臣自行互市。《敬止录》引永乐《鄞县志》记载，明代宁波的市舶库称为东库：

> 东库，灵桥门内，今海仓厅址。厅三间，后轩三间，左为土祠，右为庖舍，前仪门大门，库房五联，计六十一间，分为十四号。
>
> 宋名市舶务……东西前后列四库，胪分二十八眼……
>
> 元改为库，名市舶库，内有敖房二十八间……土库屋并前轩共六间，至元元年创盖外门楼三间，以备关防。
>
> 方氏改为庆丰仓，皇明洪武初因之，为广盈东仓。永乐三年复为市舶司库，名东库。商舶到，官为抽分其物，皆贮于此。②

由上文可见，明代永乐年间的市舶库是由宋元市舶库发展而来，不过规模比宋元时大。南宋市舶库为四库 28 间，元代仍为敖房 28 间，明永乐年间库房已扩展为五联 61 间，比宋元时扩大了一倍多。明史学者万明认为：“明初市舶东库的规模比宋元时有了扩大发展，说明货物仓储规模超过了宋元，这是海外贸易规模超过前朝的一个明显的例证。”③

日本使臣在中国的交易，可分为会同馆交易与沿途贸易两种。永乐时期日本的 6 次勘合贸易，当时明朝的都城还在南京，贡使在南京觐见永乐皇帝后，即受允在会同馆交易所携货物。除此之外，日本使臣在宁波进行贸易活动，进京及返回途中，在杭州、苏州等主要驿站进行贸易活动，这些都是官方管理下的互市贸易，其中包括与民间商人的贸易，

---

①［日］策彦周良：《再渡集》，嘉靖二十七年四月十三日条，转引自郑樑生《明代中日关系研究》，第 83 页。

②《敬止录》卷 20《贡市考上》。

③ 万明：《明初“贡市”新证——以〈敬止录〉引〈皇明永乐志〉佚文外国物品清单为中心》，载《明史研究论丛》第七辑，第 101 页。

也就是通过行人中介的贸易。嘉靖《宁波府志》所记宁波府通判沈希达传云："弘治十一年任府通判。先时，倭夷入贡，道宁波。郡人利与交易，不虞其谲也。已而自京师还，伪券纷然无所辨，镇抚藩臬皆难之。适委希达，乃如夷众谕以善恶祸福，显有微应，大书天理人心万里海面八字悬之。夷人气慑吐实，乃折伪券，偿实负民。夷悦服，当道称之。"① 上述交易方式与私人贸易通常事先将货物委托牙行贩卖，并从牙行手中获得所需货物的方式不同，而似系事先发行汇票之类的文件具领货物，以保证在日后付款。②

《敬止录》卷二十《贡市考上》引永乐《鄞县志》，详细记录了日本国物品清单，共计货物 248 种。原文没有分类，万明先生把其分成 7 类：宝物矿物类 21 种，香料药物类 41 种，马匹毛皮类 15 种，兵器类 22 种，布绢类 18 种，工艺品类 61 种，日有杂品类 70 种。③ 宝庆《四明志·市舶》记载的日本进口物品，只有细色 7 种、粗色 6 种。永乐《鄞县志》记载的日本进口物品的种类是南宋时期的近 20 倍，尤其是工艺品和日用品种类繁多。值得注意的是，在日本进口货物中，香料药物的种类占了近 1/6（乳香、没药、木香、安息香、檀香、丁香、胡椒等产自东南亚、南亚和西亚地区）布绢类中也有高丽布和高丽粗布，说明"明初与日本的贸易中掺杂了许多其他国家与地区的成分"。④

值得关注的是，《敬止录·贡市考上》引永乐《鄞县志》，还记载了 36 种"暹罗国"物品，其下注明"以下脱页"，说明所引不完整。根据

① 嘉靖《宁波府志》卷 25《名宦》。

② 郑樑生：《明代中日关系研究》，第 253 页。

③ 参见万明《明初"贡市"新证——以〈敬止录〉引〈皇明永乐志〉佚文外国物品清单为中心》，载《明史研究论丛》第七辑，第 95 页。该文《明永乐宁波贡市"日本国"物品表》中，只列了 245 种物品，且把原书中"鞭鼓生牛皮"分作鞭鼓和生牛皮两种，但原书中另有"生牛皮"，"鞭鼓生牛皮"似为作鞭鼓用的生牛皮。查阅《敬止录》，该文遗漏了假□沟漆砚匣、金漆砚匣、洒铜闭（?）金砚匣和黑漆描铜研匣等 4 种物品。按该文分类，这 4 种物品可归入"工艺品类"。本书"马匹毛皮类"和"工艺品类"的统计数字作了相应调整。

④ 万明：《明初"贡市"新证——以〈敬止录〉引〈皇明永乐志〉佚文外国物品清单为中心》，载《明史研究论丛》第七辑，第 97 页。

这一记载，学者认为“永乐时暹罗朝贡是从宁波入贡的”。另据《明太祖实录》记载，洪武二十一年（1388），“温州永嘉县民因暹罗入贡，买其使臣沉香等物。时方严交通外夷之禁，里人讦之，按察司论当弃市。上曰：‘永嘉乃暹罗所经之地，因其经过，与之贸易，此常情耳，非交通外夷之比也。’释之”。① 根据这一记载，该学者认为“洪武时暹罗入贡也是到浙江的”，说明明初宁波市舶并非是为日本一国而设，以往学界对于明初规定或者说限定各国贡道的认识，“就需要修正了”。②

其实，在洪武、永乐时期，各市舶司之间的分工不太明显，不只暹罗会从宁波入贡，琉球贡船也会到宁波、瑞安停泊。《明宣宗实录》记载：

> （宣德七年四月甲寅）浙江温州府知府何文渊奏：瑞安县耆民言，洪武、永乐间，琉球入贡舟泊宁波，故宁波有市舶提举司，安远驿以贮方物、馆谷使者。比来番使泊船瑞安，苟图便利，因无馆驿……乞自今番船来者，令仍泊宁波为便。行在礼部言：永乐间，琉球船至，或泊福建，或宁波，或瑞安。今其国贡使之舟凡三，二泊福建，一泊瑞安。询之，盖因风势使然，非有意也。③

对于琉球贡船在瑞安停泊，行在礼部不仅没有制止，反而提议在瑞安修建公馆及库房，宣德皇帝也给予认可。同年瑞安县城大东门外修建了东安馆驿，不过到嘉靖年间已成为废墟。④

暹罗、琉球之外，还有少部分来自西南方向的贡船到浙江市舶司入贡。《明宣宗实录》记载，宣德五年六月庚午，“上谕行在礼部臣曰：闻西南诸番进贡，海舟初到，有司封识，遣人入奏，俟有命然后开封起运。……其令广东、福建、浙江三司，今后番舡至有司，遣人驰奏，不

---

①《明太祖实录》卷188，洪武二十一年正月甲午，第2815页。

② 万明：《明初“贡市”新证——以〈敬止录〉引〈皇明永乐志〉佚文外国物品清单为中心》，《明史研究论丛》第七辑，第107页。

③《明宣宗实录》卷89，第2052页。

④ 嘉靖《瑞安县志》卷2《建置志》。

必待报三司官，即同市舶司称盘，明注文籍，遣官同使人运送至京，庶省民间供馈”。① 上述《明宣宗实录》的记载，说明直到宣德年间，宁波并非专通日本一国。嘉靖时兵部尚书张时彻及《明史》卷八十一《食货五》关于“宁波通日本，泉州通琉球，广州通占城、暹罗、西洋诸国”的说法，诚如学者所言，“应该是一个逐渐形成的过程”。②

永乐九年（1411）以后，把持日本政权的幕府将军足利义持停止派贡使前来朝贡，并于永乐十七年与明断交，直到足利义教任幕府将军后，于宣德八年（1433）派使团复贡，到嘉靖年间，贡舶共来华 11 次。③ 按照宣德年间的规定，日本使团“人毋过三百，舟毋过三艘”，但“倭人贪利，贡物外所携私物增十倍”。④ 其中，宣德八年贡船 5 艘，宣德十年 6 艘，景泰四年（1453）9 艘，人员多至 1200 人。⑤ 此后，由于明朝限制日本贡舶与使团人数，日本所遣贡舶大致为三艘，贡期也大都遵守十年一贡的规定。

学者一般把宣德以后的日本贡舶称为第二期勘合贸易船。⑥ 据研究，这一时期的日本贡舶来华，“政治意义与对国际上顾虑的成分消失，其统治阶级只一味追求贸易之利而钻营通贡贸易”。⑦ 这期贡舶的最大特色，在于商业资本渗透权门中枢，来谋求其利润。至此期末尾，博多、堺两地商人竟成为派遣贡舶的主角。⑧ 如景泰二年（1451）的贡舶，多武峰长谷寺船的《渡唐日记》云：“外官三人（药居座、居座、七郎次

①《明宣宗实录》卷 67，宣德五年六月庚午，第 1571 页。

② 万明：《明初“贡市”新证——以〈敬止录〉引〈皇明永乐志〉佚文外国物品清单为中心》，《明史研究论丛》第七辑，第 108 页。

③［日］木宫泰彦：《日中文化交流史》，胡锡年译，商务印书馆，1980，第 536—541 页。

④《明史》卷 322《日本传》。

⑤ 郑樑生：《明代中日关系研究》，台湾文史哲出版社，1985，第 76 页。

⑥ 如［日］木宫泰彦《日中文化交流史》五《明、清篇》。

⑦［日］佐佐木银弥：《東アジア貿易圏の形成と國際認識》，收录于《岩波讲座日本历史》七，日本岩波书店，1976，转引自郑樑生《明代中日关系研究》，第 196 页。

⑧ 郑樑生：《明代中日关系研究》，第 196 页。

郎)，其下有商贾等百人，以人凡名义招集。此百人乃外官下人三人分，即一名外官之下有三十余人。”① 也就是将百名商人当作外官的部属。该舶只是景泰四年入贡的 9 艘贡舶之一，该使团人数达到 1200 人，可见其中商人数之多。该使团所带货物，仅由朝廷收购的部分，硫黄 364400 斤，苏木 106000 斤，生红铜 152000 余斤，衮刀 417 把，腰刀 9483 把，“其余纸扇箱盒等物，比旧俱增数十倍。盖缘旧日获利而去，故今倍数而来”。② 又如嘉靖十八年（1539）的入贡船，一号船有职员 15 人，水手 58 人，而随从商人竟达 112 人；二号船有职员 5 人，水手 40 人，而随从商人有 95 人；三号船职员 6 人，水手 35 人，而随从商人有 93 人。③ 由此可见，商人成为这一时期使团成员的主体。

正统元年（1436）八月，浙江右布政使石执中等言，“近年日本诸国来贡者少，其市舶提举司官吏人等冗旷”，奏请把市舶司官员裁减 2/3，获得朝廷批准。④ 嘉靖二年（1523）日本贡使在宁波发生“争贡之役”，《明史》云：“给事中夏言言倭患起于市舶，遂罢之。”⑤《明实录》未载罢浙江市舶司之事，只是说，“初，日本自嘉靖二年因宋素卿、宗设等事，绝其朝贡”；⑥“自此绝不通共者，十有七年”。⑦ 明朝在嘉靖六年已决定恢复宁波对日朝贡贸易。⑧ 嘉靖十八年（1539）日本幕府将军再次遣使朝贡，但“争贡之役”的阴影犹在，嘉靖皇帝认为其“夷性多谲，不可轻信”，要求浙江巡按御史等地方官“严加译审，果系孝顺，如例起送”；同时“严禁所在居民，无私与交通，以兹祸乱”。⑨ 明廷严格限制日本前来朝贡的贡期、舟船、人数，“以后贡期，定以十年，夷使不

---

① 转引自郑樑生《明代中日关系研究》，第 216 页。

②《明英宗实录》卷 236，景泰四年十二月甲申，第 5140 页。

③［日］木宫泰彦：《日中文化交流史》，胡锡年译，商务印书馆，1980，第 554 页。

④《明英宗实录》卷 21，正统元年八月甲申，第 416 页。

⑤《明史》卷 81《食货志五》，第 1981 页。

⑥《明世宗实录》卷 234，嘉靖十九年二月丙戌，第 4796 页。

⑦《明世宗实录》卷 227，嘉靖十八年闰七月甲辰，第 4708 页。

⑧ 万明：《明代嘉靖年间的宁波港》，《海交史研究》2002 年第 2 期。

⑨《明世宗实录》卷 227，嘉靖十八年闰七月甲辰，第 4708 页。

过百名，贡船不过三只，违者阻回”。[①] 嘉靖二十六年，日本朝贡使团以策彦周良为正使，再次来华，于六月一日到达定海。明廷因其“以四船六百人先期而至”[②]，乃下令于定海的岙山等候，至次年三月方抵宁波港，住进嘉宾馆，十月自宁波起程，于二十八年（1549）四月抵达北京，同年十二月从北京回到宁波，并于第二年五月以后扬帆回国。垄断日本勘合贸易的大内家族于1551年灭亡，此后，日本不再遣使来华朝贡，宁波的“贡市”亦走到尽头。

日本停止入贡后，专为朝贡贸易而设的浙江市舶提举司自然失其功用。据嘉靖三十九年（1560）《宁波府志》的记载，旧市舶提举司于嘉靖中改建为巡视海道司。又载：“提举司，在海道司西，中为厅凡三间，右为耳房凡二间，东为正提举宅，西为副提举宅，右为吏目宅，前为露台，为外门。”“安远驿，在提举司前五十步，中为厅凡三间（扁曰宾梯），左右廊房各六间，前为塞门，为外门。国朝永乐初以方国珍遗屋为提举司，四年改为驿，今因之以待夷贡。”[③] 可见，不论是市舶提举司还是安远驿，其规模都比永乐时大为缩小，市舶东库则已废圮。嘉靖四十四年浙江巡抚都御史刘畿说：“宁波旧设市舶司。听其贸易，征其舶税，行之未几，以近海奸民侵利启衅，故议裁革。”[④] 说明浙江市舶司曾征收货物进口税，但时间极短。

据万历《大明会典》卷十五记载，浙江市舶提举司于隆庆元年正式裁革。万历二十七年（1599）二月，以百户张宗仁奏，复置浙江市舶，遣内官刘成征收税课。[⑤] 这只是当时矿监税使四出的一个实例而已，与明前期“贡市”已不可同日而语。[⑥] 大学士沈一贯具题云：

---

①《明世宗实录》卷234，嘉靖十九年二月丙戌，第4796页。

②《明世宗实录》卷330，嘉靖二十六年十一月丁酉，第6071页。

③ 嘉靖《宁波府志》卷8《公署·附署》，第830页。

④《明世宗实录》卷550，嘉靖四十四年九月丙申，第8854页。

⑤《明神宗实录》卷331，万历二十七年二月壬子，第6113页。

⑥ 万明：《明代宁波的“贡市”——以明末高宇泰〈敬止录〉为中心的探析》，载《宁波与海上丝绸之路》，科学出版社，2006，第233页。

> 今倭奴久已绝贡，无市无舶，定海一关，不过本地鱼船及近境商船出入军门，讯察非常，因而税之。大抵不过千两，悉充兵饷之需，利甚薄也。一设市舶，尚不足以充本监公费，又安得取盈而上供？……乞收回成命。[①]

不过，该提请未上报。万历末期，明神宗在其遗诏里下令停止征收榷税，[②] 浙江市舶司应该被一起裁撤。

隆庆初年，福建巡抚涂泽民请开海禁，准贩东、西二洋，“而特严禁贩倭奴者，比于通番接济之例”。[③] 宁波港主要是对日贸易港，将日本列入贸易制裁国家，自然也就封杀了宁波港。此后虽不时有开放海禁之议，但终明之世未获允准，宁波成为国内贸易港。万历中期，宁波人万邦孚为温、处参将，“闽盗诈称商人，入浙地杀掠，扬帆而去”。万邦孚因此下令，“分闽、浙海界，商舶不得越境。闽商入浙则乘浙舟，浙商入闽亦如之，遂着为令”。[④] 商船不能在海上自由运行，宁波港的发展受到限制。与嘉靖时期相比，晚明的宁波港处于衰落之中。

二、宁波双屿港的兴亡

嘉靖年间，当宁波的朝贡贸易走向尾声时，私人海上贸易却日趋繁盛，自嘉靖初年至嘉靖中叶，宁波双屿成为中外闻名的国际贸易走私港。

双屿港位于浙江舟山群岛，明代隶属宁波定海卫霩衢千户所管辖。关于其地理形势，浙江巡抚朱纨称：“（双屿）悬居海洋之中，去定海县六十余里……其形势，东西两山对峙，南北俱有水口相通，亦有小山如

---

①《明神宗实录》卷 331，万历二十七年二月庚申，第 6119—6120 页。

②《明神宗实录》卷 596，万历四十八年七月癸巳条，第 11449 页。

③ 张燮：《东西洋考》卷 7《饷税考》，谢方点校，中华书局，1981，第 132 页。

④ 雍正《浙江通志》卷 172《万邦孚传》，收入《景印文渊阁四库全书》第 523 册，第 539 页。

门障蔽，中间空阔约二十余里，藏气聚风，巢穴颇宽。”① 对于双屿港的港址，自20世纪30年代以来，众多学者展开了探讨，主要有两种观点：一说是在舟山六横岛和佛渡岛之间，另一说是在六横岛西侧一带②。近年的研究似倾向于在六横岛西侧。③

双屿港的兴起，是中外海商共同作用的产物。对此，嘉靖时兵部尚书张时彻的奏疏进行了详细论述：

> 贡舶者，王法之所许，市舶之所司，乃贸易之公也。海商者，王法之所不许，市舶之所不经，乃贸易之私也。日本原无商舶，商舶乃西洋原贡诸夷载货，泊广东之私澳，官税而贸易之。既而欲避抽税、省陆运，福人导之，改泊海仓、月港；浙人又导之，改泊双屿。每岁夏季而来，望冬而去。……自甲申（嘉靖三年，1524）岁凶，双屿货壅，而日本贡使适至，海商遂败［贩］货以随售，倩倭以自防，官司禁之弗得，西洋船原回私澳，东洋船（指日本船）遍布海洋，而向之商舶悉变而为寇舶矣。④

由张时彻的奏疏可以看出，在双屿港进行贸易的，有中国海商、西洋船和东洋船（日本船）。明代前期的海禁和朝贡贸易，使东南沿海一带人民失去生计，被迫从事走私贸易。海道副使谭纶上疏云：“沿海灶

---

① 朱纨：《甓余杂集》卷4《双屿填港工完事》，收入《四库全书存目丛书·集部》第78册，齐鲁书社，1995，第93页。

② 参见龚缨晏、杨靖《近年来 Liampo、双屿研究述评》，《中国史研究动态》2004年第4期。

③ 参见王慕民《明代双屿国际贸易港港址研究》，《宁波大学学报（人文科学版）》2009年第5期；方普儿、翁圣宬《双屿港古今地望考证》，《浙江社会科学》2010年第6期；陈舟跃《双屿港地望考》，《浙江海洋学院学报（人文科学版）》2011年第4期；时萧《舟山六横岛海交史迹调查的发现与认识——以双屿港为中心》，载《历史视野下的港城互动：首届“港通天下”国际港口文化论坛文集》，科学出版社，2018，第347—355页。

④ 胡宗宪：《筹海图编》卷12《开互市》，收入《景印文渊阁四库全书》第584册，第399页。

丁假以采办，私造大船违禁下海，始则取鱼，继而接济，甚则通番。十数年来，富商大贾侔利，交通番船满海间。”① 来到宁波沿海从事走私贸易的，还有福建漳、泉等地的商人，被宁波人称为“漳船”。宁波籍退休官员戴鱀《海防议》称：“近岁乃有一种漳船，窃市海外番货，如胡椒、苏木、名香、玳瑁之属，潜入岛徼。而侥幸射利者，私其什百之赢，为之根柢橐穴……漳船之入吾海徼，才十五六年而止耳。”②《海防议》写于嘉靖十一年（1532），说明漳船在正德十二年至十三年（1517—1518）间来到宁波。嘉靖十八年，“闽人金子老为番舶主，据宁波之双屿港”。③ 十九年，福建人李七（李光头）、歙人许二（许栋）“引倭聚双屿港为巢”，其党王直、徐惟学等人“出没诸番，分迹剽掠，而海上始多事已”。④ 浙江巡抚朱纨也说：“贼船蟠据双屿港二十余年，招引各国番夷，聚集四方强寇。”⑤

张时彻所谓“西洋船”，包含葡萄牙人的船只。因明廷禁止佛郎机通市，葡萄牙人无法进行合法贸易，往往伪托满剌加（马六甲）、暹罗、北大年诸国人之名义，“更附诸番舶杂至为交易”⑥，借以进行对华贸易。张时彻的奏疏说明在嘉靖三年（1524）以前，已有浙江商人引导葡萄牙人的船只到双屿停泊、贸易。葡萄牙人在1511年（正德六年）侵占了马来半岛的满剌加，急于和中国建立贸易关系。正德八年，葡萄牙人若热·阿尔瓦雷斯（Jorge Alvares）在中国商人的指引下，来到广东珠江口的屯门贸易。随后，正德十二年七月，葡萄牙人费尔南·佩雷斯·

① 胡宗宪：《筹海图编》卷11《经略一·叙寇原》，第280页。

② 戴鱀：《戴中丞遗集》卷6《海防议》，收入《北京图书馆古籍珍本丛刊》第103册《集部·明别集类》，书目文献出版社，1998，第424页。

③ 谈迁：《国榷》卷59，

④ 胡宗宪：《筹海图编》卷5《浙江倭变纪》。王应山《闽都记》卷1《建置总叙》记载：“嘉靖九年正月，福州狱变，贼戕大吏，囚人斩关趋连江，渡海而遁。”有学者据此记载，认为李光头、许栋从福建越狱下海的时间应为嘉靖九年，而非嘉靖十九年。参见杨国桢《十六世纪东南中国与东亚贸易网络》，《江海学刊》2002年第4期。

⑤ 朱纨：《甓余杂集》卷2《捷报擒斩元凶荡平巢穴以靖海道事》，第41页。

⑥ 严从简：《殊域周咨录》卷9《佛郎机》，中华书局，1993，第324页。

达·安特拉德率领一支由四艘船组成的船队护送葡王使臣托梅·皮雷斯抵达广东。① 据说，安特拉德1518年返回满剌加后，他的部分船只随同中国赴琉球贸易的商船前往宁波（指双屿），在那里设了商站，并从宁波开拓了对中国沿海其他地方和日本的“有利贸易”。② 嘉靖元年西草湾之战后，葡萄牙人被赶出广东，但他们并未罢休，认为“与中国的贸易太有价值了，以至于不能放弃。于是避免广东港，贸易船从马六甲直接驶往浙江和福建”。③ 不久，福建海商邓獠又招引葡萄牙人到双屿贸易。邓獠原来因罪被囚禁，嘉靖五年越狱下海，“诱引番夷私市浙海双屿港，投托合澳之人卢黄四等，私通交易”。④

嘉靖二年（1523）“争贡之役”后，中日朝贡贸易一度中断，“市舶既罢，日本海贾往来自如，海上奸豪与之交通，法禁无所施，转为寇贼”。⑤ 嘉靖十八年日本恢复朝贡以后，有两次号称日本朝贡使团来华，都因没有表文和未到贡期而被明朝拒绝。⑥ 朝贡贸易受阻，但“其人利互市，留海滨不去”，于是与中国私商合流，“而内地诸奸利其交易，多为之囊橐，终不能尽绝”。⑦ 史载：“双屿港之寇，金子老倡之，李光头以枭勇雄海上，子老引为羽翼，迨子老去，光头独留，而许栋、王直则相继而兴者也。……初亦止勾引西番人交易，二十三年始通日本。”⑧

起初，以葡萄牙人为主的西洋商人只是“系泊双屿等港，私通罔利”，⑨ “在贸易季节靠海滩搭起蔽身和存货的席棚，而在他们乘船离开

---

① 万明：《中国融入世界的步履：明与清前期海外政策比较研究》，社会科学文献出版社，2000，第179—183页。

② F. C. Danvers，*The Portuguese in India*，London，1894，Vol. 1，p338. 转引自廖大珂《葡萄牙人在浙江沿海的通商与冲突》，《南洋问题研究》2003年第2期。

③ 转引自廖大珂《葡萄牙人在浙江沿海的通商与冲突》，《南洋问题研究》2003年第2期。

④ 郑舜功：《日本一鉴·穷河话海》卷6《海市》，1939年影印本。

⑤《明史》卷81《市舶志》。

⑥ 万明：《明代嘉靖年间的宁波港》，《海交史研究》2002年第2期。

⑦《明史》卷322《日本传》，第8350页。

⑧《筹海图编》卷8《寇踪分合始末图谱》，第225页。

⑨ 郑舜功：《日本一鉴·穷河话海》卷6《流通》。

时就把棚子烧掉或拆掉”，[①] 并未构筑巢穴，双屿还只是季节性贸易的场所。至嘉靖十九年（1540），徽州私商许松等人到满剌加，招引大批葡萄牙人至浙江沿海贸易，共同占据了双屿，双屿作为中外海盗商人的巢穴和国际贸易走私港开始崛起。郑舜功记曰：“嘉靖庚子（1540），继之许一（松）、许二（楠）、许三（栋）、许四（梓）勾引佛郎机国夷人，络绎浙海，亦市双屿、大茅等港。”[②] 谢杰亦云：“（双屿）港在定海之霩衢所，贼李光头、许栋等所屯，由庚子（嘉靖十九年）至戊申（嘉靖二十七年），盘据者九年，营房、战舰无所不具。”[③] 当时的葡萄牙修士克路士也有类似的记载：“1540 年左右，葡萄牙人开始在宁波的外岛过冬。”[④]

葡萄牙人占据双屿之初，主要从事中国沿海的走私贸易。朱纨描述当时双屿的走私活动：

> 浙江定海双屿港，乃海洋天险，叛贼纠引外夷，深结巢穴，名则市贩，实则劫掳。有等嗜利无耻之徒，交通接济。有力者自出货本，无力者转辗称贷；有谋者诓领官银，无谋者质当人口；有势者扬旗出入，无势者投托假借。双桅、三桅，连樯往来，愚下之民，一叶之艇，送一瓜，运一樽，率得厚利。驯致三尺童子，亦知双屿之为衣食父母。远近同风，不复知华俗之变于夷矣。[⑤]

后来，葡萄牙人又把双屿作为对日贸易的基地。根据日本文献记载，天文十年（1541），三名葡萄牙人从暹罗前往中国途中遇到暴风，漂

---

①［英］C. R. 博克舍：《十六世纪中国南部行纪·导言》，何高济译，中华书局，1990，第 5 页。

② 郑舜功：《日本一鉴·穷河话海》卷 6《海市》。

③ 谢杰：《虔台倭纂》卷下《倭绩》，收入《北京图书馆古籍珍本丛刊》第 10 册《史部·杂史类》，第 259 页。

④ 转引自廖大珂《世界的宁波：16—17 世纪欧洲地图中的宁波港》，《世界历史》2013 年第 6 期。

⑤ 朱纨：《甓余杂集》卷 4《双屿填港工完事》，第 94 页。

流到萨摩的鹿儿岛。天文十二年，又有三名葡萄牙人漂流到种子岛。[①] 葡萄牙人“由此开辟了一个有利可图的、广阔的新市场”，但是不久，“在台风季节他们笨拙的帆船在中国海航行的危险迫使他们致力于获得一个处于满剌加与长崎之间的庇护港口。此外，还需要一个安全的基地，以获得充足的中国生丝的供应，中国生丝是他们运往日本的船货中最有利可图的部分”。[②] 双屿因此成为“日本等国通番巢穴”[③]，成了葡萄牙与中国、日本进行海上走私贸易的据点。日本学者上田信指出：“自 1540 年以来，日本的白银大规模流向中国，使位于连接江南和日本海路的双屿港开始成为中国、葡萄牙、日本等商人聚集的国际交易港。”[④] 双屿作为宁波的外港，以其为中心，形成了新的海上网络：宁波—日本—东南亚—印度洋—欧洲。宁波成为各国商人大显身手的舞台，不仅有中国各地的海商，还有葡萄牙人、日本人、东南亚各国人，以及非洲人。[⑤]

嘉靖二十二年（1543），“海道副使张一厚因许一、许二等通番致寇，延害地方，统兵捕之。许一、许二等敌杀得志，乃与佛郎机夷竟泊双屿”。[⑥] 葡萄牙人在双屿的地位得到巩固。闽浙沿海与日本、满剌加之间的三角贸易，促进了双屿国际贸易的繁荣。据曾到访双屿的葡萄牙商人、冒险家平托记述：“当时那里还有三千多人，其中一千二百为葡萄牙人，余为其他各国人。据知情者讲，葡萄牙的买卖超过三百万金，其中大部分为日银。”当时双屿设有城防司令、法官、市政议员、收税官等公职人员，有两所医院、一座仁慈堂，是葡萄牙人在整个亚洲规模最

---

① [日] 木宫泰彦：《日中文化交流史》，胡锡年译，商务印书馆，1980，第 617、619 页。

② 转引自廖大珂《葡萄牙人在浙江沿海的通商与冲突》，《南洋问题研究》2003 年第 2 期。

③ 朱纨：《甓余杂集》卷 2《议处夷贼以明典刑以消祸患事》，第 43 页。

④ [日] 上田信：《海与帝国：明清时代》，高莹莹译，广西师范大学出版社，2014，第 199 页。

⑤ 万明：《明代嘉靖年间的宁波港》，《海交史研究》2002 年第 2 期。

⑥ 郑舜功：《日本一鉴·穷河话海》卷 6《海市》。

大的居留地。①

学者大多认为平托的记述夸大其词，史料价值不高。不过，根据我国历史文献的记载，嘉靖二十七年（1548）四月明军攻破双屿之后，“浙海瞭报，贼船外洋往来一千二百九十余艘”。② 在双屿活动的中外私商船只数量如此之多，估计其人数应有数万。又据同年六月朱纨奏称，从双屿被驱逐南下的“佛郎机夷船众及千余”③，与平托所记葡萄牙人数基本一致。明人王世贞亦记：“舶客许栋、王直辈，挟万众双屿诸港，郡要缙绅利互市，阴通之。”④ 明军攻克双屿后，“将双屿贼建天妃宫十余间、寮屋二十余间、遗弃船只二十七只，俱各焚烧尽绝”。⑤ 此“天妃宫”应当包含天主教堂在内，仅天妃宫和天主教堂就达 10 多所，可见当时岛上人口之多，贸易之繁荣。

另一方面，葡萄牙人、日本人及中国私商的走私活动亦商亦盗，严重威胁到明朝的统治秩序。朱纨称：“内地叛贼常年于南风迅发时月，纠引日本诸岛、佛郎机、彭亨、暹罗诸夷，前来宁波双屿港内停泊，内地奸人交通接济，习以为常，因而四散流劫，年甚一年，日甚一日，沿海荼毒，不可胜言。”⑥ 俞大猷也说，双屿港的中外私商，“及货尽将去之时，每每肆行劫掠”。⑦ 在海上走私贸易中，本地一些不法奸商赖账、赊账也加剧了这种海盗活动的猖獗。《嘉靖东南平倭通录》记述：“凡番货至，辄赊与奸商。久之，奸商欺负，不肯偿。番人泊近岛，遣人坐索，不得。番人乏食，出没海上为盗。久之，百余艘盘据海洋，日掠我

---

①［葡］费尔南·门德斯·平托：《远游记》，金国平译，澳门基金会等，1999，第 699 页。

② 朱纨：《甓余杂集》卷 4《双屿填港工完事》，第 94 页。

③ 朱纨：《甓余杂集》卷 3《亟处失事官员以安地方事》；卷 5《六报闽海捷音事》。

④ 王世贞：《弇州山人四部稿》卷 81《湖广按察副使沈（密）公传》，《原国立北平图书馆甲库善本丛书》第 786 册，第 1381 页。

⑤ 朱纨：《甓余杂集》卷 2《捷报擒斩元凶荡平巢穴以靖海道事》，第 40 页。

⑥ 朱纨：《甓余杂集》卷 3《海洋贼船出没事》，第 66 页。

⑦ 俞大猷：《正气堂集》卷 7《论海势宜知海防宜密》，收入《四库未收书辑刊》伍辑贰拾册，北京出版社，2000，第 191 页。

海滨，不肯去。小民好乱者，相率入海从倭。”①

对于中外商人的海盗活动，明朝虽然屡次派官军剿捕，但一再败北，甚至东阁大学士谢迁后裔在余姚的宅第也“遭其一空”，明朝备倭把总指挥白濬、千户周聚、巡检杨英也被掳。② 嘉靖二十六年（1547），明朝任命朱纨“提督浙、闽海防军务，巡抚浙江”。③ 朱纨厉行海禁，于嘉靖二十七年四月派军包围双屿，“遇贼于九山洋，俘日本国人稽天，许栋亦就擒”。④ 随后直捣双屿，“俘斩溺死者数百人，贼酋许六、姚大总与大窝主顾良玉、祝良贵、刘奇十四等皆就擒。（卢）镗入港，毁贼所建天妃宫及营房、战舰，贼巢自此荡平”。⑤ 鉴于双屿孤悬海中，难以立营戍守，而且明军主力“福兵俱不愿留”，于是朱纨下令“填塞港门”，以木石筑塞通往双屿港的南北各水口⑥，使所有船只无法进入内港。从此，繁盛一时的双屿国际贸易走私港成为废墟。葡萄牙人退出闽浙沿海，重回广东沿海贸易，宁波贸易被澳门贸易所取代。

双屿港被明军摧毁之后，王直等人又在烈港（沥港）建立起新据点，继续与日本等国进行走私贸易。烈港在今舟山市金塘岛，距宁波城比双屿更近。王直通过自身扩张和吸收接纳其他海上残余势力而实力大增，在海上称霸一方。但在嘉靖三十二年（1553），烈港也遭到官军打击，王直退出中国沿海，最后选择在明朝无法企及的日本沿海作为海上活动的新据点，“九州的五岛列岛和平户成为王直的根据地”。⑦ 王直等海商东去日本并与倭寇合流，形势逐渐演变成“嘉靖大倭乱”。

① 中国历史研究社编《倭变事略》，上海书店出版社，1982，第 64 页。

② 郑舜功：《日本一鉴·穷河话海》卷 6《流通》。

③《明史》卷 205《朱纨传》，第 5403 页。

④《明史》卷 205《朱纨传》，第 5404 页。

⑤ 胡宗宪：《筹海图编》卷 5《浙江倭变纪》，第 129 页。

⑥ 朱纨：《甓余杂集》卷 4《双屿填港工完事》，第 92—93 页。

⑦［日］上田信：《海与帝国：明清时代》，高莹莹译，广西师范大学出版社，2014，第 204 页。

第二节　福州港的中琉贸易与漳州月港的开禁

明初在泉州设立福建市舶司，负责接待琉球等国朝贡贸易。永乐以后，琉球等国逐渐前往福州入贡，成化年间福建市舶司由泉州迁到福州，福州成为中琉贸易的主要港口。嘉靖时期，中琉朝贡贸易走向衰落，与此同时，福建沿海私人海上贸易日益兴盛。隆庆开放海禁，漳州月港成为当时中国唯一合法的商人出海贸易港。明末天启以后，月港日趋萧条，被新兴的厦门港所取代。

一、福州港与中琉贸易

明代福建市舶司，初设于洪武三年（1370），位于泉州府治南水仙门内宋市舶务旧址①，洪武七年废置，永乐元年（1403）复置，永乐三年在泉州城南车桥设来远驿②，专门接待各国贡使。明初三个市舶司没有严格的分工，琉球、浡泥、三佛齐、麻剌朗等国都曾从福建入贡。

浡泥位于加里曼丹岛北部，洪武四年遣使“以金表银笺贡方物”③，其朝贡与福建市舶司有关。宋濂记载：“濂承旨禁林日，福建行省都事沈秩来谒曰：洪武三年秋八月，秩与监察御史张敬之等奉诏往谕渤泥国。冬十月由泉南入海，四年春三月乙酉朔达阇婆，又逾月始至其国。”④ 浡泥国王玛琀穆特沙起初“倨傲无人臣礼”，后在沈秩的劝说下，

① 弘治《八闽通志》下册卷80《古迹·泉州府》，第1260页。

② 同上书，第1261页。

③《礼部志稿》卷35《浡泥国》，收入《景印文渊阁四库全书》第597册，第652页。

④ 宋濂：《文宪集》卷4《渤泥入贡记》，收入《景印文渊阁四库全书》第1223册，第347页。

泉州明朝来远驿旧址

派遣亦思麻逸等四人随同沈秩、张敬之等一起入明朝贡。沈秩等人出使时是从泉州下海，返航很有可能也是从泉州上岸。《明史·浡泥传》记载，洪武八年，“命其国山川附祀福建山川之次”。

《明太祖实录》记载，洪武四年九月，“户部言：高丽、三佛齐入贡，其高丽海舶至太仓，三佛齐海舶至泉州海口，并请征其货。诏：勿征”。[①] 说明三佛齐是从泉州入贡。

永乐、宣德年间，郑和七下西洋，舟师每次都曾驻泊福州长乐太平港，修造船舶，选招随员，候风开洋。[②] 郑和下西洋的一个目的是招徕海外国家“执圭捧帛而来朝，梯山航海而进贡”，所招徕的外国使团有的也是以福建为进出港口。如前述浡泥国，永乐六年（1408），“王率其妻子家属陪臣来朝，泊福州港”。[③]《明太宗实录》亦载，永乐十年八月，“礼部言，浡泥国王遐旺偕其母妻等来朝，已至福建。命遣郎中高谦、往人柳昌往宴劳之”。[④] 永乐十八年，菲律宾群岛上的古麻剌国“国王干

---

①《明太祖实录》卷 68，洪武四年九月丁丑，第 1279 页。

② 参见庄景辉《郑和舟师驻泊福建航次时间考》，《海交史研究》1985 年第 2 期。

③ 严从简：《殊域周咨录》卷 8《浡泥》，中华书局，1993，第 303 页。

④《明太宗实录》卷 131，永乐十年八月辛酉，第 1617 页。

剌义亦敦奔率其妻子陪臣来朝。予剌封王。归次福州病卒，赐谥康靖，敕葬闽县，有司岁祀”。[①]

为了便于外国使臣经福州港入贡或归国，明朝廷在福州城的水部门外建造了进贡厂和怀远驿。弘治《八闽通志》记载：“进贡厂，在府城东南河口，国初创建。凡番国贡献方物，初皆贮于此，然后转以上进。”[②] 在进贡厂之南建了怀远驿，“以为番国使臣馆寓之所”，[③] 弘治《八闽通志》未载其创建时间，万历癸丑《福州府志》称“国初建”。[④] 因广州市舶司的驿馆称怀远驿，故嘉靖年间，福州怀远驿改称柔远驿。[⑤] 入清以后，民间通常称之为琉球馆。

根据《明宣宗实录》记载，一直到宣德年间，来自西南诸国的贡船，还有从福建市舶司入贡的。[⑥] 不过，随着时间的推移，西洋来的使者熟悉了东方的航路后，渐趋从广东市舶司入贡，从福建入贡的转而以琉球使者为主。

琉球与明朝的朝贡关系始于洪武五年（1372）。这一年正月，明太祖朱元璋“遣杨载持诏谕琉球国”[⑦]，十二月，琉球国“中山王察度遣弟泰期等奉表贡方物”[⑧]，中琉朝贡贸易由此开启。当时琉球处于“三山并立”时期，除了中山国外，还有山南国和山北国，山南王和山北王也相继派使臣来中国朝贡。明太祖则采取“三王并封”的政策，洪武十六年，派遣使臣“赍符赐（中山）王镀金银印一颗”[⑨]；洪武十八年正月，“以驼纽镀金

---

① 查继佐：《罪惟录·列传》卷36《古麻剌》，浙江古籍出版社，1986，第2886页。

②③ 弘治《八闽通志》卷40《公署》，第1148页。

④ 万历《福州府志》卷11《建置志四·驿铺公馆附》，海风出版社，2001，第134页。

⑤ 正德《福州府志》卷11《公署二》中仍称怀远驿，高岐《福建市舶提举司志·署舍》中已称“柔远驿”，高岐于嘉靖三十三年任福建市舶司提举。

⑥《明宣宗实录》卷67，宣德五年六月庚午。

⑦《明太祖实录》卷71，洪武五年正月甲子。

⑧《明太祖实录》卷77，洪武五年十二月壬寅。

⑨ 朱元璋：《明太祖集》卷8《谕琉球国王察度》，胡士萼点校，黄山书社，1991，第165页。

银印二，赐山南王承察度、山北王帕尼芝”。[①] 后中山王统一琉球，继续向中国朝贡，直至清光绪五年（1879）琉球被日本吞并为止，中琉关系持续长达500余年之久。据日本学者赤岭诚纪《大航海时代的琉球》一书的统计，明清琉球贡使团来华达884次之多，其中明代537次，清代347次。[②] 这是同时期任何一个与中国有朝贡关系的国家所无法比拟的。

洪武十六年（1383），明廷制定勘合制度，对各国来华朝贡均有贡道、贡期、人数的限制，惟以琉球“恭顺”而“任其时至入贡”。[③] 于是琉球国以请封、谢恩、朝贡、贺节、进香等名义，频频来贡。一年中一贡再贡，有时一年数贡，最多的宣德元年（1426）竟有八贡。琉球起初是从福建市舶司所在的泉州入贡，“后番舶入贡，多抵福州河口”。[④] 究其原因，主要有：就朝贡贸易的行政管理而言，按明初规定，市舶司隶属于布政司，[⑤] 而福建布政司在福州。永乐初年命宦官提督市舶，福建提督市舶衙门也设在福州。[⑥] 自宦官提督市舶后，市舶司的管理职权基本上为提督市舶太监所掌控，“其供应之节、控驭之方，掌于郡守，犒待之仪、贡输之数，主于中官，职提司者不过捡视之而已”。[⑦] 这样，琉球贡船直接驶入福州，市舶太监可以为其办理入贡及贸易相关事宜。另一方面，从地理和航线上来说，琉球贡船直驶福州远比到泉州便捷，而且进京朝贡的琉球贡使即便到泉州，也仍要折返福州再溯闽江北上；加之琉球贡使相当部分是洪武、永乐年间移居琉球的福州沿海人，因而至

①《明太祖实录》卷170，洪武十八年正月丁卯。

② 参见谢必震《明清中琉航海贸易研究》，海洋出版社，2004，第74页。

③《明史》卷81《食货志》。

④ 弘治《八闽通志》上册卷40《公署志》，第1148页。

⑤《明太宗实录》卷22，永乐元年八月丁巳，第409页。

⑥ 弘治《八闽通志》卷40《公署》记载：“提督市舶衙门，在光泽坊内，旧织染局地也。初建于府治西南法光寺东。成化十六年，提督市舶都知监太监韦查与织染局互易创建。”据学者考证，明代光泽坊在今福州仙塔街的街东；法光寺，即地平寺，亦称地平堂，在福州乌石山之北的怀德坊（巷），今道山路水玉巷附近。参见王铁藩《福州明代福建市舶司衙署考》，《海交史研究》1986年第2期。

⑦ 张邦奇：《西亭饯别诗序（宁波市舶提举）》，《明经世文编》卷147，中华书局，1997，第1465页。

少从永乐年间开始，琉球贡船大多前往福州入贡。据《长乐文石志》记载："文石天妃庙建于永乐七年，太监郑和往西域取宝，厥后朝廷遣天使封琉球中山王，俱在此设祭开船。"① 明人黄佐《南雍志》记载：永乐十一年八月，"琉球官生李杰，因其父仲进贡至京有疾，欲送仲至福州，还监卒业。礼部引启，遣人材田畯喜护杰，送至福州。仲既登舟归国，杰遂复监"。②

正统四年（1439），巡按福建监察御史成规说："琉球国往来使臣，俱于福州停住，馆谷之需所费不赀。比者通事林惠、郑长所带番梢人从二百余人，除日给廪米之外，其茶盐醯酱等物，出于里甲，相沿已有常例。"③ 由此可见，福州府县对琉球贡舶的接待已成"常例"，说明琉球船从福州入贡已经持续了相当时间。

到了成化年间，为了加强对中琉朝贡贸易的管理和控制，福建市舶司从泉州移置福州。关于福建市舶司迁置福州的过程，弘治年间福建按察司副使林玭撰写的《福建市舶提举司记》称："成化丙戌（成化二年，1466），巡按御史朱公贤奏请迁福之柏衙，制从之。提举罗公伦申云：'衙门设立，自有其地，迁移亦有其数。盖以柏衙僻陋，非可设之地。岁数未穷，非可迁之时。'遂寝其事。甲午（成化十年），巡视都御史张公议将旧司易置澳门［澳桥］都指挥王胜宅，迁本司官吏居之。"④

对于福建市舶司迁置福州的具体时间，史志记载不一。上述林玭文称成化十年迁到都指挥王胜宅；弘治《八闽通志》卷四十《公署志》载："成化五年（1469），巡抚副都御史张瑄奏请移于此（指位于布政司西南的王胜宅——引者注）。"高岐《福建市舶提举司志·建置》亦载："成化五年，奏改舶司于福州，制曰'可'。"但是，根据弘治《八闽通志》卷三十《秩官志》记载，张瑄是"成化八年以都察院右副都御史巡抚，十年还朝"，因而他不可能在成化五年奏请迁市舶司。弘治《八闽

① 福建师范大学图书馆藏抄本，第 10 页。

② 黄佐：《南雍志》卷 2《事纪二》，收入《续修四库全书》第 749 册，第 116 页。

③《明英宗实录》卷 58，正统四年八月庚寅，第 1114—1115 页。

④ 高岐：《福建市舶提举司志·艺文》，陈丽华点校，商务印书馆，2020，第 24 页。

通志》卷八十《古迹·泉州府》记载："市舶提举司……成化八年移置福州。"万历《泉州府志》卷七《版籍志下》[①]、《闽书》卷三十九《版籍志》等亦记载市舶司由泉州迁往福州是在成化八年。林玭所记成化十年的"易置"，学者认为"指的是市舶司署在福州易址之事，而不是市舶司由泉迁福之事"。[②]

弘治十五年（1502）对市舶司署（原王胜宅）进行重建，"共屋七十余间"，建筑十分宏丽，分四个部分：一为提举司办公的地方，计有正厅3间，穿堂2间，中堂、东房、西房各3间，吏、户、礼书房3间，兵、刑、工书房3间，仪门3间，屏门1座，大门、土地祠各3间；二为提举住宅，计有客厅、中房各3间，两耳房8间，厨房1间，宅门3间［座?］；三为副提举住宅，计有客厅、中房、耳房各3间，厨房1间，宅门2座；四为吏目住宅，计有客厅、中房各3间，耳房8间，宅门1座，东公廨房6间，西园房3间。[③]

进贡厂在弘治乙丑（十八年，1505）和正德壬申（七年，1512），由市舶太监主持重加修饰、扩建。[④] 进贡厂不仅是存放贡物之处，还是三司会客宴宾之所。其内部设施如下：

> 锡贡堂三间，会盘方物于此。
>
> 承恩堂三间，察院三司会宴于此。
>
> 控海楼一座三间，厨房一所。
>
> 尚公桥一座，碑亭一座，仪门三间。
>
> 运府提举司会宴堂三间，待夷使宴堂三间。
>
> 更楼一间，守卫宿房五间。
>
> 库内香料库三间，椒锡库一间，苏木库三间，硫磺库一间，共八间。
>
> 拣筛煎销硫磺两廊房二十间。

① 万历《泉州府志》卷7《版籍志下·杂课》，第618页。

② 沈玉水：《略论福建市舶司的迁司问题》，《海交史研究》1988年第1期。

③ 高岐：《福建市舶提举司志·署舍》，陈丽华点校，第11页。

④ 正德《福州府志》卷11《公署二》。

库亭一座三间，库门三间，外参门一座，贰门一座，大门一座，门外牌坊一座，各小角门三座。

天后宫一所：前殿三间，后殿三间，两廊十间，大门一间，真武祠一间，土地祠一间，鱼池、莲池前后共六口。[①]

上述市舶司署和进贡厂规模宏敞，反映了当时和琉球贸易的繁盛。

福建市舶司迁到福州后，福州几乎成了通往琉球的唯一口岸。明朝册封琉球使团出发之前，都先到福州建造封舟，招募船员，购置货物，并“许过海五百人，行李各百斤，与夷贸易”。[②] 琉球每次来贡，除了携运大量贡品之外，还附载更大数量的私货，用以交易。成化年间，由于琉球国使臣在福建怀安县滋事生非，焚杀居民，掠夺财物[③]，明政府改变了对其“朝贡不时”的优待，规定二年一贡。但琉球国还是以种种名义接连来朝贡。据《明实录》记载，成化到嘉靖年间（1465—1566），琉球入贡达 78 次。[④] 琉球国进贡，“旧例到京少则四五十人，多则六七十人”，后因“各夷进贡率多奸弊”，明朝政府于是加以限制，“每国止许五七人，不过十五人”。[⑤] 留下的琉球人在地方官员的监督下将附载的货物，除部分随贡物运到北京外，余下货物在市舶司内进行交易。福建市舶司设有官牙 24 名[⑥]，作为琉球商人与中国商人交易的媒介。牙人在当地官员的监督下，会同行匠验看货物成色，评估货价，介绍与中国商人交易，从中提取佣金。琉球人回国需要购置的货物也需通过官牙代为采办。这种承办琉球商务的商人，当时被称为球商。不过，福建私商“因

① 高岐：《福建市舶提举司志·署舍》，陈丽华点校，商务印书馆，2020，第 11 页。

② 夏子阳：《使琉球录》卷下，《日东交市记·恤役》，收入《台湾文献丛刊》第 287 册，台湾银行，1970，第 283 页。

③《明宪宗实录》卷 140，成化十一年四月戊子条。

④ 参见谢必震《略论福州港在明代海外贸易中的历史地位》，《福建学刊》1990 年第 5 期。

⑤《明宪宗实录》卷 226，成化十八年四月甲子，第 3882—3883 页。

⑥ 高岐：《福建市舶提举司志·属役》，陈丽华点校，商务印书馆，2020，第 13 页。

夷人驻泊于其地，相与情稔，欲往为贸易耳"[①]，或"与外国人交通"[②]，或"下海通番，货卖得利"[③]，明政府难以防控。

这一时期福州与琉球的贸易，实质上是中国与琉球、朝鲜、日本以及东南亚诸国之间的贸易。琉球入明朝贡，"贡有苏木、胡椒、黄熟、降檀诸香，并非所产，产饶硫黄、海贝"。[④] 琉球贡物中的苏木、胡椒、香料及玛瑙、象牙等，并非本国所产，而是出自东南亚地区；而它运往东南亚诸国交易的亦非本国物产，而是来自中国的陶瓷、纺织品等货物。如琉球国正德十四年（1519）八月十七日发往佛太泥的航行执照所云：

> 琉球国中山王见为进贡等事。切照本国物产稀少，缺乏贡物，深为未便。为此，今遣正使马勃度、通事郑昊，坐驾宇字号海船壹只，装载磁器等货，前往佛太泥国出产地面，两平收买苏木、胡椒等物回国，预备下年进贡大明天朝，所据。[⑤]

《明孝宗实录》亦载："先是琉球国遣人往满剌加国收买贡物，遭风未回，致失二年一贡之期，至是遣人补贡。福建守臣以闻，命如例纳之。"[⑥] 之所以往满剌加的船未回，琉球就未派贡船，是因为要利用在东南亚诸国收买的货物，以进贡的名义到中国获取利润。琉球贡船携带的货物中，还有来自日本的倭刀、倭扇等物。可见，琉球与中国朝贡贸易的实质，是中国与海外诸国的贸易。

嘉靖元年（1522）五月，明朝廷再次敕谕琉球国二年一贡，每船不

① 陈侃：《使琉球录·使事纪略》，收入《台湾文献丛刊》第 287 册，台湾银行，1970，第 23 页。

②《明宪宗实录》卷 89，成化七年三月戊戌，第 1741 页。

③ 严嵩：《琉球国解送通番人犯疏》，收入《明经世文编》卷 219，第 2301 页。

④ 茅瑞征：《皇明象胥录》卷 1《琉球》。

⑤ 琉球《历代宝案》第 1 集，卷 42。

⑥《明孝宗实录》卷 218，弘治十七年十一月丁未。

过一百五十人，“仍命福建巡按御史查勘验放”。① 此后，二年一贡成为定例。另一方面，嘉靖时期福建私人海上贸易发展迅速，直接冲击着官方朝贡贸易，中琉贸易额不断下降。以琉球贡船的附搭货物为例，日本学者根据琉球《历代宝案》上关于附搭货物的数额，整理出每十年的变化情况（参见表 4-1）。由表中可以看出，天顺、成化时期，琉球贡船每年附搭货物的数量，苏木平均 10000 斤，最高达 15000 余斤，最低时也有 7000 多斤；胡椒平均 2200—3000 斤，番锡平均 800—1000 斤。但到嘉靖时期，苏木年均只有 400—1200 斤，胡椒年均只有 200—500 斤，而番锡已经绝迹。

表 4-1　1460—1560 年以十年为统计单位的琉球贡船附搭货物数目表②

单位：斤

期间	苏木		胡椒		番锡	
	年平均	每艘	年平均	每艘	年平均	每艘
1460	10000.0	5000.0	3000.0	1500.0	1000.0	500.0
1470	15200.0	6608.7	2600.0	1130.4	800.0	347.8
1480	7450.0	4138.9	2200.0	1222.2	960.0	533.3
1490	4900.0	2882.4	2000.0	1176.5	1960.0	1152.9
1500	4600.0	3538.5	1200.0	923.1	930.0	715.4
1510	4300.0	4300.0	600.0	600.0	1100.0	1100.0
1520	400.0	1000.0	300.0	750.0	100.0	250.0
1530	600.0	857.1	—	—	—	—
1540	700.0	1000.0	500.0	714.3	—	—
1550	1150.0	1642.9	200.0	285.7	—	—
1560	1200.0	2000.0	—	—	—	—

再从中国使船带往琉球的货物来看，由于前往琉球航路险阻，明清时期允许赴琉球的使团成员随带一定数量的货物前往琉球营利。万历年

①《明世宗实录》卷 14，嘉靖元年五月戊午。

②［日］冈本弘道：《明代朝贡国琉球的地位及其演变》，《海交史研究》2001 年第 1 期。

间使琉球副使谢杰在《日东交市记》中记载：

> 甲午（嘉靖十三年，1534）之役，因得万金，总计五百人，人各二十金上下，多者至三四十金，少者亦得十金、八金，于时莫不洋洋得意。辛酉（嘉靖四十年）诸役……比所获利，仅六千金。以五百人计之，人各十二金耳；多者可二十金，少者或五六金，不无稍觖所望。是以己卯（万历七年，1579）招募，仅得中才应役……不意值夷贫甚，所获仅三千余金。虽时所带止四百人，亦人各八金耳；多者可十五六金，少者或三四金，或一金，亦无不免大失所望。吾辈至捐廪助之，而后得全师以归。①

由谢杰的记载可以看出，出使琉球使团成员的贸易收入，嘉靖十三年人均20金左右，嘉靖四十年下降为人均12金，到万历七年人均仅8金。究其原因，是由于私人海上贸易的发展，打破官方朝贡贸易对国际贸易的垄断造成的。正如谢杰所说："盖甲午之使，番舶转贩于夷者无虑十余国，夷利四倍，故我众之利亦倍。辛酉之使，番舶转贩于夷者仅三四国，夷利大减，故我众之利亦减。己卯之使，通番禁弛，漳人自往贩，番一舶不至，夷利顿绝，故我众之利亦绝，势使然也。"②

随着中琉朝贡贸易的衰落，福州的市舶机构亦出现衰颓的迹象。先是嘉靖初年巡按聂豹"奏罢镇守太监及中官之司市舶者"③，高岐《福建市舶提举司志·官氏》所列的市舶太监，以嘉靖五年四月转任镇守太监的赵诚殿后，说明其时市舶太监一职已被废除。市舶太监府于嘉靖二十七年（1548）改为巡按御史署。④ 与此同时，市舶提举司衙门也到了举步维艰的地步，"惟市舶提举司衙门建于福，支候款兵额派于兴、泉、漳三府，征解多逃逋，不惟官无以资用，顾役屡虚，无怪其啧啧也。虽

①② 夏子阳：《使琉球录》卷下，《日东交市记·恤役》，收入《台湾文献丛刊》第287册，台湾银行，1970，第283页。

③ 郭柏苍、刘永松纂辑《乌石山志》卷4《祠庙·两贤祠》，福州市地方志编纂委员会整理，海风出版社，2001，第115页。

④ 王应山：《闽都记》卷3，林家钟、刘大治校注，方志出版社，2002，第18页。

有年例银，不敷岁用。然署僻官贫，俸薄役稀，恒称贷以应之”。[①] 市舶司署因年久失修，“日渐凋落，欲请而新之，度费出惟艰，惟因其大坏者，量捐俸薄葺之耳。然厂以贮贡物，驿以安远人，自今修理无大费用，释今不修，将来倾坠，用不赀矣”。[②] 其属役也被裁减，冠带土通事由 4 人减为 3 人；牙行原设 24 人，仅存 5 人；看厂并解运方物的殷实户，由 6 名减为 3 名。[③] 隆庆开放海禁，月港设置督饷馆，市舶机构更形同虚设。万历八年（1580）福建市舶司被裁撤，其职事归福建都转运盐使司。[④] 万历二十七年，明神宗大榷天下关税，派遣太监高寀为福建市舶提督兼管矿务[⑤]。此时市舶司的职能已经发生变化，它不再仅仅管理琉球朝贡之事，而是主要掌管海船舶货征榷之权。由于高寀在福建胡作非为，横征暴敛，民怨沸腾，迫使明神宗于万历三十四年下令“诸税咸归有司”[⑥]，海舶商税的征收仍归地方官府管辖。

清代福州仍是中国与琉球交往的唯一口岸，中国册封琉球和琉球进贡中国，都是从福州港往返。有清一代，清政府册封琉球国王 8 次，琉球国共派遣贡船 349 艘前来进贡，搭乘员役人数 32424 人。[⑦] 康熙十年（1671），清廷正式批准琉球使臣不必再携货物到北京会同馆贸易，一切买卖都在福州柔远馆（即琉球馆）办理，自此，福州琉球馆成为中琉贸易的主要场所。福建巡抚潘思矩（旧作“榘”）奏称：“乾隆十二年（1747）二月初五日，该国贡使到闽，查进口册内，据夷官报称，两船共带银一万两置买货物……臣等随行司确查……其官伴水梢人等所带之银

---

① 高岐：《福建市舶提举司志・公养》，陈丽华点校，商务印书馆，2020，第 12 页。

② 高岐：《福建市舶提举司志・署舍》，陈丽华点校，第 11 页。

③ 同上书，第 13 页。

④ 何乔远：《闽书》卷 49《文莅志》，福建人民出版社，1984，第 1261 页。王应山《闽大记》卷 4《吏治》记载，万历八年裁市舶提举司后，“舶事以福州府同知兼领之”。

⑤《明神宗实录》卷 331，万历二十七年二月戊辰，第 6125 页。

⑥ 张燮：《东西洋考》卷 8《税珰考》，第 157 页。

⑦［日］赤岭诚纪：《大航海时代の琉球》，冲绳时报社，1988；转引自赖正维《清代中琉关系研究》，海洋出版社，2011，第 84 页。

闻有十余万，即就上届乾隆八年贡船来闽，每船亦止报银五千两，查其返棹货册约计不下十万两，今次情形大约相同。”[①] 其贸易额由此可见一斑。中琉贸易促进了福州港口的繁荣，“迄于清代，河口仍为琉球商人集居之地，故老相传，当琉球贡舶来闽时，其地的繁华殷盛，曾为全城之冠”。[②] 1947 年，傅衣凌到福州水部河口一带作实地调查，访问世居水部、七十高龄的名医高润生。高润生提及琉球贡舶来后，规定所有商品不得自由买卖，必须交由十家球商承办。傅衣凌考证，十家球商为卞、李、郑、林、杨、赵、马、丁、宋、刘十家。琉球人所需物品，亦托此十家球商代办。一般商人依赖十家球商而生，或代他们前往天津、江苏各产地采运木材、丝货者，颇为不少。这十家球商应是一种官许牙行，和广州的十三行、厦门的洋行、乍浦的牙行性质相同。傅衣凌当时摹拓的有关碑文史料表明，清道光十九年（1839），十家球商合资重建了琼水会馆，依然从事与琉球方面的商贸活动。[③] 福州的球商垄断了中国与琉球的贸易，在中琉贸易的发展中扮演重要角色。

康熙二十三年（1684）开放海禁后，福州港的对外贸易一度兴盛，其对外交通贸易对象除了琉球之外，主要是日本。根据《华夷变态》的记载，从 1685 至 1694 年，福州赴日本长崎商船为 174 艘，居全国各港口之首；其中 1688 年（康熙二十七年）为 45 艘，占全省赴长崎商船 88 艘的一半，占同年赴长崎唐船总数 194 艘的 23.2%。[④] 同年，日本限定每年进长崎港贸易的唐船总数为 70 艘，对福建各港商船数限制为：福州 13 艘，厦门 5 艘，泉州 4 艘，漳州 3 艘。[⑤] 但 1694 年开始，福州船赴日贸易逐渐减少，其原因除了日方的限制外，另一个重要原因是，福州当

---

①《福建巡抚潘思矩残题本》，台湾“中研院”历史语言研究所编《明清史料》庚编第 4 本，台湾精华印书馆，1960，第 336 页。

② 傅衣凌：《福州琉球通商史迹调查记》，载《傅衣凌治史五十年文编》，中华书局，2007，第 234 页。

③ 同上书，第 234—236 页。

④ 陈自强：《就〈华夷变态〉谈康熙年间海外交通贸易的若干情况》，《海交史研究》1990 年第 2 期。

⑤［日］木宫泰彦：《日中文化交流史》，胡锡年译，商务印书馆，1980，第 650 页。

时对日出口商品主要是江浙地区出产的生丝和丝织品，随着江浙各港口对日贸易的兴起，福州对日贸易趋于衰落。

福州与东南亚的海上交通和贸易一度也很兴盛。据《华夷变态》记载，1686年，从福州、厦门前往咬嵧吧（今印尼雅加达）的商船有10多艘；1687年，从福州、厦门前往马六甲的船舶达30多艘。还有一些商船从事福州—东南亚—日本的三角贸易。西方国家，尤其是荷兰人、英国人，也到福州进行贸易活动。[①] 但是，后来清政府指定厦门为福建唯一的对外通商口岸。雍正六年（1728），福建总督高其倬在奏折中称："漂洋船只出口之处，闽省者总归厦门一处出口，粤省者总归虎门一处出口，其别处口岸一概严禁。"[②] 加上在对东南亚贸易中，厦门占有地理和航道优势，海外贸易船多趋厦门，福州港的对外交通和贸易逐渐趋于沉寂。

二、漳州月港的兴衰

明代中叶以后，福州港随着中琉朝贡贸易的衰落而日趋不景气，与此同时，漳州月港却因私人海上贸易的兴盛而迅速崛起。

月港，在漳州府城东南五十里，地处河海交汇处，内接九龙江，外通大海，"其形如月，故名"[③]，是漳州平原的主要出海口。从月港出海，一潮至圭屿，再半潮至中左所（厦门），由担门分路出洋。[④] 月港并不是一个天然深水良港，"此间水浅，商人发舶，必用数小舟曳之，舶乃得行"。[⑤]然而这里港汊交错，岛屿星罗棋布；港外也有众多岛屿，如海门岛、浯屿等，便于海舶隐藏、寄泊。该地未设县时属龙溪县边隅之地，

---

① 参见廖大珂《福建海外交通史》，福建人民出版社，2002，第330—331页。

②《宫中档雍正朝奏折》第九辑，第566页。

③ 崇祯《海澄县志》卷1《舆地志》，收入《日本藏中国罕见地方志丛刊》，书目文献出版社，1992，第329页。

④⑤ 张燮：《东西洋考》卷9《舟师考·内港水程》，谢方点校，中华书局，1981，第171页。

“僻处海隅，俗如化外”①，明朝统治力量薄弱，便于进行走私贸易。

福建漳、泉两郡依山傍海，是人口密集的地方，地少人多的矛盾十分突出。“闽地斥卤硗确，田不供食，以海为生，以津舶为家者，十而九也”。② 正如俗语所说，“海者，闽人之田”。漳州月港地区“地多斥卤，平野可耕者十之二三而已”。③ 明王朝实行海禁，“海滨民众生理无路”④，不得不铤而走险，进行走私贸易活动。早在明朝初年，福建沿海人民就开始犯禁出海，“交通外番，私易货物”。⑤ 宣德年间，漳州海商泛海通番活跃，引起最高统治者的关注。宣德八年（1433）朝廷下令漳州卫同知石宣等人“严通番之禁”。⑥ 景泰年间，漳州“月港、海沧诸处居民多货番，且善盗”⑦，从事走私贸易者越来越多。“盖富家以资，贫人以佣，输中华之产，骋彼远国，易其方物以归，博利可十倍，故民乐之。”⑧ 成弘之际，月港已是九龙江口海湾地区对外贸易的中心，“趁舶风转，宝货塞途，家家歌舞赛神，钟鼓管弦，连飚响答。十方巨贾，竞鹜争持，真是繁华地界”，⑨ 号称“小苏杭”。

正德年间，月港“豪民私造巨舰，扬帆他国，以与夷市……所司法绳不能止”。⑩ 正德、嘉靖之际，不仅“闽人通番，皆自漳州月港出洋”⑪，前来广州贸易的“西洋船”，为了“避抽税、省陆运”，由“福人

① 王忬：《条处海防事宜仰祈速赐施行疏》，《明经世文编》卷 283，第 2994 页。

② 顾炎武：《天下郡国利病书》卷 93《福建三·洋税》，第 12 页。

③ 乾隆《海澄县志》卷 4《赋役志上》，台湾成文出版社，1968，第 50 页。

④ 郭造卿：《防闽山寇议》，《天下郡国利病书》卷 96，第 13 页。

⑤《明太祖实录》卷 205，洪武二十三年十月乙酉。

⑥ 道光《重纂福建通志》卷 270《洋市》，第 5127 页。

⑦ 何乔远：《闽书》卷 64《文莅志·漳州府·谢骞》，福建人民出版社，1994，第二册，第 1855 页。

⑧ 崇祯《海澄县志》卷 11《风土志》，收入《日本藏中国罕见地方志丛刊》，书目文献出版社，1992，第 435 页。

⑨ 崇祯《海澄县志》卷 11《风土志》，第 435 页。

⑩ 崇祯《海澄县志》，卷 1《舆地志》，第 318 页。

⑪《嘉靖东南平倭通录》，收入中国历史研究社编《倭变事略》，上海书店，1982，第 3 页。

导之，改泊海仓、月港”。[①] 嘉靖元年（1522）西草湾之战后，葡萄牙人被赶出广东，于是北趋福建、浙江沿海，假借满剌加、暹罗等国的名义，进行走私贸易活动。《明世宗实录》云：“初，佛朗机火者亚三等既诛，广东有司乃并绝安南、满剌加，诸番舶皆潜泊漳州，私与为市。”[②] 葡萄牙人潜泊漳州后，九龙江口海湾地区成为国际走私贸易的中心，持续长达 30 年之久。“佛郎机之来，皆以其地胡椒、苏木、象牙、苏油、沉、束、檀、乳诸香，与边民交易，其价尤平。其日用饮食之资于吾民者，如米、面、猪、鸡之数，其价皆倍于常。故边民乐与为市。”[③] 林希元在《与翁见愚别驾书》中提到，当时在漳州的葡萄牙人不下五六百，有船 9 艘。[④]

漳州商人还发展对日本的贸易。嘉靖二十三年（1544），“忽有漳通西洋番舶为风飘至彼岛（日本），回易得利，归告其党，转相传语。于是，漳泉始通倭。异时贩西洋恶少无赖，不事产业，今虽富家子及良民靡不奔走；异时维漳缘海居民，习奸阑出物，虽往仅什二三得返，犹几幸少利，今虽山居谷汲，闻风争至；农亩之夫，辍耒不耕；赍贷子母钱往市者，握筹而算，可坐致富也。于是中国有倭银，人摇倭奴之扇，市习倭奴之语，甚豪者佩倭奴之刀”。[⑤] 由此可见，当时漳州沿海出现了“通倭”热。当然，也有被台风刮到朝鲜的漳泉商民。据朝鲜方面记载，嘉靖二十五年二月，朝鲜派人“解送通番人彦容等六百一十三人，皆漳泉人也”。[⑥] 嘉靖二十六年三月，“朝鲜国王李垣遣人解送福建下海通番奸民三百四十一人，咨称福建人民故无泛海至本国者，顷自李王乞等始

---

① 胡宗宪：《筹海图编》卷 12《开互市》，收入《景印文渊阁四库全书》第 584 页，第 399 页。

②《明世宗实录》卷 106，嘉靖八年十月己巳，第 2507 页。

③ 林希元：《林次涯先生文集》卷 5《与翁见愚别驾书》，何丙仲校注，厦门大学出版社，2015，第 201 页。

④ 林希元：《林次涯先生文集》卷 5，何丙仲校注，第 201—202 页。《与翁见愚别驾书》约写于嘉靖二十六年末，或是嘉靖二十七年初。

⑤ 洪朝选：《芳洲先生文集》，香港华星出版社，2002，第 262—263 页。

⑥《嘉靖倭乱备抄》，收入《四库全书存目丛书》第 49 册，第 552 页。

以往日本市易，为风所漂，今又获冯淑等，前后共千人以上”。[①] 月港成为中外海商私市贸易的中心，“民居数万家，方物之珍，家贮户峙，而东连日本，西接暹球，南通佛郎、彭亨诸国。其民无不曳绣蹑珠者，盖闽南一大都会也”。[②]

嘉靖二十六年（1547），“有佛郎机船载货泊浯屿，漳、泉贾人往贸易焉。巡海使者柯乔发兵攻夷船，而贩者不止”。[③] 翌年，朱纨摧毁双屿港，浙江的葡萄牙人失去巢穴，于是来到福建沿海与当地的葡萄牙人和中外私商会合，占据浯屿为新巢。嘉靖二十八年“走马溪之役”后，葡萄牙人退回广东，福建沿海的走私活动一时有所收敛。但不久朱纨遭弹劾而自杀，海禁松弛，走私活动更猖獗，张维等人号称“二十四将”，盘踞月港，亦商亦盗，“殆同化外”。[④]

嘉靖四十五年（1566）十二月，朝廷以月港“其地多盗”的原因，决定设立海澄县以加强治理。[⑤] 隆庆元年（1567），福建巡抚涂泽民上奏：“请开海禁，准贩东西二洋。盖东洋若吕宋、苏禄诸国，西洋若交趾、占城、暹罗诸国，皆我羁縻外臣，无侵叛。而特严禁贩倭奴者，比于通番接济之例。”[⑥] 涂泽民的奏请得到了朝廷允准，月港部分开禁，准许私人出海贸易，海防馆由打击走私贸易的机构演变为征收饷税的机构。万历年间，因“舶饷轮管”，“岁择全闽府佐官一人主之”，海防馆改为督饷馆，“在县治之右，即靖海馆旧基”。[⑦] 所征饷税大抵有四种：一是引税，商船出海贸易须由海防官发给商引，每引征税若干；二是水饷，按照船只大小征收的舶税；三是陆饷，向铺商征收的商品进口税；四是加增饷，往吕宋贸易的商船返航时，除了银元，几无他载，无法征收商品进口税，因而在水陆二饷外，每船加征税银 150 两（后减为 120

---

①《明世宗实录》卷 321，嘉靖二十六年三月乙卯，第 5963 页。

② 朱纨：《甓余杂集》卷 3《增设县治以安地方事》，第 57 页。

③ 张燮：《东西洋考》卷 7《饷税考》，谢方点校，中华书局，1981，第 131 页。

④ 崇祯《海澄县志》卷 1《舆地志》，第 318 页。

⑤《明世宗实录》卷 566，嘉靖四十五年十二月甲午，第 9062 页。

⑥ 张燮：《东西洋考》卷 7《饷税考》，第 131—132 页。

⑦ 同上书，第 133、153 页。

两），称为加增饷。这样，月港由走私贸易港口转变为合法的民间私商对外贸易商港，其所建立的饷税制度为清代海关的设置开了先声。

海禁开放后，福建的私人海外贸易获得迅猛发展。漳籍御史周起元称："我穆庙时除贩夷之律，于是五方之贾，熙熙水国，刳艅艎，分市东西路。其捆载珍奇，故异物不足述，而所贸金钱，岁无虑数十万。公私并赖，其殆天子之南库也。"① 隆庆六年（1572）开始征收饷税，当年岁额为 3000 两；万历四年（1576），税额增至 1 万两；十一年（1583）再增至 2 万多两；二十二年（1594），饷额溢至 29000 多两。② 月港成为当时中国唯一允许商人去海外从事贸易的口岸。从这里启航的"洋船多以百计，少亦不下六七十只，列艘云集，且高且深"。③ 返航的海舶载回琳琅满目的海外产品④，月港的进出口商品加工等手工业蓬勃发展，"雕镂犀角巧，磨洗象牙光""处处园栽橘，家家蔗煮糖"。⑤ 对于月港海外贸易的盛况，张燮感叹道："市舶之设，始于唐宋，大率夷人入市中国，中国而商于夷，未有今日之夥者也。"⑥

月港通商的国家，根据《东西洋考》记载，西洋方向有交趾、占城、暹罗、柬埔寨、大泥、麻六甲等 20 多个国家和地区，东洋方面有日本、吕宋、苏禄、猫里务、文莱等 10 多个国家和地区。从月港出发的商船，以前往吕宋和日本居多。隆庆五年（1571），西班牙占领吕宋，从南美洲载来大量白银换取中国人的丝货等物品，发展太平洋帆船贸易，形成月港→马尼拉→墨西哥阿卡普尔科的大三角航线，月港成为马尼拉的商品供应港。万历二十一年（1593），福建巡抚许孚远题请疏通海禁，其中说道："东西二洋，商人有因风涛不齐，压冬未回者，其在吕宋尤多。漳人以彼为市，父兄久住，子弟往返，见留吕宋者盖不下数千人。"⑦ 当

---

① 周起元：《东西洋考·序》，第 17 页。

② 张燮：《东西洋考》卷 7《饷税考》，第 132—135 页。

③ 同上书，第 137 页。

④ 参见郑怀魁《海赋》，崇祯《海澄县志》卷 16《艺文志》，第 483—487 页。

⑤ 徐㶿：《海澄书事寄曹能始》，崇祯《海澄县志》卷 16《艺文志》，第 491 页。

⑥ 张燮：《东西洋考》卷 7《饷税考》，第 153—154 页。

⑦ 许孚远：《敬和堂集》卷 5《抚闽疏·疏通海禁疏》。

时西班牙殖民者将在马尼拉的华人都强行集中到城外的八连（Parian），即华人所称“涧内”。何乔远说：“其地迩闽，闽漳人多往焉，率居其地曰涧内者。其久贾以数万，间有削发长子孙。”① 张燮亦云：“华人既多诣吕宋，往往久住不归，名为压冬。聚居涧内为生活，渐至数万。”②

隆庆开放海禁，尽管对日贸易仍在禁止之列，但“射利之徒率多潜往，倭辄厚结之，欲以诱我”。③ 福建海商以各种策略赴日贸易，许孚远指出：“同安、海澄、龙溪、漳浦、诏安等处奸徒，每年于四五月间告给文引，驾使［驶］乌船称往福宁卸载，北港捕鱼，及贩鸡笼、淡水者，往往私装铅、硝等货潜去倭国，徂秋及冬，或来春方回。亦有借言潮、惠、广、高等处籴买粮食，径从大洋入倭。无贩番之名，有通倭之实。”④ 或者“违禁以暹罗、占城、琉球、大西洋、咬噹吧为名，以日本为实”；⑤ 还有“借饷船而私至日本者；或始以日本，而终以西洋，莫可辨诘”。⑥ 万历三十八年（1610）福建巡抚陈子贞指出：“近奸民以贩日本之利倍于吕宋，夤缘所在官司，擅给票引，任意开洋，高桅巨舶，络绎倭国。”⑦ 万历四十年兵部估计，“通倭之人，皆闽人也，合福、兴、泉、漳共数万计”。⑧ 许多福建商人还在日本定居，娶妻生子。天启五年（1625），福建巡抚南居益上奏说：“闻闽越、三吴之人，住于倭岛者不知几千百家，与倭婚媾长子孙，名曰唐市，此数千百家之宗族姻识，潜与之通者，实繁有徒，其往来之船名曰唐船，大都载汉物以市于倭。”⑨ 崇祯元年（1628），在漳州籍船主的倡议和资助下，明僧觉海在日本长崎岩

① 何乔远：《名山藏·王享记三·吕宋》，第 6227 页。

② 张燮：《东西洋考》卷 5《吕宋》，第 89 页。

③ 张燮：《东西洋考》卷 6《日本》，第 127 页。

④ 许孚远：《敬和堂集》卷 5《抚闽疏·疏通海禁疏》，第 27 页 a。

⑤ 周之夔：《海寇策》，《重纂福建通志》卷 86，第 1734 页。

⑥ 林偕春：《兵防总论》，嘉庆《云霄厅志》卷 8《兵防志》，台湾成文出版社，1967，第 320 页。

⑦《明神宗实录》卷 476，万历三十八年十月丙戌，第 8987 页。

⑧《明神宗实录》卷 498，万历四十年八月丁卯，第 9389 页。

⑨《明熹宗实录》卷 58，天启五年四月戊寅，第 2661 页。

原乡建福济寺，俗名漳州寺；第二年，福州籍船主亦建崇福寺，俗名福州寺。可见福建商人赴日贸易之盛。

不过，月港的开放是有限度的，只准中国商舶出洋贸易，不准外国商舶靠岸贸易。每年所发放的船引，万历十七年（1589）定为88引，东西二洋各限船44只，[①] 万历二十五年虽增至137引[②]，仍是供不应求。对于商船出海贸易，政府施加种种限制，许孚远概括为："凡走东西二洋者，制其船只之多寡，严其往来之程限，定其贸易之货物，峻其夹带之典刑，重官兵之督责，行保甲之连坐，慎出海之盘诘，禁番夷之留止，厚举首之赏格，蠲反诬之罪累。"[③] 税收方面，正税之外，还有苛重的种种陋规和官吏的敲诈勒索。万历四十四年（1616），推官萧基代理郡守，目睹海商困境，条上《恤商厘弊凡十三事》，从官害、吏害、奸商之害三个方面列举了贪官污吏与豪商对海商的种种盘剥和侵害。所谓"官害"，是指税务官经常对海商"卖放指吓，倍索常例"，甚至"足未到船，镪已充盈"，所以差官是"瘠商之蟊贼也"；"吏害"，是指税吏"喜则啸虎，怒则张鸱，甚官坏而吏仍肥，饷亏而书悉饱，皂快人役，同类分至，惨焰异常"，故"衙党是残商之蜂虿也"；"奸商之害"，是指他们"派敛众商，从一科十，从十科百"，而市棍包引之徒又"分门别户，以相表里"，衙胥狙狯之雄，"丝牵绳联，以相应和"，因此奸商是"削商之刀锯也"。此外还有"兵害"，指游兵借盘诘之名，对海商"尽行留难，总哨目兵，次第苞苴，借声指诈，阻滞拖延"，是"费商也，亦厉商也"。"总之，官市一，吏书市二矣；书吏索一，主商又敛二矣。重重征削，皆商膏也"[④]。在重重盘剥之下，"茫茫大壑，真成苦海"[⑤]，广大海商怨声载道，苦不堪言。尤以入闽监税的宦官高寀对海商的掠夺最为苛繁。万历二十七年（1599），明神宗大榷天下关税，太监高寀衔命入闽。福建

---

①《明神宗实录》卷210，万历十七年四月丙申。

②《明神宗实录》卷316，万历二十五年十一月庚戌，第5899页。

③ 许孚远：《敬和堂集》卷5《抚闽疏·疏通海禁疏》。

④ 张燮：《东西洋考》卷7《饷税考》，第135—140页。

⑤ 同上书，第150页。

“税额必漳（州）（海）澄之贾舶为巨”，高寀“每岁辄至，既建委官署于港口，又更设于圭屿；既开税府于邑中，又更建于三都。要以阑出入，广搜捕。稍不如意，并船货没之”。[①] 高寀祸闽16年，胡作非为，巧取豪夺，竭泽而渔，对月港的海舶征收饷税，“正税外索办方物，费复不赀”；[②] “历年海商贵重美丽奇巧之珍，百入于寀”[③]，致使“五方之贾，稍稍掉臂，不肯入澄”[④]，月港私人海上贸易走向衰落。

与此同时，西方殖民者的侵略和骚扰，也是月港私人海外贸易走向衰落的另一重要原因。葡萄牙人在1511年（正德六年）攻占了东南亚国际贸易中心马六甲。马六甲原来商业繁盛，是福建商船贸易的一个主要港口，也是进入印度洋的中转地，“既为佛郎机所据，残破之，后售货渐少。而佛郎机与华人酬酢，屡肆辀张，故贾船希往者”。[⑤] 在香料群岛，葡萄牙人对中国商船常常“将货掠去，且横杀人”。[⑥] 由于葡萄牙人控制着马六甲一带海域，到17世纪初，从西亚至亚齐的印度洋上已看不到一艘中国船。[⑦] 不仅如此，葡萄牙人在嘉靖三十六年（1557）入居广东澳门[⑧]，竭力垄断中国对日本和菲律宾的贸易，排挤中国人。到17世纪20—30年代，仅有少数中国帆船到马尼拉贸易，有时甚至连一艘也没有。[⑨]

西班牙是继葡萄牙之后来到东方的又一个西方殖民国家，于1571年（隆庆五年）占据了马尼拉，主要依靠中国商人提供的大量商品，从中国—菲律宾—墨西哥的大三角贸易中获利丰厚。但从16世纪后期开始，西班牙人“尽擅闽、粤海上之利”[⑩]，对中国商人的贸易实行种种限制，

① 张燮：《东西洋考》卷8《税珰考》，第155—156页。

② 张燮：《东西洋考》卷7《饷税考》，第134页。

③ 张燮：《东西洋考》卷8《税珰考》，第164页。

④ 周起元：《东西洋考·序》，第18页。

⑤ 张燮：《东西洋考》卷4《麻六甲》，第70页。

⑥ 张燮：《东西洋考》卷5《美洛居》，第102页。

⑦ 廖大珂：《福建海外交通史》，福建人民出版社，2002，第255页。

⑧ 万明：《中国融入世界的步履：明与清前期海外政策比较研究》，社会科学文献出版社，2000，第263—266页。

⑨ 廖大珂：《福建海外交通史》，第255页。

⑩《明史》卷325《佛郎机传》。

还多次对中国商人进行大屠杀。万历三十一年（1603），西班牙殖民者对吕宋的华侨大肆屠杀，华侨“计捐二万五千人，存者三百口而已”。[①] 死难者主要是漳州海澄人和泉州安平人，其中“澄产者十之八”；[②] “安平俗好行贾，自吕宋交易之路通，浮大海趣利，十家而九往。往岁夷酋发难，尽歼贾人，安平无一人得脱”。[③] 其后，西班牙人没有了贸易对象，又开始招揽福建商人前去贸易。福建商人经过一段时间的低潮后，又大批涌向马尼拉。但是，1639 年（崇祯十二年）西班牙殖民者再次大肆屠杀华侨，遇难者达 2 万多人。[④]

荷兰于 16 世纪末来到东方，先后占据巴达维亚（今雅加达）、安汶、香料群岛的部分地区，一直试图用武力打开对华通商的大门。万历三十二年（1604），荷兰人驾驶两艘大船抵达澎湖，想仿澳门葡萄牙之例，在中国租地贸易，后在福建水师统帅沈有容的压力下退走。天启二年（1622），荷兰人又一次侵占澎湖，“筑城营垒，伪立不拔之基，乘汛出没，掳掠商艘，焚毁民庐，杀人如麻”。[⑤] 澎湖是海上交通要道，“屏蔽八闽，通吕宋、琉球、日本诸国必泊之地，商渔舴艋日往来以千数”。[⑥] 荷兰人占据澎湖，致使福建海商“格于红夷，内不敢出，外不敢归”；[⑦] “自天启二年发难以来，洋贩不通，海运梗塞，漳泉诸郡已坐困矣”。[⑧] 天启四年，在明军的驱逐下，荷兰人撤离澎湖，窃据台湾，横行台湾海峡，开展掠夺性贸易活动。当时，除了在荷兰东印度公司保护下的巴达维亚船只外，其余到马尼拉、澳门、印度支那以及整个东印度贸易的船

---

① 张燮：《东西洋考》卷 5《吕宋》，第 92 页。

② 崇祯《海澄县志》卷 14《灾祥志附兵乱》，第 474 页。

③ 李光缙：《景璧集》卷 14《二烈传》，曾祥波点校，福建人民出版社，2012，第 684 页。

④ 廖大珂：《福建海外交通史》，第 257 页。

⑤《兵部题〈彭湖捷功〉残稿》，收入《明清史料》乙编第 7 本，商务印书馆，1936，第 628 页。

⑥ 同上书，第 629 页。

⑦《明熹宗实录》卷 37，天启三年八月丁亥，第 1928 页。

⑧《彭湖平夷功次残稿》，《明清史料》乙编第 7 本，第 625 页。

只都遭到掠夺，[1] 严重影响了福建海商的海上贸易活动。漳州月港日趋萧条，“自天启六年以后，海寇横行，大为洋舶之梗，几无孑遗，饷额屡缩，自是不复给引”。[2]

第三节 广州港的贡舶贸易和商舶贸易

明代广州港的对外贸易有贡舶贸易和商舶贸易。弘治以后，贡舶贸易渐趋衰落，商舶贸易即私人贸易日益活跃。

一、贡舶贸易的盛衰

明洪武三年（1370），广东市舶司设在广州“府城外西南一里，即宋市舶亭海山楼故址”（今北京南路与东横街交界处），永乐元年（1403）提举潘定复重修。正统十三年（1448）毁于兵燹。景泰六年（1455）提举祝应韶重建，主要建筑有正厅三间，后厅三间，左右厢房各三间，库房一百一十六间，吏目厅三间。[3] 广东市舶库房 116 间，是前述永乐年间浙江市舶库 61 间的近两倍，反映了广州贡舶贸易的繁盛。永乐四年，“置怀远驿于广州蚬子步，创房一百二十间，以居番人，隶属市舶提举司。然内官总货，提举官吏惟领簿而已”。[4] 广人称“步”为码头，蚬子步在今广州杨巷路怀远驿一带，这里濒临珠江，为贡舶船只停泊和贸易之所。“其入贡者惟正使进城，余皆就驿止宿。遇设宴管待方入，宴毕

① 万明：《中国融入世界的步履：明与清前期海外政策比较研究》，社会科学文献出版社，2000，第 292 页。

② 崇祯《海澄县志》卷 6《秩官志》，第 382 页。

③ 嘉靖《广东通志》卷 28《政事志一・公署》，广东省地方志办公室誊印，1997，第 681 页。据万历《广东通志》卷 15《广州府公署》记载，广东市舶司于万历三年改建于布政司前街之右。

④ 嘉靖《广东通志》卷 66《外志三・番夷》，第 1722 页。

即出。成化、弘治间犹然”。[①]

按《明会典》记载，真腊、暹罗、占城、满剌加等国，“贡道由广东”。[②] 不过，如本章第一节所述，暹罗在洪武、永乐年间，也会从浙江市舶司入贡。外国贡舶到达广州时，先停泊在广州城外的港口，称作“澳”，“凡番船停泊，必以海滨之湾环者为澳”。[③] 嘉靖《广东通志》记载：“查得递年暹罗国并该国管下甘蒲沰、六坤州与满剌加、顺塔、占城各国夷船，或湾泊新宁（今台山）广海、望峒，或新会奇潭，香山浪白、濠镜、十字门，或东莞鸡栖、屯门、虎头门等处海澳，湾泊不一。”[④] “澳”设澳官，贡舶到时，即行验实，申报海道抚按衙门，由镇巡官及广东三司委官与广东市舶司官员验对勘合、比对无误之后，由市舶司派员送至京城。其路线：自广州怀远驿出发，乘船到佛山，然后溯北江而上，经韶州（今韶关）到南雄，越过梅岭，进入江西省南安府（今大余），又由水路辗转以达南京、北京。各国的贡物以香料为主，还有一些珍禽异兽、宝物矿物、药材和纺织品等。[⑤]

明初各国朝贡使团内常有“行商”随同前来贸易，史载：“自占城以下，苏门答剌、西洋爪哇、彭亨、百花、三佛齐、浡泥诸国来朝时，内带行商。”[⑥] 各国行商在广州的贸易活动，应是以市舶司所设的牙人作为中介。明代前期对于各朝贡国使者所携带的“附至”货物，基本上没有征税[⑦]。这些贡使在特旨情况下，还可以把皇帝回赐品在广州交换其生活必需品。如景泰二年（1451）五月，“爪哇国使臣亚烈麦尚耿……又

---

① 万历《广东通志》卷69《外志四·番夷》。

② 万历《明会典》卷105、106《朝贡·东南夷》，第78—85页。

③ 屈大均：《广东新语》卷2《地语·澳门》，第36页。

④ 嘉靖《广东通志》卷66《外志三·番夷》，第1723—1724页。

⑤ 参见万历《大明会典》卷105、106《朝贡》，收入《续修四库全书》第791册，第74—87页。

⑥ 万历《大明会典》卷105《朝贡·东南夷上》，第79页。

⑦ 参见陈支平、戴美玲《明代“番舶”征税考实》，《中国高校社会科学》2018年第3期。

乞以赐物于广东地方贸易油、麻、钉、铁锅、磁器之类，俱从之”。[①] 各国朝贡使团获利丰厚，因而频频前来入贡。永乐年间，广州的贡舶贸易臻于鼎盛，“自永乐改元，遣使四出，招谕海番，贡献毕至，奇货重宝前代所希，充溢库市，贫民承令博买，或多致富，而国用亦羡裕矣”。[②]

“厚往薄来”的朝贡贸易的发展，需要强大的政治、经济实力的支撑。招待贡使、搬运贡品，都要花费大量的人力、物力，明朝政府的回赐物品，价值总是大大高于进贡品，因此，在明成祖扩大海外交往以后，这些就成为明朝政府的沉重负担。正统以后，广东地方官员先后奏请减少占城、爪哇等国的进贡频率，朝廷亦对外国贡船进行限制。正统二年（1437），广东官员上奏称：“占城国每岁一贡，水陆道路甚远，使人往复，劳费甚多，乞令依暹罗等国例三年一贡。”英宗同意，以此告谕占城国王。[③] 正统八年，又有广东官员上奏：“爪哇朝贡频数，供亿浩繁，劳敝中国，以事远夷，非计，宜省节之。”英宗谕爪哇国王改为三年一贡。[④] 弘治年间，朝廷开始对外国贡船的附带货物实施抽分。《大明会典》记载：“弘治间定，凡番国进贡，内国王王妃及使臣人等附至货物，以十分为率，五分抽分入官，五分给还价值，必以钱钞相兼。”[⑤]《明武宗实录》亦载：（正德十年四月）“礼部复巡按广东御史高公韶奏：旧例，岭南诸番入贡，其所附货物，官税其半，余偿之直。”[⑥] 不过，据嘉靖《广东通志初稿》记载，“暹罗、爪哇二国免抽”。[⑦] 各国前来朝贡，“虽云修贡，实则慕利”。[⑧] 随着各国朝贡使团所获利益的减少，海外诸国前来进贡的船只也逐渐减少，自弘治元年至弘治六年三月，“番舶自

①《明英宗实录》卷216，景泰三年五月丁未。

② 严从简：《殊域周咨录》卷9《佛郎机》，第324页。

③《明英宗实录》卷31，正统二年六月甲申，第623—624页。

④《明英宗实录》卷106，正统八年七月辛巳，第2162页。

⑤ 万历《大明会典》卷113《给赐番夷通例》。

⑥《明武宗实录》卷123，正德十年四月丙午，第2470页。

⑦ 嘉靖《广东通志初稿》卷30《番舶》，第517页。

⑧《殊域周咨录》卷8《爪哇》，第292页。

广东入贡者，惟占城、暹罗各一次”①，广州的贡舶贸易已无法再维持下去。

二、商舶贸易的曲折发展

与上述贡舶贸易的衰落形成鲜明对照的是，私人海上贸易日益活跃。早在洪武年间，广东沿海居民，“内有等不畏公法、专一为非顽民，将带违禁物货私自下海，潜往外国买卖”。② 弘治六年（1493），两广总督都御史闵圭奏称：“广东沿海地方多私通番舶，络绎不绝，不待比号，先行货卖。……私舶以禁弛而转多，番舶以禁严而不至。”③ 在这种情况下，明朝政府不得不作一些改革。正德四年（1509），“该镇巡等官都御史陈金等题：要将暹罗、满剌加国并吉兰丹国夷船货物，俱以十分抽三。该户部议将贵细解京，粗重变卖，留备军饷”。④ 正德十二年五月，应广东布政使吴廷举的请求，朝廷“命番国进贡并装货舶船，榷十之二”。⑤ “装货舶船”与“番国进贡”并列，前者显然是指进贡之外的番船。对二者都采取抽分十分之二的办法，意味着允许没有明朝颁发“勘合”的外国商船进行贸易活动。这样，非朝贡的外国商船经由地方官府与市舶司抽税，也可以在广州进行互市贸易，打破了原来贡舶贸易一统天下的局面，广州呈现出“番舶不绝于海澳，蛮夷杂沓于州城”⑥ 的繁荣景象。

然而，就在正德十二年（1517）七月，葡萄牙的舰队抵达屯门（旧属东莞县，今属香港新界），接着闯入珠江，前往广州，要求通商。⑦ 由于葡萄牙人“略买人口，盖房立寨为久居计”，正德十五年十二月，朝

---

①③《明孝宗实录》卷 73，弘治六年三月丁丑，第 1367—1368 页。

② 嘉靖《广东通志》卷 7《事纪五》，第 135 页。

④ 嘉靖《广东通志》卷 66《外志三・番夷》，第 1724 页。

⑤《明武宗实录》卷 149，正德十二年五月辛丑，第 2911 页。

⑥《明武宗实录》卷 194，正德十五年十二月己丑，第 3631 页。

⑦ 万明：《中国融入世界的步履：明与清前期海外政策比较研究》，社会科学文献出版社，2000，第 183 页。

廷采纳监察御史丘道隆等的建议，驱逐葡萄牙人，“番舶非当贡年，驱逐远去，勿与抽盘”。[①] 吴廷举的改制随之被取消。“自今海外诸夷及期如贡者，抽分如例，或不赍勘合及非期而以货至者，皆绝之”[②]。明廷在诏“佛郎机人不得进贡”的同时，“并禁各国海商亦不许通市”[③]，实际上是重申了明初“非入贡即不许其互市”的规定。嘉靖元年（1522）西草湾之战后，葡萄牙人被逐出广东，假借满剌加、暹罗等国的名义进行走私贸易活动，“广东有司乃并绝安南、满剌加”。[④] “自是海舶悉行禁止，例应入贡诸番亦鲜有至者，贡舶至往漳泉，广城市贸萧然”[⑤]。

嘉靖八年（1529），提督两广侍郎林富奏请“广东番舶例许通市者，毋得禁绝”。[⑥]翌年，给事中王希文亦奏请：“自今诸国进贡，宜令依期而至，比对勘合验放，其番货抽分交易如旧。”[⑦] 他们的请求先后获得朝廷的批准，朝贡贸易仍是唯一合法的贸易形式。但地方上，“奈何奉行者往往不得其人，不能仰体德意，俯恤民隐。朝贡不问其年，抽分不循其则。不究其行商之夹带，不考其船只之多寡。法虽立而不能守，禁虽严而无所施”。[⑧] 商舶贸易依然与贡舶贸易并存。严从简说：“夷货之至，各有接引之家，先将重价者私相交易，或去一半，或去六七，而后牙人以货报官……则其所存以为官市者又几何哉！”[⑨] 可见，私人贸易占有相当大的比重。

嘉靖二十八年（1549）“走马溪之役”后，葡萄牙人退回广东。嘉靖三十三年，广东海道副使汪柏在葡萄牙人表示愿意“照例抽分”的情况

①《明武宗实录》卷 194，正德十五年十二月己丑，第 3631 页。

②《明世宗实录》卷 4，正德十六年七月己卯，第 208 页。

③《殊域周咨录》卷 9《佛郎机》，第 322 页。

④⑥《明世宗实录》卷 106，嘉靖八年十月己巳，第 2507 页。

⑤ 嘉靖《广东通志》卷 66《外志三·番夷》，第 1723 页。

⑦《明世宗实录》卷 118，嘉靖九年十月辛酉，第 2793 页。

⑧ 汪鋐：《题为重边防以苏民命事》，黄训编：《名臣经济录》卷 43，收入《景印文渊阁四库全书》第 444 册，第 295 页。

⑨ 严从简：《殊域周咨录》卷 8《暹罗》，第 284 页。

下，许其“通市”，进行贸易。① 起初，葡萄牙人“俱泊浪白等澳”，“守澳官权令搭蓬栖息，迨舶出洋，即撤去”。② 嘉靖三十六年，葡萄牙人入居澳门③，在广东取得一个贸易据点。此后，澳门成为“番夷市舶交易之所。往年夷人入贡，附至货物，照例抽盘。其余番商私赍货物至者，守澳官验实申海道，闻于抚按衙门，始放入澳。候委官封籍，抽其十之二，乃听贸易焉……每年夏秋间，夷舶乘风而至，往止二三艘而止，近增至二十余艘，或倍增焉”。到嘉靖四十三年，澳门“夷众殆万人矣”。④

葡萄牙人入居澳门之初，由于葡萄牙不是明朝的朝贡国，不能到广州进行贸易，只能在澳门与各国通商，只向明朝缴纳船税，所有进出口货物税全部由下澳中国商人负担，结果反而对葡萄牙人有利。为改变这种状况，广东地方官员采取变通办法，从万历六年（1578）开始每年在广州海珠岛（今长堤广州市少年儿童图书馆）⑤ 举办一次“交易会”，万历八年以后改为每年春、夏两季举办，准许各国商人（包括葡萄牙人）前往贸易，每次交易两三个月，但不许上岸居住。葡萄牙人由此也可到广州贸易，购买生丝、丝织品、瓷器等商品，缴纳货物出口税后运往澳门，然后转运到日本、东南亚、欧洲等地，澳门成为广州的外港。葡萄牙人以澳门为据点，发展澳门—果阿—里斯本、澳门—长崎、澳门—马尼拉—墨西哥以及澳门—东南亚等多条国际贸易航线，澳门成为国际贸易的重要中转站。大量中国商品通过澳门进入世界市场，据统计，仅万历八年至十八年的10年间，从澳门运往印度果阿的生丝每年都有3000

① 万明：《中国融入世界的步履：明与清前期海外政策比较研究》，社会科学文献出版社，2000，第261—262页。

② 庞尚鹏：《百可亭摘稿》卷1《抚处濠镜澳夷疏》，收入《四库全书存目丛书·集部》第129册，第130页。光绪《香山县志》卷8《海防》称：“浪白澳在香山澳之南，为番舶等候接济之所。”

③ 万明：《中国融入世界的步履：明与清前期海外政策比较研究》，社会科学文献出版社，2000，第263—266页。

④ 庞尚鹏：《百可亭摘稿》卷1《抚处濠镜澳夷疏》，第130页。该奏疏成于嘉靖四十三年（1564）。

⑤ 参见黄启臣主编《广东海上丝绸之路史》，广东经济出版社，2003，第374页。

多担，值银 24 万两。崇祯八年（1635）达到 6000 担，值银 48 万两。[①] 与此同时，大量墨西哥白银流入中国，缓和了中国贵金属短缺的局面。

番舶来广东贸易，要等官府抽分后方得发卖，但是，“抽分经抚巡海道行移委官，动逾两月”，“令严则激变之祸生，令宽则接济之奸长。……广州隔海，不五里而近，乡名游鱼洲。其民专驾多橹船只，接济番货。每番船一到，则通同濠畔街外省富商，搬磁器、丝绵、私钱、火药违禁等物。满载而去，满载而还。……比抽分官到，则番舶中之货无几矣”。[②] 游鱼洲即鳌洲，在古代是靠近珠江南岸的一个小岛，位于今广州南华西街一带，民国初由于泥沙淤积、填筑马路等因素，与河南陆地连成一片。为了杜绝“私通接济”的现象，嘉靖年间，霍与瑕建议，每年六月先由广州府发给“澳票”，等外国商船到达，即可随抽分官下澳进行贸易。[③] 嘉靖三十五年（1556），广东海道副使汪柏“乃立客纲、客纪，以广人及徽、泉等商为之”。[④] 这里的“客纲”就是牙行组织，“客纪”就是领有澳票专门协同抽分官经营国际贸易的牙行经纪人。

隆庆年间，“始议抽银，檄委海防同知、市舶提举及香山正官三面往同丈量”。[⑤] 据梁廷楠《粤海关志》记载，由抽分改“丈抽”是在隆庆五年（1571），“以夷人报货奸欺，难于查验，改定丈抽之制，按船大小以为额税。西洋船定为九等，后因夷人屡请，量减抽三分。东洋船定为四等”。[⑥] 所谓“丈抽之制”，其实就是月港的水饷。据万历《广东通志》记载，广东市舶提举司每年税银约四万余两。[⑦] 万历四十二年（1614），广东海道副使俞安性“条具五事，勒石永禁”，通常称为《海道禁约》，其中规定：“凡番船到澳，许即进港，听候丈抽。”“凡夷趁贸货物，俱赴

① 转引自万明《中国融入世界的步履：明与清前期海外政策比较研究》，社会科学文献出版社，2000，第 282 页。

②③ 霍与瑕：《上潘大巡广州事宜》，《明经世文编》卷 368，第 3976 页。

④ 嘉靖《广东通志》卷 68《杂蛮》，第 1792 页。

⑤ 万历《广东通志》卷 69《番夷》。

⑥ 梁廷楠：《粤海关志》卷 22《贡舶》，袁钟仁校注，广东人民出版社，2002，第 448 页。

⑦ 万历《广东通志》卷 7《藩省志七・税课》，卷 69《番夷》。

省城公卖输饷。如有奸徒潜运到澳与夷，执送提调司报道，将所获之货尽行给赏首报者，船器没官，敢有违禁接买，一并究治。”① 由此可见，番船进入澳门后，由中国政府有关机构按船只大小征税；外国商人将货物运到省城广州交易，要再“输饷”，其实就是月港的陆饷，即货物税。这就巩固了广州在对外贸易上的主导地位，同时也削弱了澳门的优势地位。崇祯四年（1631），广东官方以葡萄牙人不服管制，走私贩私，屡起事端为由，禁止他们到广州贸易。十二年，崇祯皇帝批准该项禁令。葡萄牙人不能到广州贸易，澳门的贸易开始走向衰落。

万历年间，广东出现了三十六行。周玄時《泾林续记》云：

> 广属香山为海舶出入襟喉，每一舶至，常持万金，并海外珍异诸物，多有至数万者。先报本县申达藩司，令市舶提举同县官盘验，各有长例，而额外隐漏，所得不赀，其报官纳税者不过十之二三而已。继而三十六行领银，提举悉十而取一。盖安坐而得，无簿书刑杖之劳。②

三十六行实际上是官牙，由明朝官府指定人户充当，给予印信文簿，使之成为市舶提举的代理，代为经营对外贸易事务，是清代广东十三行的前身。

除了葡萄牙人外，西班牙、荷兰、英国也先后派商船来广州谋求贸易，其他如拉丁美洲的墨西哥、秘鲁等国家的商人亦经马尼拉来广州进行贸易。有时广东商人在广州与外商一时交易不成，便亲自把所余货物经澳门出海，运往马尼拉、暹罗、望加锡等国家交易。③ 据不完全统计，从万历八年至崇祯十五年（1580—1642），由广州经澳门往马尼拉的商船

---

① 印光任、张汝霖：《澳门记略》卷上《官守篇》，越春晨点校，广东高等教育出版社，1988，第 22 页。

② 谢国桢选编《明代社会经济史料选编》（下），牛建强等校勘，福建人民出版社，2004，第 76 页。

③ 参见黄启臣主编《广东海上丝绸之路史》，广东经济出版社，2003，第 384—386 页。

有 69 艘。[①] 当时外国资料记载：

> 每年驶抵菲律宾的大型货船大都来自广州港和澳门港。有二百吨的，也有二百五十吨的，还有少数三百吨的。小货船（Patache）的载重量为一百吨到一百五十吨。[②]

明代广州内外港码头，呈现“内港码头向城外移动，近城外港向城内靠近，城外远处另增一批外港”的扩展趋势。[③] 明代广州的内港码头已移至城外蚬子步，怀远驿即设在蚬子步附近。近城外港，由于宋元时代的扶胥港“淤积既久，咸卤继至，沧海为田……潮当涨，就岸犹易；水稍消，则平沙十里，挽舟行陆，进退两难”[④]，逐渐移至黄埔洲（今广州海珠区新滘镇黄埔村）、琵琶洲一带水域，即由东江口深水湾的东边向内转至黄埔深水湾的西边。黄埔洲较扶胥港距广州城更近，交通更方便。万历二十五年（1597），在江中琶洲岛上建立“九级浮图，屹峙海中，壮广形胜，名曰海鳌”。[⑤] 海鳌塔又名琶洲塔，与番禺莲花山上的莲花塔（万历四十年建成）、赤岗红砂岩山岗上的赤岗塔（天启年间建成），称为广州的“三支桅杆”，成为明清时期广州河道上往来船舶的航标塔。至于珠江口外属于外港性质的码头，如前述新宁（今台山）的广海、望峒，新会的奇潭，香山的浪白、濠镜、十字门，东莞的鸡栖、屯门、虎头门等，这些海澳在明嘉靖中期以前为中外船舶停泊、贸易之地，自葡萄牙人入居澳门后，“自是诸澳尽废，濠镜（即澳门）独为舶［泊］薮矣”。[⑥]

---

① 参见黄启臣主编《广东海上丝绸之路史》，广东经济出版社，2003，第 390 页。

②《中外关系史译丛》第 1 辑，上海译文出版社，1984，第 177 页。

③ 黄启臣主编《广东海上丝绸之路史》，广东经济出版社，2003，第 393 页。

④ 崔弼辑《波罗外纪》卷 2《庙境・郡城八景》，闫晓青校注，广东人民出版社，2017，第 66 页。

⑤ 万历《广东通志》卷 14《广州府・山川・番禺》。

⑥ 万历《广东通志》卷 69《番夷》。

广州琶洲塔、莲花塔、赤岗塔

第五章
清代的一口通商与条约口岸

清廷入关后，实行海禁、迁界政策，使航运禁绝、外贸停顿，[①] 郑氏集团控制下的厦门成为著名的对外贸易港。统一台湾后，清政府解除海禁，先后设立闽、粤、江、浙四省海关，管理海上贸易，广州、厦门、宁波成为对外贸易的主要港口。乾隆二十二年（1757）广州“一口通商”后，宁波港转向发展国内沿海贸易和内河转运贸易。

鸦片战争后，随着一系列不平等条约的签订，清政府被迫开放众多通商口岸。在这些通商口岸中，就 19 世纪下半叶的进出口贸易量而言，排在前几位的是上海、广州、厦门、天津、汕头、福州等港口。

第一节　宁波港的转型

一、宁波港与日本、东南亚的贸易

入清之后，尽管清政府厉行海禁、迁界政策，宁波商人还是千方百计进行走私贸易。如顺治十二年（1655），被清政府抓获的宁波鄞县船户朱盛、朱国臣、舒凤、舒茂峰等，雇佣船工、水手多人，“竟自越走外

① 参见万明《中国融入世界的步履：明与清前期海外政策比较研究》，社会科学文献出版社，2000，第 370—373 页。

洋”，通番贸易。[①] 根据日本文献《华夷变态》记载，康熙十五年至二十四年六月底（1676—1685），有10艘商船从宁波普陀山走私前往日本长崎。[②]

统一台湾后，清政府解除海禁，浙江“乃差巡海大人驰各处海禁，通市贸易”。康熙二十四年（1685），“部议复准浙江照福建、广东例，亦许用五百石以下船只出海贸易”[③]，在宁波府治南旧理刑馆地设立浙海关。[④] 舟山定海时属宁波府，康熙三十七年（1698）在定海县城东设榷关公署，另设红毛馆一座，“安置红毛夹板大船人众”。[⑤]

清代前期，日本仍是宁波重要的海外贸易对象。不过，由于日本德川幕府自宽永十二年（1635）禁止日本人出国，因此清代前期中国与日本之间的贸易实际上是“有往无来”的“往市”。[⑥] 根据《华夷变态》记载，康熙二十四年（1685），宁波有8艘商船赴日本长崎贸易，普陀山有4艘；到康熙二十七年，宁波赴长崎商船增到31艘，普陀山5艘，合计36艘。这一年中国沿海省份和东南亚地区赴长崎唐船总计194艘，宁波府船（含普陀山）约占18.6%。[⑦] 同年，日本限定每年进长崎港贸易的唐船总数为70艘，各启航港商船数规定如下：福州13艘，宁波12艘，南京（含长江下游诸口岸）10艘，广东（指珠江三角洲）6艘，厦门、泉州、漳州分别为5、4、3艘，普陀山3艘，高州、潮州各2艘，交趾、暹罗等东南亚地区10艘。日本在1685年已把唐船贸易额限定为6000贯

---

① 林仁川：《明末清初私人海上贸易》，华东师范大学出版社，1987，第354页。

② 朱德兰：《清廷迁界令时中国船海上贸易之研究》，载中国海洋发展史论文集编辑委员会主编《中国海洋发展史论文集》（二），台湾“中研院”三民主义研究所，1986，第112—113页。

③ 雍正《浙江通志》卷86《榷税》，收入《景印文渊阁四库全书》第521册，第284页。

④ 雍正《宁波府志》卷11《公署》，收入《中国方志丛书·华中地方》第198号，第647页。

⑤ 雍正《浙江通志》卷86《榷税》，第284页。

⑥ 包世臣：《安吴四种》卷26《庚辰杂著二》第6页b。

⑦ 陈自强：《就〈华夷变态〉谈康熙年间海外交通贸易的若干情况》，《海交史研究》1990年第2期。

(1贯约合我国旧制银100两)，此后又多次调整贸易额和进港船数。1715年（康熙五十四年），日本实施“正德新商法”，每年进长崎港唐船数减为30艘：南京、福州、宁波共21艘，厦门、台湾、广东各2艘，交趾、暹罗、咬嚁吧各1艘。限额内的唐船，每年发给信牌，持有信牌者准许互市，否则不许。这就是有名的“正德新令”。到1742年（乾隆七年），唐船数进一步减为10艘。此后虽有增减，但1790年（乾隆五十五年），仍规定为10艘。①

根据《华夷变态》的记载，从康熙二十三年（1684）开放海禁至康熙六十一年的39年间，抵达长崎的唐船共2759艘，在可判断启航港的船只中，宁波船为423艘，普陀山船70艘，合计493艘。同一时期，“南京船”为462艘，福州、厦门船分别为212艘和139艘，而“南京船”是对江苏省长江各口岸赴长崎商船的统称，因而学者认为“宁波港是清代前期我国对日交通贸易的第一大港”。② 当时，日本方面把唐船分为三大类：第一类称“口船”，指来自江、浙两省的商船；第二类称“中奥船”，指来自闽、粤两省的商船；第三类称“奥船”，指来自东南亚的商船。③ 木宫泰彦指出：“凡是清朝商船，无论口船、奥船，大都先停泊在普陀山，候得顺风，便一路驶往长崎。”④ 无论是福建、广东的中奥船，还是东南亚地区的奥船，它们在往返长崎途中，往往要在宁波或普陀山停泊，购买利润高的丝货，搭载客、货。⑤ 根据日本《唐船进港回棹录》记载，从享保二年至十八年（1717—1733），进长崎港的中国船504艘，其中宁波船180艘，约占36%，低于南京船（包括上海、苏州

① [日] 木宫泰彦：《日中文化交流史》，胡锡年译，商务印书馆，1980，第649—654页。

② 陈自强：《就〈华夷变态〉谈康熙年间海外交通贸易的若干情况》，《海交史研究》1990年第2期。

③ 参见 [日] 林庭脩《日清贸易概观》，《辽宁社会科学辑刊》1980年第1期。

④ [日] 木宫泰彦：《日中文化交流史》，胡锡年译，商务印书馆，1980，第657页。

⑤ 参见王慕民等《宁波与日本经济文化交流史》，海洋出版社，2005，第212—216页。

等地）的185艘。[①] 到鸦片战争前，“对日贸易仅限于浙江宁波一地，而且船只限于10艘”。[②] 由此可见，“清代宁波在对日交通中虽然失去了明代的垄断地位，但总体仍保持着龙头和枢纽港的位置”。[③]

清代前期，宁波与东南亚的贸易亦有所发展。浙海关所设的“洋房”，“经征宁（波）港商船置货报往南洋、暹罗等处贸易、回棹进出洋税，及各省商人从南洋、海南等处来宁贸易货税”。[④] 康熙五十六年（1717），清政府颁布南洋禁航令：“凡商船照旧东洋贸易外，其南洋吕宋、噶罗吧（即爪哇岛的巴达维亚）等处，不许商船前往贸易。”[⑤] 雍正七年（1729），应浙江总督李卫奏请，清政府准浙江开放南洋贸易。根据荷兰东印度公司档案《巴城信函文件集》，1721—1725年（康熙六十年至雍正三年），到达巴达维亚的宁波船有16艘；1726—1730年（雍正四年到八年），有17艘；1731—1735年（雍正九年至十三年），有12艘；1736—1740年（乾隆元年至五年），有6艘；此后日渐稀少，1741—1790年的50年间，仅有15艘。[⑥]

宁波与南洋的贸易以菲律宾、安南（今越南）、柬埔寨、暹罗为主。[⑦] 康熙六十一年（1722）六月下旨：“暹罗国人，言其地米甚饶裕，价值亦贱，二三钱银即可买稻米一石。朕谕以尔等米既甚多，可将米三十万石分运至福建、广东、宁波等处贩卖。”[⑧] 谕旨中还说，这30万石米是官运，不必征税。乾隆七年（1742），庆复奏称：“闽、浙、江南等

---

① 参见周中夏《宁波港历史上的衰落》，《海交史研究》1985年第1期。

② 姚贤镐编《中国近代对外贸易史资料》（1840—1895）第一册，科学出版社，2016，第60页。

③ 王慕民等：《宁波与日本经济文化交流史》，海洋出版社，2005，第212页。

④《海关衙门须知事宜册》，收入《近代史资料》总55号，知识产权出版社，2006，第25页。

⑤《清圣祖实录》卷271，康熙五十六年正月庚辰，第3609页。

⑥［荷］包乐史：《巴达维亚华人与中荷贸易》，庄国土等译，广西人民出版社，1997，第151—152页。

⑦ 姚贤镐编《中国近代对外贸易史资料》（1840—1895）第一册，第60页。

⑧《清圣祖实录》卷298，康熙六十一年六月壬戌。

省前往南洋贸易船只，均自粤省之虎门协经由老万山一岛出口。”[①] 据泰国学者研究，嘉庆十八年（1813）有7只暹罗商船到宁波。[②] 同治元年（1862）浙海关衙门“经制书吏”上报的《海关衙门须知事宜册》说：“嘉庆二十二年（1817）、道光元年（1821）及四年以后，因南洋、暹罗等处贸易商船，并无一只回棹进宁，洋税无征。”[③] 说明道光以前，除了嘉庆二十二年以外，其他年份都有南洋、暹罗等处商船回棹宁波港。光绪《鄞县志》亦载，宁波商人“南洋吕宋、新嘉坡，西洋苏门答腊、锡兰诸国，亦措资结队而往，开设廛肆，有娶妇长子孙者”。[④]

二、宁波港与英国的贸易及其转型

康熙三十七年（1698）舟山定海设立海关衙署和红毛馆后，英国东印度公司在1699年派遣卡奇普尔（Allen Catchpoole）为驻华商务监督，同时英国国王任命他为驻华总领事。公司董事会指示他：“前往宁波群岛，宁波在中国的北部，我们指令你如有可能就居留该处——或者你可以得到政府许可在它的附近口岸贸易。如果情况适合，你要直接和南京城贸易，或者就在南京居留。”要求他要找到适合北方气候、可“大量出售我们的毛织品”的口岸。卡奇普尔乘伊顿号于1700年（康熙三十九年）10月到达舟山，他在港口见到英国公司船特林鲍尔号和麦士里菲尔德号及孟买散商船孟买商人号。麦士里菲尔德号是从广州开来的，特林鲍尔号从英伦带来资金10644镑同中国贸易。[⑤] 雍正《浙江通志》也有类似的记载：“康熙三十九年六月，到有红毛船二只，船主一名未氏罗夫，一名未里氏。又八月，到卢咖唎船一只，九月到飞立氏船一只。一

---

①《乾隆朝外洋通商案·庆复折》，收入《史料旬刊》第22期，第804页。

② 参见王巨新《清代前期中国与暹罗双轨贸易研究》，《国家航海》第十辑，第141页。

③《近代史资料》总55号，知识产权出版社，2006，第25页。

④ 光绪《鄞县志》卷2《风俗》。

⑤［美］马士：《东印度公司对华贸易编年史》（1635—1834年）第一、二卷，区宗华译，中山大学出版社，1991，第107—108页。

时称为盛事云。”① 在1701—1710年的10年间，又先后有13艘英国商船抵达宁波（参见下表5-1）。但是，卡奇普尔在定海考察后认为，浙海关关政腐败，勒索严重，就贸易来说，“广州比厦门好，而以上两处则比舟山好”。②

表5-1　清代前期到宁波的英国船③

年份	船号	吨位	资金	货物
1700	伊顿号	310		运来胡椒、铅、绒布，购买生丝、丝织品、瓷器、漆器、图画、扇、茶叶、铜、白铜、硼砂
	特林鲍尔号	250	10644镑	运回铜、白铜、瓷制茶杯、黄金
	麦士里菲尔德号	250		
	孟买商人号			
1701	特林鲍尔号		50611镑	运来胡椒120吨及其他物品，共价值6257西班牙银元
	萨拉号	275		
1702	宁波号	160		
	麦士里菲尔德号	250	35936镑	
	联合号	208	29744镑	
	罗伯特与纳撒尼尔号	230	35640镑	
1703	联合号		20000镑	
	塞缪尔与安娜号			
	宁波号	160		
	罗伯特与纳撒尼尔号	230		

① 雍正《浙江通志》卷86《榷税》，第297页。

②［美］马士：《东印度公司对华贸易编年史》（1635—1834年）第一、二卷，区宗华译，第116页。

③［美］马士：《东印度公司对华贸易编年史》（1635—1834年）第一、二卷，区宗华译，中山大学出版社，1991，第十、十一、十二章及第311—313、317页。

（续表）

年份	船号	吨位	资金	货物
1704	诺森伯兰号	250	16345 镑	
1707	长桁号	250	23781 镑	
1710	罗彻斯特号	330	35260 镑	
1736	诺曼顿号	490	39273 镑	

对于浙海关的勒索问题，《浙江通志》也有记载："近闻榷关者往往寄耳目于胥役，不实验客货之多寡，而止凭胥役之报单。胥役于中未免高下其手，任意勒索。饱其欲者，虽货多税重而朦蔽不报者有之，或从轻重报者有之；不遂其欲，虽货少税轻而停滞关口，至数日不得过。"① 因此，从 1711 年（康熙五十年）后，英船很少来宁波而改往广州。1736 年（乾隆元年），英船诺曼顿号（Normanton）在镇海口外碶头角（Kitow Point）下锚后，大班们登艇入镇海口至宁波府城，要求直接进入宁波城交易。这一要求被道台以上谕严禁在宁波府城通商的理由拒绝，"诺曼顿号"不愿开入舟山港贸易，转而驶往广州。②

1755（乾隆二十年），英国东印度公司由于对广州贸易的种种限制不满，再次派船主哈喇生（Samuel Harrison）、通事洪任辉（James Flint）率领霍尔德内斯伯爵号到达定海，受到当地官商的欢迎。宁波地方官员认为："红毛国商船久不到浙贸易，今慕化远来，自应加意体恤，以副我皇上柔远之意。"因此除派员小心防护外，还"严谕商铺人等公平交易，其应征税课照折征收"。③ 在此后两三年间，英商又先后派出格里芬号、翁斯洛号、哈德威克号、切斯特菲尔号到宁波，试图进一步扩大在宁波港的贸易。④ 但是，英商前往浙江贸易，影响到广州海关的税收，

① 雍正《浙江通志》卷 86《榷税》，第 297 页。

②［美］马士：《东印度公司对华贸易编年史》（1635—1834 年）第一、二卷，区宗华译，中山大学出版社，1991，第 240—245 页。

③《乾隆朝外洋通商案》，《史料旬刊》第 10 期，第 190 页。

④ 参见陈君静《略论清代前期宁波口岸的中英贸易》，《宁波大学学报（人文科学版）》，2002 年第 1 期。

同时，为了避免宁波成为“粤省之澳门”，乾隆二十二年十一月颁布上谕：“晓谕番商，将来只许在广东收泊交易，不得再赴宁波。如或再来，必押令原船返棹至广，不准入浙江口岸。”① 乾隆二十四年五月，当洪任辉随同商船到达定海外四礁洋，试图再次进入港口时，被巡洋官兵截阻，被迫离去。尾随抵达的一只满载货银的英船也同样被拒靠岸，返回广州。② 宁波港与英国的直接贸易往来正式中断。

此后，宁波港作为对外贸易港口也被乍浦港取代，迫使宁波港转而发展国内沿海贸易和内河转运贸易，成为浙东地区的货物中转地，也使得宁波港与台湾、福建、两广、山东、辽东等沿海省份的贸易往来进一步密切。③ 据载，嘉庆九年（1804），在镇海、上海等地驻港的宁波船达400艘。这些船只主要是北上天津、营口，一年往返三次。道光初，宁波每年从事海运的船只，往山东、辽东的约670艘，往福建、海南的约560艘，往广州的约25艘。④ 光绪《镇海县志》记载：“宁郡镇海关，外省通直隶、山东，本地通杭、绍、嘉、台、温、处各处。如南船，常运糖、靛、板、果、白糖、胡椒、苏木、药材、海蜇、杉木、尺板，其船出台、温为艚艚，中为白艕，小为渔船、尖船，自南至沙埕（今隶福建福鼎，系闽浙海岸交界地——引者注），北抵定关。如北船，常运蜀、楚、山东、南直棉花、牛骨、桃枣诸果、坑沙等货，其船系沙船、弹船，自北而南，抵定关。又有台、温捕贩渔船。绍兴、余姚土产棉花，绍兴自内河至关。并宁波本地捕贩渔船及土产等货，与诸番市舶，分征船货有定所，科征百物有定额。”⑤ 从货物种类、产地与销路，可见宁波港国内埠际贸易的兴盛。光绪《鄞县志》亦载：“鄞之商贾聚于甬江，嘉道以来，云集辐凑，闽人最多，粤人、吴人次之……与苏杭、上海相

① 中国第一历史档案馆：《朱批奏折·外交类》035号。

② 陈君静：《略论清代前期宁波口岸的中英贸易》，《宁波大学学报（人文科学版）》，2002年第1期。

③ 王万盈：《清代宁波港口的转型》，《中国港口》2014年第10期。

④ 参见乐承耀《宁波通史·清代卷》，宁波出版社，2009，第265页。

⑤ 光绪《镇海县志》卷9《关税》，收入《中国方志丛书·华中地方》第183号，台湾成文出版社，1973，第710—711页。

通，转运既灵，市易愈广，滨江列屋大都皆廛肆矣。”[①] 反映了宁波国内转运贸易的繁荣。

值得一提的是，鸦片战争后，宁波港虽然是第一批被迫开放的港口，但在开埠之后，其绝大部分进出口贸易转移到上海港，因而在全国进出口贸易中所占的比例很有限。宁波港在1844年元旦正式开埠通商后，其进出口贸易总值却呈明显下降的趋势，开埠当年对外贸易总额尚为银元50万元，五年以后，却下降到不及5万元。[②] 虽然其直接对外贸易进口货值在1872—1876年间曾有所回升，由1225147两上升到2106626海关两，在全国各通商口岸进口总值中所占的比重由1.74%上升到2.91%，但整体而言，宁波港直接对外贸易进出口值在全国所占的比重很小，由1867年的0.58%下降到1894年的0.05%。[③]

第二节　厦门港的起伏

一、厦门港的发展和厦门洋行

厦门原为泉州府同安县属下的一个海岛，位于九龙江出海口，周围水深港阔，是一个天然良港。宋代称为嘉禾屿，元代设嘉禾千户所，明代改称中左所，江夏侯周德兴曾于此筑城，城号厦门，清代始正名厦门。明初，厦门只是一个沿海海防重镇，明代后期漳州月港开放海禁，厦门是月港商船出海的必经通道。海船从月港启行，一潮半可至中左

---

① 光绪《鄞县志》卷2《风俗》。

② 姚贤镐编《中国近代对外贸易史资料》（1840—1895）第一册，科学出版社，2016，第618页。

③ 参见姚贤镐编《中国近代对外贸易史资料》（1840—1895）第三册，第1610—1617页。

所，在此盘验，经“厦门司盖印”，然后经浯屿、铜山出海。[①] 因此，“其来月港者，多就鹭门宿”[②]，厦门港开始发展。1575 年（万历三年），在马尼拉的西班牙总督拉末沙礼示（Guidede Lavezaris）派遣拉达（Martinde Rada）等人出使福建。拉达一行即从厦门进出，他描述说，“这是一个有三千户人家的市镇”[③]，说明厦门已是一个重要港口。

明末崇祯元年（1628），亦商亦盗的郑芝龙降明，与李魁奇率部下进入厦门，“聚众三万余人”。[④] 当时明朝的海禁政策尚未正式解除，郑芝龙以养兵的借口向官府索要出海贸易的权力。史载：“龙幼习海，知海情，凡海盗皆故盟，或出门下。自就抚后，海舶不得郑氏令旗，不能往来，每一舶岁入三千金，岁入千万计。”[⑤] 郑芝龙利用手中权力，给厦门、泉州安平等地出海船只发放船引，允许商人出海贸易，厦门逐渐成为闽南地区的主要港口。

清顺治三年（1646），郑芝龙降清北上，其子郑成功以厦门作为抗清基地，改其名为“思明州”。郑成功“以仁、义、礼、智、信五字为号，建置海船，每一字号下各设有船十二只”，通贩日本、吕宋、交趾、暹罗、柬埔寨、西洋等国，[⑥] 厦门成为“诸洋利薮”的著名对外贸易港。《葛剌巴传》记载：“自明朝始及顺治年，福建同安人多离本地往葛剌巴贸易、耕种，岁输丁票银五六金。此后每有厦门巨艚船载万余石赴葛剌巴及钣马廊埠头。”[⑦] 葛剌巴即今印度尼西亚的雅加达，荷兰殖民者称其

---

① 张燮：《东西洋考》卷 7《饷税考》，第 139 页。

② 池显方：《晃岩集》卷 2《与补陀坚上人》，厦门大学出版社，2009，第 21 页。鹭门，指今厦门。

③ 拉达：《出使福建记》，载博克舍《十六世纪中国南部行记》，中华书局，1990，第 175 页。

④ 曹履泰：《靖海纪略》卷 3《上司李吴磊斋》，文殿阁书庄，1935，第 83 页。

⑤ 林时对：《荷闸丛谈》卷 4，收入《台湾文献丛刊》第 153 种，第 156 页。

⑥ 史伟琦：《密题台湾郑氏通洋情形并陈剿抚机宜事本》，康熙七年七月初七日，收入厦门大学台湾研究所、中国第一档案馆编辑部《康熙统一台湾档案史料选辑》，福建人民出版社，1983，第 82 页。

⑦ 阙名：《葛剌巴传》，收入《小方壶斋舆地丛钞》第 10 帙，台湾学生书局，1975，第 1121 页。

为巴达维亚。据载，1654—1655 年（清顺治十一年至十二年），郑成功派遣 8 艘船到巴达维亚，巴达维亚的马艾特述格尔总督带着宽慰的心情给阿姆斯特丹写道："这些船只给这个城市的华人和其他居民注入新的经济活力。"① 当时清政府厉行海禁政策，郑成功同内地的联系不仅没有被切断，反而乘机垄断了海外贸易，一些从事走私贸易活动的商人"厚赂守口官兵，潜通郑氏，以达厦门，然后通贩各国。凡中国各货，海外人皆仰资郑氏，于是通洋之利，唯郑氏独操之，财用益饶"。②《巴达维亚城日记》1661 年 6 月 13 日记载："国姓爷已集结战斗用帆船二百艘以上于厦门及其附近，并努力集结更多，命令凡在日本之帆船船主等，立即返航，违者将予处死；又在交趾、柬埔寨、暹罗及其他地方之帆船，已不再驶往日本，命其载米、硝石、硫磺、锡、铅及其他，直驶厦门。"③ 不过，康熙二年（1663）厦门被清军攻占，"番船不至"。康熙十三年郑经重占厦门。据日本文献《华夷变态》记载，自康熙十四年至十八年，有 19 艘商船从厦门开往日本长崎，其中康熙十五年，郑经派遣 6 艘商船，其部下派出 4 艘商船航往日本；此外，另有 1 艘商船康熙十七年由广南（今越南南部）驶往日本途中，因风势不顺漂到厦门，翌年由厦门开往日本。④ 另一方面，"英圭黎及万丹、暹罗、安南诸国贡物于经，求互市，许之；岛上人烟，辐辏如前"。⑤ 1676 年，英国东印度公司派一艘船到厦门，并在厦门设立商馆；1678 年命令把厦门作为在中国的总商馆，并在厦门购买丝织品 12000 匹运返英国。翌年，又有两艘万丹船载运 2 万元货物和 3 万元现款到厦门，其中一艘购买了 9000 匹丝织品

① 参见［荷］伦纳德·鲍乐史《荷兰东印度公司时期中国对巴达维亚的贸易》，温广益译，载《南洋资料译丛》1984 年第 4 期。

② 黄叔璥：《台海使槎录》卷 4《伪郑附略》，商务印书馆，1936，第 77 页。

③ 李汝和主编《巴达维亚城日记》第 3 册，台湾省文献委员会，1989，第 218 页。

④ 朱德兰：《清廷迁界令时中国船海上贸易之研究》，载中国海洋发展史论文集编辑委员会主编《中国海洋发展史论文集》（二），台湾"中研院"三民主义研究所，1986，第 116—118 页。

⑤ 夏琳：《闽海纪要》卷下，台湾大通书局，1987，第 48 页。

及10箱生丝运往英国，另一艘购买了黄金及铜运往苏拉特。[①] 康熙十九年（1680）二月，郑经从厦门撤往台湾。第二年，英国东印度公司关闭了在厦门的商馆。

清统一台湾后开放海禁，康熙二十三年（1684），厦门设立闽海关，福州亦设海关衙署。[②] 厦门商贾云集，海外贸易呈现一派繁荣景象。"服贾者以贩海为利薮，视汪洋巨浸如衽席，北至宁波、上海、天津、锦州，南至粤东，对渡台湾，一岁往来数次。外至吕宋、苏禄、实力（今新加坡）、噶喇吧，冬去夏回，一年一次。初则获利数倍至数十倍不等，故有倾产造船者，然骤富骤贫，容易起落，舵水人等借此为活者以万计"[③]。

海关通过洋行来管理海外贸易。洋行为牙行之一种，由藩司衙门颁给牙帖，"以其经营海船外洋贸易得名"。[④] 道光《厦门志》记载："厦门未设口之先，各船驶进大担口，直抵海澄石码，行保在焉，进口由海澄查验。自伪郑荡平后，始设立厦门正口。"[⑤] 据此，傅衣凌先生认为，厦门洋行"沿袭自明代，而与石码的行保有极大的关系"。[⑥] 雍正五年（1727）重开南洋贸易后，厦门洋行日渐兴盛，道光《厦门志》引雍正五年档案云："又奏准商民整发往夷贸易，设立洋行经理，其有外省洋船收泊进口，亦归洋行保结。"[⑦] 洋行是海外贸易的中介团体，负有购销货物、评定价格、保纳税金及兼管商人的任务，而且须为本地洋船及外地商人（包括本国商人与外国商人）作保，负有保人、保税的责任。[⑧] 凡

---

①［美］马士：《东印度公司对华贸易编年史》（1635—1834年）第一、二卷，区宗华译，中山大学出版社，1991，第45—46页。

② 林仁川：《福建对外贸易与海关史》，鹭江出版社，1991，第145—148页。

③ 道光《厦门志》卷15《风俗记·俗尚》，台湾成文出版社，1967，第323页。

④ 傅衣凌：《清代前期厦门洋行》，载傅衣凌《明清时代商人及商业资本》，中华书局，2007，第190页注②。

⑤ 道光《厦门志》卷5《船政·洋船》，第114页。

⑥ 傅衣凌：《清代前期厦门洋行》，载傅衣凌《明清时代商人及商业资本》，中华书局，2007，第192页。

⑦ 道光《厦门志》卷5《船政·洋船》，第114页。

⑧ 傅衣凌：《清代前期厦门洋行》，载傅衣凌《明清时代商人及商业资本》，中华书局，2007，第196页。

由厦门出洋的海外贸易船，“由厦门洋行保结出洋，海关征税，厦防同知文武汛口査验放行”。[①] 外商或夷舶，也须经过“海关检查，洋行保结”的手续之后，才能开始销售货物；其购办出口货物，亦须委托洋行承办。内地商人与外商交易，须得到官府认可，即“内地商铺与之交易者，俱系官给腰牌，方许进入番馆，一切违禁物件，严加查察，禁止夹带私售”。[②]

厦门洋行在乾隆时期达到全盛，至嘉庆元年（1796），尚有洋行八家。但此后不久，由于走私贸易日趋严重，洋行逐渐衰落。“奸商私用商船为洋驳（较洋船为小），载货挂往广东虎门等处，另换大船贩夷或径自贩夷。回棹则贵重之物由陆运回，粗物仍用洋驳载回，倚匿商行，关课仅纳口税而避洋税。以致洋船失利，洋行消乏，关课渐绌”。至嘉庆十八年（1813），仅存和合成一家洋行。[③] 嘉庆二十二年，清政府禁止福建茶叶从厦门海运出口，更使厦门海外贸易大受打击，“洋船贩夷止有碗、伞粗货，口务遂绌”。道光元年（1821）洋行全数倒闭，其事务由金源丰等十四家商行共同承办。此时厦门本地的海外贸易船尚有十余艘，但各省洋船及吕宋的西班牙船已不到厦门。此后，洋船、洋驳也渐渐稀少，且经常私往诏安等处各小口出洋，因而商行也逐渐凋敝。至道光十二、十三年，厦门商行仅存五六家，关税亏缺，每年虽由地方官极力招徕劝谕，但也仅有洋驳一二艘出洋贸易。[④]

二、厦门港与东南亚的贸易

厦门港海外贸易的地区以东南亚为主，“其地为噶喇吧、三宝垄、实力、马辰、埭仔（今泰国南部的柴亚）、暹罗、柔佛、六坤、宋居朥

① 道光《厦门志》卷5《船政·洋船》，第115页。

②《乾隆朝外洋通商案钟音折》，乾隆二十年十一月十五日，《史料旬刊》第12期，第428页。

③ 道光《厦门志》卷5《船政·洋船》，第115—116页。

④ 同上书，卷5，第116页。

（今泰国南部的宋卡）、丁家卢、宿雾、苏禄、东浦、安南、吕宋诸国。其出洋货物则漳之丝绸纱绢、永春窑之瓷器及各处所出雨伞、木屐、布匹、纸扎等物”。[①] 根据外国文献记载，1686 年（康熙二十五年），有 8 艘帆船从厦门开抵巴达维亚，另有 3 艘帆船从其他港口开抵巴达维亚，这些帆船运载了 800 多名劳工和丰富的中国商品。随后几年，运往巴达维亚的商品和新客稳步增长。1694 年（康熙三十三年），有 20 艘中国帆船驶抵巴达维亚。[②] 据估计，85％的中国帆船的载重量在 150—200 吨之间。[③]

此外，从厦门赴日本贸易的商船也不少。据《华夷变态》记载，从 1684—1722 年（康熙二十三年至六十一年），到长崎的厦门船有 139 艘。[④] 日本 1715 年“正德新令”限制每年到长崎的厦门船 2 艘，此后每年只有 1—2 艘厦门船领到日本政府颁发的信牌。

康熙五十六年（1717）禁止中国商民前往南洋贸易，一度对厦门的海外贸易造成沉重打击。雍正五年（1727）重开南洋贸易后，厦门的海外贸易迅速恢复，厦门成为国内仅次于广州的对外贸易大港。雍正九年，清政府下令各省出洋船只分别用油漆涂色以为识别，福建船自船头至梁头及大桅上截用绿色油漆，浙江船用白油漆，广东船用红油漆，江南船用青油漆。这就是“绿头船”“红头船”的由来。[⑤] 周凯《厦门志》云：“厦门贩洋船只始于雍正五年，盛于乾隆初年，时有各省洋船载货入口，倚行贸易征税，并准吕宋等夷船入口交易，故货物聚集，关课充盈。至嘉庆元年，尚有洋行八家，大小商行三十余家，洋船、商船千余

---

① 道光《厦门志》卷 5《船政・洋船》，第 114 页。

② 参见［荷］伦纳德・鲍乐史《荷兰东印度公司时期中国对巴达维亚的贸易》，温广益译，载《南洋资料译丛》1984 年第 4 期。

③［荷］包乐史：《巴达维亚华人与中荷贸易》，庄国土等译，广西人民出版社，1997，第 120 页。

④ 陈自强：《就〈华夷变态〉谈康熙年间海外交通贸易的若干情况》，《海交史研究》1990 年第 2 期。

⑤ 道光《厦门志》卷 5《船政・商船》，第 109 页。

号，以厦门为通洋正口也。”① 《清朝文献通考》卷二百九十七《四裔考五》记载东南亚各国到中国的水程是以厦门为终点（参见表 5-2），可见厦门与这些国家之间的贸易往来比较密切。

表 5-2　《清朝文献通考·四裔考五》所载各国距厦门水程

国名或地名	距厦门水程	国名或地名	距厦门水程
港口国（今越南河仙）	160 更	柬埔寨	170 更
伊代吗	140 更	宋腒朥（今宋卡）	180 更
埭仔	180 更	六坤	150 更
大泥（大年）	150 更	柔佛	180 更
单咀	130 更	吕宋	72 更
噶喇巴	280 更		

以厦门与巴达维亚的贸易为例，根据荷兰东印度公司档案《巴城信函文件集》，自 1721—1790 年（康熙六十一年至乾隆五十五年），厦门及宁波、广州等港口前往巴达维亚贸易的商船数如表 5-3。从表中可以看出，1721—1790 年间，中国各港口赴巴达维亚的商船主要从厦门港出发，占 63%；其次是广州港，占 17%；宁波港和其他港各约占 10%。厦门港商船以 1731—1740 年（雍正九年至乾隆五年）的年均 10 艘为高峰，其中 1731—1735 年为 46 艘、1736—1740 年为 55 艘。乾隆五年（1740），荷兰殖民者在巴达维亚残酷屠杀华侨，制造了红溪惨案。随后，荷兰殖民当局加重了对中国商船港口税及其他税费的征收，② 并对中国商船贸易采取严格限制的政策，如“不许寄银出口，必令将转置货物，方许扬帆。而其货物又皆产于他处，未到吧地，以致唐船守候日久，风汛过时，年年不能抵厦，甚至遭及夏秋风飓，人船俱没，数十年如是”。③ 因而，厦门等港赴巴达维亚贸易的商船减少。荷兰籍学者鲍乐史指出：

---

① 道光《厦门志》卷 5，第 115—116 页。

② ［荷］包乐史：《巴达维亚华人与中荷贸易》，庄国土等译，广西人民出版社，1997，第 145—149 页。

③ 王大海：《海岛逸志》卷 1《西洋纪略·噶喇吧后记》。

“二百年来（指 17—18 世纪），作为东亚最大的贸易公司总部的巴达维亚的日益繁荣，实际上主要是依靠每年伴随东北季风驶来的中国帆船运载为印尼市场所需要的各种商品所致。”①

表 5-3　1721—1790 年中国各港口赴巴达维亚商船数量②

单位：只

年份＼港口	厦门	宁波	广州	其他	合计
1721—1730	64	33	10	18	125
1731—1740	101	18	38	13	170
1741—1750	54	6	16	2	78
1751—1760	59	5	11	1	76
1761—1770	50	3	14	—	67
1771—1780	45	1	—	—	46
1781—1790	35	—	22	28	85
总计	408	66	111	62	647

航运的发展与商业的繁盛促进了造船业的发展，许多船匠涌入厦门，“土、木、金、银、铜、铁诸工率自外来，船工大盛，安其业者，多移居焉”。③ 因此，时人称厦门港“大小帆樯之集凑，远近贸易之都会也”，“据十闽之要会，通九译之番邦”。④

不仅厦门商船驶往东南亚各国贸易，东南亚各国番船也到厦门贸易。如暹罗商人雍正六年（1728）开始载运大米到厦门，清政府给予免税优待⑤，因此，暹罗商人接连载运大米到厦门售卖。乾隆七年（1742）八月，暹罗国船商薛士隆率船载米 10050 石及压船铅锡等货到厦门，经

①［荷］伦纳德·鲍乐史：《荷兰东印度公司时期中国对巴达维亚的贸易》，温广益译，《南洋资料译丛》1984 年第 4 期。

②［荷］包乐史：《巴达维亚华人与中荷贸易》，庄国土等译，广西人民出版社，1997，第 151—152 页。1746、1747、1763 和 1772 年无记载。

③ 道光《厦门志》卷 15《风俗记·俗尚》，台湾成文出版社，1967，第 323 页。

④ 孙云鸿：《嘉禾海道说》，道光《厦门志》卷 2《分域略·形势》，第 37 页。

⑤《清世宗实录》卷 66，雍正六年二月壬辰。

福州将军、闽海关印务副都统沈之仁奏准，免征船货税银。[①] 第二年七月，薛士隆复驾原船运米6000石及货物来厦门，署福建巡抚周学健上奏，“请定以带米一万石以上者，免其船货税银十分之五，带米五千石以上者，免其船货税银十分之三”，获乾隆皇帝批准。[②] 乾隆九年，暹罗国王复令夷商余明衷，驾船载米8000石及货来厦门发卖。[③] 乾隆十一年六月二十四日、七月初五日，先后有暹罗商人方永利、蔡文浩驾船载米及苏木、铅、锡等货到厦门贸易。[④] 乾隆十四年、十八年和二十一年等年份，均有暹罗商人运米及苏木、番锡等货物前来厦门售卖。[⑤]

清政府还鼓励本国出洋商船载米回国，[⑥] 但因获利甚微，兴贩者不多。后听说在暹罗造船费用低廉，一些海商呈请往暹罗造船买米回国。乾隆十二年（1747）正月，福建巡抚陈大受奏称：“近年商民探知该国（即暹罗）木料甚贱，桅舵颇多，工费亦省，成造一船比内地可减工料十之五六，以造船之多利摊补米价之少利，尚为合算，遂有呈请往暹买米造船载运而归者。”因而自乾隆九年以来，内地商民又“源源赴暹买米，运回粜济，较之夷商听其自至者尤为便捷”。[⑦] 十三年，福建巡抚潘

①《福州将军沈之仁请免征暹罗贩米商船货税奏折》，乾隆七年九月，中国第一历史档案馆《乾隆年间由泰国进口大米史料选》，《历史档案》1985年第3期。

②《福建巡抚周学健请定例分别免征外国贩米商船货税奏折》，乾隆八年七月，中国第一历史档案馆《乾隆年间由泰国进口大米史料选》，《历史档案》1985年第3期。

③《福建巡抚周学健为办理内地商船运米回闽发粜情形奏折》，乾隆九年八月，中国第一历史档案馆《乾隆年间由泰国进口大米史料选》，《历史档案》1985年第3期。

④《福州将军新柱请减免暹商方永利等船货税银十分之二奏折》，乾隆十一年八月，中国第一历史档案馆《乾隆年间由泰国进口大米史料选》，《历史档案》1985年第3期。

⑤ 参见中国第一历史档案馆《乾隆年间由泰国进口大米史料选》，《历史档案》1985年第3期。

⑥ 参见廖大珂《中国传统海外贸易》，海天出版社，2019，第225—227页。

⑦《福建巡抚陈大受请发给内地商民往暹买米造船印照奏折》，乾隆十二年正月，中国第一历史档案馆《乾隆年间由泰国进口大米史料选》，《历史档案》1985年第3期。

思矩亦奏称："闽省商船贸易南洋回棹，向例准其带米石进口发卖。本年六、七两月，洋船陆续回棹一十六只，随带米石每船二三百石不等；又龙溪县船商何景兴往暹罗国买米一千石运回，俱收厦门港，经守口文武查验，分发粜卖，于民食颇有济益。"①

乾隆十六年八月，潘思矩奏称，本年六月内，收入厦口洋船二十只，带回米五千三百余石；又暹罗商船一只，买回食米四千石。同时奏请对运米回国的商人予以奖励议叙，"内地商人如有运米至二千石以上者，随时酌奖"。乾隆皇帝表示同意。② 此后，有不少商民得到奖励议叙。③ 乾隆二十二年，南洋回厦各船计运回洋米 52000 余石。④

在乾隆三十年（1765）之前，从暹罗运米回国的福建商舶基本上是由厦门入口。乾隆三十年，由于江西米价翔贵，运到福州的大米减少，米价为之骤昂。为解决福州的粮食供应，清政府于是规定，嗣后从海外带回大米的商船，如愿运赴福州粜卖者，准由闽安镇进口，听其运省粜卖。⑤ 此后，从暹罗运米回棹的商船有一部分到福州收泊。不过，乾隆中后期暹罗国内发生战乱，给暹罗的社会经济带来严重影响，福建与暹罗之间的大米贸易走向衰落。

厦门是清政府规定的苏禄贡使入贡口岸。雍正四年（1726）十月，"浙闽总督高其倬疏报，苏禄国王遣使奉表贡献方物，已抵闽界，理合奏闻"。雍正皇帝批复："苏禄国远在海外，隔越重洋，从来未通职贡。今输诚向化，甚属可嘉。闽省起送来京之时，着沿途地方官护送照看；应用夫马食物，着从厚支给，以示朕加惠远人之至意。"⑥ 从此，苏禄国

---

①《乾隆朝外洋通商案·潘思矩折》，收入《史料旬刊》第 24 期，第 878 页。

②《清高宗实录》卷 396，乾隆十六年八月癸卯，第 208—209 页。

③ 参见王巨新《清代前期中国与暹罗双轨贸易研究》，载《国家航海》第十辑，第 140 页。

④ 台湾"中研院"历史语言研究所编《明清史料》庚编第 6 本，第 525—526 页。

⑤《吏部"为内阁抄出闽浙总督苏等奏"移会》，收入《明清史料》庚编第 6 本，第 533 页。

⑥《清世宗实录》卷 49，雍正四年十月丁卯。

先后十一次遣使入贡。[①] 这些苏禄使团除了将一小部分土特产作为贡品奉献给清廷之外，还随船载来大批货物到闽、浙沿海一带互市，这些货物可免征关税。乾隆二十七年（1762），苏禄国王又遣使入贡，请求恩赐铜、铁、硝斤及船匠、骆驼、驴只等，遭到谢绝。[②] 此后，苏禄没有再派使团前来朝贡，因为许多中国商船载运大量的中国货物从厦门到苏禄及其邻近国家，使其不必再派贡使前来购买货物。[③]

三、厦门港与西班牙人、英国人的贸易

吕宋的西班牙人经常派船到厦门贸易。雍正十三年（1735）六月，“吕宋国以麦收歉薄，今附洋船载谷二千石、银二千两、海参七百斤，来厦卖银籴麦，多则三千石，少则二千石”。清廷“着该督抚等，转饬有司，按照谷麦时价，均平粜籴，不许内地之人，抑勒欺诈，俾番船载麦回国，以济其用”。[④] 乾隆、嘉庆年间，西班牙人陆续派船来到厦门（参见表5-4）。《厦门志》称：“吕宋夷船每次载番银十四五万来厦贸易，所购布匹之外，如瓷器、石条、方砖，亦不甚贵重，非特有利于厦门，闽省通得其益。故乾隆四十七年（1782）奏准，外夷商船到闽海关，货物照粤海关则例征收。”[⑤] 不过，嘉庆十四年（1809）以后，吕宋的西班牙船只很少再到厦门贸易，1815年大帆船贸易已完全停止，“中国帆船来往菲律宾，运货比西班牙人要便宜得多。后者实际上已经放弃了这种贸易”。[⑥] 道光九年（1829），闽浙总督孙尔准奏折亦云：“厦门一处，从前间有番舶入口贸易，但用番银而不用铜钱。近今十数年并无番船到口。”[⑦] 此

① 参见钱江《清代中国与苏禄的贸易》，《海交史研究》1988年第2期。

②《钦定大清会典事例》卷511《礼部·朝贡》，《续修四库全书》本。

③ 廖大珂：《福建海外交通史》，福建人民出版社，2002，第357页。

④《清世宗实录》卷157，雍正十三年六月壬辰，中华书局，1985，第8册，第926页。

⑤ 道光《厦门志》卷5《船政·番船》，第118页。

⑥ 参见廖大珂《福建海外交通史》，福建人民出版社，2002，第354页。

⑦ 转引自傅衣凌《清代前期厦门洋行》，载傅衣凌《明清时代商人及商业资本》，中华书局，2007，第201页注①。

后，西班牙船多在福建外洋从事鸦片走私活动。

表 5-4 清乾嘉时期吕宋的西班牙船只到厦门贸易简况

时间	贸易概况	资料来源
乾隆三年八月	吕宋狼万雷等，装载苏木各货来厦贸易，除征收货税外，照粤省之例免收分头税	《清高宗实录》卷 83，乾隆三年十二月
乾隆十二年八月	吕宋夹板船一艘来厦门贸易，檄委兴泉道监看贸易，其船上人员俱安顿公所	《清高宗实录》卷 305，乾隆十二年十二月丁丑
乾隆二十年九月	吕宋夹板船 1 艘来厦，带 3 只小艇脚船，运食米 1 万余石（折算内地市斗实为 7784 石）、青靛 50 担、海参 50 担，另有番银 15 万元，欲在内地置买绸缎等物。因厦门现存货物不多，择殷实铺户往苏、广购办货物	《乾隆朝外洋通商案·新柱折》，《史料旬刊》第 10 期，第 360 页；《乾隆朝外洋通商案·钟音折》，《史料旬刊》第 12 期，第 427—428 页
乾隆二十二年	吕宋番船 1 只来厦，照例准其贸易	《清高宗实录》卷 553，乾隆二十二年十二月乙亥
乾隆四十六年六月	吕宋船商万梨落及郎吗叮先后来厦，载来燕窝、苏木等货物，各带番银 14 万余元，在厦购买布匹、瓷器、桂皮、石条等物	道光《厦门志》卷 5《船政·番船》，第 117 页
乾隆四十七年二月	吕宋船商郎安敦、牛黎美亚遭风到厦，载来苏木、槟榔、乌木等货物，在厦购买白纸、青白石器、石条、花砖、方砖各物	道光《厦门志》卷 5《船政·番船》，第 117 页
乾隆四十八年九月	吕宋船商郎万雷来厦，载来苏木、槟榔、呀兰米、海参、鹿脯等货物，在厦购买布匹、瓷器、雨伞、桂皮、纸墨、石条、药材、白羯仔	道光《厦门志》卷 5《船政·番船》，第 117 页
乾隆五十一年九月	吕宋船户郎吧噸丝、实哥巾礁唠遭风飘失杉板、桅车，来厦修葺船只，因货物不对，旋即驶去	道光《厦门志》卷 5《船政·番船》，第 117 页
乾隆五十九年四月	吕宋船户郎安直黎，带梢工 40 名，载货往广州贸易，遭风收泊厦港，督令牙行交易货物	《清高宗实录》卷 1451，乾隆五十九年四月丙戌
嘉庆十二年五月	吕宋船户郎安未示智遭风到厦，旋即驶去	道光《厦门志》卷 5《船政·番船》，第 117 页
嘉庆十四年五月	吕宋船商郎棉一载来番银 14 万元，海参、虾米、槟榔、鹿筋、牛皮、玳瑁、红燕窝、呀兰米、火艾棉等货物，在厦购买布匹、麻线、土茶、冰糖、药材、雨伞各物	道光《厦门志》卷 5《船政·番船》，第 117 页

1684年（康熙二十三年）5月，英国东印度公司的商船快乐号到达厦门，要求恢复贸易，经过5个月的谈判和等待，终于可以进行贸易。[①] 根据马士《东印度公司对华贸易编年史》的记载，自1684—1735年，共有33艘英国商船到厦门贸易（参见表5-5）。[②] 由表中可见，其中1684—1704年间有28艘。不过，1704年后中断了9年，到1714年才又有2艘英船到厦门。此后，英国船只很少到厦门，原因是厦门供应的丝绸质量差、货源不足和贸易限制太多。[③] 1704年8月到达厦门的忠诚库克号和赫恩号，停泊了5个月无法交易，只得离开厦门；1714年到厦门的安妮号，适遇防止海盗法令颁布，停泊了16个月无法贸易，只得于1715年离开。[④] 时隔近20年，1734年6月，格拉夫顿号抵厦门，但因为关税问题，且厦门完成定货的时间比广州长，价钱比广州高，故2个月后开往广州。[⑤] 1735年到厦门的霍顿号，也遇到了跟格拉夫顿号一样的情况，后来还是转往广州贸易。[⑥] 1744年英国东印度公司又派哈威

---

① ［美］马士：《东印度公司对华贸易编年史》（1635—1834年）第一、二卷，区宗华译，中山大学出版社，1991，第53—56页。

② 林仁川《福建对外贸易与海关史》表5-2（鹭江出版社，1991，第171—172页）所列到厦门的英国船有35艘，但表中所列1704年到厦门的斯特雷汉号，马士的《东印度公司对华贸易编年史》一书中，不论是第十二章《舟山和厦门，1703—1704年》还是《东印度公司的英国船只对华贸易表1635—1753年》，都没有记载，只有第十三章《广州的皇商，1704年》提到1704年抵达广州的斯特雷特姆号，另，表中所列1728年到厦门的奥古斯塔斯号和王子号，实际上是奥古斯塔斯王子号，该船得到的指示是“如果在广州受到勒索的阻难”，就到厦门贸易，但该船后来还是在广州贸易，未到厦门。参见《东印度公司对华贸易编年史》第183—185页。此外，马士在该书第114页注释②提到，伦敦公司1702年3月派联合号往厦门，第123页提到该联合号于1703年10月5日到厦门，但林仁川著作表5-2中未列入。

③ 李金明：《厦门海外交通》，鹭江出版社，1996，第68页。

④ ［美］马士：《东印度公司对华贸易编年史》（1635—1834年）第一、二卷，区宗华译，中山大学出版社，1991，第131、145页。

⑤ 同上书，第221—223页。

⑥ 同上书，第230—231页。

克号到厦门，也没有载运任何货物而被迫返航。①

表 5-5　清朝开海后到厦门的英国船（1684—1735 年）②

年份	船号	吨位	资金	货物
1684	快乐号			运来黄铜炮、毛瑟枪、火药、铅、胡椒、绒布，运回丝
1685	中国商人号	170		运来宽幅绒
	忠诚冒险号			运来绒布、烧酒、铅
1687	忠诚商人号		10 箱银元	运来胡椒，运回大量中国丝
	伦敦号		10000 镑	购买特优茶叶、樟脑、生姜、胶绸
	武斯特号		4000—5000 镑	
	圣乔治号			
	莫尔斯福特号			
1688	凯撒号			
	丽贝卡号			
	忠诚商人号			
1689	公主号			
	詹姆斯号		30000 镑	
1694	多萝西号	200		购买丝织品、生丝
1698	纳索号	400	40000—50000 镑	购买茶叶、生丝、丝织品、优质丝绒
	特林鲍尔号	250	20000 镑	购买茶叶、丝织品、丝绒
1699	舰队号	280	37554 镑	购买茶叶、生丝、丝织品、丝绒、麝香
1700	多利尔号	250	38126 镑	
1701	中国商人号	170	20923 镑	
	海王星号	275	36486 镑	购买黄金

① 廖大珂：《福建海外交通史》，福建人民出版社，2002，第 375 页。

②［美］马士：《东印度公司对华贸易编年史》（1635—1834 年）第一、二卷，区宗华译，中山大学出版社，1991，第 230—231 页。

（续表）

年份	船号	吨位	资金	货物
1702	会场号	350		运来宽幅绒布、粗绒、其他毛织品、铅、杂项商品，购买生丝、日本铜、黄金
	奥朗泽彼号	425		
	坎特伯里号	330	34423 镑	购买生丝、铜、白铜、明矾、水银
1703	联合号	140		
	马尔巴勒号			运回茶叶、瓷器
1704	凯瑟琳号	495	40000 镑—50000 镑	运来棉花，购买铜、明矾、冰糖、糖、水银、黄金
	蒙塔古号	400	33800 两	运回铜、糖、水银、明矾
	忠诚库克号			
	赫恩号			
1714	安妮号		60000 塔	
	剑桥号			
1734	格拉夫顿号			转往广州贸易
1735	霍顿号			

此外，巴达维亚的荷兰人亦曾派船到厦门贸易。如 1684 年（康熙二十三年），有一艘从巴达维亚来的荷兰船克利达号到达厦门。据马士《东印度公司对华贸易编年史》记载："1689 年 11 月 27 日。荷兰人在厦门曾经有一段时间，被关在自己的屋内像囚徒一样，不准出外活动，但现在已自由：前几天和商人订了合约，将他们的货物全部出售，只留下布匹，他们准备把它带走。"① 后来，荷兰人改为在巴达维亚经由福建、广东和浙江来的帆船购买中国货物。

①［美］马士：《东印度公司对华贸易编年史》（1635—1834 年）第一、二卷，区宗华译，中山大学出版社，1991，第 55、64 页。

第三节　“一口通商”下的广州港

一、海禁时期的贡舶贸易

清初沿袭明朝对于海外国家来华朝贡贸易的相关政策。顺治三年(1646)十二月，清军攻占广州，翌年七月清政府即宣布：“南海诸国、暹罗、安南，附近广地，明初皆遣使朝贡，各国有能倾心向化、称臣入贡者，朝廷一矢不加，与朝鲜一体优待。贡使往来，悉从正道，直达京师，以示怀柔。”与此同时，禁止商人下海贸易，“广东近海，凡系飘洋私船，照旧严禁”。① 对于居留在澳门的葡萄牙人，“仍照故明崇祯十三年(1640)禁其入省之例，止令商人载货下澳贸易”②，即允许广东商人前往澳门与葡萄牙人贸易，由市舶司管理贸易事务。③ 不过，“康熙元年(1662)禁海，粤门(即澳门——引者注)迁置界外，船饷停征”。直到康熙十八年，应葡萄牙贡使本多·白勒拉的请求，清廷同意在海禁解除之前，开通澳门界口陆路贸易，由市舶司征收货税。④

暹罗在顺治九年(1652)十二月，“遣使请贡，并换给印敕、勘合”，“自是职贡不绝”。⑤ 康熙六年(1667)，清廷规定：“暹罗国贡期三年一次，贡道由广东。例于常贡外有加贡，无定额。又复准进贡船不许过三只，每船不许过百人，来京员役二十二名，其接贡、探贡船概

---

①《清世祖实录》卷 33，顺治四年七月甲子。

②《清世祖实录》卷 33，顺治四年八月丁丑。

③ 参见周海霞：《清初广东市舶司的建置与沿革》，《湖北社会科学》2014 年第 10 期。

④ 李士桢：《抚粤政略》卷 2《请除市舶澳门旱路税银疏》，台湾文海出版社，1988，第 212 页。

⑤《清朝文献通考》卷 297《四裔考五·暹罗》，考 7461，浙江古籍出版社，2000。

不许放入。”[①] 十一年，暹罗入贡，康熙帝下旨：“其携来货物，或愿运至京师贸易，听其自运；或愿在广东贸易，令督、抚委官监视之。”[②] 由于从广州赴京路途遥远，暹罗贡船主要在广州发售携来货物并购买回程商品。二十三年六月，暹罗前来朝贡，贡使就朝贡贸易过程中遇到的问题上奏康熙皇帝：“贡船到虎跳门，地方官阻滞日久。迨进至河下，又将货物入店封锁，候部文到时方准贸易，每至毁坏。乞敕谕广省地方官，嗣后贡船到虎跳门，具报之后，即放入河下，俾货物早得登岸贸易。又本国采办器用，乞谕地方官给照置办，勿致拦阻。又贡使进京，先遣贡船回国，次年再差船来广省，迎接圣敕归国。”[③] 暹罗贡使的上述请求获得朝廷的批准。四十七年，暹罗遣使入贡，得旨：“贡使所带货物，听随便贸易，免其征税。”[④] 清政府还允许暹罗购买某些“禁品”，如雍正七年（1729），暹罗泰沙王授命使臣向中国购买东京弓 20 张、红铜线 10 担。部议以违禁具奏，雍正皇帝鉴于两国间的密切关系，下令准予采买。[⑤] 乾隆元年（1736），暹罗国以造福送寺需用铜为名，要求赴粤采办七八百斤铜。礼部议不许，乾隆皇帝却赏给暹罗 800 斤铜。[⑥] 因此，暹罗在正贡之外，多次派接贡船、请贡船、探贡船载物而来。乾隆五十一年，粤海关监督穆腾额奏称：“暹罗国每年正、副贡船到关，其随带之船至十余只之多，又有借名探贡船只，俱属内地商船，所带货物甚多。”为此，朝廷下令：“正、副贡船各一只，照例免其纳税，其余船只俱按货征税。”[⑦] 据《粤海关志》记载，自康熙元年至道光十七年（1662—1837），暹罗先后遣使

① 梁廷枏：《粤海关志》卷 22《贡舶二》，袁钟仁校注，广东人民出版社，2002，第 424 页。

②《清圣祖实录》卷 38，康熙十一年三月戊申，第 511 页。

③《清圣祖实录》卷 115，康熙二十三年六月甲寅，第 201—202 页。

④《清朝文献通考》卷 297《四裔考五·暹罗》，考 7462。

⑤ 光绪《大清会典事例》卷 511。

⑥《清高宗实录》卷 21，乾隆元年六月壬午。

⑦《清高宗实录》卷 1251，乾隆五十一年三月乙丑。

入贡40多次，其中康熙元年至康熙二十三年有8次。[①] 咸丰二年（1852），暹罗又一次遣使入贡，贡使在由北京至广州的返国途中遭到太平军的袭击，财物被抢，一名通事下落不明。[②] 此后，暹罗未再派使入贡。

随暹罗而来的是荷兰。同治《南海县志》引《恭岩札记》载："顺治十年（1653）……是年复有荷兰国番舶至澳门，恳求进贡。时盐课提举司白万举、藩府参将沈上达以互市之利说尚王，遂咨部允行。"[③] 荷兰人的请贡由"广东巡抚具奏，经部议驳"。顺治十二年，"复来请贡"，次年准其八年一贡，贡道由广东入，"员役不过百人，止令二十人到京，所携货物在馆交易，不得于广东海上私自货卖"。[④] 康熙二年（1663），清廷为了让荷兰助攻郑氏政权，准其"二年贸易一次"。康熙二十五年，改为五年一贡；贸易处所，"止许在广东、福建两省"。"由是职贡弥谨。雍正初年，通市不绝。夏、秋交来广，由虎门入口，至冬乃回，岁以为常"[⑤]。雍正五年（1727），荷兰人获准在广州设立商馆。

此外，康熙十三年（1674），苏禄国王森列拍遣使三人来广州，请受藩封，亦受接待，在怀远驿互市。《恭岩札记》记载了这一则史实，说："侏俪白老群趋乎粤，此互市于西关十三行之所由昉软。"[⑥]

英国东印度公司于顺治元年（1644）派欣德号商船到澳门收购瓷器和黄金；顺治十五年，两艘英船来到广州，但"没有缴纳船钞就私逃"；康熙三年（1664），一艘英船到达澳门，做了小量交易。[⑦]

---

① 梁廷楠：《粤海关志》卷22《贡舶二》，袁钟仁校注，广东人民出版社，2002，第424—435页。

②［泰国］黄壁蕴：《中泰朝贡的终局》，载《民族史研究》第11辑，中央民族大学出版社，2014，第261—277页。

③ 同治《南海县志》卷26《杂录下》，收入《中国方志丛书》第50号，台湾成文出版社，1967，第433—434页。

④《清世祖实录》卷102，顺治十三年七月戊申；卷103，顺治十三年八月甲辰。

⑤ 梁廷楠：《粤海关志》卷22《贡舶二》，袁钟仁校注，第441—444页。

⑥ 同治《南海县志》卷26《杂录下》，第434页。

⑦［美］马士：《东印度公司对华贸易编年史》（1635—1834年）第一、二卷，区宗华译，中山大学出版社，1991，第32—35页。

值得说明的是，虽然清朝把荷兰遣使来华视作“纳贡”而来，但对它并没有敕封，而是不同于正式朝贡国。成书于乾隆时期的《大清会典》“朝贡”条云：“凡四夷朝贡之国，东曰朝鲜，东南曰琉球、苏禄，南曰安南、暹罗，西南曰西洋、缅甸、南掌，西北夷番见理藩院。皆遣陪臣为使，奉表纳贡来朝。”① 但文中的“西洋”，晚清时已排除在朝贡国之外，如光绪时期的《大清会典》记载，四裔朝贡之国，有朝鲜、琉球、越南、暹罗、苏禄、南掌（今老挝）、缅甸七国，“余国则通互市焉”。② 各朝贡国贡道，朝鲜由凤凰城至盛京（今沈阳）入山海关，琉球由福建闽安镇（在福州）入福州，越南由广西凭祥州入镇南关，南掌由云南普洱府，暹罗由广东虎门，苏禄由福建厦门，缅甸由云南腾越州进入中国。

清初海禁时期，除了暹罗、荷兰等国前来互市外，广州的海外通商走私相当活跃，主要是平南王尚可喜、尚之信集团的藩商所为。屈大均的《广东新语》云：“海禁甚严，人民不得通澳。而藩王左右阴与为市，利尽归之。”③ 他们“潜引海外私贩，肆行无忌”。④ 尚可喜的参将沈上达还“乘禁海之日番舶不至，遂勾结亡命，私造大船，擅出外洋为市。其获利不赀，难以数计”。⑤ 广东巡抚李士桢的《议复粤东增豁税饷疏》称：“自康熙元年奉文禁海，外番船只不至，即有沈上达等，勾结党棍，打造海船，私通外洋，一次可得利四五万两，一年之中，十船往还，可得银四五十万两，其获利甚大也。”⑥ 据日本文献《华夷变态》记载，从康熙十三年至二十三年（1674—1874），有 9 艘商船从广东（指珠江三角洲）驶往日本长崎，其中有的即藩商所派；一些来自暹罗、柬埔寨、麻六甲、六坤、咬嚁吧及东宁（台湾）等地的商船，先到广东十字门等地

① 乾隆《大清会典》卷 56《礼部・宾礼・朝贡》，乾隆二十八年武英殿刊本。

② 光绪《钦定大清会典》卷 39《礼部・主客清吏司》。

③ 屈大均：《广东新语》卷 2《地语・澳门》，第 38 页。

④《平定三逆方略》卷 1。

⑤ 吴兴祚：《议除藩下苛政疏》，载雍正《广东通志》卷 62《艺文志》，收入《四库全书》本。

⑥ 李士桢：《抚粤政略》卷 7《奏疏》，台湾文海出版社，1988，第 813—814 页。

搭载客、货，再驶往长崎。[①] 此外还有民间走私。康熙二十一年，李士桢指出："今访有不法奸徒，乘驾大船，潜往十字门海洋，与夷人私相交易。有由虎门、东莞而偷运入省者，有由上澗头秋风口朗头以抵新会等处，而偷运回栅下佛山者。"[②]

二、十三行与外国商馆的建立

海禁解除后，康熙二十四年（1685）在广州五仙门内设粤海关监督署，设有省城大关、澳门等七处正税总口，其中大关总口稽查城外十三行和进入黄埔的外国商船进出口货物，澳门总口负责稽查进入澳门的外国贸易商船。广州十三行是专门经营进出口贸易的商行——洋货行的别名[③]，始设于康熙二十五年。当时，为了区分国内商税和海关贸易货税，两广总督吴兴祚、广东巡抚李士桢和粤海关监督宜尔格图共同商议，"设立金丝行、洋货行两项货店。如来广省本地兴贩，一切落地货物，分为住税报单，皆投金丝行，赴税课司纳税；其外洋贩来货物，分为行税报单，皆投洋货行，候出海时，洋商自赴关部纳税"。[④] 最初从事对外贸易的行商由个人申请，经清政府批准，具有半官半商性质，数量并不一定是十三家，时多时少。康熙五十九年有 16 家。[⑤] 雍正五年（1727），广东布政使官达奏称："查广东旧有洋货行，名曰十三行，其实有四五十家。"[⑥] 乾隆十六年（1751），共有洋行二十家。[⑦] 乾隆二十二年广州一

---

① 朱德兰：《清廷迁界令时中国船海上贸易之研究》，载中国海洋发展史论文集编辑委员会主编《中国海洋发展史论文集》（二），台湾"中研院"三民主义研究所，1986，第 119—121 页。

② 李士桢：《抚粤政略》卷 6《禁奸漏税》，第 629—630 页。

③ 参见彭泽益《广州洋货十三行》，广东人民出版社，2020，第 3 页。

④ 李士桢：《抚粤政略》卷 6《分别住行货税》，第 729—730 页。

⑤［美］马士：《东印度公司对华贸易编年史》（1635—1834 年）第一、二卷，区宗华译，中山大学出版社，1991，第 162 页。

⑥《雍正硃批谕旨》第十三册，第 50 页。

⑦ 梁廷柟：《粤海关志》卷 25《行商》，第 496 页。

口通商后，以潘振成为首的九家行商于乾隆二十五年呈请设立公行，获得批准。从此，广州经营海外贸易的行商分为三种：一是外洋行，“专办夷船货税”；二是本港行，“专管暹罗贡使及贸易纳饷之事”；三是福潮行，“输报本省潮州及福建民人诸货税”。①

初设本港行时，“有集义、丰晋、达丰、文德等行，专办本港事务”。本港行与外洋行一样，兴衰不定，“屡有开闭”。乾隆六十年（1795），如顺行刘如新、怡顺行辛时瑞、万聚行邓彰杰等三家本港行，因拖欠暹罗商人债务被革除。嘉庆元年（1796），本港行事务改归福潮行商人经理，由外洋行统辖。随后承开本港行的福潮商人陈长绪因侵吞客商，接连被暹罗商人告发。自嘉庆五年开始，本港事务归并外洋行办理，每年由两家外洋行轮值。②

对于来广州贸易的外国商人及商船，粤海关最初规定外国商船在澳门停泊并进行交易，但这样对粤海关的征税及商人的贸易都不方便，同时也受到澳门葡萄牙人的抵制，因此，经粤海关首任监督宜尔格图等的提请，清廷批准各国来广州贸易商船“移泊黄埔”。③ 外国商船在澳门经过检查后，由虎门沿珠江河道航行至黄埔停泊，其所携货物另雇船只运载至广州交易。由于完成交易需较长时间，清政府准许外商在广州租赁民房居住，作为其交易场所及储货仓库。据外国文献记载，中外通商之初，外国商船到广州时，每船租赁“夷馆”一所，每船俱有一“行”为其主顾。④ 随着来华商船的增多，各国开始在广州建立商馆。康熙五十四年（1715），英国东印度公司最先在广州设立商馆。随后，法国、荷兰、西班牙、丹麦、瑞典等国亦相继在广州设立商馆。⑤ 这些外国商馆

① 梁廷枏：《粤海关志》卷25《行商》，第491页。

② 同上书，第496—497页。

③《兼管广东海关税务毛克明奏折：洋船湾泊黄埔已四十余年不应更改成法》，雍正十一年三月，中国第一历史档案馆、广州市黄埔区人民政府合编《明清皇宫黄埔秘档图鉴》，暨南大学出版社，2006，第56页。

④ 梁嘉彬：《广东十三行考》，广东人民出版社，1999，第348页。

⑤ 参见赵春晨、陈享冬《论清代广州十三行商馆区的兴起》，《清史研究》2011年第3期。

时称“十三夷馆”。夷馆是“夷人寓馆”之简称，是十三行的一个组成部分，是行商和外国商人交易的场所。夷馆都是租用行商提供的房屋，集中在广州城西南郊西濠西岸临珠江一带，即今十三行路以南至江边一带。这一区域邻近后来的西堤，“这段江岸河水较深，为广州主要码头区，如西壕口西侧即有新豆栏码头”。① 各国商人于商馆前临江岸处建立码头，装卸货物。在各国商馆的周围建有行商的行栈及许多房屋，“包括商铺、作坊和离开街道很远的妇女居住的房子”。② 这些商铺和作坊主要是为外国商人服务的，他们可以在这里购买所需的生活用品及大量中国特产。

对于十三行商馆区的景象，顺德人罗天尺的长诗《冬夜珠江舟中观火烧洋货十三行因成长歌》写道：“广州城郭天下雄，岛夷鳞次居其中。香珠银钱堆满市，火布羽缎哆哪绒。碧眼番官占楼住，红毛鬼子经年寓。濠畔街连西角楼，洋货如山纷杂处……”③ 乾隆八年（1743）十月，十三行商馆区发生大火，“因街道窄狭，铺店稠密，更值风势巨大，人力难施，以致延烧铺面一百三十余座，又拆毁二十六座，方得止息”。④ 不少外国商馆和周边的店铺、房屋被焚毁，在行商进行重建时，外国公司和商人乘机参与其中，“开始建造半西式的居所”⑤，十三行外国商馆区建筑风格开始发生明显的变化。

十三行商馆的地理范围：“北以十三行街为界，南以珠江为界，东以西濠为界，西以联兴街为界”，区内有多家外国商馆和数条街道，占

---

① 曾昭璇、曾新、曾宪珊：《广州十三行商馆区的历史地理——我国租界的萌芽》，《岭南文史》1999 年第 1 期。

② [瑞典] 彼得·奥斯贝克：《中国和东印度群岛旅行记》，倪文君译，广西师范大学出版社，2006，第 87—96 页。

③ 罗天尺：《瘿晕山房诗删》，收入陈红彦等主编《清代诗文集珍本丛刊》第 235 册，国家图书馆出版社，2017 年，第 37 页。

④ 广东巡抚王安国奏折《省城洋行火灾，当夜前往祭拜南海神庙》，乾隆八年十一月，收入中国第一历史档案馆、广州市黄埔区人民政府合编：《明清皇宫黄埔秘档图鉴》（上册），暨南大学出版社，2006，第 171 页。

⑤ 香港艺术馆《珠江风貌——澳门、广州及香港》，香港市政局 2002，第 23 页。

地约 51000 平方米。[①] 洪仁辉事件之后，清政府加强了对广州外国商人的管理与防范，乾隆二十四年（1759）底，批准了两广总督李侍尧提出的《防范外夷规条》，外国商人只能住在十三行提供的商馆，在十三行区活动，不得入城。[②]《华事夷言》云：“十三间夷馆，近在河边，计有七百忽地，内住英吉利、弥利坚、佛兰西、领脉、绥林、荷兰、巴西、欧色特厘阿、俄罗斯、普鲁社、大吕宋、布路牙等国之人。”[③] 各国商馆的分布情况，根据 1832 年马礼逊（John Robert Morrison）所作文字简图，如图 5-1：

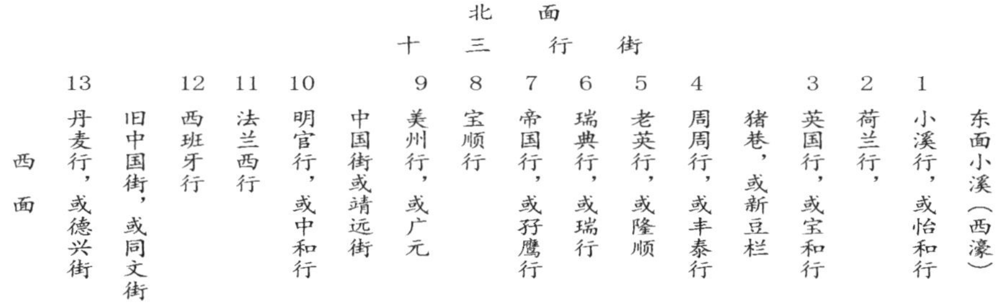

图 5-1　1832 年马礼逊所作广州十三行外国商馆文字简图

资料来源：曾昭璇、曾新、曾宪珊：《广州十三行商馆区的历史地理——我国租界的萌芽》，《岭南文史》1999，第 1 期。

另据美国人亨特所著《广州番鬼录》一书记载，十三行外国商馆的英文原名、直译名和另译名参见表 5-6。

① 曾昭璇、曾新、曾宪珊：《广州十三行商馆区的历史地理——我国租界的萌芽》，《岭南文史》1999 年第 1 期。

② 梁廷楠：《粤海关志》卷 28《夷商三》，第 546 页。

③《华事夷言》，林则徐译，收入齐思和、林树惠等编《中国近代史资料丛刊·鸦片战争 2》，上海人民出版社，1957，第 539 页。

表 5-6 《广州番鬼录》所载十三行商馆①

直译名	英文原名	另译名
丹麦馆	Danish Factory	黄旗行
西班牙馆	Spanish Factory	大吕宋行
法国馆	French Factory	高公行
章官行	Chunqua's Hong	东生行
美国馆	American Factory	广源行
宝顺馆	Paou-shun Factory	宝顺行
帝国馆	Imperial Factory	孖鹰行
瑞典馆	Swedish Factory	瑞行
旧英国馆	Old English Factory	隆顺行
炒炒馆	Chow-Chow Factory (Misellancous Factory)	丰泰行
新英国馆	New English Factory	宝和行
荷兰馆	Dutch Factory	集义行
小溪馆	Creek Factory	义和行

各个时期的外国商馆数量不尽相同，不过大致维持在 13 家左右。其中英商势力最大，小溪行、英国行、老英行与英商关系密切；帝国行原为神圣罗马帝国商人所设的商馆，② 后成为奥地利商馆；③ 周周行是巴斯人的商馆。巴斯人是从伊朗流亡到印度孟买地区的袄教教徒，喜以白布缠头，善于经商，在华经营棉花、鸦片和高利贷等生意。十三行商馆区在道光二年（1822）和十六年相继发生火灾，不过灾后不久都进行重建。第二次鸦片战争期间，十三行地区被炮火焚毁，直到光绪初年仍为一片废墟，外商居住地转向十三行西侧的沙面地区。

需要说明的是，广州行商经营的中外贸易，“只以贸易上的主要商品为限——出口货中的茶和丝，进口货中的原棉和毛织品”。其他次要

---

① [美] 亨特：《广州番鬼录》，冯树铁译，广东人民出版社，2009，第 34 页注①。

② 同上书，第 34 页注③。

③ 黄启臣主编《广东海上丝绸之路史》，广东经济出版社，2003，第 548 页。

商品，外商“可以随时随意与任何人自由买卖”。① 因而在十三行行商之外，存在着一批与外商进行次要商品贸易的洋货店铺，被称为“行外贸易”。17 世纪末叶，英国东印度公司开始允许一些商人领取公司颁发的商业特许证从事印度、东南亚与中国之间的贸易，这种贸易通常被称为“港脚贸易”（the country trade）。行外贸易实际上是港脚贸易的一种形式。乾隆二年（1737），两广总督鄂弥达等奏称，雍正七年（1729）至十年间，“粤省大洋行十九家，洋货小铺七十余家”。② 其中的 19 家大洋行是指十三行行商，70 余家洋货小铺是指经营行外贸易的洋货店铺。嘉庆年间，这类店铺有一二百间。③ 行商垄断与英国东印度公司的交易，行外店铺则主要是与英印散商和美国商人交易。

嘉庆二十二年（1817），一个行外店铺主替一名英国散商收购生丝，被行商告发，财产被充公。随后，广东地方政府规定：今后店铺主与外商交易，必须由一个正式行商担保。“凡不能取得一位行商担保的，必须将店铺关闭”。④ 后来，行外的店铺主就以行商的行号名义与外商交易，“必须由行商抽收一笔手续费，然后用行商的名义报关”。当时，“行外商人已变得非常重要，他们每年都做巨额的生意。如丝织品、草席、南京布、绉绸、夏布的制造商和某些次要商品的老板，他们当中许多人都发了大财”。⑤ 道光八年（1828），清政府为了加强行商的垄断地位、限制行外贸易的发展，规定茶叶、生丝、大黄、南京布等 24 种土产出口货和毛织品、外洋五金、人参、毛皮、檀香木等 53 种外洋进口货，只能由行商经营；其他商品，可由店铺主买卖，包括丝织品（每船运出不得

①［美］马士：《东印度公司对华贸易编年史》（1635—1834 年）第三卷，区宗华译，中山大学出版社，1991，第 322 页。

② 转引自彭泽益《广州洋货十三行》，广东人民出版社，2020，第 115 页。

③［美］马士：《东印度公司对华贸易编年史》（1635—1834 年）第三卷，区宗华译，第 323 页。

④［美］马士：《东印度公司对华贸易编年史》（1635—1834 年）第三卷，区宗华译，中山大学出版社，1991，第 322—323 页。

⑤［美］亨特：《广州番鬼录》，冯树铁译，广东人民出版社，2009，第 45—46 页。

超过 8000 斤）。而店铺主的买卖，“仍需在保商的名义下进行”。[①] 直到鸦片战争前夕，行外贸易虽有一定增长，但一直受到严格限制，无法有大的突破。

三、广州港对外贸易的繁盛

清代前期，尤其是乾隆二十二年（1757）“一口通商”后，广州港的对外贸易之繁盛，在全国首屈一指，广州港成为通达亚洲、欧洲、美洲主要国家和地区的国际性大港，商船往来频繁，进出口贸易值不断增长。

屈大均在《广东新语》中说道：“广州望县，人多务贾与时逐，以香、糖、果、箱、铁器、藤、蜡、番椒、苏木、蒲葵诸货，北走豫章、吴、浙，西北走长沙、汉口。其黠者南走澳门，至于红毛、日本、琉球、暹罗斛、吕宋，帆踔二洋，倏忽数千万里，以中国珍丽之物相贸易，获大赢利。”[②] 不过，海禁开放之初，由于沿海地区复界不久，民间商人尚须时日恢复元气，出洋船只以“官商”为主。屈大均同书亦云：“今之官于东粤者……使其亲串（即亲近的人）与民为市，而百十奸民从而羽翼之，为之垄断而罔［网］利。于是民之贾十三，而官之贾十七……官之贾日多，遍于山海之间，或坐或行，近而广之十郡，远而东西二洋，无不有也。”[③]

广东商船出海贸易以东南亚各国为主要对象。康熙五十六年（1717），清政府颁布南洋禁航令，无疑对广东商船的对外贸易造成严重影响。后由于“开洋”通商呼声的高涨，雍正元年（1723），清廷默许持有执照的广东商船前往南洋贸易。据外国文献记载，1723 年有 21 艘中

---

① ［美］马士：《东印度公司对华贸易编年史》（1635—1834 年）第四卷，区宗华译，中山大学出版社，1991，第 183 页。

② 屈大均：《广东新语》卷 14《食语·谷》，李育中等注，广东人民出版社，1991，第 332—333 页。关于《广东新语》的成书年代，学界看法不一，其中的“谷”条，据学者考证是写作于康熙二十六年，参见吴建新《〈广东新语〉成书年期再考》，《广东社会科学》1989 年第 3 期。

③ 屈大均：《广东新语》卷 9《事语·贪吏》，第 267—268 页。

国商船开往巴达维亚。[①]

雍正五年（1727），清廷解除了长达十年的南洋禁航令，准许沿海商民出海贸易。六年，福建总督高其倬奏称："漂洋船只出口之处，闽省者总归厦门一处出口，粤省者总归虎门一处出口，其别处口岸一概严禁。"[②] 史载："海禁既弛，诸国咸来互市，粤、闽、浙商亦以茶叶、瓷器、色纸往市，后并准带土丝及二蚕湖丝。其往也，由粤东虎门至鲁万山，经七洲洋，至旧柔佛。用未针，计水程九千里。"[③] 由此可见，南洋禁航令解除之后，粤、闽、浙等省海商前往南洋贸易俱由广州虎门出口。根据外国文献记载，雍正八年，有 26 艘商船从广州、澳门、舟山、厦门开到巴达维亚，所载茶叶就有 25000 担。这批茶叶有 5500 担在当地销售，其余由荷兰人转销欧洲。[④]

自雍正五年恢复南洋贸易后，"十余年来，滋生倍繁，商贾群趋乐赴。每年出洋船只，所用舵工、水手、商伙人等，为数甚多"。其中，广东航行于南洋的舵工、水手多达"万人"。[⑤] 乾隆以后，中国出海商船"往东洋者十之一，南洋者十之九"，江、浙、闽、广四省海关税银"多出于此"。[⑥] 乾隆二十九年（1764），广州港船户林长发等向两广总督苏昌报告，咖喇吧（巴达维亚）、暹罗、港口（今越南河仙）、安南、吗喺（马辰）、丁叽奴（丁加奴）、旧港、柬埔寨等国人民恳请配买丝斤、绸缎。苏昌据此上奏，朝廷"准其配买丝斤、绸缎，随带出洋"。随后，朝廷又弛丝斤出洋之禁，定江、浙、闽、广各省商船配丝数量。因"粤省外洋商船较他省为多，其配往各洋丝斤亦较他省加广"，故"每船于旧准带

①［荷］包乐史：《巴达维亚华人与中荷贸易》，庄国土等译，广西人民出版社，1997，第 134 页。

②《宫中档雍正朝奏折》第九辑，第 566 页。

③ 王之春辑《国朝柔远记》卷 4，雍正七年条，台湾学生书局，1985，第 207 页。

④［美］马士：《东印度公司对华贸易编年史》（1635—1834 年）第一、二卷，区宗华译，中山大学出版社，1991，第 196 页。

⑤《乾隆朝外洋通商案・庆复折》，乾隆七年，《史料旬刊》第 22 期，第 803－804 页。

⑥《清朝文献通考》卷 297《四裔考五・噶喇巴》，考 7465。

八千斤外，再准加带粗丝二千斤，连尺头，总以一万斤为率”。[①] 此后，广东海商源源不断地运生丝前往南洋。如：“柔佛属国有丁机奴、单咀、彭亨，雍正七年（1729）后，皆通市不绝。丁机奴……每岁冬春间，粤东本港商人以茶叶、瓷器、色纸诸物，往其国互市。乾隆二十九年（1764），以两广总督苏昌奏准，带土丝及二蚕湖丝。浙、闽人亦间有往者。及夏秋乃归。”[②] “柬埔寨……土产苏木、象牙、白豆蔻、臘［藤］黄、鹿皮、槟榔子、黄蜡。每冬春间，浙、闽、粤商人往彼互市。近则兼市丝斤。及夏秋乃归。”[③]

清代有一种说法：“走暹罗为广西洋，走吕宋为建西洋。”[④] 也就是说，到中南半岛港口贸易以广东商船居多，到菲律宾群岛贸易以福建商船为主。清朝与暹罗之间的贸易往来，除了朝贡贸易外，还有通商贸易，包括中国商民往返暹罗的贸易和暹罗商船的来华贸易。[⑤] 乾隆七年（1742）八月广东巡抚王安国奏称：“臣访闻外洋之暹罗及港口等处产米颇多，价亦平贱，臣于上年冬间密谕署理粤海关监督印务粮道朱叔权，于内港洋船出口之时，劝谕各商贩粜米谷入口发卖。今年钦奉恩旨免征米豆税银，商民尤为踊跃，每一洋船回棹各带米二三千石不等。计自六月至今，进口米二万三千余石。”[⑥] 乾隆二十一年（1756），粤省商民自安南、暹罗等国运回洋米共 21180 余石。[⑦]

乾隆中叶以后，广东海商前往南洋贸易的日渐增多，对暹罗、安南等

①《清朝文献通考》卷 33《市籴考二·市舶互市》，考 5166—5167。

②《清朝文献通考》卷 297《四裔考五·柔佛》，考 7464。

③《清朝文献通考》卷 297《四裔考五·柬埔寨》，考 7463。

④ 叶羌镛：《吕宋纪略》，转引自陈高华、陈尚胜：《中国海外交通史》，中国社会科学出版社，2017，第 222 页。

⑤ 参见王巨新《清代前期中国与暹罗双轨贸易研究》，载《国家航海》第十辑，第 130—145 页。

⑥《广东巡抚王安国为粤米价昂准由暹罗等处进口大米发卖典奏折》，收入乾隆七年八月，中国第一历史档案馆《乾隆年间由泰国进口大米史料选》，《历史档案》1985 年第 3 期。

⑦《两广总督杨应琚奏为海洋运米商民请照例议叙以鼓励急公折》，乾隆二十一年十月，收入《宫中档乾隆朝奏折》第 15 辑，第 737—738 页。

国的贸易有比较显著的发展；但西方殖民者统治下的南洋地区的贸易则相对衰落。对于中国商人在暹罗的贸易活动，英国人查尔勒斯·古特兹拉弗（Charles Gützlaff）指出："像暹罗这样一个富庶的国家，给商业活动提供了广阔的场所。蔗糖、苏木、海参、燕窝、鱼翅、藤黄、靛青、棉花、象牙等等，吸引来很多中国商人，他们的帆船每年在二三月及四月初，从海南、广州、汕头（属潮州府）、厦门、宁波、上海（属江南省）等地开来。他们的主要进口货包括中国人消费的各种货物，还有大量的白银。他们按照不同的目的，选购出口货物，并于五月底及六七月间离开暹罗。船只共约八十艘。"① 著名学者田汝康指出："华侨帆船的贸易大大促进了暹罗工商业的发展。由十八世纪以至十九世纪中叶，曼谷之能成为印度支那半岛的货物集散中心，完全是由于华侨帆船活动的结果而形成的。"②

1833 年出版的英文报刊《中国丛报》（*Chinese Repository*）报道：

> 每年前往广州以南外国口岸的中国船只，总数大概不在一百艘以下，其中三分之一，自广州前往。这里面，去东京湾的，六艘或八艘；去交趾支那、柬埔寨和暹罗的，十八艘或二十艘；去新加坡、爪哇、苏门答腊和槟榔屿等口岸的，四五艘；同时还有同样多的船只到西里伯、婆罗洲和菲律宾群岛去。这些商船一年只作一次航行，总是随着季候风航行的。从福建和从中国北部口岸南下的许多船只都在出国和回国途中在广州靠岸。③

与此同时，各国商船也纷纷前来广州贸易。印光任《澳门记略》云：

---

① Charles Gützlaff：The Journal of Two Voyages Along the Coast of China，in 1831 and 1832；转引自姚贤镐编《中国近代对外贸易史资料》（1840—1895）第一册，科学出版社，2016，第 51—52 页。

② 田汝康：《十七世纪至十九世纪中叶中国帆船在东南亚洲航运和商业上的地位》，《历史研究》1956 年第 8 期。

③ Chinese Repository，Vol.Ⅱ. 1833. 转引自姚贤镐编《中国近代对外贸易史资料》（1840—1895）第一册，科学出版社，2016，第 307 页。

> 国朝康熙二十四年，设粤海关监督……所至有贺兰、英吉利、瑞国、琏国，皆红毛也；若弗郎西，若吕宋，皆佛郎机也。岁以二十余柁为率……船长曰“大班”，次曰“二班”，得居停十三行，余悉守舶。①

由上述记载可见，清代前期来到广州贸易的主要是西方国家的商船。除此之外，也有一些来自东南亚的商船。康熙五十六年（1717）清政府颁布南洋禁航令时，对南洋地区商船来华贸易没有禁止，谕“其外国夹板船照旧准来贸易”。② 雍正年间，“凡南洋之广南、港口，柬埔寨及西南之埭仔、六坤、大泥、吉兰丹、丁葛奴、单咀、彭亨诸国，咸来通市”。③ 南洋商人运来的货物主要是大米、苏木、翠竹、沙藤以及各种土特产，其中暹罗与广州的贸易较为活跃。雍正六年（1728），清政府规定，暹罗商船运来米谷永远免税。④ 后又对暹罗载米船的其他货物进口关税实行优惠政策。因此，每年都有暹罗船运载大米到广州售卖。

1698 年（康熙三十七年），法国第一艘商船来到广州。翌年，英国商船麦士里菲尔德号驶入广州黄埔，当时黄埔港里已停泊着从印度马德拉斯开来的忠诚船长号，一艘从苏拉特开来的“摩尔人的船”和一艘法国船。⑤ 康熙末年，西方国家来广州贸易的商船逐渐增多。据统计，康熙五十五年至六十一年（1716—1722）的 7 年中，各国来粤商船共有 83 艘，其中英、法等国商船占绝大多数，平均每年来船 12 艘，以康熙五十五年（1716）最多，有 22 艘，康熙五十六年最少，为 5 艘。⑥ 另据马士《东印度公司对华贸易编年史》一书中的《东印度公司的英国船只对华贸易表》（1635—1753 年），东印度公司的英国商船自康熙五十年后，由

① 印光任、张汝霖：《澳门记略》卷上《官守篇》，赵春晨点校，广东高等教育出版社，1988，第 42—43 页。

②《清圣祖实录》卷 271，康熙五十六年正月庚辰，第 3609 页。

③ 王之春辑《国朝柔远记》卷 4，雍正七年条，第 204 页。

④《清世宗实录》卷 66，雍正六年二月壬辰，第 1007 页。

⑤［美］马士：《东印度公司对华贸易编年史》（1635—1834 年）第一、二卷，区宗华译，中山大学出版社，1991，第 86—91 页。

⑥ 参见蒋祖缘主编《广东通史·古代下册》，广东高等教出版社，2007，第 818 页。

此前赴厦门、宁波舟山贸易转而集中到广州贸易（参见表5-7）。

表5-7　1684—1753年东印度公司的英国商船到中国各港口贸易统计表①

单位：只

年份	厦门	广州	舟山	澳门	合计
1684—1693	5	—	—	1	6
1694—1703	10	6	11	—	27
1704—1713	2	12	3	—	17
1714—1723	—	27	—	—	27
1724—1733	—	29	—	—	29
1734—1743	1	35	1	—	37
1744—1753	—	47	—	—	47
合计	18	156	15	1	190

雍正以后，到广州贸易的西方商船不断增多。据统计，雍正年间（1723—1735），到广州贸易的欧洲商船共107艘（不包括葡萄牙到澳门的商船数），其中英国东印度公司商船42艘②，英国散商船25艘，法国船和荷兰船各14艘，奥斯坦德船7艘，丹麦船2艘，普鲁士、瑞典、西班牙和亚美尼亚船各1艘。③ 英国商船占欧洲来华商船的62.6%，居于对华贸易的主要地位。

根据《东印度公司对华贸易编年史》记载，1736—1741年（乾隆元年至六年），欧洲国家到广州贸易的商船共76艘，其中英国船29艘，法国船16艘，荷兰船15艘，瑞典船9艘，丹麦船7艘；1751年，来广州的英国船10只、载重4700吨，法国船2只、载重1800吨，荷兰船4只、载重3150吨，瑞典船2只、载重1590吨，丹麦船1只、载重950吨，合

① ［美］马士：《东印度公司对华贸易编年史》（1635—1834年）第一、二卷，区宗华译，中山大学出版社，1991，第309—321页。

② 根据［美］马士《东印度公司对华贸易编年史》一书中的《东印度公司的英国船只对华贸易表》（1635—1753年），1723—1735年英国东印度公司到广州贸易的商船为38艘，参见该书第314—317页。

③ 参见蒋祖缘主编《广东通史·古代下册》，广东高等教出版社，2007，第1013—1014页。

计 19 只。[1] 据《粤海关志》记载，自乾隆十四年十二月二十六日至二十二年九月二十五日止（1750 年 2 月 2 日—1757 年 11 月 6 日），到粤海关的外国商船共 159 艘，平均每年约 20 艘。其中，乾隆十五年十二月二十六日至十六年十一月二十五日，到粤外国商船 19 只[2]，而《东印度公司对华贸易编年史》记载的 1751 年（乾隆十六年）来广州的欧洲商船也是 19 只，说明乾隆时期到广州的外国商船主要来自欧洲。

《粤海关志》记载的“历年夷船来数”，自乾隆十四年（1749）始，“每年连闰月统算，以足十二月为一年，有余月即归下年接算。闰月递积递多，以干支年份按之”。根据该记载，乾隆以后来粤贸易的外国商船数日益增多，若以十年为一个统计单位，乾隆五十三年（1788）开始，到粤外国商船年均超过 50 只；道光七年（1827）开始，年均超过 120 只；以道光十七年的 213 只为最高。（参见表 5-8）

表 5-8　1750 年 2 月—1837 年 5 月粤海关外国船只进口数目[3]

单位：只

时　　间	商船数
1750 年 2 月 2 日—1759 年 10 月 15 日	194
1759 年 10 月 16 日—1769 年 6 月 28 日	204
1769 年 6 月 29 日—1779 年 3 月 12 日	304
1779 年 3 月 13 日—1788 年 11 月 22 日	421
1788 年 11 月 23 日—1798 年 8 月 6 日	548
1798 年 8 月 7 日—1808 年 4 月 20 日	769
1808 年 4 月 21 日—1818 年 1 月 1 日	695
1818 年 1 月 2 日—1827 年 9 月 15 日	892
1827 年 9 月 16 日—1837 年 5 月 29 日	1234

① 根据［美］马士《东印度公司对华贸易编年史》（1635—1834 年）第一、二卷第 246、258—259、262—263、276、283、296 页的记载统计。

② 梁廷楠：《粤海关志》卷 24《市舶》，袁钟仁校注，广东人民出版社，2002，第 484—485 页。

③ 梁廷楠：《粤海关志》卷 24《市舶》，袁钟仁校注，广东人民出版社，2002，第 484—488 页；姚贤镐编《中国近代对外贸易史资料》（1840—1895）第一册，科学出版社，2016，第 310—313 页。

值得一提的是，在18世纪末至19世纪初，西方各国对华贸易有一个显著的变化，即英国、美国的对华贸易迅速增长，而老牌殖民帝国葡萄牙、西班牙、荷兰等国的对华贸易则相继衰落，法国、丹麦、瑞典等国贸易量较小。（参见表5-9）

表5-9 1792年广州对欧美各国贸易货值表①

进出口贸易 / 国别		进口		出口	
		数量（银两）	百分比（%）	数量（银两）	百分比（%）
英国	东印度公司船	2775119	54.74	4566299	60.96
	散商船	1608544	31.73	968632	12.93
西班牙		10458	0.21	—	—
丹麦		3276	0.06	228653	3.05
瑞典		66457	1.31	279003	3.72
法国		49120	0.97	361925	4.83
荷兰		342330	6.75	536812	7.17
美国		109816	2.17	317270	4.24
托斯卡纳（英国人的）		50403	0.99	86780	1.16
热那亚（英国人的）		54130	1.07	145150	1.94
共计		5069653	100	7490524	100

英国在1764年（乾隆二十九年）对华输入值已占欧美各海上贸易国总值的63.3%，自华输出值占欧美各海上贸易国总值的46.7%。此后占比不断上涨，对华输入值的年平均数以1805—1806年的92.9%为最高；自华输出值以1790—1794年间的79.5%为最高。（参见表5-10和表5-11）美国在独立的第二年（1784年，乾隆四十九年）即派中国皇后号商船首航广州。到18世纪末，美国跃居西方各国对华贸易的第二位。（参见表5-10和表5-11）1801年（嘉庆六年），到广州的欧美各国商船共71艘，其中英国东印度公司船26艘、散商船6艘，美国36艘，瑞典

① [美] 马士：《东印度公司对华贸易编年史》（1635—1834年）第一、二卷，区宗华译，中山大学出版社，1991，第517—518页。

2 艘，丹麦 1 艘。[①] 美国来船首次超过英国，成为英国对华贸易的主要对手。不过，若按吨位计，美国商船尚未超过英国商船。当时美国商船平均 300 吨左右，英国商船则 1000 吨左右。[②]

表 5-10　1764—1833 年英美在中国与欧美各国进口贸易中所占的比重[③]

年度	欧美各海上贸易国总值（＝100%）	英国		美国		其他欧陆各国	
	银两	银两	%	银两	%	银两	%
1764	1908704	1207784	63.3	—	—	700920	36.7
1765—1769	1774815	1192915	67.2	—	—	581900	32.8
1770—1774	2094336	1466466	70.0	—	—	627870	30.0
1775—1779	1995913	1247471	62.5	—	—	748442	37.5
1780—1784	1994617	1301931	65.3	27290	1.4	665396	33.3
1785—1789	4489527	3612763	80.5	123164	2.7	753600	16.8
1790—1794	5876663	5007691	85.2	181096	3.1	687876	11.7
1795—1799	5908937	5373015	90.9	374124	6.3	161798	2.8
1800—1804	8727364	7715556	88.4	828326	9.5	183482	2.1
1805—1806	12348319	11474509	92.9	767775	6.2	106035	0.9
1817—1819	9053298	7646777	84.5	1184551	13.1	221970	2.4
1820—1824	7952488	6525201	82.1	1427287	17.9	—	—
1825—1829	9161314	7591390	82.9	1534711	16.7	35213	0.4
1830—1833	9192608	7335023	79.8	1766692	19.2	90893	1.0

① ［美］马士：《东印度公司对华贸易编年史》（1635—1834 年）第一、二卷，区宗华译，中山大学出版社，1991，第 667 页。

② 1801 年，英国东印度公司的 25 艘商船，合计约 24798 吨，另有 1 艘约 100 吨的小船。参见［美］马士《东印度公司对华贸易编年史》（1635—1834 年）第一、二卷，第 666 页。

③ 严中平等编《中国近代经济史统计资料选辑》，中国社会科学出版社，2012，第 4 页。

表 5-11　1764—1833 年英美在中国对欧美各国出口贸易中所占的比重①

年度	欧美各海上贸易国总值（=100%）	英国		美国		其他欧陆各国	
	银两	银两	%	银两	%	银两	%
1764	3637143	1697913	46.7	—	—	1939230	53.3
1765—1769	4177909	2190619	52.4			1987290	47.6
1770—1774	4362676	2119058	48.6	—	—	2243618	51.4
1775—1779	4725989	1968771	41.7	—	—	2757218	58.3
1780—1784	5008263	2083346	41.6	15864	0.3	2909053	58.1
1785—1789	8454720	5491508	65.0	325988	3.9	2637224	31.1
1790—1794	7348420	5843714	79.5	440978	6.0	1063728	14.5
1795—1799	7937254	5719972	72.1	1399680	17.6	817602	10.3
1800—1804	10391797	7556473	72.7	2036448	19.6	798876	7.7
1805—1806	11168783	7400223	66.2	3391560	30.4	377000	3.4
1817—1819	13770740	8060271	58.5	5710469	41.5	—	—
1820—1824	14678252	9816066	66.9	4862186	33.1	—	—
1825—1829	14390108	10215565	71.0	4116182	28.6	58361	0.4
1830—1833	13443641	9950286	74.0	3321296	24.7	172059	1.3

从表 5-10 和表 5-11 可以看出，广州与欧美各国的进出口贸易值，1764 年（乾隆二十九年）为 5545847 两，1830—1833 年，年均贸易值 22636249 两，在 70 年间，年贸易值增长了 3 倍。随着进出口贸易的繁荣，粤海关的税收也有较大的增长。根据《粤海关志》记载，乾隆十五年（1750）粤海关关税为 466941 两；到乾隆五十三年，超过 100 万两，为 1036999 两；嘉庆六年（1801），超过 150 万两，为 1540773 两。此后到道光十七年（1837），均在 150 万两左右摇摆，以道光十六年四月二十六日至十七年四月二十五日的 1789424 两为最高。②

① 严中平等编《中国近代经济史统计资料选辑》，中国社会科学出版社，2012，第 5 页。

② 梁廷楠：《粤海关志》卷 10《税则三》，袁钟仁校注，广东人民出版社，2002，第 198—206 页。

对于广州港海洋商业贸易的繁盛情况，1833年出版的英文报刊《中国丛报》（*Chinese Repository*）报道：

> 广州的地理形势和中国政府的政策，再加上其它各种原因，使得广州成为对内对外贸易极盛之地。除了俄国商队跨越中国北方边疆，葡萄牙和西班牙的商船往来澳门而外，中华帝国与西方列强的全部贸易都聚会于广州。中国各地物产都运来此地，各省的商贾货栈在此经营着很赚钱的买卖。东京、交趾支那、柬埔寨、缅甸、麻六甲或马来半岛、东印度群岛、印度各口岸，欧洲各国、南北美各国和太平洋诸岛的商货，也都荟集到此城。①

第四节　鸦片战争后条约体系下的通商口岸

一、上海港对外贸易中心的形成

上海港位于中国海岸线的中段，南北洋航线交汇处。上海地区最早的海港，当数唐宋时期的华亭县青龙镇（今属青浦区），它位于吴淞江的入海口，循江而上可直达苏州，经支流可与华亭（今松江区）、秀州（今嘉兴）等地交通。北宋元丰年间（1078—1085），青龙镇已是“海商之所凑集也”。② 政和三年（1113）华亭县设立市舶务。史载，青龙镇为“岛夷闽越交广之途所自出”，“时海舶辐辏，风樯浪楫，朝夕上下，富商巨贾、豪宗右姓之所会也，人号小杭州”。③ 南宋中叶以后，随着吴淞江

① Chinese Repository，Vol.Ⅱ.1833. 转引自姚贤镐编《中国近代对外贸易史资料》（1840—1895）第一册，科学出版社，2016，第305页。

② 朱长文：《吴郡图经续记》卷中《水》。

③ 弘治《上海志》卷2《山川志·镇市》。

及其支流河道淤塞，海岸东移，青龙港逐渐衰落，海船多改从吴淞江南岸支流宋家浜入泊上海浦，渐次形成市镇。明嘉靖《上海县志》称："迨宋末，该地人烟浩穰，海舶辐辏，即其地立市舶提举司及榷货场，为上海镇。"据考证，上海市舶分司始设于南宋淳祐十一年（1251）到宝祐四年（1256）之间。[①] 元至元十四年（1277）上海设立市舶司，大德二年（1298）并入庆元市舶司。上海原来是华亭县的一部分，至元二十八年设立上海县。由于对外贸易日渐发达，至正年间（1341—1368）出现了一批为对外贸易服务的舶商梢水人员。嘉庆《上海县志》记载："至正中，户才七万二千五百二，又海船舶商梢水五千六百七十五皆县人。"[②]

元末明初，由于吴淞江的泥沙淤积殃及下游诸河，上海港的上海浦航道也逐渐淤塞，来往海船纷纷转往浏河港。明永乐元年（1403），户部尚书夏元吉主持太湖流域治水工程，疏浚形成一条黄浦江水道，后又经过多次整治，形成河道宽深、水量丰沛的出海航道，取代了吴淞江的干流地位，奠定了上海港的发展基础。[③] 清康熙二十四年（1685）上海设立江海关，"凡远货贸迁，皆由吴淞口进泊黄浦，城东门外舳舻相衔，帆樯比栉，不减仪征、汉口"。[④] 到了嘉庆年间，"闽、粤、浙、齐、辽海间及海国舶，虑刘河淤滞，辄由吴淞口入舣城东隅，舳舻尾衔，帆樯如栉"[⑤]，"远及西洋、暹罗之舟，岁亦间至"，上海成为"江海之通津，东南之都会"。[⑥] 不过，开埠之前，上海港的海上贸易以国内贸易为主，海外贸易在上海港贸易总量中的比例甚微，仅占3％—4％。[⑦]

1843年11月17日，上海正式被辟为商埠。开埠后的一个多月里，

---

① 周运中：《宋元之际上海的兴起》，《学术月刊》2012年第3期。

② 嘉庆《上海县志》卷4《赋役志·户口》。

③ 参见吴松弟、王列辉《唐朝至近代长江三角洲港口体系的变迁轨迹》，《复旦学报（社会科学版）》2007年第2期。

④ 乾隆《上海县志》卷1《风俗》。

⑤ 嘉庆《上海县志》卷1《风俗》。

⑥ 陈文述：《嘉庆上海县志序》，撰于嘉庆十九年秋。

⑦《上海港史话》编写组《上海港史话》，上海人民出版社，1979，第20页。

就有 6 艘外国商船抵达上海港。[1] 1844 年有 44 艘共载重 8584 吨的外国船只进入港口；1849 年增加到 133 艘，载重 52574 吨；1952 年 1 月到 9 月，共有 182 艘，载重 78165 吨。从表 5-12 可以看出，来到上海港的外国商船以英、美两国为主。

表 5-12 1849 年和 1852 年 1—9 月进入上海港的船只及吨位[2]

国别＼年份	1849 年				1852 年 1—9 月			
	船只		吨位		船只		吨位	
	数量	%	数量	%	数量	%	数量	%
英国	94	70.68	38875	73.94	103	56.59	38420	49.15
美国	25	18.80	10252	19.50	66	36.26	36532	46.74
其他国家	14	10.53	3447	6.56	13	7.14	3213	4.11
合计	133	100	52574	100	182	100	78165	100

随着外国商船进港的增多，上海港的进出口贸易额也显著增长。从表 5-13 可以看出，开埠之初的 1844 年，上海港的进出口贸易额为 4754149 元，自 1845 年增加到 12360577 元后，一直到 1852 年，变化不大；1853 年出现了一次跳跃式增长，进出口贸易额比前一阶段增长 1 倍；1857 年又出现了一次跳跃式增长，进出口贸易额再次翻番。

表 5-13 1844—1860 年上海港进出口贸易额[3]

单位：元

年份	进口	出口	合计
1844	2410264	2343885	4754149
1845	5884615	6475962	12360577

---

①《江苏巡抚孙善宝奏报办理上海开市情形折》（道光二十三年十一月初九日），收入中国第一历史档案馆编《鸦片战争档案史料》第 7 册，天津古籍出版社，1992，第 370 页。

② 根据［美］马士《中华帝国对外关系史》第 1 卷，商务印书馆，1963，第 401—402 页资料编制。该著载 1849 年 133 艘外国商船载重 52547 吨，但根据英、美及其他国家商船的载重量，合计应为 52574 吨。

③ 丁日初主编《上海近代经济史》第 1 卷（1843—1860），上海人民出版社，1994，第 51 页表 2-3。

（续表）

年份	进口	出口	合计
1846	5117625	7329410	12447035
1847	4850962	7293269	12144231
1848	3875000	6278846	10153846
1849	5804793	8403149	14207942
1850	—	—	—
1851	4299000	10403000	14702000
1852	5303000	10281000	15584000
1853	8845000	25827000	34672000
1854	4905628	34334352	39239980
1855	9080138	32765335	42573473[1]
1856	7258491	28713758	35972249
1857	22186563	46635573	68822136
1858	26597271	42830432	69427703
1859	28860321	51287560	80147881
1860	36679144[2]	43865566	80544710

说明：

[1] 表中 1855 年的进口额加上出口额，合计应为 41845473 元，不知哪项数据有误。

[2] 原表中 1860 年的进口额为 63679144 元，若加上出口额，合计为 107544710 元，应是千万数位和百万数位的两个数字颠倒了。

上海港的出口商品以丝、茶为主，从表 5-14 可以看出，1845 年以后，上海的生丝出口量迅速上升，广州则日趋下降。自 1846 年起，从上海出口的生丝占全国生丝出口的 80％以上，1847 年上升到 94.6％。这主要是由于上海靠近生丝的主要产地杭嘉湖地区，生丝经上海出口，较之鸦片战争前经内河、山路运往广州出口，运费大为减少。根据记载，1847 年从上海出口的生丝售价，比 1844 年从广州出口的价格下降了 35％。①

① 姚贤镐编《中国近代对外贸易史资料》（1840—1895）第一册，第 580 页。

1843—1859 年上海、广州生丝出口量及其在全国生丝出口中的比重①

港口 年份	上海		广州		合计（包）
	数量（包）	%	数量（包）	%	
1843	—	—	1787	100	1787
1844	—	—	2604	100	2604
1845	6433	48.66	6787	51.34	13220
1846	15192	81.04	3554	18.96	18746
1847	21176	94.64	1200	5.36	22376
1848	18134	—	—	—	(18228)
1849	15237	93.49	1061	6.51	16298
1850	17245	80.02	4305	19.98	21550[1]
1851	20631	89.54	2409	10.46	23040
1852	28076[2]	88.78	3549	11.22	31625[2]
1853	58319	92.72	4577	7.28	62896
1854	54233	—	*	—	—
1855	56211	—	*	—	—
1856	79196	—	*	—	—
1857	59986	—	*	—	—
1858	85970	—	*	—	—
1859	67874	—	*	—	—

说明：

[1] 原表中为 21548 包，根据上海和广州的生丝出口量进行修正。

[2] 原表中 1852 年上海的生丝出口量为 41293 包，广州为 3549 包，合计为 31925 包，数据显然有误。根据姚贤镐编《中国近代对外贸易史资料》（1840—1895）第一册第 528 页的记载，1852 年 7 月 1 日至 1853 年 6 月 30 日，从上海出口的丝为 28076 包，加上广州出口的 3549 包，合计为 31625 包。

原注：括弧内的数字是近似而不完整的数字，或根据不充分和不满意的资料而来。

* 从香港运出的广州和上海混而难分的产品。

从表 5-15 可以看出，上海港的茶叶出口自 1844 年以后稳步上升，到 1852 年出现了跳跃式增长，这一年上海港的茶叶出口占全国茶叶出口的 60%以上，而广州港的茶叶出口则下降到 40%以下。到 1855 年，上

① [美] 马士：《中华帝国对外关系史》第 1 卷，张汇文等译，商务印书馆，1963，第 413 页。

海出口的茶叶比重上升到71.21%，广州出口的茶叶则下降到14.82%。这与太平天国战争有关。1851年1月，太平军在广西起义，随后，太平军从广西经湖南、湖北、江西、安徽，一直打到江苏，于1853年3月占领南京。战争使原有的商贸易体系难以维持，安徽、江西、福建和浙江等主产地的茶转到上海出口；而广州不仅受太平天国战争影响，后来又被英法联军攻破，“内忧外患，纷至沓来，粤埠茶市，影响甚巨，遂至一蹶不振矣”。① 另一方面，战争也使大量人口（包括江、浙、粤、闽等地的商业精英）向相对安定的条约口岸上海迁移，这为上海的发展提供了充足的普通劳动力、商业人才和资本。② 1853年起，英、美等国商行派出买办往武夷茶区收购，并直接从福州出口，由此形成上海、福州、广州输出茶叶，并以上海为最大输出口岸的局面。

表5-15 1843—1860年上海、广州、福州茶叶出口量及其在全国茶叶出口中的比重③

港口 年份	上海		广州		福州		合计（磅）
	数量（磅）	%	数量（磅）	%	数量（磅）	%	
1843	—	—	（17727750）	100	—	—	（17727750）
1844	1149000	1.63	69327500	98.37	—	—	70476500
1845	3801000	4.74	76393000	95.26	—	—	80194000
1846	12460000	14.83	71556000	85.17	—	—	84016000
1847	12494000	16.29	64192500	83.71	—	—	76686500[1]
1848	15711000	20.68	60243000	79.32	—	—	75954000
1849	18303000	22.06	（64677500）	77.94	—	—	（82980500）
1850	22363000	28.88	（55067400）	71.12	—	—	（77430400）
1851	36722500	37.02	（62468100）	62.98	—	—	（99190600）
1852	57675000	61.49	（36127100）	38.51	—	—	（93802100）

① 姚贤镐编《中国近代对外贸易史资料》（1840—1895）第一册，科学出版社，2016，第516页。

② 李发根：《论近代上海对外贸易中心的形成——以战争契机与口岸制度为视角》，《上海经济研究》2016年第9期。

③［美］马士：《中华帝国对外关系史》第1卷，张汇文等译，商务印书馆，1963，第413页。

（续表）

年份＼港口	上海		广州		福州		合计（磅）
	数量（磅）	%	数量（磅）	%	数量（磅）	%	
1853	69431000	68.59	（31796000）	31.41	—	—	（101227000）
1854	50344000	46.03	（59025100）	53.97	—	—	（109369100）
1855	80221000	71.21	（16700000）	14.82	15739700	13.97	（112660700）
1856	59300000	45.38	（30404400）	23.27	40972600	31.35	（130677000）
1857	40914400	44.26	（19638300）	21.25	31882800	34.49	（92435500）
1858	51317000	49.50	（24393800）	23.53	27953600	26.97	（103664400[2]）
1859	39136000	35.28	（25184800）	22.71	46594400	42.01	（110915200）
1860	53463800	44.04	（27924300）	23.00	（40000000）	32.95	（121388100）

说明：

[1] 原书为76687500磅，根据上海、广州的出口量进行修正。

[2] 原书为103564400磅，根据上海、广州、福州的出口量进行修正。

原注：括弧内的数字是近似而不完整的数字，或根据不充分和不满意的资料而来。

上海港的进口商品以鸦片和棉毛制品为主，其中鸦片的进口占全国消费量的一半左右。① 1849年，各国合法输入上海的货物总值为1209322镑，而输入的鸦片共值2960059镑②，是其他货物的2.45倍。纺织品的进口，如英国染色布与印花布，1852年，上海进口256343匹，广州进口110630匹；英国本色布，上海进口2231932匹，广州1043625匹。广州两种棉布的进口量均不到上海的一半。到1856年，上海进口英国染色布与印花布159362匹，广州进口122422匹，约为上海进口量的四分之三；上海进口英国本色布1651094匹，广州进口165530匹，只有上海进口量的十分之一。③ 从前面表5-13可以看出，上海港的进口贸易额在1857年以后迅猛增长。也就是在这一年，在上海港进口商品的结构

① 丁日初主编《上海近代经济史》第1卷（1843—1860），上海人民出版社，1994，第53、57页。

② 姚贤镐编《中国近代对外贸易史资料》（1840—1895）第一册，科学出版社，2016，第523页。

③ 参见丁日初主编《上海近代经济史》第1卷（1843—1860），上海人民出版社，1994，第63页。

中，纺织品等一般商品的价值开始超过鸦片。到1860年，一般商品与鸦片占进口商品的比例分别是64%和36%。①

由上述可见，到19世纪50年代，在广州、上海这两个最大的贸易口岸之间，不仅丝茶的出口中心转移到了上海，而且纺织品的进口也以上海为主要输入口岸。这样，中国的对外贸易重心，逐渐从广州北移到上海。正如马克思所说："让出五个新口岸来开放，并没有造成五个新的商业中心，而是使贸易逐步由广州转移到上海。"② 1858年，五口通商大臣由两广总督兼任改为由两江总督兼任，驻地在上海，标志着外贸中心由广州向上海转移的完成。

上海取代广州成为中国的对外贸易中心，除了太平天国战争的契机外，还因为与广州相比，上海具有多种优势："这个新口岸，比起广州旧口岸，一方面距太平洋岸和旧金山较近，另一方面距中国真正产丝区和产茶区也较近。而且上海，作为一个外国社会来说，是一切从新作起，没有广州那些根深蒂固的传统。"③ 上海相对较少传统势力的束缚，有利于制度创新。学者认为，买办、工厂、金融和产权制度的创新与变化，"带来了上海近代中国经济、贸易中心地位的形成和巩固"。④ 另一方面，1861年九江和汉口开埠，原先取道广州开展进出口业务的湖南、湖北等省份开始转道上海，这样，广州逐渐失去了在长江中游地区的广阔腹地，进出口贸易额日渐减少；上海则借助长江流域的丰富物产、繁盛人口和便利交通等优势，其进出口市场得以成倍扩展。⑤ 根据统计，各通商口岸直接对外贸易进出口货值，上海港1867年是广州的4.72倍；1873年和1886年，分别是广州的4.90倍和4.10倍，1894年上升到5.25

① 参见丁日初主编《上海近代经济史》第1卷（1843—1860），上海人民出版社，1994，第57页。

②《马克思恩格斯全集》第12卷，人民出版社，1998，第624页。

③［美］泰勒·丹涅特：《美国人在东亚》，姚曾廙译，商务印书馆，1959，第158页。

④ 孙玉琴：《简述近代上海对外贸易中心地位的形成》，《中国经济史研究》2004年第4期。

⑤ 李发根：《论近代上海对外贸易中心的形成——以战争契机与口岸制度为视角》，《上海经济研究》2016年第9期。

倍，1900 年再上升到 6.26 倍，1911 年有所回落，为 4.77 倍。（参见表 5-16）在全国直接对外贸易中所占的比重，1867 年，上海为67.09%，广州为 14.21%；1894 年，上海为 52.80%，广州为 10.05%。

表 5-16　1867—1911 年上海、广州直接对外贸易进出口货值①

单位：1873 年前为两，是年以后为海关两

年份 \ 贸易额	进口值		出口值		进出口总值	
	上海	广州	上海	广州	上海	广州
1867	41955436	7078172	36331598	9506661	78287034	16584833
1873	46387052	5981258	37469406	11134685	83856458	17115943
1886	59733064	5071901	31309865	17124712	91042929	22196613
1894	96661920	13741801	58421830	15777828	155083750	29519629
1900	125990094	13691180	78139268	18892379	204129362	32583599
1911	217337677	29267739	160462059	50007682	377799736	79275421

到 20 世纪初，上海港外贸中心的地位进一步巩固，1906 年《商务官报》称："上海为远东超大商战场。凡各国商人东自太平洋，西自印度洋，来者皆以此为商业之烧点（即焦点——引者注）。以中国地势言之，则北通燕齐，南接闽粤而扼中国惟一大富源扬子江之口。故内地商人不论从事外国贸易或国内贸易要皆以此为烧点。"② 据统计，上海港对外贸易值在全国对外贸易总值中所占的比重，1901—1903 年为 53.1%，1909—1911 年下降为 44.2%，1933 年又上升为 53.4%，1947 年再上升到 69.4%。③

二、广州港外贸地位的下降和汕头港的兴起

鸦片战争以后，广州失去了独占海上对外贸易的地位。虽然战后头

① 姚贤镐编《中国近代对外贸易史资料》（1840—1895）第三册，科学出版社，2016，第 1610—1617 页；杨端六、侯厚培等：《六十五年来中国国际贸易统计》，中央研究院社会科学研究所专刊第四号，1931，第 73、84 页。

②《中国去年外国贸易情形》，《商务官报》1906 年第 26 期；转引自夏斯云等《上海近现代对外贸易史纲》，上海人民出版社，2015，第 159 页。

③ 严中平等编《中国近代经济史统计资料选辑》，中国社会科学出版社，2012，第 49 页。

几年，广州的对外贸易额仍居五个通商口岸之首，但已逐年下降。当时，广州对外贸易以英国为主，“约占三分之二或66%，美国约占28%，所余6%则为其他各国所经营”。[①] 广州对英国的进出口贸易，1844年为3340万美元，到1853年只有1050万美元，落后于上海的1720万美元，其优势地位开始被上海所取代。（参见表5-17）

表5-17 1844—1856年广州、上海对英进出口贸易额[②]

单位：万美元

年份＼贸易额	进口		出口		合计	
	广州	上海	广州	上海	广州	上海
1844	1550	250	1790	230	3340	480
1845	1070	510	2770	60	3840	570
1846	990	380	1530	640	2520	1020
1847	960	430	1570	670	2530	1100
1848	650	250	860	500	1510	750
1849	790	440	1140	650	1930	1090
1850	680	390	990	800	1670	1190
1851	1000	450	1320	1150	2320	1600
1852	990	460	650	1140	1640	1600
1853	400	390	650	1330	1050	1720
1854	330	110.01	600	1170	930	1280.01
1855	360	340	290	1990	650	2330
1856	910	610	820	2580	1730	3190

广州对外贸易优势地位的丧失，除了因为新增四个通商口岸及上海港崛起，也与香港开港及时局动荡有关。香港位于珠江口外，是广州港进出口贸易的必经之地。英国通过《南京条约》割占香港岛后，建立起殖民机构，并宣布香港为自由港，免征港口税和关税，船上所载货品亦无须通报。“以故外洋商船，视之为中国领海内第一碇泊处所，并将运来货物，先在该岛起卸存储，然后分运中国各处销售，广州进口洋货，

① 班思德编《最近百年中国对外贸易史》，转引自姚贤镐编《中国近代对外贸易史资料》（1840—1895）第一册，科学出版社，2016，第550页。

②《马克思恩格斯全集》第12卷，人民出版社，1998，第625页。

遂因减少”①。据统计，1847 年香港进口外国商船总吨位为 229465 吨，中国帆船总吨位为 840990 担。1860—1870 年，香港进出口船舶总吨位增加 2 倍，1870—1880 年则增加 4 倍。② 另一方面，19 世纪 50 年代，太平天国运动波及广东，加之英法联军攻破广州城，“粤民思泄英兵攻城之愤，遂纵火焚毁广州商馆之外人住宅及事务所等，于是洋商及经营对外贸易之华商，均将其营业总机关移设香港以图安全。从此银行、汇兑、运输、邮政等辅助贸易之业务，莫不随之迁徙，而粤埠昔日之地位，因之益难恢复”。③

五口通商时期，广州合法进口的货物以棉花、棉毛制品为主，出口货物以茶、丝为主。以 1846 年为例，在进口货值中，棉花占 41.13%，棉布及棉纱等占 29.74%，毛织品占 12.17%，洋参占 3.05%，其他物品占 13.91%；在出口货值中，茶叶占 74.13%，生丝及粗丝等占 6.09%，丝织品占 5.83%，红糖及冰糖占 7.55%，桂皮占 1.08%，其他物品占 5.33%。(参见表 5-18)

表 5-18 1846 年广州进出口货物量值表④

（价值单位：西班牙元，每元=4 先令 4 便士）

进口			出口		
货名	数量	价值	货名	数量	价值
棉花	564221 担	5095407	桂皮	24783 担	250161
棉布	969658 匹	2660640	生丝	2750 担	1024990
其他布（包括手巾）	—	99995	粗丝、乱丝头	4084 担	387560
棉纱线	28227 担	923859	绸缎	153846 担	1243056

① 班思德编《最近百年中国对外贸易史》，转引自姚贤镐编《中国近代对外贸易史资料》(1840—1895) 第一册，第 509 页。

② 程浩编《广州港史》(近代部分)，海洋出版社，1985，第 62 页。

③ 班思德编《最近百年中国对外贸易史》，转引自姚贤镐编《中国近代对外贸易史资料》(1840—1895) 第一册，科学出版社，2016，第 548 页。

④ 姚贤镐编《中国近代对外贸易史资料》（1840—1895）第一册，科学出版社，2016，第 553 页。

（续表）

进口			出口		
洋参	3794 担	378485	丝线、丝带	20140 斤	110584
哆啰呢及窄哆啰呢	640138 丈	1473837	红糖	283311 担	1444482
其他毛织品	—	33992	冰糖	38584 担	306742
其他	—	1723798	茶叶	468365 担	17199374
总计	—	12390013[1]	其他	—	1235544
			总计	—	23202493[2]

说明：[1] 原表中为 12390213 元，[2] 原表中为 23198493 元。根据表中各项数据之和进行修订。

合法贸易之外，广州还有为数不少的走私贸易，仅鸦片一项数量就相当大。据广州英国领事马额峨报告，1846 年在中国沿海售出的鸦片数量为 42000 箱，相当于资本 2500 万元。① 虽然 1858 年以后鸦片贸易合法化，但鸦片走私一直在持续进行。据 1880 年英国驻广州领事的《商务报告》称："从香港以木船运来的鸦片占着绝大的比重，据中国当局称，其中一半以上是走私运入的。据中国官方最近编制的统计，1879 年由香港运至广东省的鸦片总数为 24000 箱，据说其中走私的达 14000 箱之多。"② 除鸦片外，其他高税商品，无论是进口还是出口，走私的也不少。英国驻广州领事巴夏礼称："咸丰三年（1853），外商向广州进口的货物，只交纳法定关税的 1/2 到 1/3。"③

第二次鸦片战争之后，中国沿海和沿江地区增开 11 个通商口岸，广州对外贸易的内陆腹地进一步减少，进出口贸易额大幅下降。（参见表 5-19）1870 年以后，广州直接对外贸易出口额有所增长，1867 年为 9506661 两，占全国的 18.23%；1871 年增长为 12362707 两，占全国的 18.49%；1886 年再增长到 17124712 海关两，占全国的 22.18%。此后略有回落，在 1500—1600 万海关两之间徘徊，1894 年为 15777828 海关两，

① 姚贤镐编《中国近代对外贸易史资料》（1840—1895）第一册，第 521 页。

② 姚贤镐编《中国近代对外贸易史资料》（1840—1895）第二册，第 854 页。

③ 许涤新、吴承明主编《中国资本主义发展史》第二卷《旧民主主义革命时期的中国资本主义》，人民出版社，1990，第 75 页。

占全国的12.32%。其直接对外贸易进口额，1867年为7078172两，占全国的10.97%。此后，一直呈下降趋势，直到1887年才略有回升，为8233732海关两，占全国的7.88%；1894年上升到13741801海关两，占全国的8.30%。广州港在全国直接对外贸易进出口总值中所占的比重，由1867年的14.21%下降到1894年的10.05%①，位于上海、九龙之后，居第三位。

表5-19　1860—1865年广州进出口贸易额②

单位：万美元

贸易额 年份	进口	出口	合计
1860	1840	1620	3460
1861	1290	1580	2870
1862	1050	1770	2820
1863	950	1600	2550
1864	810	1360	2170
1865	790	1350	2140

甲午战争以后，广州港对外贸易额一度停滞不前，1901年以后才有明显上升，1907年进出口总值比1901年增长了1倍多。（参见表5-20）不过，广州港对外贸易值在全国对外贸易总值中所占的比例仍呈下降趋势，1901—1903年为10.4%；1909—1911年小幅下降为9.7%；1919—1921年下降为7.2%，落到上海、大连、天津等港口之后；1929—1931年下降为5.0%，此后数年均在5.0%左右徘徊。③

① 参见姚贤镐编《中国近代对外贸易史资料》（1840—1895）第三册，科学出版社，2016，第1610—1616页。

② William Frederick Mayers，Nicholas Belfield Dennys and Charles King，*The Treaty Ports of Chinaand Japan*，London：Trubinerand Co，1867：199. 转引自李发根《论近代上海对外贸易中心的形成——以战争契机与口岸制度为视角》，《上海经济研究》2016年第9期。

③ 严中平等编《中国近代经济史统计资料选辑》，中国社会科学出版社，2012，第49页。

表 5-20　1895—1911 年广州对外贸易货值①

单位：海关两

年份 \ 对外贸易值	洋货进口	土货出口	进出口总值
1895	16451332	17697848	34149180
1896	12157757	17473772	29631529
1897	13729975	19930353	33660328
1898	11970502	20604281	32574783
1899	13861995	23900447	37762442
1900	13691180	18892379	32583559
1901	16492112	21686212	38178324
1902	16491136	36614264	53105400
1903	23570743	44634304	68205047
1907	29645236	51061088	80706324
1910	32560691	54025478	86586169
1911	29267739	50007682	79275421

汕头港位于广东东部沿海，是韩江、榕江、练江三江出海口的总汇，港湾宽阔绵长。一直到明代中期，这里仍处于浅海湾状态。明嘉靖初年，开始有人在露出海面的沙脊设栅捕鱼，称为“沙汕”。清嘉庆年间，今汕头老妈宫附近开始有商船停泊。与此同时，原潮汕地区其他港口因水道淤浅，作用减弱，来往于内河、沿海的船舶停靠汕头的日益增多。② 鸦片战争前，汕头已初具商埠雏形，成为国内一个运输繁忙的中转港。汕头开埠前，西方国家的帆船已驶到妈屿海面，进行鸦片走私和贩运人口等非法活动。1858 年，恩格斯在《纽约每日论坛报》发表的《俄国在远东的成功》一文中，称汕头为五口通商之后“唯一有一点商

① 杨端六、侯厚培等：《六十五年来中国国际贸易统计》，1931，第 84 页。

② 参见吴郁文、郭映明《汕头港的发展与汕头城市建设的关系》，《华南师范大学学报（自然科学版）》1985 年第 2 期。

业意义的口岸”。[①] 1858年签订的中英、中法、中美《天津条约》，均规定开放潮州为通商口岸，后定在汕头，时隶属潮州府澄海县管辖。

汕头自1860年开埠后，对外贸易发展很快。1862年英国汽船首次驶抵汕头，此后进出口船舶迅速增长。1866年为525艘，211831吨，其中英国的汽船227艘、帆船132艘，其余为德、美、荷等国的船只；1894年增长到1064艘，807000吨；1911年，猛增到2618艘，3030586吨。[②] 1866—1874年，出入汕头港的船只以英、德、美三国为主，其中英国占67.96%，德国占17.5%，美国占6.2%，三国合计占91.66%。1875—1894年，英国船只的比重进一步提高，从1875年的72.12%上升到1894年的90.63%；德国、美国船只所占的比重有所下降，德国由1875年的18.17%下降至1894年的4.43%，而美国的船只仅剩0.45%。这一时期日本和中国轮船招商局的船只也开始进出汕头港。1895—1911年，进出汕头港的船只主要是英国、德国、日本、挪威和中国的船只，其中，英国占66.54%，德国占14.36%，日本占11.21%，挪威占3.66%，中国占3.21%。[③]

据统计，1867年，汕头直接对外贸易进口货值为4307968两，占全国的6.68%，排在上海、广州、厦门之后，居第四位；直接对外贸易出口货值为195559两，仅占全国的0.37%；进出口货值合计为4503527两，占全国的3.86%，居第五位。可见，汕头是入超口岸，1867年入超410余万两。1869年以后，汕头的直接对外贸易出口货值有明显的上升，到1876年已超过100万海关两，为1194395海关两；1883年超过200万海关两，为2546183海关两。不过，在1884年小幅上升到2733220海关两后，出现明显回落，到1894年为2250559海关两，占全国的1.76%。其直接对外贸易进口货值在1877年增长到8984547海关两，占全国的

① 《马克思恩格斯全集》第12卷，人民出版社，1998，第663页。

② 汕头市对外经济贸易委员会编《汕头外经贸志》，内部资料，1993，第264、266页。

③ 参见刘强、陈瑞娟编著《汕头港与海上丝绸之路》，广东经济出版社，2019，第68页。

11.81%，仅次于上海，是广州（3719706海关两）的2.4倍。但此后即明显回落，到1894年为8600195海关两，占全国的5.19%。这一年汕头直接对外贸易进出口货值占全国的3.70%，排在上海、九龙、广州、厦门和天津的后面，居第六位，入超将近635万海关两。19世纪末20世纪初，汕头港直接对外贸易进出口值均明显增长。

表5-21　1867—1911年汕头直接对外贸易货值①

单位：1873年前为两，此后为海关两

年份	进口	出口	合计
1867	4307968	195559	4503527
1869	3155187	276319	3431506
1870	3680667	330558	4011225
1875	7066510	609077	7675587
1876	8149934	1194395	9344329
1877	8984547	1837013	10821560
1880	8214137	1239640	9453777
1883	6429112	2546183	8975295
1884	6327667	2733220	9060887
1885	6433463	1701254	8134717
1890	8928740	1656374	10585114
1894	8600195	2250559	10850754
1898	12570842	4027806	16598648
1900	12525066	5418631	17943697
1905	14336452	6196943	20533395
1911	15849020	7774199	23623219

自开埠到1910年，汕头港对外贸易的国家和地区，进口方面，初期以香港地区为主，约占90%，其次是新加坡、暹罗和安南；后期，还有

① 姚贤镐编《中国近代对外贸易史资料》（1840—1895）第三册，科学出版社，2016，第1610—1616页；杨端六、侯厚培等：《六十五年来中国国际贸易统计》，1931，第83页。

日本和台湾地区，而且其进口值已赶上除香港地区外的其他几个国家。出口方面，初期以香港地区和英国为最多，各约占 40%，其次为新加坡，约占 10%，其余为日本、美国和安南；后期，香港地区约占 35%，新加坡占 30%，安南和暹罗各占 15%，其余为荷属印尼一带。[①] 进口货物主要是鸦片、棉纱、洋布、豆饼、金属及其制品、煤、棉花、面粉、煤油和大米等。其中，鸦片的进口占比最大。1864 年，进口鸦片 4390 司马担，价值 2919090 银元，占汕头港进口总值 3913175 银元的 74.6%。此后，这一比例虽有所下降，但一直到 1880 年，鸦片在汕头进口货值中所占的比例平均为 57.83%。19 世纪 80 年代以后，汕头的鸦片进口数量才逐渐减少。[②] 据《汕头海关志》统计："从 1864 年至 1911 年的 48 年中，汕头港运进外国货物共值 67157 万银元，其中仅鸦片一项共 283535 司马担，输出金额约合 2.3 亿银元；运出的中国货物共值 17669 万银元，贸易逆差为 3.8 比 1，计 49488 万银元。"[③] 除了正常贸易之外，每年还有大量鸦片从香港走私到汕头。[④] 出口货物，开埠初期以土纸、陶瓷、茶叶、麻及麻制品（包括渔网、苎线及夏布）为大宗，其后，糖、豆、油的出口量有较大增长。随着华侨出国的增多，水果、蔬菜、土布、鞋帽等的出口随之增加。[⑤]

值得一提的是，光绪十三年三月初八日（1887 年 4 月 1 日）设立九龙、拱北海关，原由常关管理的华商民船对香港、澳门的对外贸易数，纳入海关贸易报告的统计。[⑥] 根据统计，1894 年，九龙口岸直接对外贸易进口货值 15326749 海关两，占全国的 9.25%；直接对外贸易出口货值

---

① 汕头市对外经济贸易委员会编《汕头外经贸志》，内部资料，1993，第 172 页。

② 参见刘强、陈瑞娟编著《汕头港与海上丝绸之路》，广东经济出版社，2019，第 72—76 页。

③ 转引自汕头市港口管理局编《汕头港口志》，人民交通出版社，2010，第 19 页。

④ 刘强、陈瑞娟编著《汕头港与海上丝绸之路》，广东经济出版社，2019，第 82 页。

⑤ 汕头市对外经济贸易委员会编《汕头外经贸志》，内部资料，1993，第 68 页。

⑥ 方志钦、廖伟章主编《广东通史·近代上册》，广东高等教育出版社，2010，第 411 页。

19665908海关两，占全国的15.35%；进出口货值合计34992657海关两，占全国的11.91%，仅次于上海，居第二位。拱北口岸1894年直接对外贸易进出口总值为4777285海关两，占全国的1.63%，在全国各口岸中位居第八。①

三、厦门港、福州港的盛衰更迭

厦门于1843年11月正式开埠，在其对外贸易中，对英国的贸易占三分之二左右。② 从表5-22可以看出，从1844年到1852年，厦门对英国进出口贸易额增长了4倍。在对外通商的五个口岸中，厦门对英国贸易的比重，1844年为0.85%，1849年上升到5.81%，仅次于广州、上海，位居第三。③ 除了合法贸易外，厦门还有大规模的走私贸易。英国驻厦门领事描述道，“走私现在已经这样大量增长，这样活跃地进行，特别是通过外国船舶”，以致他“对于走私货物的价值难以作一个合理的估计”。巴夏礼在1853年报告说：“在厦门，人人都知道，呈报的进口货不见得有一半，而海关的出口货账目，也不过是账面文章罢了。”④ 在这些走私货物中，价值最大的是鸦片。厦门港进口货物除了鸦片外，还有印度棉花、棉线及英美制造的细布，此外还有主要由厦门帆船自行运来的海峡殖民地的产品；出口货物有安溪乌龙和其他品种的红茶、粗瓷器、糖、白矾、纸伞、大米、药材、烟草、瓦和铁器。⑤

---

① 参见姚贤镐编《中国近代对外贸易史资料》（1840—1895）第三册，科学出版社，2016，第1610—1617页。

② 姚贤镐编《中国近代对外贸易史资料》（1840—1895）第一册，科学出版社，2016，第586页。

③ 参见厦门港史志编纂委员会编《厦门港史》，人民交通出版社，1993，第129页。

④［英］莱特：《中国关税沿革史》，姚曾廙译，生活·读书·新知三联书店，1958，第44页。

⑤ 姚贤镐编《中国近代对外贸易史资料》（1840—1895）第一册，第584—586页。

表 5-22　1844—1852 年厦门对英国进出口贸易额①

单位：银元

年份	1843—1844	1845	1846	1847	1848	1849	1850	1852
进口	372272	680741	775085	829652	381949	1136427	1049180	1933500
出口	58209	71439	38938	32948	67467	209065	220167	268500
合计	430481 *	752180	814023	862600	449416	1345492	1269347	2202000

* 原表中为 380481 元，根据进口、出口数额进行修订。

第二次鸦片战争后，汕头港的开埠对厦门港的经济腹地造成一定影响。1868 年厦门海关报告称："厦门附近地区的鸦片消费，现在由汕头方面提供。主要供应点为沿海的东山和内地的龙岩州。其价格比直接在厦门购买的要低。因为鸦片从厦门进口，需要支付进口税和厘金。鸦片厘金在汕头每担仅收 10 两银子，而在厦门则每担高达 125—150 元。"高额厘金的征收使厦门港在与其他口岸的竞争中处于不利的地位。报告还指出："征收厘金完全摧毁了本口岸与新加坡间的进口贸易。从前，厦门是这一贸易的巨大中心，沿海其他口岸都从这里转运所需的海峡殖民地产品。现在，据考察，在许多情况下，海峡殖民地的船只仅在厦门下乘客而转到其他更有利的口岸出售货物"。而"在邻近的汕头口岸，除了鸦片之外，其他货物一概不征收厘金"。②

上述因素对厦门港的进口贸易造成较大的影响，使得其进口贸易值在全国的比重明显下降。与此同时，厦门港的出口贸易则大致保持缓慢上升的态势。从表 5-23 可以看出，厦门港直接对外贸易进口货值，1867 年为 4770632 两，占全国的 7.39％，仅次于上海、广州，居第三位，到 1894 年虽然增长到 6372311 海关两，但在全国的比重下降为 3.85％，落后于汕头，居第五位；其直接对外贸易出口货值，1867 年为 1588335 两，占全国的 3.05％，1894 年增长到 6637484 海关两，在全国的比重上升到

① 戴一峰：《近代厦门发展的驱动力：贸易与移民》，载戴一峰《区域性经济发展与社会变迁——以近代福建地区为中心》，岳麓书社，2004，第 305 页。

② 厦门市志编纂委员会、《厦门海关志》编委会编《近代厦门社会经济概况》，鹭江出版社，1990，第 26、28 页。

5.18%；进出口总值在全国的比重，1867 年为 5.45%，1894 年下降为 4.43%，排在上海、九龙、广州之后，位居第四。

表 5-23　1867—1911 年厦门直接对外贸易货值①

单位：1873 年前为两，此后为海关两

年份	进口	出口	合计
1867	4770632	1588335	6358967
1870	4206222	1647285	5835507
1875	4611312	3472437	8083749
1880	5411745	3638288	9050033
1885	7247224	4530529	11777753
1890	6121468	3515619	9637087
1894	6372311	6637484	13009795
1895	9688302	3874765	13563067
1896	12392953	2329748	14722701
1897	11336255	1711555	13047810
1900	11076220	1422844	12499064
1905	11856625	2367379	14224004
1911	11872269	2854812	14727081

在厦门的对外贸易对象中，香港一直是其洋货进口的一个中心。“机器制造品、金属和鸦片几乎无例外地经由香港运抵本口岸”。据海关报告统计，1870 年，厦门港的洋货进口货值为 6304866 元，其中经香港的进口值为 3524306 元，占 55.90%；1875 年，厦门港的洋货进口总值为 4611312 海关两，其中经香港的进口值为 3934530 海关两，占 85.32%；1876 年，厦门港的洋货进口总值为 4755429 海关两，其中经香港的进口

① 姚贤镐编《中国近代对外贸易史资料》（1840—1895）第三册，科学出版社，2016，第 1610—1616 页；杨端六、侯厚培等：《六十五年来中国国际贸易统计》，1931，第 82 页。

值为3820088海关两，占80.33%。[①] 来自香港的货物大部分是英国货，1873年度《厦门海关贸易报告》指出："尽管严格说来，没有任何来自英国的直接进口，但厦门进口的洋货很大一部分在离开英国口岸时是被托运往厦门的，只是在香港转船而已。"厦门进口的英国货占厦门从香港进口洋货总值的70%左右。[②]

甲午战争后，台湾被日本割占，对厦门的对外贸易影响很大。厦门的出口货物以茶叶为大宗，其出口值一般占全部对外出口值的40%左右，有些年份高达60%以上。如1876年，厦门出口国外的土货总值2114627海关两，其中茶叶达1366948海关两，占64.64%。[③] 而厦门出口的茶叶，主要来自闽南茶区、武夷茶区和台湾茶区。台湾茶有乌龙茶和包种茶，厦门是其主要转口港。根据1881年以后淡水历年海关报告，1872—1891年间，台湾乌龙茶98%经厦门转口，2%经香港转口；[④] 台湾包种茶的外销，也是以厦门为输出集散地，有时则通过汕头和香港，再转口南洋。台湾茶在厦门出口茶中的份额，1879年，厦门出口的茶叶总数为164019担，其中复出口的台湾乌龙茶为102113担，占62.26%。[⑤] 19世纪80年代，厦门茶叶出口进入所谓的"台湾茶的时期"。经由厦门转口的台湾乌龙茶，由1881年的9.2万担增加到1891年的15.2万担[⑥]，在厦门出口茶叶中的比重上升到86.41%。[⑦] 日本割占台湾后，台湾茶转为直接输往国外，厦门出口茶叶的数量迅速下降，1893年出口16.7万

---

① 厦门市志编纂委员会、《厦门海关志》编委会编《近代厦门社会经济概况》，鹭江出版社，1990，第36、156、173页。

② 同上书，第95页。

③ 同上书，第175页。

④ 林满红：《茶、糖、樟脑业与台湾之社会经济变迁（1860—1895）》，台湾联经出版公司，2006，第21—22页。

⑤ 厦门市志编纂委员会、《厦门海关志》编委会编《近代厦门社会经济概况》，鹭江版社，1990，第200页。

⑥ 同上书，第262页。

⑦ 1891年厦门本地茶叶的出口额仅23910担，参见厦门市志编纂委员会、《厦门海关志》编委会编《近代厦门社会经济概况》，第259页。

担，1897 年仅剩 1.2 万担，1900 年则下降到 0.6 万担，以后基本上维持在这一水平。[①] 厦门的土货出口值随之急剧下跌，1894 年为 663.7 万海关两，1897 年锐减到 171.2 万海关两，1900 年则只有 142.3 万海关两。此后 10 余年间基本上在 130—280 万海关两之间波动。另一方面，甲午战争后，由于进入帝国主义阶段的西方列强加紧对华经济侵略，厦门的直接进口贸易值大幅上升。1896 年为 1239.3 万海关两，比 1894 年的 637.2 万海关两增加了近 1 倍。此后到 1911 年，大致维持在 1200 万海关两左右。

福州于 1844 年 7 月正式开埠，但开埠后的最初 10 年，其洋货大多是由厦门转运而来，除外国鸦片的走私外，几无正常对外贸易可言。"在该口岸的历史上，第一年中没有外国船只进口，第二年，即 1845 年，有 765 吨的航运进口，贸易价值是 375000 元；但是在第三年和第四年又没有一只船了"。[②] 虽曾有洋商试图开辟当地市场，但为时均不甚长并以失败告终。"1851、1852 年唯一开到这个商港的外国船只仅仅是驶到江口的鸦片船"。[③] 福州港的贸易状况，使得英国驻华公使德庇时想通过谈判，"从中国政府获得使用沿海一个或者其他两个港口替换福州港和宁波港"。[④]

1853 年是福州对外贸易的一个转折点。由于 1852 年太平天国战争已波及江西全省，"使原来通过江西陆运到广州出售，再由广州装运去欧洲的福建茶叶，那一年竟无法运到广州市场"。[⑤] 武夷茶由陆路运到上海的通道也被切断。这样，福州成了能保持武夷茶出口路线畅通的重要

① 戴一峰：《近代厦门发展的驱动力：贸易与移民》，载戴一峰《区域性经济发展与社会变迁——以近代福建地区为中心》，岳麓书社，2004，第 306 页。

②［美］马士：《中华帝国对外关系史》第 1 卷，张汇文等译，商务印书馆，1963，第 405—406 页。

③ F.E.Wilkinson，*The Early Days of the Treaty Portof Foochow*. 译文见《福建文史资料》第 1 辑，内部资料，1962 年，第 145—149、153 页。

④ 福州港史志编辑委员会编著《福州港史》，人民交通出版社，1996，第 133 页。

⑤ F.E.Wilkinson，*The Early Days of the Treaty Port of Foochow*. 译文见《福建文史资料》第 1 辑，内部资料，1962，第 155 页。

港口。当时设在广州的旗昌洋行于 1853 年派人携资到武夷茶产区采购茶叶，取道闽江，运至福州出口。与此同时，福建巡抚王懿德奏请开放茶叶自福州由海道出口的通道，原来实行的严厉的茶禁被解除，“福州这才发现了自己的地位”，茶叶出口量大增。1853 年，至少有 6 艘船运载茶叶出口，第二年有 55 艘船运载 13 万担茶叶出口，其中 37 艘是英国船，14 艘是美国船。1855 年，福州茶叶出口量增加到 27 万担，开来福州口岸的船只增加到 132 艘，共计载重 51674 吨。[①] 如表 5-18 所示，1855 年福州的茶叶出口量占全国茶叶出口的 13.97%；1856 年跃升到 31.35%，超过广州，仅次于上海；1859 年再次上升到 42.01%，超过上海，位居第一。进口方面，在 19 世纪 50 年代，除鸦片外，每年进口的数额不超过 30 万元。[②]

第二次鸦片战争后，福州港的进出口贸易开始全面发展。1863 年，福州港的进出口总值 7066588 镑，仅次于上海港、汉口港，其中出口货值 4521203 镑，仅次于上海港，位居第二。[③] 1867 年，福州港直接对外贸易出口货值 12903811 两，占全国的 24.74%，仍位居第二；直接对外贸易进口货值 3489063 两，占全国的 5.41%，位居第五；进出口货值合计 16392874 两，占全国的 14.05%，略低于广州的 14.21%，位居第三。1868 年，福州港的直接对外贸易值仍有小幅增加，但 1869 年后，其直接对外贸易进口和出口货值都呈下降趋势，到 1894 年，直接对外贸易货值只占全国的 3.12%，位居第七位，落在上海、九龙、广州、厦门、天津、汕头之后；其直接对外出口亦退居第六位。（参见表 5-24）

---

① F.E.Wilkinson, *The Early Days of the Treaty Port of Foochow*. 译文见《福建文史资料》第 1 辑，内部资料，1962，第 156—159 页。

② 同上书，第 160 页。

③ 参见黄苇《上海开埠初期对外贸易研究》（1843—1863 年），上海人民出版社，1979，第 146 页。

表 5-24　1867—1911 年福州直接对外贸易货值①

单位：1873 年前为两，此后为海关两

年份	进口	出口	合计
1867	3489063	12903811	16392874
1868	3414647	13252114	16666761
1869	3408231	11678920	15087151
1870	2739479	7562620	10302099
1875	2803025	12228517	15031542
1880	2801727	9133512	11935239
1885	3147686	7739531	10887217
1890	2645471	4645597	7291068
1894	4411414	4765719	9177133
1900	4828133	5860592	10688725
1905	7192517	3747157	10939674
1911	6764252	7573345	14337597

福州出口货物以茶叶、纸和木材为主。茶叶主要输往英国、美国、澳大利亚、新西兰、欧洲大陆及香港等国家和地区，其中以英国为多。以 1867 年为例，这一年福州茶叶出口共 550233 担，其中出口英国 391676 担，占 71.18%；又如 1875 年，福州茶叶出口 720213 担，其中出口英国 465398 担，占 64.62%。② 福州茶叶出口在 1880 年达到高峰，达 801110 担，106814660 磅，价值为 265 万英镑。③ 此后一直呈下跌趋势，到 1894 年为 397196 担④，不及 1880 年的一半。福州茶叶贸易的衰退，一方面与印度、锡兰、日本等国茶叶涌入国际市场有关，另一方面，福

① 姚贤镐编《中国近代对外贸易史资料》（1840—1895）第三册，科学出版社，2016，第 1610—1616 页；杨端六、侯厚培等：《六十五年来中国国际贸易统计》，1931，第 81 页。

② 参见《福州港史》，人民交通出版社，1996，第 145 页。

③ F.E.Wilkinson，*The Early Days of the Treaty Port of Foochow*. 译文见《福建文史资料》第 1 辑，内部资料，1962，第 159 页。

④《福州港史》，人民交通出版社，1996，第 146 页。

州出口的部分茶叶制作粗糙，以次充好，使海外市场日渐丧失，“至近年茶商亏本之由，洋商措价之故，实因茶庄过多，每思侥幸蒙混，制造粗率，烟熏水湿，气味不佳，兼以劣茶搀杂”。① 茶叶贸易的衰退，直接影响到福州的对外贸易出口格局。除此之外，19 世纪 70 年代以后，绝大部分木材和纸系由民船经常关出口，因而不在海关统计的范围之内。②

福州进口货物以鸦片、棉毛制品、金属及其制品为主。开埠初期，鸦片的输入成为福州港进口贸易的主流。据统计，1862 年福州港进口的鸦片达 7292 箱，价值 570 万余元。《天津条约》生效后，鸦片贸易合法化，但由于福州当局对通过福州口岸的鸦片每担征收厘金白银 84 两、内地税白银 34 两，高于其他口岸，因而 1866 年后福州鸦片的输入有所减少，除了个别年份之外，到 1894 年，基本上每年输入量在 4000—5500 担之间③，价值在 220—340 万海关两之间。④ 棉毛织品的进口到 19 世纪 60 年代开始才日见起色，其中棉布的进口，1861 年下半年有 15 万余匹，1868 年突破 20 万匹，达 210967 匹，1872 年又突破 30 万匹，此后直至 19 世纪 90 年代，均在 30 余万匹上波动；毛织品的进口，1863 年起，一直保持在 1 万余匹上下。进口的国外金属主要有铅、锡锭、锡板、铁条、铁钉及铜条等。自 1880 年以后，煤油和火柴大量进口。⑤

19 世纪末 20 世纪初，福州的茶叶出口进一步衰落，茶叶出口值由 1880 年的 12598249 海关两下降到 1894 年的 6444314 海关两，到 1911 年仅 2348131 海关两。进口方面，进口鸦片的货值自 1908 年起跌破 200 万两，为 1849794 两；1911 年再次跌破 100 万海关两，为

---

① 张之洞：《裁撤茶商捐助书院经费折》（光绪十八年六月二十六日），载苑书义等主编《张之洞全集》第 2 册，河北人民出版社，1998，第 847 页。

② 吴松弟主编《中国百年经济拼图：港口城市及其腹地与中国现代化》，山东画报出版社，2006，第 131 页。

③ 参见《福州港史》，人民交通出版社，1996，第 150—151 页。

④ 参见熊昌锟《近代福州的茶叶出口与外国银元的流入》，《中国社会经济史研究》2017 年第 4 期。

⑤ 参见《福州港史》，人民交通出版社，1996，第 152—156 页。

896176 海关两。[①] 19 世纪末，福州港基本形成以日用消费品的进口为主的贸易结构，进口货物基本上维持以棉布、棉纱、五金和煤油、火柴为主的格局。

四、天津港对外贸易的兴起

天津港，地处海河五大支流交汇处，东临渤海湾，是中国北方自然地理条件和港口区位最为优越的水上交通门户之一。自元代以来，天津就是漕粮北运的必经孔道，而南来北往的漕船也贩运百货。元人张翥诗称："一日粮船到直沽，吴罂（小口大腹盛酒器）越布满街衢。"直沽是天津宋元时期出现的地名。到清代中叶，天津与上海成为北洋航线的南、北中心，"海船南载于吴淞，而北卸于天津，两地为出口入口之总汇，实海运成始成终之枢要"。[②] 天津成为南北货物交汇之所，"燕、赵、秦、晋、齐、梁、江淮之货，日夜商贩而南；蛮海、闽广、豫章、楚、瓯越、新安之货，日夜商贩而北"。[③] 不过，开埠之前，除了外国走私船及五口通商后的转口贸易外，天津港的海上贸易基本上是国内贸易，其对外贸易是开埠之后才开始兴起。

1860 年，根据中英《北京条约》的规定，天津被辟为商埠，揭开了近代天津对外贸易的历史。1867 年，天津直接对外贸易进口货值 715625 两，占全国的 1.11%，居第六位；直接对外贸易出口货值 857306 两，占全国的 1.64%，居第五位；进出口货值合计 1572931 两，占全国的 1.35%，居第六位。1869 年直接对外贸易货值比 1867 年增长一倍，但此后即明显回落，直到 1875 年以后，才大致呈上升的趋势，到 1894 年增长到 11157172 海关两，占全国的 3.80%，居第五位。从表 5-25 可以看出，天津港直接对外贸易进口在 1872 年以后明显回落，直到 19 世纪 80

① 参见熊昌锟《近代福州的茶叶出口与外国银元的流入》，《中国社会经济史研究》2017 年第 4 期。

② 魏源：《复魏制府询海运书》，《清经世文编》卷 48。

③ 李鼎：《李长卿集》卷 19。

年代以后，才基本呈上升的趋势，19 世纪 90 年代以后，增长加速，1893 年比 1892 增长近一倍。相比之下，天津港直接对外贸易出口自 19 世纪 70 年代以后，总体呈稳步上升的态势。1900 年，受八国联军侵华战争的影响，天津港进出口贸易锐减，但 1901 年即开始回升，并迅速增长。

表 5-25　1867—1911 年天津港直接对外贸易货值①

单位：1873 年前为两，此后为海关两

年份	进口	出口	合计
1867	715625	857306	1572931
1868	1024145	712273	1736418
1869	1289659	1856886	3146545
1870	967221	841489	1808710
1871	1205628	999099	2204727
1872	573227	1743310	2316537
1875	962781	3024532	3987313
1880	1190676	4240309	5430985
1885	1663766	3438332	5102098
1890	1857854	4601511	6459365
1891	2276755	4481534	6758289
1892	2247120	4089178	6336298
1893	4433290	5427834	9861124
1894	4551175	6605997	11157172
1899	14255209	10871539	25126748
1900	3768418	1024643	4793061
1901	8133658	2199806	10333464
1902	18849234	5720441	24569675
1905	31463208	10458906	41922114
1911	33824371	7396129	41220500

① 姚贤镐编《中国近代对外贸易史资料》（1840—1895）第三册，科学出版社，2016，第 1610—1614 页；杨端六、侯厚培等：《六十五年来中国国际贸易统计》，1931，第 92 页。

从表 5-25 来看，在 1899 年以前，天津港的直接对外贸易进口货值一直低于直接对外贸易出口货值。不过，自开埠后到 1904 年，从上海等通商口岸转口输入天津的洋货值一直大于直接进口天津的洋货值。（参见表 5-26）因此，若从洋货进口净值与土货出口值（即直接出口到外洋及香港的本地土货与出口到中国其他通商口岸的本地土货货值之和）相比，那么天津港一直是入超。[①] 如 1865 年天津港洋货进口净值为 7724571 两，土货出口值为 1697158 两，入超 6027413 两；1871 年洋货进口净值为 12218543 两，土货出口值为 947142 两，入超 11271401 两；1894 年洋货进口净值为 21712098 海关两，土货出口值为 6864248 海关两，入超 14847850 海关两。[②]

表 5-26　1871—1911 年天津港洋货进口、复出口、进口净值[③]

单位：1874 年前为津行化两，1874 年起为海关两

项目/年份	洋货进口			洋货复出口			洋货进口净值
	由外洋及香港进口	由中国各通商口岸进口	合计	复往外洋及香港	复往各通商口岸	合计	
1871	1344708	10986649	12331357	—	112814	112814	12218543
1875	962781	7585709	8548490	1655	116656	118311	8430179
1880	1190676	9208671	10399347	202	230012	230214	10169133
1885	1663766	10852442	12516208	5000	48766	53766	12462442
1890	1857854	15319440	17177294	1827	43621	45448	17131846
1895	5367536	23382529	28750065	6219	36247	42466	28707599 *
1900	3768418	11033575	14801993	607	73032	73639	14728354
1904	16256651	20583859	36840510	60550	601941	662491	36178019

① 参见姚洪卓主编《近代天津对外贸易：1861—1948》，天津社会科学院出版社，1993，第 18—19、30—31 页。

② 参见姚贤镐编《中国近代对外贸易史资料》（1840—1895）第三册，科学出版社，2016，第 1622 页。

③ 根据姚洪卓主编《近代天津对外贸易：1861—1948》，附表一《天津历年洋、土货进口、出口货值、总值、净值、复出口值一览表》进行编制。

（续表）

年份＼项目	洋货进口			洋货复出口			洋货进口净值
	由外洋及香港进口	由中国各通商口岸进口	合计	复往外洋及香港	复往各通商口岸	合计	
1905	31463208	28966465	60429673	265546	523145	788691	59640982
1911	33824371	19676668	53501039	157886	617187	775073	52725966

说明：＊原书表中为23340063，根据表中洋货进口、复出口值进行修正。

与天津港进行直接贸易的国家和地区主要是英国、日本、美国和香港地区。（参见表5-27）1900年以前香港基本上是英国在东方地区贸易的转口港，其转口到天津的货物大部分是英国货，因此，英国及香港地区在天津对外贸易中占据主要地位。不过，甲午战争之后，日本、美国在天津的经济势力不断增强，到1906年，各主要国家和地区对天津的进口比重：日本为31.3%，英国为20.8%，香港地区为9.4%，美国为12.9%，德国为8.5%；出口比重：日本为43.8%，英国为6.9%，香港地区为24.5%，美国为10.3%，德国为1.4%。[①] 可见，不论是进口还是出口，日本都跃居首位。

表5-27　主要国家和地区在天津直接对外贸易中所占的比重[②]

单位：%

年份＼贸易对象	香港		英国		日本		美国		其他国家和地区	
	进口	出口	进口	出口	进口	出口	进口	出口	进口	出口
1873	54.4	22.8	24.1	18.2	19.6	41.6	—	17.5	1.9	0.0
1888	54.6	—	3.9	36.6	10.7	30.7	—	28.9	30.8	1.9
1893	43.2	73.9	25.2	—	23.3	16.1	—	9.2	8.3	0.8

天津港的进口货物，以鸦片、棉布、毛呢及毛制品为主。天津开埠之后，鸦片的输入逐年增加，从1861年的1482担上升到1866年的9161

① 姚洪卓主编《近代天津对外贸易：1861—1948》，天津社会科学院出版社，1993，第74页。

② 根据姚洪卓主编《近代天津对外贸易：1861—1948》第35页的数据绘制。

担，价值 5768169 海关两，占天津港洋货进口额的 33.4%。1872 年以后，受土产鸦片的影响，进口鸦片明显减少，到 1876 年降至 3606 担，到 1893 年，直接进口的鸦片仅为 10 担，占洋货直接进口总额的 0.26%。① 在天津开埠后的 40 年间，历年输入的洋布占洋货进口总值的一半左右：1861—1864 年，年均 45.5%；1865—1869 年，年均 43.4%；1870—1874 年，年均 39.6%；1875—1879 年，年均 56.2%；1880—1884 年，年均 60.2%；1885—1889 年，年均 63%；1890—1894 年，年均 53.5%；1895—1899 年，年均 46.8%。不过，输入天津港的洋布绝大部分是由中国商人从上海转口而来，由外国商人经营的从国外至天津的直接贸易及转口贸易所占份额较少。② 以 1893 年为例，这一年直接进口的棉布仅 9787 匹，价值 34915 海关两，占洋货直接进口总额的 0.79%。③ 毛呢及毛制品的进口有明显增加，1863 年为 932 匹、价值 10740 海关两，到 1883 年增至 29338 匹、价值 439159 海关两。④ 棉纱的进口，1881 年以前比较少，其进口量占本港洋货进口总值的比重，在 1881 年以前年均不到 0.5%，1884—1888 年，上升到年均 6.7%；1889—1892 年，跃升到年均 14%；1893—1896 年，年均 13%；1897—1900 年，年均 14%。⑤ 不过，棉纱的进口也如棉布一样，大部分是从上海转口而来，如 1893 年，直接进口的棉纱价值为 61408 海关两，仅占洋货直接进口总额的 1.39%。此外，主要进口货物还有糖、药材及香料、火柴、玻璃等。煤油 1883 年开始大量进口。受洋务运动发展近代工业的影响，五金的进口量也逐年增加。由于兴建铁路，铁路器材从 1893 年开始大量进口。⑥

天津港的土货出口，主要以华北及西北地区的农畜产品为大宗，如

---

① 李华彬：《天津港史》（古、近代部分），人民交通出版社，1986，第 86—88 页。

② 参见张思《19 世纪天津、烟台的对外贸易与传统市场网络——以洋纱洋布的输入与运销为例》，《史林》2004 年第 4 期。

③ 李华彬：《天津港史》（古、近代部分），人民交通出版社，1986，第 88 页。

④ 同上书，第 89 页。

⑤ 参见张思《19 世纪天津、烟台的对外贸易与传统市场网络——以洋纱洋布的输入与运销为例》，《史林》2004 年第 4 期。

⑥ 李华彬：《天津港史》（古、近代部分），人民交通出版社，1986，第 88—89 页。

豆类、猪鬃、皮张、羊毛、驼毛、枣类、杏仁、药材、鹿茸、草帽辫等。甲午战争以后，出口货物呈现出多元化发展的趋势。19世纪末期，药材、酒类的出口额一度位居第一、二位。进入20世纪后，药材、酒类及杏仁、绵羊毛的出口量仍在上升，但在出口比重中呈下降趋势。在直接出口贸易中，畜产品占重要地位，1903年占出口总值的39.34%。在转出口贸易中，发展最快的也是畜产品，其主要种类有绵羊毛、驼毛、猪鬃及各种皮货。20世纪初，山羊皮、猪鬃、草帽辫的出口量接近占全国总出口量的一半，而羊毛更是达到了77.7%。①

① 参见陈元清《近代天津对外贸易发展及其结构的演进分析（1861—1936）》，《经济师》2014年第10期。

结 语

以国际贸易为核心的世界性港口，是中国与世界各国开展经济贸易联系的主要枢纽。作为国际海港，其对外贸易发展受地理条件、海洋政策、内外交通、经济腹地等诸多因素的影响。

连江襟海、水道深阔是国际海港发展的地理基础。广州港地处珠江水系的西、北、东三江汇合处，扼珠江与南海之间的交通咽喉，广州附近的河道长期保持着水深面阔的良好态势，这是广州港历千年而不衰的地理基础。位于闽江入海口的福州港，位于晋江入海口的泉州港，位于九龙江入海口的厦门港，位于甬江入海口的明州（庆元、宁波）港等，均地处江海交汇处，周围水道深阔。明代整治形成的河道宽深、水量丰沛的黄浦江，是上海港发展的基础。天津港则地处海河五大支流交汇处，东临渤海湾。扬州在唐代与广州、福州并称三大国际贸易港，当时扬州与海的距离比现在近得多。但是，唐代后期以来，随着长江北岸的南伸和长江口的东移，扬州距海越来越远，失去了作为海港的地理条件，其对外贸易在宋代被杭州、明州所取代。濒临钱塘江北岸的杭州，是南宋都城所在地，也设立了市舶机构，但由于钱塘江潮猛流急，江口泥沙淤塞，南宋以后其港口地位不如明州。

海洋政策是影响国际海港发展的关键因素。唐代实行“招来遐域”

的对外开放与鼓励贸易政策，推动了广州、福州、扬州等国际贸易港的发展。宋元时期朝廷与地方官府对海外贸易的重视和奖励，使广州、泉州、明州（庆元）等港口海外贸易进入鼎盛时期。而苛征与贪渎等市舶弊政，一度对各港口的海外贸易造成不利影响。明代厉行海禁政策，只允许官方控制的朝贡贸易，广州、泉州（后迁到福州）、宁波成为海外诸国进行朝贡贸易的港口，私人海外贸易无法正常发展，福建漳州月港、浙江宁波双屿港等成为走私贸易中心。隆庆开海后，本非天然深水良港的漳州月港，成为当时中国唯一允许商人前往海外从事贸易的口岸，澳门则成为广州的外港和国际贸易的中转站。清统一台湾后，设立闽、粤、江、浙四省海关管理海上贸易，广州、厦门、宁波成为对外贸易的主要港口。乾隆二十二年（1757），清政府规定外国商船只能在广州港收泊交易，使广州在此后八十余年间成为中国对外贸易的唯一口岸。鸦片战争后，随着一系列不平等条约的签订，清政府被迫开放了众多通商口岸，广州港失去了独占海上对外贸易的垄断地位，其对外贸易中心的地位被上海港所取代。

内外交通与经济腹地是影响国际海港发展的重要因素。著名的中国经济史研究专家全汉昇，在论述广州在中国历代对外贸易上都占据重要地位时，精辟地指出了广州与腹地联系便利的重要影响：

> 广州在中国历代对外（尤其对南洋各国）贸易上所以都占重要地位，据作者的意见，是由于它与腹地（Hinterland。一方面消费由海港输入的外国商品，他方面生产由海港输往外国的商品）的连络比较密切、便利的原故。在沿海各港中，广州与腹地（尤其当时政治中心）的连络，大半有便利的河流可供运输……反观其他海港，便没有这种与腹地连络的便利交通线……至于自南宋起，泉州所以日形重要，是因为当时政治中心南移杭州，与之较为接近，而当时除河流外，沿海岸线的运输也较前发达的原故。①

① 全汉昇：《宋代广州的国内外贸易》，载全汉昇《中国经济史研究》第2册，中华书局，2011，第5—6页。

鸦片战争后，随着通商口岸的增多，广州对外贸易的内陆腹地不断减少，进出口贸易额随之日渐减少；而上海则借助长江流域的丰富物产、繁盛人口和便利交通等优势，取代广州成为中国对外贸易的中心。

主要参考文献

一、史籍、史料汇编等

（一）正史类

[1] 史记. 北京：中华书局. 2014.
[2] 汉书. 北京：中华书局. 1962.
[3] 后汉书. 北京：中华书局. 1997.
[4] 三国志. 北京：中华书局. 1959.
[5] 晋书. 北京：中华书局. 1974.
[6] 宋书. 北京：中华书局. 1965.
[7] 南齐书. 北京：中华书局. 1972.
[8] 梁书. 北京：中华书局. 1973.
[9] 陈书. 北京：中华书局. 1972.
[10] 南史. 北京：中华书局. 1975.
[11] 北史. 北京：中华书局. 1974.
[12] 隋书. 北京：中华书局. 1973.
[13] 旧唐书. 北京：中华书局. 1975.

[14] 新唐书. 北京：中华书局. 1975.
[15] 旧五代史. 北京：中华书局. 2015.
[16] 新五代史. 北京：中华书局. 2015.
[17] 宋史. 北京：中华书局. 1985.
[18] 元史. 北京：中华书局. 1976.
[19] 明史. 北京：中华书局. 1974.

（二）编年类

[1] 司马光. 资治通鉴. 北京：中华书局. 2012.
[2] 李焘. 续资治通鉴长编. 上海：上海古籍出版社. 1985.
[3] 李心传. 建炎以来系年要录. 北京：中华书局. 1985.
[4] 谈迁. 国榷//续修四库全书：第 361 册.
[5] 黄以周. 续资治通鉴长编拾补. 北京：中华书局. 2004.
[6] 明太祖实录. 上海：上海古籍书店. 1983.
[7] 明太宗实录. 上海：上海古籍书店. 1983.
[8] 明宣宗实录. 上海：上海古籍书店. 1983.
[9] 明英宗实录. 上海：上海古籍书店. 1983.
[10] 明宪宗实录. 上海：上海古籍书店. 1983.
[11] 明孝宗实录. 上海：上海古籍书店. 1983.
[12] 明武宗实录. 上海：上海古籍书店. 1983.
[13] 明世宗实录. 上海：上海古籍书店. 1983.
[14] 明神宗实录. 上海：上海古籍书店. 1983.
[15] 明熹宗实录. 上海：上海古籍书店. 1983.
[16] 清世祖实录. 北京：中华书局. 1985.
[17] 清圣祖实录. 北京：中华书局. 1985.
[18] 清世宗实录. 北京：中华书局. 1985.
[19] 清高宗实录. 北京：中华书局. 1985—1986.

（三）职官、政书类

[1] 李林甫，等. 唐六典. 陈仲夫点校. 北京：中华书局. 1992.

[2] 杜佑. 通典. 王文锦等点校. 北京：中华书局. 1988.

[3] 王溥. 唐会要//景印文渊阁四库全书：第 606—607 册.

[4] 徐松. 宋会要辑稿. 刘琳等校点. 上海：上海古籍出版社. 2014.

[5] 马端临. 文献通考. 上海：商务印书馆. 1936.

[6] 通制条格. 黄时鉴点校. 杭州：浙江古籍出版社. 1986.

[7] 王圻. 续文献通考. 北京：现代出版社. 1986.

[8] 申时行，等. 万历大明会典//续修四库全书：第 791 册.

[9] 林尧俞，俞汝楫，等. 礼部志稿//景印文渊阁四库全书：第 597 册.

[10] 乾隆. 大清会典. 乾隆二十八年武英殿刊本.

[11] 清朝文献通考. 杭州：浙江古籍出版社. 2000.

[12] 钦定大清会典事例//续修四库全书：第 798—814 册.

[13] 光绪. 钦定大清会典//续修四库全书：第 794 册.

[14] 黄佐. 南雍志//续修四库全书：第 749 册.

（四）地理类

[1] 郦道元. 水经注. 王先谦校. 成都：巴蜀书社. 1985.

[2] 李吉甫. 元和郡县图志. 北京：中华书局. 1983.

[3] 乐史. 太平寰宇记. 王文楚等点校. 北京：中华书局. 2007.

[4] 王象之. 舆地纪胜. 李勇先点校. 成都：四川大学出版社. 2005.

[5] 徐兢. 宣和奉使高丽图经. 北京：中华书局. 1985.

[6] 赵汝适. 诸番志校释. 杨博文校释. 北京：中华书局. 1996.

[7] 汪大渊. 岛夷志略校释. 苏继庼校释. 北京：中华书局. 1981.

[8] 周致中. 异域志. 北京：中华书局. 1981.

[9] 李言恭、郝杰. 日本考. 汪向荣，严大中校注. 北京：中华书局. 1983.

[10] 胡宗宪. 筹海图编//景印文渊阁四库全书：第 584 册.

[11] 严从简. 殊域周咨录. 北京：中华书局. 1993.

[12] 陈侃. 使琉球录//台湾文献丛刊：第 287 册. 台北：台湾银行. 1970.

[13] 夏子阳. 使琉球录∥台湾文献丛刊：第 287 册. 台北：台湾银行. 1970.

[14] 张燮. 东西洋考. 谢方点校. 北京：中华书局. 1981.

[15] 黄叔璥. 台海使槎录. 北京：商务印书馆. 1936.

[16] 阙名. 葛剌巴传∥小方壶斋舆地丛钞：第 10 帙. 台北：台湾学生书局. 1975.

[17] 顾炎武. 天下郡国利病书∥续修四库全书：第 595—597 册.

[18] 顾祖禹. 读史方舆纪要. 贺次君，施和金点校. 北京：中华书局. 2019.

[19] 王之春. 国朝柔远记. 台北：台湾学生书局. 1985.

（五）其他

[1] 杨孚. 异物志. 曾钊辑. 北京：中华书局. 1985.

[2] 杜宝. 大业杂记辑校. 辛德勇辑校，西安：三秦出版社. 2006.

[3] 李肇. 唐国史补. 北京：中华书局. 1991.

[4] 欧阳询. 艺文类聚. 汪绍楹校. 上海：上海古籍出版社. 1965.

[5] 李昉，等. 太平御览. 北京：中华书局影印本. 1960.

[6] 王钦若，等. 册府元龟. 周勋初等校订. 南京：凤凰出版社. 2006.

[7] 解缙. 永乐大典. 北京：中华书局. 1986.

[8] 杨士奇，等. 历代名臣奏议. 台北：台湾学生书局. 1985.

[9] 法显. 法显传校注. 章巽校注. 上海：上海古籍出版社. 1985.

[10] 道宣. 续高僧传. 郭绍林点校. 北京：中华书局. 2014.

[11] 义净. 大唐西域求法高僧传校注. 王邦维校注. 北京：中华书局. 1988.

[12] 普济. 五灯会元. 苏渊雷点校. 北京：中华书局. 1984.

[13] 赞宁. 宋高僧传. 范祥雍点校. 上海：上海古籍出版社. 2014.

[14] 嘉靖东南平倭通录∥中国历史研究社. 倭变事略. 上海：上海书店. 1982.

[15] 嘉靖倭乱备抄∥四库全书存目丛书：第 49 册.

［16］勒德洪，等. 平定三逆方略//景印文渊阁四库全书：第354册.

［17］何乔远. 名山藏. 张德信等点校. 福州：福建人民出版社. 2010.

［18］茅瑞征. 皇明象胥录//四库禁毁书丛刊：第10册. 北京：北京出版社. 1998.

［19］查继佐. 罪惟录. 杭州：浙江古籍出版社. 1986.

［20］郑麟趾. 高丽史. 东京：国书刊行会. 1908.

［21］吴任臣. 十国春秋. 北京：中华书局. 1983.

［22］中央研究院历史语言研究所. 明清史料·乙编：第7本. 北京：商务印书馆. 1936.

［23］台湾"中研院"历史语言研究所编. 明清史料·庚编：第4、6本. 台北：精华印书馆. 1960.

［24］谢国桢. 明代社会经济史料选编. 牛建强等校勘. 福州：福建人民出版社. 2004.

［25］厦门大学台湾研究所，中国第一档案馆编辑部. 康熙统一台湾档案史料选辑. 福州：福建人民出版社. 1983.

［26］中国第一历史档案馆，广州市黄埔区人民政府：明清皇宫黄埔秘档图鉴. 广州：暨南大学出版社. 2006.

［27］姚贤镐. 中国近代对外贸易史资料（1840—1895）：第1—3册. 北京：科学出版社. 2016.

［28］严中平，等. 中国近代经济史统计资料选辑. 北京：中国社会科学出版社. 2012.

［29］杨端六，侯厚培，等. 六十五年来中国国际贸易统计. 中央研究院社会科学研究所专刊：第四号. 1931.

［30］齐思和，林树惠，等. 中国近代史资料丛刊：鸦片战争2. 上海：上海人民出版社. 1957.

［31］中国第一历史档案馆. 鸦片战争档案史料：第7册. 天津：天津古籍出版社. 1992.

［32］汪向荣，夏应元. 中日关系史资料汇编. 北京：中华书局. 1984.

［33］张星烺. 中西交通史料汇编：第 1 册. 北京：华文出版社. 2018.

二、地方史志等

［1］广州市地方志编纂委员会办公室. 元大德南海志残本. 广州：广东人民出版社. 1991.

［2］郑梦玉，梁绍献，等：同治南海县志∥中国方志丛书：第 50 号. 台北：成文出版社. 1967.

［3］瑞麟，戴肇辰，史澄，等. 光绪广州府志∥中国方志丛书：第 1 号. 台北：成文出版社. 1966.

［4］戴璟，张岳，等. 嘉靖广东通志初稿∥北京图书馆古籍珍本丛刊：第 38 册.

［5］黄佐. 嘉靖广东通志. 广州：广东省地方志办公室誊印，1997.

［6］郭棐，等. 万历广东通志∥稀见中国地方志丛刊：第 42—43 册. 北京：中国书店. 1992.

［7］郝玉麟，鲁曾煜，等. 雍正广东通志∥景印文渊阁四库全书：第 562—563 册.

［8］阮元，陈昌齐，等. 道光广东通志∥续修四库全书：第 669—675 册.

［9］屈大均. 广东新语. 李育中等注. 广州：广东人民出版社. 1991.

［10］梁廷楠. 粤海关志. 袁钟仁校注. 广州：广东人民出版社. 2002.

［11］田明曜，陈澧：光绪香山县志：续修四库全书：第 713 册.

［12］印光任，张汝霖. 澳门记略. 越春晨点校. 广州：广东高等教育出版社. 1988.

［13］苏辙. 龙川略志. 李郁校注. 西安：三秦出版社. 2003.

［14］邓端本. 广州港史：古代部分. 北京：海洋出版社. 1986.

［15］程浩. 广州港史：近代部分. 北京：海洋出版社. 1985.

［16］吴家诗. 黄埔港史：古、近代部分. 北京：人民交通出版

社. 1989.

[17] 汪廷奎. 广东通史：古代上册. 广州：广东高等教育出版社. 1996.

[18] 蒋祖缘. 广东通史：古代下册. 广州：广东高等教出版社. 2007.

[19] 方志钦，廖伟章. 广东通史：近代上册. 广州：广东高等教育出版社. 2010.

[20] 郭棐，陈兰芝. 岭海名胜记增辑点校. 王元林点校. 西安：三秦出版社. 2016.

[21] 吴兰修. 南汉金石志. 北京：中华书局. 1985.

[22] 仇巨川. 羊城古钞. 陈宪猷校注. 广州：广东人民出版社. 1993.

[23] 崔弼. 波罗外纪. 闫晓青校注. 广州：广东人民出版社. 2017.

[24] 广州市地方志办公室. 南海神庙文献汇辑. 广州：广州出版社. 2008.

[25] 汕头市对外经济贸易委员会. 汕头外经贸志. 内部资料. 1993.

[26] 汕头市港口管理局. 汕头港口志. 北京：人民交通出版社. 2010.

[27] 黄仲昭. 八闽通志. 福州：福建人民出版社. 2006.

[28] 何乔远. 闽书. 福州：福建人民出版社. 1994.

[29] 夏琳. 闽海纪要. 台北：台湾大通书局. 1987.

[30] 陈寿祺，等. 重纂福建通志. 台北：华文书局. 1968.

[31] 王文泰. 闽国史汇. 广州：暨南大学出版社. 2000.

[32] 郑振满，丁荷生. 福建宗教碑铭汇编//兴化府分册. 福州：福建人民出版社. 1995.

[33] 梁克家. 三山志. 福州市地方志编纂委员会整理. 福州：海风出版社. 2000.

[34] 叶溥，张孟敬. 正德福州府志. 福州市地方志编纂委员会整理. 福州：海风出版社. 2001.

[35] 喻政. 万历福州府志. 福州市地方志编纂委员会整理. 福州：

海风出版社. 2001.

［36］王应山. 闽都记. 林家钟，刘大治校注. 北京：方志出版社. 2002.

［37］高岐. 福建市舶提举司志. 陈丽华点校. 北京：商务印书馆. 2020.

［38］林枫. 榕城考古略. 福州市地方志编纂委员会整理. 福州：海风出版社. 2001.

［39］郭柏苍，刘永松. 乌石山志. 福州市地方志编纂委员会整理. 福州：海风出版社. 2001.

［40］福州港史志编辑委员会. 福州港志. 北京：华艺出版社. 1993.

［41］福州港史志编辑委员会. 福州港史. 北京：人民交通出版社. 1996.

［42］张景祁，等. 光绪福安县志. 台北：成文出版社. 1967.

［43］陈懋仁. 泉南杂志. 北京：中华书局. 1985.

［44］阳思谦，黄凤翔. 万历泉州府志. 泉州志编纂委员会办公室. 1985 年.

［45］怀荫布. 乾隆泉州府志. 泉州志编纂委员会办公室. 1984 年.

［46］周学曾，等. 道光晋江县志. 中共晋江市委党史和地方志研究室整理. 福州：福建人民出版社. 2020.

［47］泉州市地方志编纂委员会. 泉州市志. 北京：中国社会科学出版社. 2000.

［48］福建省泉州市鲤城区交通局. 鲤城交通志. 北京：人民交通出版社. 1997.

［49］泉州市鲤城区地方志编纂委员会. 鲤城区志. 北京：中国社会科学出版社. 1999.

［50］《安海志》修编小组. 安海志. 1983.

［51］《泉州古港史》编写委员会. 泉州古港史. 北京：人民交通出版社. 1994.

［52］梁兆阳，蔡国祯，等. 崇祯海澄县志∥日本藏中国罕见地方志丛刊. 北京：书目文献出版社. 1992.

[53] 陈锳，邓来祚，等. 乾隆海澄县志//中国方志丛书：第 92 号. 台北：成文出版社. 1968.

[54] 薛凝度，吴文林：嘉庆云霄厅志//中国方志丛书：第 89 号. 台北：成文出版社. 1967.

[55] 周凯. 道光厦门志//中国方志丛书：第 80 号. 台北：成文出版社. 1967.

[56] 厦门市志编纂委员会.《厦门海关志》编委会. 近代厦门社会经济概况. 厦门：鹭江出版社. 1990.

[57] 厦门港史志编纂委员会. 厦门港史. 北京：人民交通出版社. 1993.

[58] 尹会一，程梦星，等. 雍正扬州府志//中国方志丛书·华中地方：第 146 号. 台北：成文出版社. 1975.

[59] 刘文淇. 扬州水道记. 赵昌智、赵阳点校. 扬州：广陵书社. 2011.

[60] 赖于宣，张丙宿：康熙藁城县志//中国地方志集成. 上海：上海书店出版社. 2006.

[61] 张津，等. 乾道四明图经//宋元方志丛刊：第 5 册. 北京：中华书局. 1990.

[62] 胡矩，罗浚. 宝庆四明志//中国方志丛书：第 574 号. 台北：成文出版社. 1983.

[63] 梅应发，等. 开庆四明续志//中国方志丛书：第 576 号. 台北：成文出版社. 1983.

[64] 袁桷. 延祐四明志//中国方志丛书：第 577 号. 台北：成文出版社. 1983.

[65] 王元恭，王厚孙，徐亮. 至正四明续志//中国方志丛书：第 579 号. 台北：成文出版社. 1983.

[66] 张瓒，杨寔. 成化宁波郡志. 宁波：宁波出版社. 2013.

[67] 周希哲，张时彻. 嘉靖宁波府志. 宁波：宁波出版社. 2013.

[68] 高宇泰. 敬止录//北京图书馆古籍珍本丛刊：第 28 册.

[69] 曹秉仁. 雍正宁波府志//中国方志丛书：第 198 号. 台北：成

文出版社. 1974.

[70] 戴枚，张恕. 光绪鄞县志. 香港：蝠池书院出版有限公司. 2006.

[71] 于万川，俞樾. 光绪镇海县志//中国方志丛书：第183号. 台北：成文出版社. 1973.

[72] 雍正浙江通志//景印文渊阁四库全书：第521、523册.

[73] 郑绍昌. 宁波港史. 北京：人民交通出版社. 1989.

[74] 张如安，等. 宁波通史・史前至唐五代卷. 宁波：宁波出版社. 2009.

[75] 乐承耀. 宁波通史・清代卷. 宁波：宁波出版社. 2009.

[76] 朱长文. 吴郡图经续记. 金菊林点校. 南京：江苏古籍出版社. 1999.

[77] 唐锦. 弘治上海志. 1940.

[78] 范廷杰，皇甫枢. 乾隆上海县志//中国地方志集成：第1编. 南京：凤凰出版社. 2014.

[79] 王大同，李林松，等：嘉庆上海县志. 嘉庆十九年（1814）刻本.

[80] 《上海港史话》编写组. 上海港史话. 上海：上海人民出版社. 1979.

[81] 李华彬. 天津港史：古、近代部分. 北京：人民交通出版社. 1986.

三、文集、笔记等

[1] 刘安，等. 淮南子译注. 陈广忠译注. 长春：吉林文史出版社. 1990.

[2] 陆云. 陆士龙集//景印文渊阁四库全书：第1063册.

[3] 韩愈. 韩昌黎集. 上海：商务印书馆. 1933.

[4] 黄滔. 莆阳黄御史集//丛书集成初编. 北京：中华书局. 1985.

[5] 陆贽. 陆宣公集. 刘泽民校点. 杭州：浙江古籍出版社. 1988.

［6］沈亚之．沈下贤集//景印文渊阁四库全书：第 1079 册．

［7］徐寅．唐秘书省正字先辈徐公钓矶文集//续修四库全书：第 1313 册．上海：上海古籍出版社．1995．

［8］杨炯．盈川集//景印文渊阁四库全书：第 1065 册．

［9］圆仁．入唐求法巡礼行记．顾承甫，何泉达点校．上海：上海古籍出版社．1986．

［10］张九龄．曲江集．刘斯翰校注．广州：广东人民出版社．1986．

［11］孙光宪．北梦琐言．贾二强点校．北京：中华书局．2002．

［12］包恢．敝帚稿略//景印文渊阁四库全书：第 1178 册．

［13］蔡绦．铁围山丛谈．中华书局．1983．

［14］蔡襄．荔枝谱．福州：福建人民出版社．2004．

［15］曹勋．松隐集．北京：文物出版社．1982．

［16］晁补之．鸡肋集//景印文渊阁四库全书：第 1118 册．

［17］陈渊．默堂集//景印文渊阁四库全书：第 1139 册．

［18］成寻．新校参天台五台山记．王丽萍点校．上海：上海古籍出版社．2009．

［19］范祖禹．范太史集//景印文渊阁四库全书：第 1100 册．

［20］方信孺．南海百咏．北京：中华书局．1985．

［21］龚明之．中吴纪闻．北京：中华书局．1985．

［22］韩元吉．南涧甲乙稿．北京：中华书局．1985．

［23］洪迈．夷坚志．北京：中华书局．1981．

［24］洪适．隶释．上海：上海书店据商务印书馆 1935 年版重印．1985．

［25］洪适．盘洲文集．四部丛刊初编：第 192—193 册．上海：上海书店．1989．

［26］李昴英．文溪集//景印文渊阁四库全书：第 1181 册．

［27］李昉等．文苑英华．北京：中华书局．1966．

［28］林之奇．拙斋文集//景印文渊阁四库全书：第 1140 册．

［29］刘克庄．后村先生大全集//四部丛刊初编：第 211—216 册．上海：上海书店．1989．

[30] 楼钥. 攻媿集//丛书集成初编. 北京：中华书局. 1985.
[31] 吕颐浩. 忠穆集//景印文渊阁四库全书：第 1131 册.
[32] 梅尧臣. 宛陵集//景印文渊阁四库全书：第 1099 册.
[33] 蒲寿宬. 心泉学诗稿//景印文渊阁四库全书：第 1189 册.
[34] 钱易. 南部新书. 尚成校点. 上海：上海古籍出版社. 2012.
[35] 司马光. 涑水纪闻. 上海：上海书店出版社. 1990.
[36] 苏轼. 苏轼文集编年笺注. 李之亮笺注. 成都：巴蜀书社. 2011.
[37] 苏颂. 苏魏公文集. 王同策等点校. 北京：中华书局. 1988.
[38] 吴潜. 许国公奏议. 北京：中华书局. 1985.
[39] 吴自牧. 梦粱录. 杭州：浙江人民出版社. 1980.
[40] 姚宽. 西溪丛语. 北京：中华书局. 1985.
[41] 叶梦得. 石林奏议//续修四库全书：第 474 册.
[42] 叶适. 水心集//景印文渊阁四库全书：第 1164 册.
[43] 岳珂. 桯史. 吴敏霞校注. 西安：三秦出版社. 2004.
[44] 曾敏行. 独醒杂志. 上海：上海古籍出版社. 1986.
[45] 真德秀. 西山先生真文忠公文集. 上海：商务印书馆. 1937.
[46] 张纲. 华阳集//景印文渊阁四库全书：第 1131 册.
[47] 赵彦卫. 云麓漫钞. 傅根清点校. 北京：中华书局. 1996.
[48] 郑侠. 西塘集//景印文渊阁四库全书：第 1117 册.
[49] 朱熹. 晦庵先生朱文公文集//四部丛刊初编. 上海：上海书店. 1989.
[50] 庄绰. 鸡肋编. 李保民校点. 上海：上海古籍出版社. 2012.
[51] 周必大. 文忠集//景印文渊阁四库全书：第 1148 册.
[52] 周密. 癸辛杂识续集//景印文渊阁四库全书：第 1040 册.
[53] 周去非. 岭外代答. 屠友祥校注. 上海：上海远东出版社. 1996.
[54] 朱彧. 萍洲可谈. 李伟国校点. 上海：上海古籍出版社. 2012.
[55] 程端礼. 畏斋集//景印文渊阁四库全书：第 1199 册.
[56] 方回. 桐江集. 南京：江苏古籍出版社. 1988.
[57] 黄溍. 金华黄先生文集//续修四库全书：第 1323 册.
[58] 刘仁本. 羽庭集//景印文渊阁四库全书：第 1216 册.

[59] 吴莱. 渊颖集//景印文渊阁四库全书：第1209册.

[60] 吴澄. 吴文正公集//元人文集珍本丛刊. 台北：新文丰出版社. 1985.

[61] 许有壬. 至正集//景印文渊阁四库全书：第1211册.

[62] 姚燧. 牧庵集. 北京：中华书局. 1985.

[63] 虞集. 道园类稿//元人文集珍本丛刊. 台北：新文丰出版社. 1985.

[64] 虞集. 道园学古录. 上海：商务印书馆. 1937.

[65] 袁桷. 清容居士集. 王颋点校. 杭州：浙江古籍出版社. 2015.

[66] 张翥. 蜕庵集//景印文渊阁四库全书：第1215册.

[67] 曹履泰. 靖海纪略. 北京：文殿阁书庄. 1935.

[68] 陈子龙等. 明经世文编. 北京：中华书局. 1997.

[69] 池显方. 晃岩集. 厦门：厦门大学出版社. 2009.

[70] 戴鱀. 戴中丞遗集//北京图书馆古籍珍本丛刊：第103册. 北京：书目文献出版社. 1998.

[71] 洪朝选. 芳洲先生文集. 香港：华星出版社. 2002.

[72] 李光缙. 景璧集. 曾祥波点校. 福州：福建人民出版社. 2012.

[73] 林希元. 林次崖先生文集. 何丙仲校注. 厦门：厦门大学出版社. 2015.

[74] 庞尚鹏. 百可亭摘稿//四库全书存目丛书·集部：第129册，济南：齐鲁书社. 1997.

[75] 宋濂. 文宪集//景印文渊阁四库全书：第1223册.

[76] 王世贞. 弇州山人四部稿//原国立北平图书馆甲库善本丛书：第786册. 北京：国家图书馆出版社. 2013.

[77] 许孚远. 敬和堂集//四库全书存目丛刊：第136册，济南：齐鲁书社. 1997.

[78] 俞大猷. 正气堂集//四库未收书辑刊. 北京：北京出版社. 2000.

[79] 郑舜功. 日本一鉴·穷河话海. 1939年影印本.

[80] 朱纨. 甓余杂集//四库全书存目丛书·集部：第78册，济南：

齐鲁书社. 1997.

［81］朱元璋. 明太祖集. 胡士萼点校. 合肥：黄山书社. 1991.

［82］宗泐. 全室外集∥景印文渊阁四库全书：第1234册.

［83］包世臣. 安吴四种. 台北：文海出版社. 1968.

［84］董诰，等. 全唐文. 北京：中华书局. 1983.

［85］贺长龄，等. 清经世文编. 北京：中华书局. 1992.

［86］李士桢. 抚粤政略. 台北：文海出版社. 1988.

［87］林时对. 荷闸丛谈. 台北：台湾大通书局. 1987.

［88］陆心源. 唐文拾遗∥续修四库全书：第1651—1652册.

［89］罗天尺. 瘿晕山房诗删. 陈红彦，等. 清代诗文集珍本丛刊：第235册，北京：国家图书馆出版社，2017.

［90］王大海. 海岛逸志校注. 陈佳荣. 香港：学津书店. 1992.

［91］张之洞. 张之洞全集. 苑书义，等. 石家庄：河北人民出版社. 1998.

［92］全唐诗增订本. 中华书局编辑部点校. 北京：中华书局. 1999.

［93］李修生. 全元文：第2册. 南京：江苏古籍出版社. 1998.

四、著作、论文集

［1］陈柏坚，黄启臣. 广州外贸史. 广州：广州出版社. 1995.

［2］陈高华. 陈高华文集. 上海：上海辞书出版社. 2005.

［3］陈高华，陈尚胜. 中国海外交通史. 北京：中国社会科学出版社. 2017.

［4］陈泽泓. 广州话旧——《羊城今古》精选（1987—2000）. 广州：广州出版社. 2002.

［5］陈泽泓. 广州古代史丛考. 北京：中央编译出版社. 2017.

［6］戴一峰. 区域性经济发展与社会变迁——以近代福建地区为中心. 长沙：岳麓书社. 2004.

［7］丁日初. 上海近代经济史：第1卷（1843—1860）. 上海：上海人民出版社. 1994.

[8] 福建省泉州海外交通史博物馆．泉州市泉州历史研究会．泉州伊斯兰教研究论文选．福州：福建人民出版社．1983.

[9] 福建省泉州海外交通史博物馆．泉州湾宋代海船发掘与研究．北京：海洋出版社．1987.

[10] 傅衣凌．明清时代商人及商业资本．北京：中华书局．2007.

[11] 傅衣凌．傅衣凌治史五十年文编．北京：中华书局．2007.

[12] 傅宗文．沧桑刺桐．厦门：厦门大学出版社．2011.

[13] 韩维龙，易西兵．海上丝绸之路广州史迹．广州：广州出版社．2017.

[14] 韩振华．航海交通贸易研究．香港：香港大学亚洲研究中心．2002.

[15] 何勇强．钱氏吴越国史论稿．杭州：浙江大学出版社．2002.

[16] 黄启臣．广东海上丝绸之路史．广州：广东经济出版社．2003.

[17] 黄时鉴．第二届韩国传统文化学术研讨会论文集：历史卷．北京：学苑出版社．2000.

[18] 黄苇．上海开埠初期对外贸易研究（1843—1863 年）．上海：上海人民出版社．1979.

[19] 赖正维．清代中琉关系研究．北京：海洋出版社．2011.

[20] 李东华．泉州与我国中古的海上交通．台北：台湾学生书局．1986.

[21] 李金明．厦门海外交通．厦门：鹭江出版社．1996.

[22] 李庆新．濒海之地：南海贸易与中外关系史研究．北京：中华书局．2010.

[23] 李燕．广州港与海上丝绸之路．广州：广东经济出版社．2019.

[24] 梁嘉彬．广东十三行考．广州：广东人民出版社．1999.

[25] 廖大珂．福建海外交通史．福州：福建人民出版社．2002.

[26] 廖大珂．中国传统海外贸易．深圳：海天出版社．2019.

[27] 乐承耀．宁波古代史纲．宁波：宁波出版社．1995.

[28] 林满红．茶、糖、樟脑业与台湾之社会经济变迁（1860－1895）．台北：联经出版公司．2006 年版.

[29] 林仁川. 明末清初私人海上贸易. 上海：华东师范大学出版社. 1987.

[30] 林仁川. 福建对外贸易与海关史. 厦门：鹭江出版社. 1991.

[31] 林士民. 再现昔日的文明：东方大港宁波考古研究. 上海：上海三联书店. 2005.

[32] 林士民、沈建国. 万里丝路——宁波与海上丝绸之路. 宁波：宁波出版社. 2002.

[33] 林中泽. 华夏文明与西方世界. 香港：博士苑出版社. 2003.

[34] 刘恒武. 宁波古代对外文化交流——以历史文化遗存为中心. 北京：海洋出版社. 2009.

[35] 刘强，陈瑞娟. 汕头港与海上丝绸之路. 广州：广东经济出版社. 2019.

[36] 吕思勉. 吕思勉读史札记. 上海：上海古籍出版社. 1982.

[37] 闽都文化研究会. 海外福州人与海上丝绸之路. 福州：海峡文艺出版社. 2017.

[38] 宁波"海上丝绸之路"申报世界文化遗产办公室，宁波市文物保护管理所，宁波市文物考古研究所. 宁波与海上丝绸之路. 北京：科学出版社. 2006.

[39] 宁波中国港口博物馆，宁波市文物考古研究所，国家文物局水下文化遗产保护中心. 历史视野下的港城互动：首届"港通天下"国际港口文化论坛论文集. 北京：科学出版社. 2018.

[40] 彭泽益. 广州洋货十三行. 广州：广东人民出版社. 2020.

[41] 全汉昇. 中国经济史研究. 北京：中华书局. 2011.

[42] 宋晞. 宋史研究论丛：第二辑. 台北：中国文化学院出版部. 1980.

[43] 万明. 中国融入世界的步履：明与清前期海外政策比较研究. 北京：社会科学文献出版社. 2000.

[44] 王慕民，等. 宁波与日本经济文化交流史. 北京：海洋出版社. 2005.

[45] 王仲荦. 魏晋南北朝史. 上海：上海人民出版社. 1979.

[46] 夏斯云，等. 上海近现代对外贸易史纲. 上海：上海人民出版社. 2015.

[47] 吴松弟. 中国百年经济拼图：港口城市及其腹地与中国现代化. 济南：山东画报出版社. 2006.

[48] 香港艺术馆. 珠江风貌——澳门、广州及香港. 香港：香港市政局. 2002.

[49] 谢必震. 明清中琉航海贸易研究. 北京：海洋出版社. 2004.

[50] 徐晓望. 中国福建海上丝绸之路发展史. 北京：九州出版社. 2017.

[51] 许涤新，吴承明. 中国资本主义发展史：第二卷：旧民主主义革命时期的中国资本主义. 北京：人民出版社. 1990.

[52] 叶显恩. 广东航运史：古代部分. 北京：人民交通出版社. 1989.

[53] 姚洪卓. 近代天津对外贸易：1861—1948. 天津：天津社会科学院出版社. 1993.

[54] 余又荪. 隋唐五代中日关系史. 台北：商务印书馆. 1973.

[55] 曾昭璇. 广州历史地理. 广州：广东人民出版社. 1991.

[56] 章巽文集. 北京：海洋出版社. 1986.

[57] 章巽. 我国古代的海上交通. 北京：商务印书馆. 1986.

[58] 郑剑顺. 福州港. 福州：福建人民出版社. 2001.

[59] 郑樑生. 明代中日关系研究. 台北：文史哲出版社. 1985.

[60] 中国海外交通史研究会，福建省泉州海外交通史博物馆. 泉州海外交通史料汇编. 1983.

[61] 中国航海学会，泉州市人民政府. 泉州港与海上丝绸之路. 北京：中国社会科学出版社. 2002.

[62] 中国航海学会，泉州市人民政府. 泉州港与海上丝绸之路：(二). 北京：中国社会科学出版社. 2003.

[63] 中国海洋发展史论文集编辑委员会. 中国海洋发展史论文集：(二). 台北：台湾“中研院”三民主义研究所. 1986.

[64] 中国社会科学院考古研究所，广州市文物管理委员会，广州市

博物馆. 广州汉墓. 北京：文物出版社. 1981.

[65] 庄为玑，庄景辉，王连茂. 海上丝绸之路的著名港口——泉州. 北京：海洋出版社. 1988.

五、外文著述

[1] 爱德华·谢弗（EdwardSchafer）. 唐代的外来文明. 吴玉贵译，西安：陕西师范大学出版社. 2005.

[2] 马士. 东印度公司对华贸易编年史（1635—1834 年）：第一至四卷. 区宗华译. 广州：中山大学出版社. 1991.

[3] 马士. 中华帝国对外关系史：第 1 卷，张汇文等译. 北京：商务印书馆. 1963.

[4] 亨特. 广州番鬼录. 冯树铁译. 广州：广东人民出版社. 2009.

[5] 泰勒·丹涅特. 美国人在东亚. 姚曾廙译. 北京：商务印书馆. 1959.

[6] 伊本·胡尔达兹比赫. 道里邦国志. 宋岘译注. 北京：中华书局. 1991.

[7] 中国印度见闻录. 穆根来等译. 北京：中华书局. 1983.

[8] 李汝和. 巴达维亚城日记：第 3 册. 台北：台湾省文献委员会. 1989.

[9] 包乐史. 巴达维亚华人与中荷贸易. 庄国土等译. 南宁：广西人民出版社. 1997.

[10] 马可·波罗. 马可·波罗游记. 梁生智译. 北京：中国文史出版社. 1998.

[11] 鄂多立克. 鄂多立克东游录. 何高济译. 北京：中华书局. 2019.

[12] 池田温. 唐研究论文选集. 孙晓林等译. 北京：中国社会科学出版社. 1999.

[13] 加藤繁. 中国经济史考证. 吴杰译. 北京：中华书局. 2012.

[14] 木宫泰彦. 中日交通史. 陈捷译. 上海：商务印书馆. 1931.

［15］木宫泰彦. 日中文化交流史. 胡锡年译. 北京：商务印书馆. 1980.

［16］桑原骘藏. 唐宋贸易港研究. 杨炼译. 上海：商务印书馆. 1935.

［17］桑原骘藏. 蒲寿庚考. 陈裕菁译订. 北京：中华书局. 2009.

［18］藤田丰八. 宋代之市舶司与市舶条例. 魏重庆译. 上海：商务印书馆. 1936.

［19］真人元开. 唐大和上东征传. 汪向荣校注. 北京：中华书局. 1979.

［20］上田信. 海与帝国：明清时代. 高莹莹译. 桂林：广西师范大学出版社. 2014.

［21］伊本·白图泰口述，伊本·朱甾笔录. 伊本·白图泰游记（精编本）. 李光斌，李世雄翻译. 北京：中国旅游出版社、商务印书馆. 2016.

［22］彼得·奥斯贝克. 中国和东印度群岛旅行记. 倪文君译. 桂林：广西师范大学出版社. 2006.

［23］费尔南·门德斯·平托. 远游记. 金国平译. 澳门：澳门基金会等. 1999.

［24］C. R. 博克舍. 十六世纪中国南部行纪. 何高济译. 北京：中华书局. 1990.

［25］莱特. 中国关税沿革史. 姚曾廙译. 北京：生活·读书·新知三联书店. 1958.

（所征引的论文已在脚注中注明，不再一一列出）